Hans-Peter Raddatz

Iran

Hans-Peter Raddatz

Iran

Persische Hochkultur
und irrationale Macht

Herbig

Bildnachweis
Alle Abbildungen mit freundlicher Genehmigung aus:
Elisabeth Puin: Islamische Plakate, Phil. Diss. Saarbrücken 2003.

Besuchen Sie uns im Internet unter:
www.herbig-verlag.de

© 2006 F. A. Herbig Verlagsbuchhandlung GmbH, München
Alle Rechte vorbehalten
Umschlaggestaltung: Wolfgang Heinzel
Umschlagbild: Kurt Stier/Corbis
Gesetzt aus der 10,5/13 Punkt Minion
Druck und Binden: GGP Media GmbH, Pößneck
Printed in Germany
ISBN 3-7766-2488-4
ab 1.1.2007: ISBN 978-3-7766-2488-5

Inhalt

——A——
Das antike Persien

——B——
Iran und Islam

___ C ___

Öl, Macht und Korruption

___ D ___

Die Revolution

___ E ___

Revolutionäre Praxis

___ F ___

»Euran« – Allahs Kolonie?

Worum es geht

Nur wenige widersprechen der Behauptung, daß es sich beim Iran um ein besonderes Land handelt. Warum eigentlich? Was ist es, das dieses Land aus dem nahöstlichen Umfeld so heraushebt?

In der Vielzahl von Aussagen und Meinungen fallen einige oft wiederholte Aspekte auf: die vier Jahrtausende alte Geschichte, die besondere, schiitische Variante des Islam, die einzigartige Dichtung und Literatur, die konstante Einheit des Kernlandes und der Nation, der Reichtum an Öl und Gas und – die radikale Revolution von 1979.

Es fällt noch etwas anderes auf, das mit der spezifischen Kombination dieser Punkte zu tun hat: Es gibt nur sehr wenige Darstellungen, die den Iran unter einem Aspekt zusammenhängend beschreiben, geschweige denn den Versuch einer Gesamtbetrachtung machen. Es scheint, als sei der Stoff schlicht zu umfangreich. Als Ausnahme gilt die »Cambridge History of Iran«, eine Gemeinschaftsarbeit, die über viele Jahre entstanden ist und vornehmlich akademischen Zwecken dient. Neben einer Fülle von Fach- und Zeitungsartikeln finden sich somit eher Darstellungen, die sich mit bestimmten Sachgebieten und/oder Zeitabschnitten befassen.

Auch in unserem Rahmen müssen wir uns ähnlich beschränken, wollen aber nicht auf die bewährte Darstellungsform verzichten, die Geschichte und Gegenwart zusammenfaßt. Gerade im Hinblick auf die geschichtsbezogene Kultur des Islam hat sich bestätigt, wie ergiebig diese Methode ist und wie lebhaft sie von einer wachsenden Leserschaft aufgegriffen wird.

Indem wir dieses Konzept weiter pflegen, dürfen also gerade auch in einer Untersuchung des Iran die wichtigsten historischen und kulturellen Akzente nicht fehlen. Nach der Antike und islamischen Eroberung wurden sie in Mittelalter und Neuzeit zunehmend von der Schia, der sozial-messianischen Variante des Islam, geprägt und haben die Begegnung mit der westlichen Moderne deutlich anders gestaltet, als es in der arabischen »Basis« der Fall war.

Ein wesentlicher Teil des Buches wird daher von Betrachtungen darüber eingenommen, ob und wie sich die spektakulären Entwicklungen im Iran – insbesondere seit dem Ende des Zweiten Weltkriegs – aus dieser Geistesgeschichte erklären lassen. Nicht nur die Revolution steht als Einzelereignis im Islam, auch die Absichtserklärung des iranischen Präsidenten, »Israel

von der Landkarte zu radieren«, erscheint als Novum im Umgangsstil auf
staatlicher Führungsebene. Wie sich zeigen wird, ist dieses Verhalten aber
nur scheinbar neu, weil es sich durchaus mit der Ideologie des Islam und
der Orientpolitik Europas vereinbart.

Angesichts der kulturell-historischen Gegensätze von Iranern und Arabern, auf die wir noch ausführlich eingehen werden (s. u. S. 35ff.) dürfte es
aufschlußreich sein, wieso sie sich in der Moderne über die Vernichtung des
Judenstaats einig sind. Hier spielt jedoch nicht nur der Islam die Rolle der
verbindenden Klammer. Auch die Europäische Union leistet mit der Legende vom »palästinensischen Volk« einen maßgeblichen Beitrag, der ihr das
vielsagende Etikett eines »Eurabia« eintrug. Wir werden sehen, daß es sich
auch auf ein »Eurania« ausdehnen läßt:

Seit den 1970er Jahren pflegen die Europäer einen »Dialog mit dem Islam«,
dessen Institution, die PAFEAC (Parliamentary Association For European-
Arab Cooperation), inzwischen tief in die EU-Kommission und die Regierungen der EU-Staaten hineinwirkt. Verstärkt durch das Barcelona-Ab-
kommen von 1995, bildete sich ein politischer Wille heraus, der den EU-Ex-
pansionsprozeß allmählich mit den Hauptinteressen der Muslime verknüpft
– der Ausbreitung nach Europa und der Vernichtung Israels. Um die Ängste
der Bevölkerungen nicht über Gebühr zu schüren, verkleinert man den monströsen Vorgang auf eine schlichte »Europäisch-Mediterrane Partnerschaft«.

In diesem Zuge hat sich die EU-Führung nicht nur die islamische Forderung angeeignet, Israels Anspruch auf staatliche Integrität in Frage zu stellen. Parallel zu einer wachsenden Ameriko- und Judophobie setzt sich bei
den Eurokraten die Auffassung durch, daß der Islam »Teil des westlichen
Wertesystems« ist und damit sogar einen Anspruch auf »Miteignerschaft an
Europa« hat.[2] Dies bekräftigt sie zum einen durch die finanzielle und
mediale Unterstützung von Terrorgruppen wie PLO und Hamas, von der
teilweise auch die Hizbollah, der iranische Gewaltarm, profitiert.

Zum anderen findet diese Strategie ihren Niederschlag in einer über-
dimensionierten Zuwanderung islamischer Migranten. Deren westliche
Für- und Lautsprecher des »Dialogs« beschränken sich nicht mehr auf das
links-grüne Politspektrum, sondern rekrutieren sich inzwischen aus allen
gesellschaftlichen Institutionen, in denen sich auch die extreme Rechte wieder bemerkbar macht. Um so unsicherer reagierte man auf eine iranische
Ersatzforderung, die man nur »klammheimlich« begrüßen konnte: Wenn
man Israel nicht ausradieren könne, so die Teheraner Führung, solle man
es zumindest nach Europa verpflanzen.

Nach Bernard Lewis, dem Nestor der historischen Orientforschung, wird
Europa am Ende des 21. Jahrhunderts islamisch sein und sich dabei an ei-

ner gewachsenen Fähigkeit der Muslime bereichern. Denn »sie schufen eine religiöse Zivilisation, die über die Grenzen einer einzigen Rasse, einer Region oder Kultur hinausgingen«. Sie könnten wieder den »stolzen Anblick des Mittelalters« bieten, indem sie der anderen Kultur mit dem Islam ein überlegenes, exklusives Bewußtsein bringen und die Welt wie einst »international, multirassisch, polyethnisch, und man könnte sogar sagen, *interkontinental*« machen.[3]

Amerika selbst – immerhin Schutzmacht Israels und Hauptprofiteur der Globalisierung – hielt sich in dieser Frage auffallend zurück. Dies ebenso in der Debatte um den »Karikaturenstreit«, der um die Jahreswende 2005/06 einsetzte. Ironische Muhammad-Bilder hatten sowohl bei den Muslimen als auch bei den »eurabisch-euranischen« EU-Eliten Aufregung verursacht. Alles andere als »überlegen und exklusiv«, überboten sich beide Seiten in der Propaganda, daß man die Freiheit der Meinung nicht über die Freiheit der Religion stellen, geschweige denn die »Gefühle der Muslime verletzen« dürfe. Dies hieß nicht weniger, als daß subjektive Emotionen objektive Gesetzeskraft erlangen sollten.

Prompt beeilten sich die EU-Spitzen, den Islamspitzen eine baldige Revision zuzusagen. In Zukunft würden derlei »Rechtsverletzungen« nicht mehr vorkommen, weil man alle EU-Länder anweisen werde, ihre Rechtssysteme den Erfordernissen der Scharia anzugleichen. Hier zeichnete sich eine frappierende Bestätigung dessen ab, was sich seit langem vorbereitet: der Strukturwandel als epochale »Synthese von prämoderner Herrschaftskultur und moderner Kapitaltechnologie« (H. Krauss),[4] die in ihrem strikten Ganzheitsstreben faschistische Züge trägt (s. u. S. 246f.). Um dem ein wenig nachzuhelfen, kündigte Teheran einen Karikaturenwettbewerb über die vermeintlich humorigen Aspekte des Genozids an den europäischen Juden an.

Iran profitiert zwar von der Landnahme des aufsteigenden »Euro-Islam«, den die Organisationen und Exponenten des »Dialogs« – vor allem mit massivem Moscheebau – den EU-Bevölkerungen aufzwingen, geht aber erkennbar eigene Wege. Mit der Revolution ist ein Experiment in Gang gesetzt worden, das wie durch ein Vergrößerungsglas die ganz eigenen politischen, sozialen, kulturellen und wirtschaftlichen Konturen dieses ungewöhnlichen Landes hervortreten läßt.

Das prägnante Merkmal der iranischen Kultur ist ein tiefer Hang zur Gegensätzlichkeit, der sich als geistig-materielles Band durch die Phasen der Geschichte zieht. Scheinbar Unvereinbares – Realismus und Utopie, Pragmatismus und Dogmatismus, Humanität und Korruption, Kreativität und Vernichtung, höchste Vergeistigung und tiefste Barbarei – tritt wiederholt gleichzeitig auf. Als wichtige Basis dieser Zerrissenheit begegnet uns eine messianische Sehnsucht nach Gerechtigkeit, die ihren Ursprung im Herrschaftsprinzip des Gottkönigs hat.

Teil A dieses Buches beschreibt, wie schon in mythischen Zeiten eine Heilandsgestalt entsteht, aus der die Idee vom Gottmenschen in den iranischen »König der Könige« übergeht.[5] Als übernatürliche Vorstellung ist sie über das Judentum ins Christentum eingeflossen, und als weltlicher Aspekt taucht sie in der Figur des herrschenden Übermenschen auf, der auch auf Griechenland und Rom einwirkt. Er fordert nicht nur – wie Prometheus – die Götter heraus; er bildet auch eine Kraft – wie Zarathustra oder der römische Mithras –, die konstruktive Wege zwischen den Menschen und dem Göttlichen bahnt. Der Gottkönig verkörpert die Schnittstelle der Macht zwischen Gott und Welt, wobei er sich besonders befähigter, zumeist männlicher Eliten bedient, die Militär, Verwaltung, Religion und – die Frau beherrschen.

Teil B beleuchtet die Umformung des Iran durch den Islam. Wenige Jahre nach dem Tod des Verkünders Muhammad spaltet sich die Schia ab, die messianische Form des Islam, die sich bei der Machtnachfolge übergangen sieht und den Führungsanspruch der ersten Dynastie, der Umayyaden, anficht. Die Schia entsteht zwar im Irak, orientiert sich jedoch bald nach Persien. Ein Zentrum bildet sich in Khorasan, von wo der Aufstand ausgeht, der um 750 die Umayyaden beseitigt.

Die nachfolgenden Abbasiden übervorteilen die Schia erneut und entfalten eine Macht und Pracht der iranischen Art, wie sie die nüchternen Araber eher ablehnten. Während die Schiiten ihren Einfluß in Persien langsam verstärken, entfalten sie eine esoterische Variante (Siebener-Schia), die um die Jahrtausendwende kurzzeitig das Islamgebiet zwischen Nordafrika und Irak beherrscht. Nach dem Ende der Abbasiden 1258 befindet sich die imamitische Schia-Basis (Zwölfer-Schia) für zweieinhalb Jahrhunderte des Übergangs unter der Herrschaft von Mongolen und Türken, bis im Jahre 1501 die Safawiden, die erste schiitische Dynastie im persischen Kernland, die Macht übernehmen.

Zwar sind die Herrscher immer noch Türken, doch haben sie das messianische Element verinnerlicht, das ihnen als naturgläubigen Zentralasiaten lange fremd war. Erneut macht sich eine dem Gottkönig vergleichbare Gestalt geltend, die über die übernatürliche Mittlerinstanz des »Verborgenen Imam« Verbindung zum Göttlichen hat. Dessen Stelle besetzt seit inzwischen fast einem Jahrtausend Allah, der sich mit der altiranischen Individualität zu persischen Kulturspezialitäten verbunden hat: Lichtmystik,

Passionskult und bildhafte Darstellung. Auch für die folgenden Jahrhunderte bildet die »Verborgenheit« die Quelle der Macht, die man kompromißlos verteidigt. An ihr wird jeder der »Heilande« scheitern, der diese Legitimität – eine Mischung aus Charisma, Gewalt und dem Bemühen um »Gerechtigkeit« – nicht nachweisen kann.

Teil C schildert das Vorrücken der europäischen Kolonialmächte, das sich in Verbindung mit der Ausbeutung des Öls zu einer enormen wirtschaftlichen Kraft potenziert und mit den beiden Weltkriegen nicht nur den Weltmachtwechsel von England auf Amerika beschleunigt. Auch in unserer Zeit tauchen wieder zwei Figuren auf, die von der Bereitschaft der Iraner profitieren, in Macht und/oder Pracht die Reinkarnation des Gottkönigs zu sehen. Letztere überwog beim Schah Reza Pahlevi, dem eine mystische Hybris suggerierte, die Nachfolge der antiken Herrscher angetreten zu haben. Erstere war die Domäne des Ayatollah Khomeyni, der das irdische Paradies darin sah, in dem Jahrzehnt seiner Herrschaft mindestens einer Million Menschen vom Leben zum »Märtyrertod« verholfen zu haben. Teil D beschreibt die wesentlichen Aspekte und Abläufe der Revolution von 1979.

Wiederholt zeigt sich, daß die Neigung der Iraner zum Extrem zwar auch extreme, aber nicht immer negative Reaktionen erzeugt. Ihre Geschichte ist voller Beispiele für das Gegenteil. So wie die Orthodoxie das Bild durch das Ornament ersetzte, so leisteten sich die Perser den geistigen Luxus von Malerei und theaterhaften Passionsspielen. So wie die Dogmen der Religion zum Käfig des Denkens wurden, so brachen sich die Astronomen, Philosophen, Dichter und Mystiker in Mittelalter und Neuzeit mit grandiosen Werken und einmaligen »Denk-Mälern« ihre Bahn.

Diese kulturelle Kontinuität blieb nicht ohne Folgen für die Gegenwart. Die Teile E und F legen dar, wie die Revolution in die Praxis umgesetzt wurde und auch auf Europa, insbesondere Deutschland, zurückwirkt. So wie der »Oberste Führer« des Iran und seine Mollahs behaupten, Allahs Staat auf Erden zu errichten, so entsteht auch heute eine gleichermaßen alternative Kraft, nämlich die junge Generation des Landes, die sich von den Betonköpfen des »Glaubens« abwenden und ein Leben in geistiger Freiheit führen will.

Wesentliches Gewicht wird auf die Darstellung gelegt, wie gründlich die Mollahs das Land heruntergewirtschaftet und dabei die Korruption in Dimensionen katapultiert haben, die die Betrügereien der Schahfamilie als harmloses Hütchenspiel erscheinen lassen. Um so irritierender wirkt der von der EU-Spitze erzwungene »Dialog«, der den Menschen die Kultur des Islam als offenbar notwendigen, weil »bereichernden« Impuls für den kommenden Fortschritt vermitteln soll.

Noch steht das Hochrisiko der Bombe im globalen Raum, in der die Mollahs die Gnade Allahs sehen. Auf sie zu verzichten hieße, die epochale Chance gegen den Unglauben – allem voran Israel – zu verspielen, den zu vernichten ihnen eben diese Gottheit aufgegeben hat. Es hieße allerdings auch, das eigene Volk zu vernichten, was sie wiederum Allahs Verdammnis preisgäbe.

Die Lösung des Dilemmas liegt in Europa inklusive Rußland. Deren »eurabische« – hier besser: »euranische« – Eliten sind gern bereit, sie gegen den »Großen Satan« USA zu unterstützen. Die EU, Frankreich und Deutschland voran, hat keine Skrupel, gegen die eigenen Bevölkerungen zu handeln und ihnen vermittels Migration islamische Konfliktpotentiale zuzumuten.

Dabei ist durchaus offen, wer wann wen manipuliert. Denn schon die Einbindung der Türkei nützt primär dem »Großen Satan«. Ebenso kann niemand belegen, wie die islamistisch geschürten Herbstaufstände im Frankreich des Jahres 2005 letztlich zustande gekommen sind. Wer wollte, solange der »Eurabia/Eurania«-Trend andauert, mit Sicherheit ausschließen, daß es sich bei der aktuellen Islamisierung Europas nicht um einen »Strukturwandel« vom westlichen zum islamischen Weltbild handelt? Wir stehen vor einem spiegelartigen Phänomen, das uns nur Halb-Antworten auf Cui-bono-Fragen geben kann.

Gerade im Bereich der totalitär orientierten Politik, mit der die Islamisten und die Euro-Eliten gemeinsam sympathisieren, haben Verschwörungstheorien immer wieder Konjunktur. Die ansonsten historisch verfeindeten Araber, Türken und Iraner bilden hier eine bemerkenswerte Allianz. Sie finden die »jüdische Weltverschwörung« in den »Protokollen der Weisen von Zion« und bringen fast alljährlich neue Auflagen von Hitlers »Mein Kampf« heraus. Ihre »eurabisch-euranischen« Helfer wollen nicht zurückstehen und kreieren eine neue Anti-Amerika-Literatur, in der überall Agenten des CIA lauern, die dem Islam den Weg zur gerechten Weltherrschaft verbauen wollen.

Ebenso sehen sie in Islamanalysen wie dieser Untersuchung »Polemiken«, wenn nicht »Haßpredigten«, die ihr Heilsobjekt gefährden und daher auch – in ersten Ansätzen einer »modernen« Inquisition – die Tötung des Autors rechtfertigen (s. u. S. 239f.). Im laufenden Islamtrend erscheinen Darstellungen, die nicht dem neuen, konformistischen Geschichtsbild entsprechen, als abweichende, »ungerechte«, wenn nicht blasphemische Verfälschungen, die zu Diffamierung, Bedrohung und letztlich Beseitigung der Urheber »berechtigen«.

Indem man die eigenen, jüdisch-christlichen Wurzeln überwindet, aus denen Aufklärung und Wissenschaft hervorgingen, unterwirft man sich dem Muster der *dhimma*, der islamischen Einstufung von Juden und Christen als »Verfälscher der Wahrheit«. Die universale Dimension des Islam bleibt allerdings nicht an der Beseitigung der Wissenschaft stehen, sondern beendet auch den demokratischen Rechtsstaat.

Es würde also nicht überraschen, wenn in dem ständigen Getöse um den »Frieden des Islam« z. B. die Behauptung auftauchte, die französischen Unruhen seien von Amerika angezettelt worden, um das Eurabia-Führungsland zu schwächen, zumindest »um den Islam zu diffamieren«. Selbst wenn es so wäre, würde es nur um so mehr die enorme Spaltwirkung dieser Kultur bestätigen, die Europa dazu zwingen wird, sich auf seine eigene Kulturbasis zu besinnen, vorausgesetzt natürlich, daß die Zeit zum Weltbildwandel noch nicht reif ist.

Zunächst wäre dabei die Führungslegitimation zu prüfen, wie sie sich auf den Ebenen der EU und der ihr angeschlossenen Länder darstellt. Hier sind Strukturen entstanden, die kaum herkömmlichen Standards der Demokratie entsprechen. Durch feudale Entscheidungslinien, die an der Bevölkerung vorbeigehen, ähneln die Parteien inzwischen weit eher islamischen Klanen als demokratischen Institutionen. Die EU-Spitzen agieren ohnehin in einem völlig legitimationsfreien Raum.

Allerdings befindet sich der »alte Kontinent« – im Vergleich zur Weltmacht Amerika – am kürzeren Hebel der Gestaltungsmöglichkeiten. In der Globalisierung verfügen die USA in den einschlägigen Organisationen wie Weltbank, Währungsfonds, Welthandelsorganisation über großes Gewicht, dessen Vorteile auch die Mollahs zu schätzen wissen. Wenngleich dies keinen Alleinvertretungsanspruch bedeutet, so ist es doch in Verbindung mit der US-Dominanz im Weltfinanzsystem und in der Militärtechnologie die Grundlage für eine vorläufig schwer anfechtbare Dominanz.

Als Alternative bietet sich den Muslimen Europa an. Immer, wenn sie in ihrer Geschichte auf lokale Führer trafen, die ihrer Legitimität so wenig sicher und für Korruption so offen waren wie die in Europa, konnten sich die Anhänger Allahs auch als Minderheit leicht durchsetzen. Unter den Bedingungen der Demokratie genießen sie gesteigerte Vorteile. Denn während sie nach ihrem schariatischen Recht verpflichtet sind, die Angehörigen des Unglaubens zu betrügen und zu bedrohen, um ihr eigenes Recht zu etablieren, können sie zugleich die Schutzschirme der Religionsfreiheit und politischen Toleranz in Anspruch nehmen.

Die Zeit arbeitet ohnehin für sie, weil sie demographisch und finanziell überlegen sind. So kommt es primär nicht darauf an, ob die Europäer die Muslime dulden, sondern wie lange sie sich von ihren Eliten täuschen las-

sen. Deren »Dialog« läuft, gestützt von Mantren wie dem »Respekt« vor
dem Islam, der voller »Frieden« und »Bereicherung« ist, auf eine Strategie
des Zeitgewinns hinaus. Da ihre Vertreter zur Eigenkorrektur unfähig und
einige von ihnen erpreßbar sind, folgen sie den gar nicht so subtilen Kom-
mandos, welche die USA erteilen, sobald deren Interessen und die Israels
vital tangiert sind. Auch wenn die Amerikaner die eigenen Möglichkeiten –
wie in Afghanistan und Irak – zuweilen überdehnen, so ändert das zunächst
wenig an ihrer Weltmachtposition.

In Europa schränkt man die Spielräume selbst ein, indem man die kritische Diskussion als »Rassismus« verhindert und sich somit ideologisches
Blockdenken aneignet, das anti-amerikanisch gepolt ist und zugleich die
»Augenhöhe« mit dem Islam herstellt. Je länger man nicht europäisch sein
will, desto schneller kann man islamisch sein und auf den »Generalverdacht« verzichten, vor dem die »eurabisch-euranischen« Verschwörungs-
denker ihr Heilsobjekt schützen. Wenn es gelingt, sich nachhaltig mit den
islamischen Interessen zu verschränken, wäre ein weiteres Mal ein historischer Schritt geschafft. Der »moderne« Islam hätte den Westen überwunden, weil der europäische Osten im amerikanischen Westen die größere
Bedrohung sah, wie im Falle der Osmanen einst auch der byzantinische
Osten im lateinischen Westen.

Solange die Widerstandspotentiale in der Bevölkerung noch nicht bere-
chenbar klein sind, ist es eher sinnvoll, die Frage der Bombe offenzuhalten,
wie es mit dem »Outsourcing« der Anreicherung des Iran-Uran nach Rußland geschieht. Ebenso lohnt es sich, immer wieder einmal auch die Al-
Qa'ida ins Spiel zu bringen. Um so eher läßt sich der öffentlichen Meinung
die Notwendigkeit vermitteln, im Sinne gesteigerter »Sicherheit« den Dialog mit den »gemäßigten« Muslimen zu führen, die unter solchen Umständen indessen beliebig radikal sein können.

Man hat diese Strategie u. a. von den iranischen Hizbollah-Islamisten
übernommen, die vom »Gewaltgradualismus« sprechen. Mit der Andeutung, manchmal auch Androhung von Gewalt, die zwischen Virtualität und
Realität schwankt, läßt sich auf Dauer ein gradueller Rechts- und schließlich Existenzverzicht des Bedrohten erreichen.

Indem die westlichen Hilfswilligen des Islam alle Negativaspekte her-
ausfiltern, präsentieren sie den Vorgang als »Toleranz«, als aufgeklärte
Errungenschaft, deren optimistische Friedensbotschaft nicht durch diffe-
renzierende Information getrübt werden soll. Entsprechend unangenehm,
zumindest »pessimistisch« oder »intolerant«, vielleicht auch »rassistisch«
erscheinen ihnen Islamanalysen, die wie dieses Buch das Vakuum des islam-
bezogenen Wissens füllen.

Die wichtigste Maxime besteht darin, jede Debatte zu ersticken, die vom Mehrheitsinteresse, d. h. von der eigenen Kultur ausgeht. Mit dem Wort vom »Stammtisch« ist die Blockade dieses Anspruchs nachhaltig gelungen, wobei wenig dafür spricht, daß die »Spaßgesellschaft« ihr graduelles Verschwinden als ernsten Verlust empfinden wird. Insgesamt können die Meinungsführer in »Eurabia-Eurania« also hoffen, dem Ziel des »islamischen Friedens« allmählich näher zu kommen.

Gleiche Bedingungen, d. h. auch das US-Interesse vorausgesetzt, wird die eigentliche »Endlösung« noch auf sich warten lassen. Sie bedingt, daß Israel zur Disposition gestellt wird. Auch wenn dies zunächst nicht der Fall ist, werden alle Beteiligten die Inszenierung eines immer radikaleren »Welttheaters« fortsetzen, in dem sich die Sonderrolle des Iran normalisieren und gewaltbereite Gruppen wie Hizbollah und Hamas von Neben- zu Hauptdarstellern avancieren können.

Dies wiederum wird um so einfacher, je mehr sich die Tatsache erhärtet, daß der EU-»Dialog« ein anderes Wort für die Verwaltung eines konkursähnlichen Zustands ist. Während die Frauenrechte undiskutiert bleiben, können die islamischen Investoren den Euro-Eliten mehr oder minder »verhüllt« das Ruder aus der Hand nehmen, indem sie die EU-AG auf ihre Weise sanieren, d. h. islamisieren. Personalmangel an nützlichen Helfern besteht nicht, wenngleich die USA den Ablauf, zumindest was Deutschland anlangt, bis auf weiteres kontrollieren. Das Stasi-Material, das man direkt nach der Wende an sich brachte, wirkt auf die deutsche Politik durchaus disziplinierend.

A

Das antike Persien

»Mit Heiligem Geist und Gutem Sinn,
wahrheitsgemäß mit Tat und Wort,
uns gibt Heil und Ewig Leben der Weise Herr,
Demut und Macht«.

*(Prophet Zarathustra über Ahura Mazda,
den Gott des antiken Iran)*

1. Von Kyros bis Khosrau

Das Staatsgebiet des heutigen Iran unterscheidet sich vom Kernland seines antiken Vorgängers kaum. Sehr konsistent erstreckt es sich in der West-Ost-Richtung zwischen Irak (dem früheren Mesopotamien) und Afghanistan sowie zwischen Kaspischem Meer und Elbursgebirge im Norden bzw. Persischem Golf und Indischem Ozean im Süden. Im Gegensatz zu den regenreichen Grenzgebirgen stellt sich das Zentralgebiet im wesentlichen als Hochland dar, das sich wenig, und dies nur mit intensiver Bewässerung, zu landwirtschaftlicher Nutzung eignet. Der weitaus größere Teil besteht aus kargen Flächen, teilweise Wüsten, die sich in der Regenzeit im Winter in riesige Salzsümpfe verwandeln.

Dieses Land nannten kriegerische Nomaden, die es ein gutes Jahrtausend vor unserer Zeitrechnung von Osten her in Besitz nahmen, das »Land der Arier« (altiran.: *aryanam*), der Begriff, von dem sich der Name »Iran« ableitet. Aber auch aus dem Nordwesten, durch die Pässe des Kaukasus, wanderten arische Stämme zu. Es waren Skythen, die ersten Kulturvölker Armeniens und Mediens.

Vorübergehend beherrschten sie das Volk der Persis (pers.: *pars* oder *fars*), des südwestlichen Iran, bevor es unter Führung Kyros' II. die Vorherrschaft der Meder zurückzudrängen begann und das Großreich der Achämeniden begründete. Ausgehend von der Königsstadt Anshan, hatte Kyros um die Mitte des 6. Jahrhunderts v. Chr. den gesamten Westen Irans, große Teile Anatoliens, Syriens und Palästinas unterworfen und Babylon kampflos eingenommen.

Er gab den Juden, die Nebukadnezar im Jahre 586 v. Chr. dorthin verbannt hatte, die Freiheit zurück und ordnete die Wiederherstellung des Tempels von Jerusalem an. Mit hymnischen Prophetien begündeten Hesekiel und Jesaja den jüdischen Messianismus. Über die Gründe für dieses erstaunliche Handeln Kyros' ist oft gerätselt worden. Eine ebenso spekulative wie akzeptable Erklärung bietet der Historiker Bernard Lewis an: Es sei eine »ethische Anziehung«, eine Art Kulturverwandtschaft gewesen, die den Herrscher in einem ansonsten kulturlosen Umfeld dazu bewogen haben könnte, die Juden unter seine Fittiche zu nehmen.[6]

Auch der sagenhafte Lyderkönig Kroisos soll in seine Gefangenschaft geraten, aber dann von ihm begnadigt worden sein. Die Sonderbehandlung hinderte ihn jedoch nicht daran, sich über die persische Unsitte des Frauen-raubs zu beklagen.[7] Ebenso ließ Kyros den Astyages, König von Medien, entgegen sonstiger Praxis am Leben, eine weitere Demonstration von in jener Zeit unüblicher Mäßigung.[8] Im Osten wurde sein Vormarsch schließlich gestoppt, als er im Jahre 529 v. Chr. im Kampf um den Übergang über den Oxus (Amu Darja) fiel.

Unterstützt durch die Flotte der Phönizier, dehnte sein Sohn Kambyses um 525 das Reich nach Ägypten und Äthiopien aus, starb jedoch unerwartet auf dem Rückweg, wahrscheinlich durch Selbstmord. Ihn hatte die Kunde von einer Konspiration um den Magier Gaumata erreicht, der sich als Bardija, den von ihm selbst beseitigten Bruder Kambyses', ausgab. Der Verschwörer nutzte den Magieglauben des Volks und die Unzufriedenheit der entmachteten Aristokraten, um mit ihrer Hilfe einen Aufstand der unterworfenen Meder und Armenier vorzubereiten.

In einem entschlossenen Gegenzug vereitelte Darius, Sohn des legitimen Prätendenten Hystaspes, den kühnen Plan. Selbst zu den Verschwörern gehörend, drang er in einer Geheimaktion mit einigen wenigen Vertrauten in Gaumatas Burg ein und tötete den Magier und sein Gefolge. Er riß die Macht an sich, brachte das Reich 520 unter seine Kontrolle und dehnte es danach im Osten bis zum Industal sowie im Westen bis nach Thrakien und Mazedonien aus.

Einiges deutet darauf hin, daß dieser Vorgang mehr als eine bloße Palastrevolution war. Der Begriff des Magiers hängt eng mit dem des *Maghus* zusammen, des zoroastrischen Priesters. In der ersten Hälfte des 6. Jahrhunderts hatte die Lehre des Zarathustra begonnen, in Konkurrenz mit den lokalen Göttern zu treten. Er strebte den ethischen Ausgleich zwischen den friedlichen Bauern und den räuberischen Nomaden des Iran an – den Exponenten des Guten und des Bösen, repräsentiert durch die Gottheiten Ahura Mazda und Ahriman (s. u. S. 32).

Zarathustra, aus der nordöstlichen Teilprovinz Baktrien stammend, stiftete eine Religion, die mit ethischen Anleitungen zu Wahrheit, Gerechtigkeit, Frieden und Fleiß eine sozialwirtschaftliche Reform bewirken sollte. In dieser Sicht entstand Menschsein durch Arbeit, vor allem in Gestalt von Ackerbau und Viehzucht, die im Gegensatz zum nomadischen Raub die iranische Kultur, schlicht das Gute hervorbrachten. Der später aufkommende Islam bildet das Gegenkonzept: Hier wird man den Landbau verachten und im Wirtschaften primär das Abschöpfen fremder, d. h. nichtmuslimischer, Vermögen sehen. Mit Ausnahme der Steuern ist das Land für die städtisch orientierte Gottheit des Islam und ihr Gesetz uninteressant.[9]

Dem »Magier« Gaumata werden Züge eines religiös motivierten Sozialreformers zugeschrieben, der als Anhänger Zarathustras die alten Heiligtümer zerstörte und zugleich die Eliten als besitzende Klasse bekämpfte.[10] Wenn Kyros und mit Abstrichen auch Darius dem Ahura Mazda anhingen, so doch auf gänzlich andere, nämlich elitäre Weise. Da sie von ihm die Legitimation als »Gottkönige« bezogen, konnten sie auch die Gottheiten der unterworfenen Völker tolerieren, solange diese keinen dominanten Geltungsanspruch erhoben.

So blieb Marduk, der besiegte Stadtgott Babylons, ebenso im »Amt«, wie es der von ihm unterdrückte Jahwe der Juden vom Sieger Kyros wieder verliehen bekam. Während diese Interpretation bei den Althistorikern theoretisch nicht unumstritten ist, so ergab sie für die Praxis des Eroberers eine Menge Sinn. Schließlich wurde sein Erfolg nicht nur durch den eigenen, sondern noch viel mehr durch den fremden Gott geheiligt, wenn der die Unterwerfung seiner Anhänger zuließ. Insofern war es eher widersinnig, von ihnen die Konversion zu Ahura Mazda zu verlangen. Dieser war als Prinzip nützlich, ohne sich seinem System zu verpflichten, einer der Gründe, weshalb Darius dessen Ethik propagierte, aber kaum den Urheber, den Propheten Zarathustra, erwähnte.[11]

Mit anderen Worten: Wir erfahren weniger über den Charakter des Herrschers als »vielmehr über seine Legitimationsbemühungen und seine Kunst, lokale Traditionen und Vorbilder in seinem Sinne zu nutzen«.[12] Allein mit dem Kyros oft unterstellten Großmut war dessen Weltreich gleichwohl nicht zustande gekommen. Für ihn wie für den von den antiken Historikern wesentlich negativer eingestuften Darius-Nachfolger Xerxes galt das achämenidische Programm gleichermaßen: »Wer vom König abfällt, wird bestraft, und die heiligen Plätze der Aufständischen werden zerstört werden.«[13]

Als Entgelt für die Herrschertoleranz hatten die Satrapen (altpers.: Reichsschützer), die Gouverneure der unterworfenen Völker, Tribute zu entrichten, während die Perser, das Volk der »Gottkönige«, davon befreit waren. Dem herrschenden Adel oblag die Organisation der tragenden Säulen des Reiches: der Landwirtschaft, des Handels, des Straßenbaus, der Kriegführung und – der Errichtung von Palästen und Denkmälern für die Herrscher. Als »Augen und Ohren des Königs« stellten sie eine bis dahin nicht gekannte Kontrollqualität sicher. Über ein Nachrichtensystem, das sich auf Kastelle, Kurierstationen und Karawansereien stützte, spürte man den Vorgängen im Reich bis in entfernteste Winkel nach.

Allerdings waren alle, vom ärmsten Tagelöhner bis zum reichsten Aristokraten, Sklaven des Gottkönigs. Der wiederum sollte für sich nicht die Göttlichkeit selbst, sondern deren Abglanz in ihrer Stellvertretung in Anspruch nehmen, die durch Abstammung gerechtfertigt wurde: Achämenide, Perser, Arier. »Durch den Willen Ahura Mazdas bin ich König, er hat mir das Reich verliehen«, verkündete Darius, der von der Garde der »Zehntausend Unsterblichen« geschützt wurde. An seinem Grab prangt eine Inschrift, die vom Gedanken der Gerechtigkeit geprägt ist:

> »Ein großer Gott ist Ahura Mazda, der dieses hervorragende Werk, welches du erblickst, geschaffen hat, der für die Menschen den Frieden schuf und König Darius mit Tatkraft und Weisheit beschenkte. König Darius spricht: Durch Willen Ahura Mazdas bin ich von solcher Natur: Des Gerechten bin ich Freund, des Ungerechten bin ich nicht Freund. Ich wünsche nicht, daß der Schwache Schaden erleide durch das Werk des Starken und daß der Starke Schaden erleide durch das Werk des Schwachen … Wer der Lüge anhängt, den verachte ich … Wenn ein Mensch Schlechtes spricht über einen anderen, so glaube ich nicht, bis er einen Beweis liefert … Dies sind die Eigenschaften meines Verstandes und meines Wollens.«[4]

Unter diesem Herrscher erreichte das Perserreich seinen Höhepunkt. Auch die lange Zeit freien ionischen Städte an der kleinasiatischen Mittelmeerküste verloren ihre Unabhängigkeit und gaben den Weg in die Ägäis frei. Es folgten die Kriege gegen Griechenland mit den Niederlagen zu Lande bei Marathon (490) und zur See bei Salamis (480), die zugleich auch den Niedergang einleiteten. Wechselvolle Machtkämpfe und Aufstände in den Reichsprovinzen stellten im Jahre 343 in einer letzten Anstrengung unter Artaxerxes III. die alte Ausdehnung noch einmal kurzzeitig wieder her, bevor der epochale Feldzug Alexander des Großen (334–324) den Zusammenbruch einleitete.

Der Eroberer begründete seinen Erfolg mit dem Wohlleben der Perser: »Soviel Schwelgerei und Üppigkeit muß notwendigerweise viel Unmännlichkeit zur Folge haben. Ihr seht auch, wie die, welche so gewaltige Mahlzeiten verzehren, in den Schlachten nur allzu schnell besiegt werden.«[15] Obgleich der unmittelbar Betroffene die Sachlage wohl zu einseitig in den Blick nahm, so wurde sie doch auch durch die distanziertere Betrachtung bestätigt. Es rächte sich die extreme Feudalstruktur: Man brauchte nur die dünne Elite zu vernichten, um das Reich zu übernehmen.

Platon bietet uns eine Erklärung an, die in eine ähnliche Richtung weist: Es seien Frauen und Eunuchen gewesen, die im Harem des Herrschers die Söhne zu Weichlingen erzogen und das Reich in den Abstieg geführt hätten. Der Dramatiker Sophokles (gest. 406 v. Chr.) gehörte zu denen, die den Verachtungstrend in Gang setzten, indem er Eunuchen als Repräsentanten des Orients auftreten ließ. In gewisser Weise bestätigten die Achämeniden den Vorwurf der Dekadenz selbst. Trotz hochstehender Kultur ist ihre Ära rasch in Vergessenheit geraten, wenngleich Alexanders Beute in Persepolis einen in der Antike unerreichten Rekord aufstellte: 468 Tonnen Gold.

Sowohl die Philosophen als auch die griechischen Geschichtsschreiber wie Herodot und Xenophon tauchten den persischen Erzfeind in negatives Licht: Neben der effeminierten Verweichlichung trügen auch Gottlosigkeit, Despotismus und Kriechertum zum Niedergang bei, eine tragische Entwicklung für ein Volk, das gewohnt gewesen sei, »die Wahrheit zu sagen«. In ihrer Hybris hätten sie sogar – wie Kambyses in Ägypten – vor dem Inzest nicht haltgemacht. Daß die persische Kultur ihren Frauen erheblichen Raum im politischen, sozialen und geschäftlichen Leben gegeben hat, kommt in diesem tendenziösen Bild deutlich zu kurz.[16]

Während zuvor alles Nichtgriechische als Barbarentum gegolten hatte, waren es nun die Perser, denen man dieses Stigma aufdrückte. Wie der Iranist J. Wiesehöfer zeigt, hat diese Sicht ihre Fortsetzung gefunden. Auch im Europa des 19. Jahrhunderts sah man die Perser um so negativer, je stärker man den Geist der griechischen Antike überhöhte. Dies mündete in den Rassismus der Nationalsozialisten, die einen unheilvollen Einfluß des »semitischen« Orients auf die »arischen« Perser zu erkennen glaubten.[17]

Natürlich war es nicht nur diese Art von »Dekadenz«, die nach dem Kollaps der Achämeniden die Hellenisierung des Perserreiches vorangetrieben hat. Vielmehr war es die städtische Poliskultur der griechischen Kolonisten, deren Konzept vom freien, gebildeten Bürger sich sowohl durch die einheitliche Sprache als auch die Verheiratung mit persischen Frauen ausbreitete. Auf dem Land lebten die alten Bräuche und Sprachen – Persisch und Aramäisch – indessen fort. Das griechische Pantheon und der iranische Lichtglaube begannen sich zu synkretistischen Mysterienkulten zu vermischen. Der wechselseitige Einfluß legte die Grundlagen für den späteren Mithraskult in Rom sowie die gnostischen Elemente im Christentum Syriens (s. u. S. 35f.).

In der Nachfolge der Achämeniden in Ägypten und Mesopotamien entwickelte sich eine Gegnerschaft zwischen den Ptolemäern und Seleukiden, welche die Geschichte des westlichen Orients – Ägypten und Mesopotamien – für die nächsten Jahrhunderte prägen sollte. Im persischen Kernland erstarkten ab Mitte des 3. Jahrhunderts die Parther, die ihr Gebiet unter dem Feldherrn Mithridates bis zum Kaspischen Meer und Baktrien ausdehnten. Schließlich besetzten sie auch das seleukidische Babylon und rückten gegen Armenien und Syrien vor, wo sie in Konflikt mit der neuen Weltmacht Rom gerieten.

Nach ihrem Gründer Arsakes I. nannten sich die Parther auch die Arsakiden, die in den ersten Jahrhunderten nach der Zeitenwende den expansi-

ven in einen isolationistischen Trend umkehrten. Unter ihrer Herrschaft
nahm Persien den Charakter eines Nationalstaats an, in dem die nachfolgende Dynastie der Sassaniden das Zoroastriertum zum Staatskult entwickelte.

Ihr Gründer Ardashir I. (gest. 241 n. Chr.) zeichnete sich als Erneuerer
der Städte und Verwaltung aus, die dem straff zentralisierten Staatswesen
aus Priestern, Kriegern, Beamten sowie Bauern und Handwerkern verstärkte Sicherheit und Identität gaben. Dies drückte sich auch in einer rigorosen Sprachreform aus, die das Griechische durch das Mittelpersische
(Pahlevi) ersetzte, das sich inzwischen aus dem Altpersischen der Achämeniden entwickelt hatte.

Im Jahre 260 n.Chr. gelang es Ardaschir-Nachfolger Schapur I., den römischen Kaiser Valerian gefangenzunehmen. Lebenslang führte er ihn in
Ketten herum und benutzte ihn als Schemel, wenn er sein Pferd bestieg –
eine legendenhafte Praxis, die später auch Timur dem Eroberer in bezug auf
dessen Umgang mit dem Osmanensultan Bayezid nachgesagt wurde.[18] Auf
den Felsenreliefs von Naksh-e-Rustam unterhalb der Achämenidengräber
beugt sich Rom in Gestalt von Valerian kniefällig vor dem persischen
Triumphator, der sich als Weltenherrscher verstand, als »König von Iran
und Nichtiran«.

Erneut prägte man das Wort vom »Land der Arier« (*iranshahr*), das die
Renaissance des Iran als Einheit von Politik, Religion, Sprache und Kultur
beschwor. Wie ihre Herrscher bis hin zu Darius bestanden die Iraner auf der
»Reinheit« von Blut und Rasse: »Ich bin Perser, Sohn eines Persers, Arier,
aus arischem Blut.«[19] Die sassanidischen Könige nahmen dabei – im Gegensatz zu ihren achämenidischen Vorfahren – göttliche Eigenschaften an.
Es gab nun zweierlei Götter: diejenigen der iranischen Staatsreligion und
die Könige als ihre Inkarnationen.

Folgerichtig ließen sie das Avesta, den Grundtext der iranischen Mythen
und Lehren Zarathustras, sammeln und zur Basis ihres Staatskults formen.
Für seine Einhaltung sorgten die bekannten »Augen und Ohren des Königs«. An zahlreichen Stellen vom Dorf bis zum königlichen Hof kontrollierten die Späher der göttlichen Macht die Einheit des Imperiums – eine
traditionelle Institution, die mit dem Ansturm des Islam zerbrach, später
aber wieder den modernen Gottkönigen diente (s. u. S. 135).

Dementsprechend aggressiv grenzte man sich gegen Ostrom, das christliche Zentrum in Byzanz, sowie die buddhistischen Kräfte in Indien und
China ab, wohin 227 die letzten Arsakiden geflohen waren. Auf kuriose
Weise »christianisierte« Schapur I. weite Gebiete selbst, indem er Hunderttausende von Christen aus entfernten Provinzen umsiedeln ließ, um sie für

große Bauvorhaben im Kernreich einzusetzen, was wiederum seinen Nachfolgern ihre Vertreibung und Vernichtung erschwerte.[20]

Ein halbes Jahrhundert später trat der charismatische Religionsstifter Mani (gest. 276) auf und beschwor mit seinem ketzerischen Manichäismus die Gefahr einer Religionsspaltung herauf. Indem er das kollektive Gute in der Natur bezweifelte, die Erlösung des individuellen Menschen jedoch betonte, stellte er das persische Herrschaftssystem insgesamt in Frage. Seine Hinrichtung war die unausweichliche Konsequenz in einer Zeit, die jeden Ansatz zu Synkretismus im Keim erstickte.

Nachdem der römische Kaiser Konstantin im Jahre 314 den Mithraskult gegen das Christentum ausgetauscht hatte, verschärfte sich die sassanidische Gegnerschaft, mit der Schapur II. gegen die Christen im Iran und vor allem gegen diejenigen in Armenien vorging. Hierin mochte sich eine gewisse Reaktion auf die nicht immer zimperlichen Methoden abbilden, die die neuen christlichen Herren gegen die »Heiden« im römischen Kernland anwandten.[21]

Andere erkannten darin eine späte Rache für die Anfangszeit der Parther, denen als »Verbannte der Skythen« kein Zurück erlaubt war.[22] Überwinden konnte man die Armenier nicht, weil erhebliche Kräfte an der Ostgrenze gebunden wurden, wo zentralasiatische, vor allem türkische Stämme einzufallen drohten. Dennoch blieb die Christenverfolgung ein generelles Ziel, über dessen bedrückenden Fortgang so mancher Zwangskonvertit in der Sassanidenverwaltung zu berichten wußte:

> »Im siebenunddreißigsten Jahr unserer Verfolgung (unter Shabur II. im 4. Jahrhundert) erging ein harter Befehl, und die Mobads (zarathustrische Priester, d. Verf.) erhielten Gewalt über das ganze Christengeschlecht, durch Foltern und Qualen sie zu peinigen und durch Steinigung und Hinrichtung zu töten. Die tüchtigen Hirten, die sich in dieser Verfolgung nicht verbargen, wurden von frechen Dienern des Bösen angeklagt, die zu den Richtern sprachen: ›Die Christen zerstören unsere Lehre und lehren die Menschen, *einem* Gott zu dienen, die Sonne nicht anzubeten, das Feuer nicht zu ehren … mit den Königen nicht in den Krieg zu ziehen, nicht zu töten … und zu sagen, daß Gott, nicht Satan, die Schlangen, Skorpione und alles Gewürm der Erde gemacht hat. Auch verderben sie viele Diener des Königs und lehren sie Zauberei, die sie Schriften nennen.‹ Als das jene bösen Richter hörten, gerieten sie in großen Zorn, der wie Feuer im Holz in ihnen brannte.«[23]

Yazdgerd I. (gest. 421) entspannte den Druck auf die Christen und zog damit deren Lob, aber auch zugleich den Tadel der Iraner auf sich. Denn er ließ den Andersgläubigen so viel Spielraum, daß sie sogar den einen oder anderen Feuertempel zerstörten. Nach seinem rätselhaften Tod wurde der Frieden mit Byzanz, das man auch ganz einfach mit »Rom« gleichsetzte, prompt gebrochen und die harte Religionspolitik fortgesetzt.

Während sich die Verfolgungen in Armenien, Mesopotamien und Syrien wieder verschärften, sagte sich nach einer Massenflucht ihrer Anhänger die iranische Kirche von der Gesamtkirche los. Dabei kamen ihr die durch das Konzilsverdikt von Chalcedon (451) verdrängten Nestorianer entgegen. Sie vertraten die Lehre von Christus als Inkarnation des Wortes und ließen sich somit besser mit dem zarathustrischen Staatskult vereinbaren.

Als ihre Hauptstadt hatten die Sassaniden das parthische Ktesiphon übernommen, unweit des alten Seleukia, gute hundert Kilometer nördlich von Babylon. Nach ostiranischem Muster mit kreisrundem Grundriß angelegt, war diese Stadt berühmt für ihre gewaltigen Kuppelbauten, die zur Vorlage für die sakrale Baukunst der Folgezeit wurden, sowohl im Orient als auch im Okzident. Ihre Blütezeit erlebte die sassanidische Metropole unter Khosrau I. (531–571), dem größten Vertreter der Dynastie – Baumeister, Gesetzgeber und »unsterbliche Seele« des Imperiums.

Seine rigorosen Führungsqualitäten stellte Khosrau schon vor der Thronbesteigung unter Beweis, als er im Auftrag seines Vaters Khawadh die Sekte der Mazdakiten auslöschte. Der Sozialreformer Mazdak hatte großen Erfolg bei der armen Bevölkerung mit der Idee, daß vor dem Schöpfer alle Menschen gleich und somit auch alle Besitztümer unter ihnen aufzuteilen seien. Damit kein neuer Besitz entstünde und der Gedanke an ihn überhaupt verschwände, sollte die Institution der Familie aufgelöst und die Gemeinschaft unter die Führung der Frauen gestellt werden.

Khawadh erwies sich als idealer Herrscher, indem er die Stoßkraft dieser Bewegung nutzte, um Adel und Priesterschaft in Schach zu halten, ohne die mazdakitische Ethik auf sich anzuwenden. Vom väterlichen Lehrmeister geprägt, lenkte Khosrau I. die Utopie Mazdaks später in realistischere Maßnahmen und Gesetze, welche die Macht der feudalen Reichsautokraten beschnitten, ein »bürgerliches« Beamtentum förderten und die Lebensbedingungen der Bauern verbesserten.

Am Hof dieses totalen und zugleich pragmatischen Imperators, der wie viele andere in der Geschichte die Fähigkeiten des Ästheten und Despoten in sich vereinigte, versammelten sich die besten Köpfe der damaligen Welt. Wie wir sehen werden, gehört zu den Kennzeichen der westlichen Moderne die Neigung, sich nach den Totalitarismen des 20. Jahrhunderts ganz besonders von der Totalität der orientalischen Machtform beeindrucken zu lassen. Stellvertretend für die daraus folgende Sichtverengung erscheint G. Schweizer diese Tendenz als »Toleranz gegenüber Andersdenkenden«, allerdings nur solange diese sich »nicht kritisch über den Gottkönig oder die zarathustrische Staatskirche äußerten«![24]

Richtig dagegen ist, daß die »heidnischen« Schriften des Aristoteles und Platon bei den Sassaniden Zuflucht vor der »Zerstörungswut christlicher Fanatiker« fanden. Das iranische Erlösungsdenken war dem Individualismus der griechischen Philosophen weitaus näher als dem Kollektivismus des arabischen oder auch »semitischen« Raums. Wie sich zeigt, wird die gesamte anschließende Geschichte Irans von diesem Gegensatz geprägt.

Mit dem persischen Reich gingen zwar die zoroastrischen Priester unter, nicht aber die Grundgedanken ihrer Religion: Individualismus und Gerechtigkeit. Gerade weil sie diese Prinzipien oft genug unterdrückten, waren es die »Häresien« – Mazdakismus in Iran, Mithraismus in Rom sowie Manichäismus im Orient und Okzident –, die sie weitertrugen und auch die Schia-Variante des Islam beeinflußten.[25] Zarathustras Glaube ist für das Verständnis des Iran eminent wichtig, so daß wir anschließend seine geistigen Wurzeln skizzieren, bevor wir den historischen Abriß fortsetzen.

Es geht dabei um die Macht, die mit fehlender Kontrolle ins Gottähnliche wächst und ihre Inhaber von den Menschen entfernt. Den Führern der Sassaniden und Byzantiner – beide »Stellvertreter Gottes« –, die sich in verbissenem Kampf um die Hegemonie aufrieben, nutzte dieses selbstverliehene Privileg letztlich nichts. Hinzu kam, daß die Sassaniden ihre christlichen Vasallen, die Ghassaniden von Damaskus und die Lakhmiden von Hira bei Ktesiphon, ständig schwächten und damit deren Schutzfunktion gegen den kommenden Angriff aus der arabischen Halbinsel selbst abbauten.

Hier hatte sich inzwischen ein rebellischer Kaufmann mit Namen Muhammad zu Wort gemeldet, der den Anspruch erhob, ein von Gott eingesetzter Prophet zu sein. Im Jahre 628 kündigte die Ermordung Khosraus II. das Ende der persischen Herrschaft an; im gleichen Jahr diktierte Muhammad den Mekkanern den Vertrag von Hudaybiya, der ihm die Kontrolle des arabischen Heiligtums und damit die politische Herrschaft des Islam über ganz Arabien öffnete. Auch Persien geriet bald unter die Herrschaft seiner Anhänger, die wie sich im weiteren Verlauf zeigte, das Land der Iraner besetzen, aber nicht wirklich ihren Geist vereinnahmen konnten.

2. Der Gottkönig des Zarathustra

Die Bedeutung Zarathustras für die Kultur des Iran kann kaum überschätzt werden. Mindestens ein Jahrtausend haben seine Lehren die Geschichte des Landes und das Denken der Menschen »unverlierbar« geprägt.[26] Zusammen mit Konfuzius und Buddha bildet er den Beginn der »Achsenzeit«, die der deutsche Philosoph K. Jaspers (gest. 1969) als Quelle des monotheistisch geführten Staates ausgemacht hat.[27] Sie endet mit dem Islamstifter Muhammad und bildet somit zwei symmetrische Zeitstrecken von jeweils etwa sechshundert Jahren, die die zentrale »Achse« und Zeitenwende Jesu Christi umfassen.

Eine exakte Datierung des geschichtlichen Zarathustra gibt es nicht, doch scheint sich die Zeit um 600 v. Chr. als spätestmögliche Annahme durchgesetzt zu haben. F. Altheim legt den Bericht des zuverlässigen Porphyrios[28] zugrunde, der 522 als Todesjahr Zarathustras angibt. Da dieser das Alter von 77 Jahren erreicht haben soll, müßte er in der Tat um 600, genauer 599, geboren sein. Als fromme Legende erscheint es indessen, daß er seine erste »Offenbarung« – ähnlich Muhammad – im Alter von vierzig Jahren erhalten habe,[29] eine eher magische Zahl, die im gesamten Orient eine große Rolle spielt.[30]

Wie erwähnt, sind die Lehren des Zarathustra erst sehr spät, als sassanidische Abgrenzung gegen Thora und Bibel, gesammelt und im Buch des Avesta zusammengestellt worden. Zwischen Mythos und Geschichte stehend, bauen diese Lehren im wesentlichen auf den indo-iranischen Göttervorstellungen auf. Im alten Persien überwindet man früh die Grenzen lokaler Kulte und konzentriert die göttliche Kraft auf wenige Mächte, die im Grunde überall regieren. Dabei steht Varuna, der gute Gott des Lichts, dem Gott Ahriman gegenüber, der aus dem Bösen und der Finsternis heraus agiert. Zwischen beiden vermittelt Mithra, der Gott des Ausgleichs und der Verträge zwischen den Menschen. Dessen Kraft läßt allerdings in dem Maße nach, in dem sich der Gegensatz zwischen Varuna, der später Ahura Mazda heißt, und Ahriman verstärkt.

Die indo-iranischen Göttermythen hatten einen erweiterten Denkraum vorbereitet, der die Entwicklung des Menschen auf einen »Gottmenschen« ausrichtete, einen erobernden, befreienden und erlösenden »Weltkönig«.[31] Der bahnbrechende Impuls dieses Vorgangs besteht in der politischen

Autonomie des Denkens. Im iranischen Avesta wie auch im indischen Rigveda, das bei grundsätzlichen Unterschieden viele Einzelparallelen aufweist[32], werden die Menschen nicht mehr durch die *Naturelemente* und das göttliche Opfer geprägt, sondern von *Priestern* geführt. Diese scheinen an den Natur- und Götterkräften teilzuhaben, indem sie sich das Opfer als Herrschaftsmittel aneignen. Sie agieren nun als Mittler dieser Kräfte, die zum einen in den überkosmischen, transzendenten Raum und zum anderen in das Selbst des Menschen hineinwirken.

Mithin verstehen sich die Priester als Kaste von Wegweisern und Hirten, die mit übersinnlichen Fähigkeiten ausgestattet sind. Sie erheben den Anspruch, den Menschen auf dem Lebensweg zwischen Gut und Böse, Wahrheit und Irrtum, Gewinn und Verlust zu einer positiven Bilanz, Voraussetzung für den Zugang zum Paradies, verhelfen zu können. Das altpersische *paridaeza* ist das umhegte Land der Seligen, Schnittfläche zwischen Sterblichen und Unsterblichen. Im jahrtausendelangen Austausch mit Mesopotamien verschmilzt es mit dem semitischen Motiv der Sintflut. Im mythischen Zyklus von menschlichem Aufstieg und Verfall erneuert der Paradieskönig Manus das Land der Seligen, indem er das jeweils Beste aus Natur und Menschheit auswählt.

Die Gestalt des Manus, die sich später auch nach Indien verlagert, nahm ihren Ausgang vom uriranischen Zwitterwesen Yama/Yima. In einem äußeren Teilungsprozeß hatte sich dieses Wesen geopfert, um Götter, Welt und Menschheit hervorzubringen. In einem inneren Aspekt dieses Vorgangs wird wiederum der erstgeborene »Mensch« bzw. »Mann« von den Göttern geopfert. Da dieser das Weibliche, Sterbliche, und das Unsterbliche in eins umfaßt, ist das erste Opfer das sterbliche, weibliche Prinzip, während die Opferung selbst, vollzogen vom männlichen Prinzip (*manus*), Mensch und Gottheit, Sterblichkeit und Unsterblichkeit, untrennbar verbindet:

> »Die Welt entsteht durch ein Menschenopfer, ein doppelgeschlechtliches Urwesen erschafft aus sich ein Weib, mit dem es dann die Menschen zeugt. Indem man dieses androgyne Urwesen in menschlicher Gestalt geopfert werden läßt, wird Makrokosmos und Mikrokosmos auf ein und dasselbe Grundwesen zurückgeführt.«[33]

Im göttlichen Opfer ist der erste Gestorbene der Sohn des Urwesens und Stammvater der Menschheit. Dieses Muster wird in Christi Doppelnatur als »Gottmensch« und »zweiter Adam« auferstehen. Abgewandelt kehrt es auch in der Lehre des Mani wieder, dessen Name den Priesterbegriff Manus selbst besetzt, wie auch das altpersische Wort *manas* eine übernatürliche Wirkmacht bezeichnet, die außerweltliche Seelenkräfte aktiviert.

Im Manus, der also nicht nur für die Priesterkaste, sondern für das männliche Prinzip insgesamt steht, konzentrieren sich die natürlichen Kräfte der Welt und die übernatürlichen Kräfte der Götter. Mithin ist das Weibliche, nachdem es die Entwicklung der Menschheit mythisch in Gang brachte, sowohl von der politreligiösen als auch magischen Mitwirkung weitgehend ausgeschlossen.

Denn wie *manus* und *manas* die mythische Macht zwischen Mensch und Gott, Tod und Unsterblichkeit überbrücken, so sind *magha* die Macht der Magie und die *magush* ihre magischen, nicht zufällig ehelosen Vermittler. Sie sind engste Vertraute der Könige und in dieser ungewöhnlichen Funktion den keltischen, etruskischen und indischen Priestern ähnlich. Ihrer chaldäischen Variante in Bethlehem wird sogar nachgesagt, »das Richtige«, also Christus, prophezeit zu haben.[34]

Manus ist allerdings auch das lateinische Wort für die »Hand«, und die Macht der Priester erschien in den befehlenden und zugleich segnenden »Götterhänden«, die sich im altpersischen Lichtglauben bei Morgen- bzw. Abendröte in grandioser Kraft über die Menschen ausbreiten. Ähnliche Felszeichnungen und Grundrisse, die in Europa, Kleinasien, Iran und Indien Gottheiten mit riesigen Händen zeigen, verweisen auf ein prähistorisch zusammenhängendes Kulturgebiet.

Diese fundamentale Verbindung zwischen Orient und Okzident, den Ländern der Morgen- und Abendröte, ist auch den späteren muslimischen Historikern nicht entgangen. Sie nennen die Wikinger, die ab dem 9. Jahrhundert ins gerade islamisierte Spanien einfielen, *madjus*[35] und verwenden damit den gleichen Begriff wie die Autoren des Koran für die Zoroastrier Persiens.

Nach der islamischen Tradition (*hadith*) sind die *madjus* mit den »Schriftleuten« (Juden und Christen) gleichgestellt, während sie der Koran ihnen nachordnet und in der Nähe der Polytheisten ansiedelt. Wie so oft in Fragen der religiösen Toleranz gab es dafür einen Grund finanzieller Art: Dem Verkünder des Islam wurde in den Mund gelegt, die Kopfsteuer von den *madjus* für rechtens erklärt zu haben, womit ihnen rückwirkend der koranische Status der »Schriftleute« zuzuerkennen war. Nicht zuletzt hatten die Schriften der Juden, Christen und Manichäer zuvor auch bei den Sassaniden einen wichtigen Schritt ausgelöst: die Sammlung des Avesta.[36]

Denn Zarathustra war die Umsetzung des Religiösen ins Ethische, Konkrete und schließlich auch Finanzielle keineswegs fremd. Die mythischen Muster der lichtvollen Gottheiten und finsteren Mächte, die den Menschen von überirdisch befähigten Priestern vermittelt wurden, ließen sich in eine sehr pragmatische Deckung mit der Wirklichkeit des 6. Jahrhunderts bringen, die der Allianz von Priestern und Machthabern eine höhere Aura verlieh.

So konnte sich der ständig drohende Alltagskonflikt zwischen guten Landbauern und bösen Nomaden durch die Entwicklung Varunas, des altiranischen Gottes des Guten, zu Ahura Mazda, zum ethischen Prinzip des Guten – Herrschaft, Wahrheit und »Heiliger Geist« – deutlich entspannen.[37] Indem sich der Opfergedanke vom physischen Tier in den metaphysischen Geist verlagerte, konnten auch Ethik, Sitte und Spiritualität kein Geschlecht mehr haben – ein wichtiger Aspekt in der Aufwertung der Frau.[38]

Im weiteren Verlauf bildeten sich Ähnlichkeiten des Gottkönigs mit Mithra, dem Gott des Rechts, heraus. Der »tausendohrige, tausendäugige« Gott rechtfertigt die staatlichen Kontrollorgane, die »Augen und Ohren« des Reiches (s. o. S. 25). Mit ihrer Hilfe und der Warnung vor den Dämonen (*daevas*) registrieren die Priester die Taten und Untaten der Untertanen. Indem sie deren Lebensbilanzen fortschreiben, verfeinern sie auch den Machthebel über sie. Zeitweise geraten sie zu maschinenhaften Seelenzählern, seelenlosen Buchhaltern, die Schicksale in Gewinn- und Verlustrechnungen aufteilen und die menschliche Seite des Zarathustra-Glaubens verfehlen.[39]

Die Abstraktion vom Naturgott zum ethischen Prinzip bedeutete jedoch einen epochalen Schritt, der den Menschen – und nicht nur den Mann – über den Alltag hinaushob. Er mußte ihn den Priestern um so mehr entfremden, je bürokratischer sie ihn und seine Seele zu erfassen suchten. So dienten sie eher der Obrigkeit als Ahura Mazda, fielen hinter den ethischen Anspruch Zarathustras zurück und – leisteten Ahriman Vorschub.

Für Zarathustra ist Ethik das unantastbare Dogma und die Weihe des unbestechlichen Propheten: »Wahrheit besteht und Lüge vergeht – daß sein möge am Ende schlechtestes Leben dem Lügner, aber dem Gerechten das bessere Denken.« Dies wiederum sieht er eher bei den Aristokraten, bei den Edlen und Starken, als beim Volk gewährleistet. Adlige Herkunft, großer Besitz und die Hege des heiligen Tieres, des Rindes, sind die Garanten für die göttlichen Pflichten in der Welt, Vorbilder des Einzelnen in der Arbeit an der Lebensbilanz. In den Gathas, der religiös-mythischen Versdichtung des Avesta, erinnert er immer wieder an die Güte Ahura Mazdas:

>»Das frag ich dich, künd es mir recht, o Herr: Wer wahrt die Erde drunten und den Himmel vor ihrem Sturz? Wer Wasser und die Pflanzen? Wer lieh den Winden und den Wolken Schnelle? Wer, Weiser, ist des Guten Sinnes Schöpfer? Das frag ich dich, künd es mir recht, o Herr: Wer schuf wohlwirkend Licht und Dunkel? Wer schuf wohlwirkend Schlaf und Wachen? Wer Morgen, Mittag und die Nacht, die den Verständ'gen seiner Pflicht gemahnen?«[40]

Da die Heilserwartung aus dem Sieg der Wahrheit des Ahura Mazda über die Lüge des Ahriman nicht sofort eintraf, entwickelte sich aus den Lehren Zarathustras ein umfassendes Erlösungsgefüge. Der Urmensch Gayomart, der später auch als iranischer Mythenkönig im Nationalepos des Firdausi (gest. 1020) auftaucht,[41] Zarathustra als Prophet und der als Mensch gedachte Heiland *Sayoshsant* stehen für Vergangenheit, Gegenwart und Zukunft.

Zwei unbefleckte Jungfrauen, getrennt durch ein Jahrtausend, entsteigen einem mythischen See und gebären zwei »Gottesboten«. Sie sind Vorläufer des Sayoshsant, des eigentlichen Erlösers, ähnlich Ben Josef und Elias, die dem jüdischen Messias vorangehen. Der Heiland bringt ein Stieropfer, macht die Gerechten durch einen heiligen Trank unsterblich und überwindet die Dämonen, während Ahura Mazda den Ahriman und die Schlange überwindet.

Diese Vorstellungen setzen sich in der Lehre Manis fort. Ein dem Gayomart angelehnter, menschlicher Urkämpfer stellt sich dem Bösen entgegen, um durch Überwindung der irdischen Finsternis das himmlische Licht zu gewinnen. Indem der Mensch sich göttlichen Eigenschaften annähert und den Weg des kommenden Sayoshsant vorzeichnet, wächst er selbst in die Rolle der weltschöpfenden Kraft, während sein *Alter ego* weiter nach Erlösung von der Welt strebt. Hier entsteht die Gestalt des *fravashi*, des »anderen Ich«, das sich als Schutzengel oder Doppelgänger auch in den Mystikformen des Christentums und Islam findet (s. u. S. 74).

In dem Maße allerdings, in dem er als Weltschöpfer tätig wird, nimmt er die Erlösung voraus und zieht die Zukunft in die Gegenwart. Mit zunehmender Selbsterlösung verkürzt sich die Zeitachse und damit auch das Bewußtsein der Vergangenheit und ihrer Werte, die der altiranische Urkämpfer einst aus Freude und Leid des Daseins formte. Je mehr die Erlöserrolle des Sayoshsant beschnitten wird, desto weniger kann er in den Kampf gegen Ahriman und die Dämonen eingreifen – ein Dilemma, das Jesus mit dem erneuten Erlösungsopfer übernatürlich auflösen wird.

Die Wechselwirkung des Iran mit Babylon hatte somit weniger Effekte auf die Götterwelt als auf die Priesterkaste. Die Pracht und die Macht der mesopotamischen Götzenpriester hinterließ großen Eindruck auf die Manus im alten Persien. Bei aller Abstraktion ihrer Gottheiten in die Unendlichkeit des Himmels und die Ethik des Denkens lernten sie die Vorteile zu schätzen, die sich aus der Modifikation der Religion zur Lenkung der Menschen erzielen ließen.

Dennoch blieb der grundsätzliche Gegensatz erhalten. Die indo-iranischen Ideen vom frei flutenden Lichtäther des Geistes, welche die Phantasie zu mystischer Spekulation beflügelten, führten zu einer hochentwickelten Metaphysik, die sich von der Physik der babylonischen Astronomie deutlich unterschied. Der »semitische« Geist der babylonischen und israelitischen Priester machte die Menschen über die Bahnen der Gestirne bzw. einen Gott und seine Gesetze meßbar; die »arischen« Manus, die Priester des Indo-Iran, bewegten sich auf einer Ebene ganz anderer Qualität: Auf charismatischem Wege bezogen sie Macht aus übernatürlichen Kräften, die sie zu Architekten der Seelen, zu Wächtern der Waage von Gut und Böse machten.

Der iranische Glaube vom Menschen, dessen Geist sich aktiv in die Sphären der Götter schwingt, um an ihrer Macht teilzuhaben, kontrastiert deutlich zum semitisch-arabischen Kulturraum, dessen passives Menschenbild von den Mustern der Gestirnsbahn und des Gesetzes geprägt ist. Ebenso zeichnen sich bei der Trennung des indisch-vedischen vom iranisch-avestischen Mythos im inneren Vergleich grundlegende Unterschiede ab.

Ausgehend vom alten Varuna-Glauben lag die Macht des Weltkönigs in der Verwirklichung des Guten, d. h. im Nutzen selbstbewußter Menschen für die avestische Glaubensgemeinschaft; die Macht der indischen Gottheit entstand durch die Gleichsetzung des Heiligen (*brahman*) mit der Lebenskraft (*atman*). Beide konnten sich zu einem mystischen Pantheismus verbinden und das Ich des Menschen am Strom der göttlichen Kraft teilhaben lassen.

Ekstase und Askese sind in dieser Vorstellung ebenso gegenwärtig wie grenzenlose Güte und Liebe zur Schöpfung. Diese schließt auch die Sexualität ein, die Macht spendet, weil sie sich – wie bei den Hierodulen Babylons – mit dem Heiligen verbindet. Damit setzen sich die Inder in Gegensatz zum Iran und der Lehre Zarathustras. Hier sind nur nützliche Pflanzen und Tiere zu pflegen, nur Menschen zu lieben, die Ahura Mazda folgen, und schließlich auch die Sexualität in den Dienst ihrer Gemeinschaft zu stellen.

So neigt die indische Erlösungsform eher zu passivem Pessimismus mit dem Tod als willkommener Befreiung, die iranische Variante tendiert zu optimistischer Phantasie, die mit aktiver Weltgestaltung die »Kraft und die Herrlichkeit« des Weltkönigs erfüllt.[42] Allerdings bleiben beide auf ihre Art »arisch«, indem sie ausgeprägte Fähigkeiten zum freien Denken bewahren: die Inder in der Philosophie und Mathematik, die Iraner in der Dichtung und messianischen Mystik, die ihnen in der späteren, schiitischen Umformung des Islam besondere Freiräume öffnen werden.

Für das Abendland ebenso wichtig ist die religiöse Toleranz Babylons, das während der Perserherrschaft mit dem Glauben des Zarathustra und der

aramäischen Schrift einen großen Einfluß auf die Judäer und Hebräer ausübte.[43] Durch das Prinzip des Gottessohns und des Messias, den man schon
im persischen König Kyros als Befreier der Juden zu erkennen glaubte (s. o.
S. 20), wirken beider Einflüsse mit Dualismus und Monotheismus auf die
Kultur des Abendlands fort.

Was dabei erneut zu kurz kam, war die Mäßigung der Macht, die nur über
eine dritte Ebene des Ausgleichs zu erreichen war. Der »dreieinige Gott«
konnte später einen solchen Geist hervorbringen, hätte jedoch einer Priesterschaft ganz besonderer Qualität bedurft, die in der dritten Ebene, im
»Heiligen Geist«, eher eine Pflicht zur Anwendung der Ethik als ein »Recht«
zu ihrer Beugung sah. Daß die christliche Geschichte dann anders verlief,
indem der »Heilige Geist« wehte, wo der Klerus wollte, bestätigte die Rolle
der Religion als manipulatives Instrument der Eliten.[44]

Nicht ganz unbeteiligt an dieser Entwicklung war der persische Lichtglaube als eine wichtige Wurzel des Christentums. Eine schöne Jungfrau
wird zum Spiegelbild der Lebensbilanz des Menschen. Ausgestattet mit
Krone und Lichtkranz tritt sie der Seele des Verstorbenen »in der Morgen-
röte des dritten Tages« entgegen, um sie in die »drei Himmel« zu begleiten.
Je geringer Ahura Mazdas Spiegel, der Gehalt des Guten, im Streben des
Menschen wirkt, desto mehr schwächen sich Schönheit und Glanz der Erscheinung ab. Folgerichtig wandelt sie sich zum Gegenbild der häßlichen
Jungfrau, die als Spiegel einer bösen Werkbilanz im Dienste Ahrimans steht.

Die »arische« Dreiheit aus Erde, Luft und Himmel lädt sich auf mit phantastischen Ausmalungen vom Gottmenschen als »erlöstem Erlöser«, der die
Weltseele, das »Licht des Guten« von den Kräften Ahrimans befreit, die sie
in das Dunkel der Materie herabziehen wollen. Aufsteigend in die elysischen
Lichträume Ahuras wird diese Weltseele zum Grundstoff der Gnosis und
der Mysterienreligionen in Ägypten, Kleinasien und Griechenland, an denen das Christentum wichtige Anleihen gemacht hat.

Nicht nur die unbefleckte Jungfrau mit Krone und Lichtkranz, die den
Gottesboten gebiert, zeigt Parallelen zum Marienkult der Christen. Auch
der iranische Gottmensch ist in seiner Entwicklung vom Weltkönig zum
Heiland und Erlöser von kaum zu überschätzender Bedeutung für die Geistesgeschichte des Abendlands. Besonders prägnant erscheint er im Myste-
rienkult des Mithras, jenes Lichtgotts, der als »persischer Prometheus« den
Hellenen und Römern Erlösung versprach und damit in der frühen Antike
zum schärfsten Konkurrenten für den neuen Christengott wurde.

Mithras ist der Gott, der die schöpferischen Kräfte des Menschen weckt
und am Tage des Gerichts aus dem »Schatz der guten Werke« Gerechtigkeit
übt. Mithras ist außerdem der Gott, der in den komplexen Spekulationen

der Mysterien einen Aspekt nicht zuläßt: den ergebenen Schicksalsglauben an die jüdisch-mesopotamischen Planetengötter. Nach wie vor verträgt sich »semitische« Passivität nicht mit »arischer« Aktivität, babylonischer Pessimismus nicht mit iranischem Optimismus. Im Gegenteil: Nun verstärkt sich das Motiv des gestorbenen und auferstandenen Gottmenschen, das sich in zahlreichen Varianten wiederholt.[45]

Eine bemerkenswerte Ausnahme betrifft dabei die Frauen. Überall im Orient tauchen Mythen und Kulte auf, die eine Erneuerung der verlorenen Einheit mit dem Weiblichen und ihres Ursprungs aus dem Opfer widerspiegeln. Denn nicht die Frau war aus dem Mann, sondern der Mann aus der Frau hervorgegangen (s. o. S. 30). Obgleich sich Gottheiten wie Ishtar und Tammuz in Mesopotamien, Isis und Osiris in Ägypten, Kybele und Attis in Kleinasien sowie Astarte und Adonis in Syrien in der »Heiligen Hochzeit« vereinigen, ist die Rückkehr in die metaphysische Einheit physisch verwehrt. Zu stark sind inzwischen die männlichen Priesterbünde, welche die höhere Erkenntnis in Osiris zerstückeln, in Adonis zerfleischen und durch Entmannung des Attis die Fortpflanzung des weiblich inspirierten Geistes beenden.

Als Übermittler der Vorstellung vom Gottespaar gelten die Hebräer, die aus den babylonischen bzw. ägyptischen Exilen nach Kanaan, Syrien und Palästina wandern und in salomonischer Zeit mit den Phöniziern und der südarabischen Ma'in/Saba-Kultur in Kontakt kommen. Hier liegen uralte Verbindungen zwischen Ägypten, Babylon und dem indo-iranischen Chatta/Mitanni-Reich zugrunde. Mitanni-Kaiser legen Schwüre auf Varuna und Mithras ab, die Säulen des altiranischen Pantheons, und bilden Heiratsbündnisse mit den Herrschern Ägyptens, die wiederum das arische Lichtkraftprinzip in den ägyptischen Sonnengott Amun-Re tragen und als Pharaonen selbst zu »Söhnen Gottes« werden.[46]

Auf seiner mythisch-historischen Wanderung nach Syrien und Palästina taucht das ungewöhnliche weibliche Element im Symbol des Gottespaars schließlich in Jesus Christus auf.[47] Er steht am vorläufigen Ende der Kette getöteter und wieder auferstandener Gottmenschen. Er verstärkt die Zeichen zugunsten der Frauen und spricht als erster Heiland von sich selbst als Gottes Sohn im Sinne einer Dreiheit des Menschen mit Gottes Wort und Geist. Vorstufen zu dieser Ebene sind der Erlöser Sayoshsant, der den Menschen zum Guten Ahuras führt, die heilige Jungfrau als Spiegel des Lebens und die Mysterienreligionen des Orients, die den Geist des Menschen verselbständigen, aber auch vermännlichen.

Insofern erklärt sich der Erfolg des Christentums, das sich mit iranischer Erlösung, gnostischen Mysterien und platonischer Philosophie verband, kurioserweise mit der Renaissance des Weiblichen, soweit sie der – männliche – Klerus nicht unterdrücken konnte. Noch bedeutsamer ist freilich, daß durch das Opfer des neuen Erlösers nun jeder einzelne Mensch in eine freie, geradezu prometheische Zukunft gestellt ist, in deren Gestaltung ihn nur sein Gewissen begrenzt:»Der werfe den ersten Stein…«

Solange diese Instanz intakt ist, spielen Dogmen, Ideologien und Dämonen eine geringere Rolle. Die Heilstat der Machtlosigkeit entkräftet den unbewußten Drang zur Selbsterlösung und begünstigt den bewußten Ausgleich zwischen Gewinn- und Verlustmythos, Autonomie und Abhängigkeit. Mit der Ausweitung der Zeitachse und eines Bewußtseins, das Ursprung und Ziel umfaßt, wächst dem Menschen der Geist Gottes zu, ohne selbst Gott werden zu wollen. Mit anderen Worten: Es wird leichter, zwischen den Geistern zu unterscheiden, d. h. den Mißbrauch von Macht zu erkennen und die dahinter stehende Wahrheit zu gewinnen.

Der epochale Schritt am Beginn der»Achsenzeit« war die Lebensbilanz des Zarathustra, die Nutzen und Ethik verknüpfte. Dabei galt es, den Gottkönig als konkreten Machthaber nebst seinem adligen Gefolge auf»das Gute« als Maßstab des Denkens und Handelns zu verpflichten. Dies wurde zum grundsätzlichen Problem, weil die zoroastrischen Manus mit ihrem Einfluß auf die Lebensbilanz auch direkt auf die Weltwahrnehmung der Menschen einwirkten und in die Dauerversuchung des»Übermenschen« gerieten. Das Neue und zugleich»Unsemitische« an ihrem Glauben war die tiefe Seelenverbindung mit dem *handelnden, schaffenden Gott*. Denn erstmals in der Weltgeschichte war der Mensch in die Dialektik zwischen Freiheit und Verantwortung gestellt.

Am Ende der Achsenzeit steht Muhammad, der den Lauf der Geschichte ähnlich epochal beeinflußte. Allerdings war ihm weder am Ausgleich zwischen Nutzen und Ethik noch am einzelnen Menschen gelegen, sondern an der Optimierung des Nutzens der Gemeinschaft. Im Gegensatz zu Jesus und mit Abstrichen auch Zarathustra dehnte sich somit im Islam nicht der bewußte Geist, sondern die unbewußte Macht ins Unendliche.

Wie der Altiranist H. Güntert anmerkt, verbindet sich damit ein fundamentaler Unterschied der Weltwahrnehmung, der auch weltgeschichtliche Folgen hat.[48] Der»arische« Unendlichkeitsbegriff, die Spekulation des Geistes, bedeutet Phantasie, Wissenschaft, Produktion, aber auch die ständige Abkehr von der Wirklichkeit. Die»semitische« Unendlichkeit, die Optimierung der Macht, bedeutet Biologie, Realismus, Kontrolle und damit auch die Verengung auf das Materielle. Es sind zwar Idealtypen, die in reiner Form nicht vorkommen, aber wie wir sehen werden, mit diesen Schwerpunkten historisch im Westen und im Islam verankert sind.

B
Iran und Islam

*Der Verkünder Muhammad mit seinem Vermächtnis
an die Muslime: »Wenn ihr bekennt, daß es keinen Gott
außer Allah gibt, dann habt ihr Erfolg!«*

1. Spuren ins Mittelalter

a) Von Arabien nach Persien

An Darstellungen der Entstehung und Geschichte des Islam herrscht kein Mangel, und auch der Verfasser selbst hat hinreichendes Material zur Verfügung gestellt.[49] An dieser Stelle können wir uns daher auf das beschränken, was für die Islamisierung des Iran und die spezielle Entwicklung des Schiitentums wichtig ist. Da diese wiederum ohne die altiranischen Wurzeln kaum verständlich sind, haben wir ihnen angemessenen Raum gegeben, der sich im weiteren Verlauf der Betrachtung lohnen wird.

Wir können anknüpfen am Vertrag von Hudaybiya, mit dem sich der Islamgründer Muhammad 628 den Zugriff auf Mekka praktisch gesichert hatte. In den zwei Folgejahren entwickelte sich durch gezielte Beutezüge und Tributverträge mit den einflußreichen Stämmen seine Gemeinschaft, das »Modell von Medina«, zum stärksten Faktor auf der arabischen Halbinsel. So erschien er 630 mit einer imposanten Streitmacht vor den Toren Mekkas und zwang die Stadt zur Übergabe. Indem er sich in den Jahren zuvor einer Reihe von Gegnern entledigte, machte er den Auftragsmord zu einer im Islam gebräuchlichen Institution. Mit den Prinzipien der beiden anderen Gestalten der »Achsenzeit«, Jesus und Zarathustra, hatte dieses Vorgehen erkennbar wenig zu tun.

Im Gegenteil: Allah, der neue Gott der Araber, engte den Spielraum des menschlichen Geistes wieder ein und kehrte zum »semitischen« Gesetzesdenken zurück, das sich am Buchstaben von Texten orientierte.

Hier machten sich auch jüdische Einflüsse geltend, unter denen Muhammad in der formativen Medina-Zeit gestanden hatte. Die Entscheidung über Gut und Böse lag nicht im freien Gewissen des Menschen, sondern in der kontrollierten Genauigkeit, mit der die Vorschriften Allahs befolgt werden. Die jüdische Besonderheit ihrer humanen Auslegung übernahm man dabei nicht. Eher wurde der Kampf gegen die Juden zu einem Gründungselement des Islam,[50] das sich in der Gegenwart unübersehbar erneuert.

Der Kaufmann Muhammad bringt auf seine Weise ebenfalls den Gedanken der Bilanz ins Spiel. Er leitet ihn aus einem »Verzeichnis« ab, das bei Allah über jeden Menschen niedergelegt ist. Zur zarathustrischen Bilanz besteht allerdings ein entscheidender Unterschied: Während sie von einem unbestechlichen Ahura Mazda geführt wird, kann Allah jeden, auch den gläubigsten Menschen, als »der bessere Ränkeschmied« (Koran 8/5) in die Irre führen. Weder wird jede gute Tat der Aktivseite zugeschlagen, noch jede Reue oder Buße von der sündigen Passivseite abgebucht.[51]

Mithin entsteht ein existentiell verunsichertes Weltbild, in dem der Gott der Muslime als unberechenbarer, zwischen Rache und Erbarmen schwankender Herrscher erscheint. Die Gnade dieser Gottheit dennoch zu suchen und ihr als unverbrüchliches Mitglied der Gemeinschaft loyal zu dienen, ist Grundlage der muslimischen Existenz, wie die systematische Absicherung dieses Dienstes ebenso Basis der politischen Herrschaft ist.

Dem Defizit existentieller Sicherheit steht allerdings reichlicher Ausgleich gegenüber. Was dem Muslim an genereller Heilsgewißheit im Jenseits vorenthalten wird, kann er durch diesseitige Privilegien – z. B. gegenüber den Frauen – kompensieren. Ebenso erfolgt der Ausgleich kurioserweise durch ein weiteres Defizit, nämlich den Mangel an individueller Freiheit. Da der Nutzen für die Umma, die islamische Gemeinschaft, oberster Maßstab diesseitigen Denkens und Handelns ist, rückt der Schaden für den Nichtislam, insbesondere für die »Ungläubigen«, an die Spitze der Prioritätenliste.[52]

So eng die Grenzen des Muslim innerhalb des Islam gezogen sind, so flexibel gestaltet sich seine Handlungsfreiheit, wenn es um die Interessen Allahs geht. Als dessen Stellvertreter kann er sich auf den Koran und später auf die Tradition Muhammads berufen, die ihm gegenüber dem Nichtislam umfassende, aber streng islamorientierte Vollmachten einräumen.

Hieraus entwickelt sich früh das aggressive Dogma vom Land des Islam als »Haus des Friedens«, das dem »Haus des Krieges«, dem Land des Unglaubens, gegenübersteht. Dabei verbindet sich die Ausweitung des Islamlandes, der sogenannte »Djihad«, sowohl mit diesseitiger Beute als auch mit jenseitigem Heil. Als Konsequenz ergibt sich eine gewaltbesetzte Eroberungsideologie, die ohne wesentliche Abstriche bis in unsere Zeit gilt.[53]

Denn wenn sich die modernen Terroristen auf den Koran berufen, »mißbrauchen« sie keineswegs den Islam, wie es in der westlichen Interpretation oft heißt. Solange ihr heiliges Buch unverändert gilt und vor Historisierung bewahrt bleibt, beweisen sie sich vielmehr als treue Gefolgsleute Allahs und seines Verkünders, die den göttlichen Willen vollziehen, wenn sie heute die »Ungläubigen« und deren muslimische Vasallen bekämpfen.

Da Muhammad innerhalb des »Modells von Medina« die universale Vorbildfigur ist, können alle Aspekte des Islam, ob Machtpolitik, Gebet, Verwaltung, Umgang mit Frauen oder auch gewaltsame Eroberung, zu integralen Bestandteilen der »Religion« werden. Dieses so umfassende wie stabile Gefüge bestätigt seine charismatische Dynamik in der gesamten Geschichte. Den explosiven Beginn setzt die historische Ausbreitung der islamischen Herrschaft unmittelbar nach dem Tode des Verkünders (632).

Die frühen Erfolge sind mit den Namen dreier Militärgenies verknüpft: Khalid Ibn al-Walid (gest. 641) steht für die Einnahme Syriens, Amr Ibn al-As (gest. 663) für die Ägyptens und Nordafrikas sowie Sa'd Ibn al-Waqqas (gest. zwischen 671 und 677) für die Eroberung des Irak und Iran. Nach müheloser Überwindung des Lakhmidenzentrums Al-Hira wandte sich Khalid 634 zunächst nach Syrien und unterwarf das Land innerhalb von drei Jahren.

Amr, den der Biograph Ibn Hadjar zu den »vier politischen Genies des Islam« zählt,[54] nahm 642 die Metropole Alexandria und ihre gewaltigen Vermögenswerte für den Islam in Besitz. Ein Jahr zuvor hatte er nahe Babylon das Heerlager Al-Fustat, das spätere Kairo, gegründet. 643 zog er nach Westen und drang über Tripolis bis zum ruhmreichen Karthago vor, das nun Tribute an die neuen Herrscher zahlen mußte.

Sa'd rückte zunächst im Westirak gegen die Sassaniden vor und besiegte sie 637 bei Qadisiya, womit sich der Weg zur Reichshauptstadt Ktesiphon öffnete. Die Araber nannten sie »die Städte« (al-mada'in), weil sie mit Seleukia eine Doppelstadt am Tigris bildete (s. o. S. 27). Im gleichen Jahr konnte der islamische Triumphator dort kampflos einziehen, weil der persische Herrscher mitsamt Hofstaat geflohen war. Die Bevölkerung sah die neuen Herren nicht ungern. Wie wir wissen, hatte sie – überwiegend christlich – unter den zoroastrischen Sassaniden gelitten und somit zunächst keine Veranlassung, deren Vertreibung zu bedauern.

Wenig später gründete Sa'd im irakischen Osten die Heerlager Basra und Kufa. Sie dienten als Basen für die Expansion nach Persien, avancierten aber auch rasch zu geistigen Zentren des frühen Islam. Sa'ds begabter Sohn Umar brachte den Sassaniden 642 bei Nihawend (das frühere Ekbatana) in Westpersien die entscheidende Niederlage bei. Mit einem dritten Heerlager in Bahrayn verstärkte sich die operative Basis für die historische Offensive in den Iran.

Während Yazdgerd III., der letzte Sassanide, vor den arabischen Truppen floh, wandten sich die Muslime 641 einerseits nach Armenien und andererseits nach Osten, wo sie in den Folgejahren über Khorasan nach Baktrien vordrangen. Ein viertes Heerlager wurde im ostiranischen Merw eingerichtet, um die Kriegszüge nach Zentralasien zu unterstützen. 650 hatte man sich bereits fest an der indischen Grenze etabliert. Im Westen rundete man die Eroberung des Iran durch die Besetzung der Provinz Fars ab, nachdem 649 deren Hauptstadt Istakhr (früher Persepolis) gefallen war.

Bereits zwei Jahrzehnte nach dem Tod Muhammads hatten seine Anhänger ein Gebiet tributpflichtig gemacht, dessen Größe das Alexanderreich übertraf. Unermeßliche Schätze flossen in die Kassen der ersten vier Kalifen, deren »Rechtleitung« sich also auch wirtschaftlich bestätigte. Nach der Übergangsfigur Abu Bakr (gest. 634) hatte das mekkanische Urgestein Umar Ibn al-Khattab (gest. 644) das Ruder übernommen. Er war Kopf der »Auswanderer« (arab.: *muhadjirun*), der loyalen Genossen Muhammads in Mekka. Sie waren seine treue Kerntruppe, die 622 mit ihm die »Hidjra«, den epochalen Schritt aus der Zeit der Schwäche in die Ära des Islam, vollzog und das »Modell von Medina« begründete.

Umars Führungsstärke hatte zwar die erste Welle des Djihad in Gang gesetzt und auch für die Kontrolle und Verteilung der Kriegsbeute und Tribute gesorgt, konnte jedoch die Erstarkung der Umayya, der führenden Sippe des Herrscherklans der Quraysh in Mekka, nicht aufhalten. Deren Exponent war Uthman (gest. 656), der sich in der Nachfolge Umars gegen Ali, den Vertreter der konkurrierenden Prophetensippe der Hashim, durchsetzte. Beide argumentierten mit der Abstammung, allerdings aus unterschiedlichen Perspektiven: die Umayyaden mit der Nähe zur mekkanischen Herrschaftstradition, die Aliden (die Gefolgsleute Alis) mit der Nähe zum islamischen Prophetentum.

Uthman, dem die erste Koranfassung zugeschrieben wird, ging als derjenige in die Geschichte ein, der durch gezielte Vetternwirtschaft den Umayya zur Rückkehr an die Macht verhalf. Er ernannte Pflege- und Halbbrüder, die auf der Todesliste Muhammads gestanden hatten, zu Statthaltern in Ägypten, Basra und vor allem in Kufa. Dort war die wachsende Anhängerschaft Alis unter Kontrolle zu halten, aus der sich alsbald die »Partei Alis«, die schiitische Abspaltung des Islam (arab.: *shi'a* = Partei), bilden sollte.

Ebenso setzte er seine Vettern Marwan Ibn al-Hakam (gest. 685) als Verwalter der Kalifenkasse und Mu'awiya Ibn Abi Sufyan (gest. 680) als Statthalter in Syrien ein. Damit hatte er die Basis für die Dynastie der Umayyaden gelegt, denn beide wurden später Kalifen, Mu'awiya als erster und Marwan als vierter. Solche Privilegien stießen jedoch nicht überall auf Zustimmung. Zum aufkommenden Unfrieden trug bei, daß Uthman als Witwer eine auffallende Vorliebe für christliche Frauen entwickelte. Die zuvor mit ihm verheirateten Prophetentöchter Ruqayya und Umm Kulthum waren 625 bzw. 631 früh gestorben.

Im Jahre 656 brachen im Alidenzentrum Kufa erste Unruhen aus, die sich durch Rebellen aus Ägypten und Irak zu einem Aufruhr in Medina ausweiteten. Eine Abordnung drang in Uthmans Haus ein und tötete den Kalifen, den ersten in der Reihe der »Stellvertreter Allahs«, die durch Muslimhand starben. Eine Woche später wurde Ali zum Nachfolger ausgerufen.

Seine Legitimität schien durch die Propaganda seiner Parteigänger ausreichend belegt. Danach hatten die »heidnischen« Umayya den frommen Vetter Muhammads und Ehemann seiner Tochter Fatima lange genug um das Amt betrogen. Denn es sei der Verkünder selbst gewesen, der ihn zu seinem Nachfolger mit den Worten erkoren habe, »jeder, dessen Patron ich bin, der hat auch Ali zum Patron«.[55] Bis heute gilt den Schiiten diese Überlieferung als unumstößlicher Beweis für den rechtmäßigen Anspruch Alis als »Stellvertreter des Propheten« und »Befehlshaber der Gläubigen«.

Noch im gleichen Jahr formierte sich Konkurrenz. A'isha, Lieblingsfrau des Verkünders, die ohnehin eine alte Feindschaft gegen Ali hegte, hatte sich auf die Seite von Talha und Zubayr geschlagen, zwei mächtigen Vertretern des Nachfolgeanspruchs der mekkanischen »Auswanderer«. Sie warfen dem neuen Kalifen vor, für den Tod seines Vorgängers verantwortlich zu sein, und forderten ihn zum Kampf heraus. Den sogenannten »Kamelkrieg« entschied Ali rasch für sich. Während Talha und Zubayr dabei umkamen, zog sich A'isha, die ihre Kämpfer vom Rücken eines Kamels aus angefeuert haben soll, als »Mutter der Gläubigen« ins Privatleben zurück.

Ali bestätigte die faktischen Verhältnisse, verlegte den Kalifensitz von Medina nach Kufa und verstärkte damit den irakischen Einfluß. Dagegen verließen viele Anhänger der Umayya die Stadt in Richtung Syrien. Von Damaskus aus agitierte Statthalter Mu'awiya, indem er den Kalifen ebenfalls als »Mörder Uthmans« bezeichnete und ihn vor ein Ultimatum stellte: Wenn er es nicht selbst sei, solle Ali den Mörder benennen oder aber die Konsequenzen ziehen. Im Jahre 657 kam es bei Siffin am Euphrat zum Kampf zwischen den Parteien. Obwohl nach diversen Gefechten dessen Ausgang keineswegs eindeutig war, stimmte Ali einem »Gottesurteil« zu und gab damit seine Herrschaft im Grunde selbst auf.

Immerhin sollte in diesem Urteil durch Menschen die Frage geklärt werden, ob Uthman den göttlichen Vorschriften entsprechend oder nach eigener Willkür gehandelt hatte. Als seinen Schiedsmann benannte Ali den Jemeniten Abu Musa al-Ash'ari (gest. 662), den Eroberer der persischen Westprovinz Khuzistan und Statthalter in Basra. Mit dieser Maßnahme provozierte er heftigsten Protest unter seinen kufischen Gefolgsleuten, denn im Streit mit A'isha hatte sich Abu Musa zuvor keineswegs auf die Seite Alis gestellt.[56]

Der Protest verschärfte sich zur Sezessionsbewegung der Kharidjiten (arab.: *kharadja* = hinausgehen), die zu Tausenden Kufa und Basra verließen und sich bei Nahrawan am Tigris versammelten. Sie verkündeten die

Botschaft, daß nur der »beste Muslim« Stellvertreter Allahs sein könne und Ali daher seine Entscheidung zu revidieren habe, wenn er sich nicht des Unglaubens schuldig machen wolle. In der Tat hatte er als Kalif die »göttliche« Verleihung seines Amtes in Frage gestellt. Aus muslimischer Sicht blieb ihm jedoch keine Wahl: Er entsandte Truppen, die den Aufruhr 658 niederschlugen.

Als seinen Vertreter hatte Syrienherrscher Mu'awiya keinen Geringeren als Amr Ibn al-As aufgeboten, den Eroberer Ägyptens und erfahrenen Politiker. Er und Abu Musa waren sich über den Ausgang des »Gottesurteils« einig: Uthman hatte im Einklang mit der Offenbarung gehandelt und somit keine Willkür walten lassen. Während Abu Musa sich bedeckt hielt, entschied Amr, daß Ali für die Tötung seines Vorgängers mitverantwortlich sei und seinen Anspruch verwirkt habe. Daraufhin rief Mu'awiya sich Ende 660 zum Kalifen aus und begründete die Dynastie der Umayyaden.

Die Kharidjiten gaben derweil keine Ruhe. Nach wie vor verdammten sie Ali als Verräter des Islam. Anfang 661 fing einer von ihnen ihn auf dem Weg zur Moschee in Kufa ab und spaltete ihm mit dem Schwert die Stirn. Unmittelbar nach Alis Tod begannen sich um ihn die Legenden als überhöhten Märtyrer zu entspinnen, die ihn zum »Freund Allahs« (*wali'llahi*) machten. Obwohl zu Lebzeiten kaum mit großen Geistesgaben hervorgetreten, avancierte er nicht nur zum Vorbild des Glaubens, sondern auch zum Muster arabischer Tugend und Eloquenz. Bis heute ist er der zentrale Heilige der Schia und sein Grab in Nadjaf einer der wichtigsten Wallfahrtsorte des Islam.

Mit Mu'awiya beginnt 661 die lange Epoche der islamischen Dynastien, die von der eigenen Umayyadenlinie um 750 zu den Abbasiden überleitete (bis 1258) und dabei eine geistig-kulturelle Hinwendung zum Iran vollzog. Schon der erste Umayyade zeigte sich von der Kultur Syriens beeindruckt. In der Hauptsache waren es dabei Christen, Juden und Zoroastrier aus dem lange Zeit persisch beherrschten Jemen, die ihn beim Aufbau von Militär und Verwaltung berieten. Die griechisch-römische Militärtradition fußte auf syrischen Grundlagen, die wiederum über phönizische Strukturen bis ins mitannisch-altiranische Reich zurückreichten.[57]

Da die archaischen Muster des arabischen Stammestums sich nicht zum Aufbau eines geregelten Staates eigneten, griff Mu'awiya mit Erfolg auf die gewachsenen Strukturen Syriens zurück. Während sie auf Eliteebene dem jungen Staatswesen zunächst nützlich waren, sollte es sich jedoch als gravierender Fehler der Kalifen erweisen, der wachsenden Masse zum Islam konvertierender Nichtaraber die Gleichstellung zu verweigern. Hier wurde ein wichtiges geistig-politisches Potential blockiert, dessen Frustration sich bald negativ zur Geltung bringen sollte.

Den haschimitischen Aliden erschien nicht nur die aristokratische Hybris der Umayyaden unannehmbar, sondern auch ihr profaner Regierungsstil, der dem sakralen Anspruch der Partei Alis zuwiderlief. Mu'awiyas politisches Genie erkannte die Gefahr, die in der schiitischen Bewegung steckte. Um so mehr bargen auch Alis Söhne, Hasan und Husayn, ein unberechenbares Risiko, das ein umsichtiger Machthaber kaum unbeachtet lassen konnte.

Das Problem Hasan war leicht zu lösen. Er liebte das leichte Leben und akzeptierte gern Mu'awiyas gewaltige Abfindung, die ihm ein luxuriöses Leben mit vielen Ehen und Haremsaffären ermöglichte. Ob es seine durch extremes Wohlleben angegriffene Gesundheit oder die Vergiftung durch eine gedungene Haremsdame war, die 669 sein vorzeitiges Ableben herbeiführte, ist umstritten. Für die schiitische Legendenbildung ist der Fall um so klarer: Da Hasan Opfer des perfiden Machtstrebens der Umayyaden war, geriet er zum Märtyrer, in direkter Linie mit dem Märtyrertod seines Vaters Ali.

Kufa blieb ein dauernder schiitischer Konfliktherd, in dem Mu'awiya immer wieder Razzien zur Verhaftung und Hinrichtung von Aufrührern durchführen ließ. Als er kurz vor seinem Tod seinen Sohn Yazid zum Nachfolger und die Umayyaden zur islamwidrigen Erbdynastie erklärte, wuchs im Irak der Widerstand, der in Hasans Bruder Husayn die geeignete Galionsfigur sah.

Nach Mu'awiyas Tod (680) nahm Husayn Kontakt zur irakischen Opposition auf und zog von Mekka nach Kufa. Reiter des Kalifen drängten seine Schar nach Norden ab und zwangen sie am 10. Muharram (10. Oktober 680) zum aussichtslosen Kampf. Die Frauen und Kinder wurden gefangen genommen, alle 70 Männer getötet und Husayns Kopf nach Damaskus geschickt. Der Kalif selbst soll sich mit frevelhaften Handlungen an ihm vergriffen haben, bevor er mit dem Körper in Kerbela beigesetzt wurde. Andere Berichte orten das Haupt Husayns in Askalon, Damaskus, Kairo, Medina, Kufa, Nadjaf, Raqqa und Merw.[58]

So banal Husayns Tod war, so wichtig wurde er für den schiitischen Glauben. Weit mehr als sein Bruder Hasan geriet Husayn zum »Fürsten der Märtyrer« (*sayyid ash-shuhada'*), der den sicheren Tod vor Augen seinen Weg zu Ende gegangen war. »Ashura« (arab.: '*ashara* = zehn), der zehnte Tag des Monats Muharram, ist der höchste Feiertag und der Schrein von Kerbela das höchste Heiligtum der Schia. Um dieses jährliche Ereignis haben sich Klageriten und Passionsspiele entwickelt, auf die wir weiter unten eingehen (s. S. 84ff.).

Das Blut, der Mut und der Kampf Husayns stehen für die geistig-spirituelle Lebenskraft der schiitischen Gemeinschaft. Das Imamat, die transzendente Führerschaft Alis, wurde ebenso zum Dogma der Schia, wie es das Prophetentum Muhammads für die Sunna ist. Die Passion lenkte die Gewalt in liturgische Bahnen und glorifizierte das Märtyrersterben für Allah. Der römische Historiker Marcellinus beschreibt seinen Eindruck, »daß am allerglücklichsten derjenige gilt, der in der Schlacht den Tod findet. Denn wer eines zufälligen Todes stirbt, den beschimpft man als entarteten Feigling«.[59]

Trotz aller Wirren um die Aliden und Kharidjiten hatte Mu'awiyas Staatskunst ihre Spuren hinterlassen, wobei der vierte Nachfolger Abd al-Malik (gest. 705) mit dem Bau des Felsendoms 691 in Jerusalem ein Zeichen von großer Tragweite setzte. Mit dem Namen der »entfernten Moschee« (*al-masdjid al-aqsa*) wurde nicht nur der heilige Geltungsbereich des Islam von Mekka bis nach Jerusalem ausgedehnt;[60] auch mit der Wahl des Ortes wurden Juden- und Christentum vereinnahmt. Hier hatte Abraham seinen Sohn opfern wollen – allerdings Isaak, nicht den arabischen Stammvater Ismael. Nicht zuletzt hatte hier auch die jüdische Gemeinschaft den Tempel Salomos durch den Schrein der Bundeslade ersetzt.

Dabei ließen die Inschriften des neuen Heiligtums keinerlei Zweifel, daß auch Jesus Christus seine Loyalität nun vom abgelehnten dreieinigen Gott auf Allah übertragen würde und die Christen gut beraten waren, ihre Loyalität der neuen Religion zu widmen. Ohne eine imposante Präsenz des Islam würde auch das Reich Allahs nicht den Glanz haben, der ihm in den Augen des Kalifen zustand.[61] Von nun an waren Islam und Macht eine untrennbare Einheit, der sich alle Religionen und Herrschaftsformen im damals bekannten Erdkreis zu unterwerfen hatten und weitgehend auch schon unterworfen hatten.

Mit einer solcherart symbolisch gefestigten, universalen Ordnung konnte somit auch wieder die äußere Expansion vorangetrieben werden, um sich den restlichen Nichtislam einzuverleiben. Nach der »Rechtleitung« und dem ersten Umayyaden entstand eine zweite Welle der Osteroberung, die sich mit dem Namen des Hadjdjadj Ibn Yusuf al-Thaqafi (gest. 714) verbindet, einem weiteren Militärtalent von ungewöhnlicher Energie.

Im Rahmen einer Säuberungsaktion gegen antiumayyadische Strömungen im Irak – Aliden und Kharidjiten – soll Thaqafi um 693 die Liquidierung von mindestens hunderttausend Aufständischen angeordnet haben,[62] bevor er Westpersien »befriedete«. Der von ihm nach Ostpersien entsandte Stratege Qutayba Ibn Muslim (gest. 692) hatte erneut ganz Khorasan überrollt und war weit nach Turkmenien vorgedrungen. Parallel dazu sicherte Thaqafis Schwiegersohn Ibn al-Qasim das Gebiet westlich vom Industal. Mit der Einnahme von Multan bzw. Taschkent im Norden war die Ostexpansion um 750 abgeschlossen.

Etwa um die gleiche Zeit kam auch die Ausweitung des Islamlandes nach Westen zum Stehen. Hier hatte zunächst Musa Ibn Nusayr (gest. 716), ein weiterer Heerführer aus dem reichhaltigen islamischen Reservoir, die Annexion Nordafrikas bis zum Atlantik fortgesetzt. Sein talentierter, berberischer Leutnant Tariq Ibn Ziyad begann 711 die historische Besetzung Spaniens und rückte innerhalb eines Jahres nach Toledo vor.

Bis auf die Nordwestprovinz Asturien befand sich 715 ganz Spanien in muslimischer Hand, wobei sich Frankreich für den weiteren Vormarsch als unüberwindliches Bollwerk erwies. Kurze Zeit nach dem historischen Sieg Karl Martells 632 kamen die muslimischen Attacken dort zum Erliegen. Allerdings brachte ihr enormer Erfolg weder Musa noch Tariq den erwarteten Lohn: Der Kalif schickte sie in die Verbannung, weil ihr Ruhm den des »Stellvertreters Allahs« in den Schatten gestellt hatte.

Der Historiker B. Lewis ist in den Angelegenheiten des Islam zu bewandert, als daß man ihm in diesem Kontext eine offene Heuchelei nachsehen könnte. Da der Koran »in der Religion keinen Zwang« (2/256) zulasse, sei das eigentliche »Wunder« nicht die Eroberung der Völker, sondern ihre Islamisierung gewesen. Mit anderen Worten: Im Vordergrund stand zwar das nichtreligiöse Motiv der Beute, die anschließende Bekehrung ergab sich jedoch als langfristige, »harmonische« Folge der Religion.[63] Somit schienen die vier von ihm selbst zitierten Säulen der Macht Allahs wundersam außer Kraft gesetzt: die Dreiheit von Djihad, Kriegsbeute und politischer Freitagspredigt, aus der als vierte die islamische »Gerechtigkeit« folgt.[64]

Die freiwillig-unfreiwillige Auflösung des Widerspruchs folgt auf dem Fuße: Es war die »tragische Paradoxie« des Islam, ständig gegen seine »ethischen Vorstellungen« verstoßen zu müssen, um die Gemeinschaft zu sichern.[65] Nicht minder logisch erscheint es Lewis als ein »überzeugender Beweis der islamischen Idee«, wenn die ethischen Bewegungen der Geschichte sich nicht gegen den »Glauben« richteten und regelmäßig scheiterten. Die kaum noch überraschende Folge war, daß die Muslime im ewigen Zwangszyklus des Kriegs und der Steuererpressung bleiben mußten, um sich nicht in der »Schlinge der Christen«, nämlich der Trennung zwischen Moschee und Staat, zu verfangen![66] Selten dürfte unter dem Signum von »Wissenschaft« eine zynischere These produziert worden sein.

Die Zeit um 750 kann als politisch-kultureller Scheitelpunkt von epochaler Bedeutung für die Geschichte des Islam gelten. Zum einen hatte das Reich Allahs zwischen Spanien und Indien seine größte Ausdehnung erreicht, zum anderen vollzog sich ein historischer Machtwechsel. Die Umayyaden wurden von der Bewegung der Abbasiden beseitigt, die aus dem Osten Irans kam. Sie führte sich auf Abbas, den Onkel Muhammads, zurück und begründete somit ihren Machtanspruch ebenso wie die Aliden mit der Zugehörigigkeit zur prophetischen Sippe der Hashim. Doch statt der Nachkommen Alis bestiegen die Abbasiden den Thron, denen es in einer verdeckten Aktion gelang, die Aliden vor ihren Karren zu spannen und sie dabei von der Machtübernahme fernzuhalten (s. u. S. 55).

Die Umayyaden waren der neuen Ideologie nicht gewachsen, weil ihre Eliten zahlenmäßig zu klein und auf ihre Herkunft fixiert waren. Mit syrischen Christen und Juden sowie nordarabischer Vetternwirtschaft war buchstäblich kein Staat mehr zu machen. Auch der Versuch des Kalifen Umar II. (gest. 720), die schiitischen Dissidenten zu versöhnen, indem er die Verfluchung Alis im Freitagsgebet untersagte,[67] hatte den Machtverfall nicht mehr aufhalten können. Unter den Abbasiden versahen den Staatsdienst nun persische Muslime und Zoroastrier, bei denen die Abstammung eine geringere Rolle spielte. Sie bildeten nicht nur ein ungleich größeres Reservoir, sondern wirkten auch integrativer ins Volk. Auch den lange benachteiligten Südarabern, unter denen die aufständischen Zayditen besondere Unruhe geschürt hatten (s. u. S. 56f.),[68] versprach man die Beteiligung an den Pfründen des Reiches.

Anders ausgedrückt: Eine arabisch-säkulare Elitenherrschaft wich einer persisch-islamischen Elitenherrschaft, die dem koranischen Gleichheitsideal vermeintlich ein wenig näher kam. Gesucht war ein einheitlicher Glaube der Masse, der dem Herrscher eine »glaubwürdige« Basis und einen Spielraum schuf, der seine »Rechtleitung« nicht in Frage stellte. Um diese neue Legitimation durchzusetzen, mußte der innere Djihad ebenso in Kraft treten, wie er bereits unter den Kalifen der Rechtleitung aufgeräumt hatte. Dem abbasidischen Blutbad entgingen weder alidische Schiiten, persische Sektierer und syrische Rebellen noch die Umayyaden selbst, deren überlebender Abkömmling, Abd ar-Rahman, nach Spanien entkam und dort das Emirat und spätere Kalifat von Cordoba gründete.

So wie sich bei den Umayyaden die syrische Kultur durchgesetzt hatte, machte sich die persische bei den Abbasiden geltend. Persische Vorstellungen und Einflüsse, persische Ämter und Titel, persische Frauen und Mätressen schliffen an den rauhen Rändern der islamischen Machthaber. Gerade die Frauen spiegelten die abnehmende Bedeutung der Herkunft wider. Die letzten drei Umayyadenkalifen waren Söhne von Sklavinnen und die ersten Islamherrscher aus nichtarabischem Blut – Ausnahmen, die bei den Abbasiden zur Regel wurden. Hier waren nur drei der 36 Kalifen arabischer Herkunft. Alle anderen führten sich auf »fremdes Blut« zurück, zumeist persische oder türkische Ehefrauen bzw. Konkubinen.

Der Machtwechsel hatte ein Staatswesen zerstört, das sich auf Verdienste durch Herkunft stützte. Nun wurden Leute ohne Herkunft und Bildung an die Spitze gespült, die nicht fähig waren, eine funktionsfähige Ordnung zu schaffen. Hier war das systematische Denken der iranischen Spezialisten gefragt, die als einzige das erforderliche Wissen hatten. Sie blickten auf eine ruhmreiche Verwaltungstradition zurück, die weit in die Antike reichte:

> »Weder kann der König auf euch verzichten, noch kann man irgendwo kompetente Personen finden, außer unter euch. Daher dient ihr den Königen als Ohren, mit denen sie hören, als Augen, mit denen sie sehen, als Zungen, mit denen sie sprechen, als Hände, mit denen sie greifen.«[69]

Der wohl beste seiner Zunft in jener Zeit war Abdallah Ibn al-Muqaffa' (gest. 756), der staatsrechtliche Grundlagen von großer Tragweite legte. Er verwarf die personengebundene Macht, weil sie vom Risiko der Dummheit bedroht sei. Vielmehr habe sie sich der göttlichen Ordnung zu unterwerfen. Sie allein sei in der Lage, verbindlich das Verhältnis zwischen Herrschern und Beherrschten zu regeln, die beide unvollkommen seien. Da sich auf beiden Seiten Dummheit, Mißgunst und Habgier nicht ausschließen ließen, brauche man einen gültigen Maßstab der Vernunft, den diese Ordnung gewährleiste.

Zwar verdiene der Herrscher das Vertrauen der Untertanen, doch müßten er und seine Berater auch zu Korrekturen bereit sein, wenn sich sein Regiment zu weit von den göttlichen Vorschriften entfernt hätte. Schließlich sollten die Eliten Vorbilder sein, die Allah nicht eingesetzt habe, um die Untertanen zu verunsichern, Zwietracht zu erzeugen, damit äußeren Feinden Vorschub zu leisten und den Bestand des islamischen Staates, des höchsten Guts überhaupt, zu gefährden.[70]

Während der Kalif und Dienstherr Al-Mansur (gest. 775) mit Abstrichen eine solche Logik für sich akzeptierte, verschaffte sie dem geschliffenen Denker bei der Hofkamarilla viele Feinde. Hinzu kam, daß er in liberalen Kreisen, unter anderem des Dichters Bashshar Ibn Burd (gest. 785), verkehrte. Beiden wurden Umtriebe nachgesagt, die einen freieren Geist nicht nur in der Religion, sondern auch auf sozialem Gebiet anstrebten, z. B. die Gleichstellung aller Ethnien mit der arabischen Oberschicht, wie sie von der *shu'ubiya*-Bewegung (arab.: *sha'b* = Volk) vertreten wurde.[71]

Obwohl Ibn Burd die Religionseiferer immer wieder mit blasphemischen Eskapaden reizte, bewahrten ihn seine sprichwörtliche Beredsamkeit und Verstellungskunst (*taqiya*) lange Zeit vor härteren Folgen. Allerdings konnte auch seine Streitschrift gegen den »Ketzer« Ibn Abi Audja' (gest.

772), der die Gnade Allahs bezweifelte, nicht aufhalten, was letztlich kommen mußte. Nach vielen Jahren ereilte den über Siebzigjährigen schließlich doch noch ein gewaltsamer Tod durch Versenken in den namenlosen Weiten des Batiha-Sumpfes zwischen Kufa und Basra.[72]

Auch Ibn al-Muqaffa' ließ in den Anmerkungen zu dem Werk, das ihn eigentlich berühmt gemacht hat, die Übersetzung der ursprünglich indischen Fabelsammlung *Kalila wa Dimna* vom Persischen ins Arabische, nur wenige Gelegenheiten aus, sich über den dumpfen Glauben der Religionsgelehrten lustig zu machen.[73] Unabhängiges Denken, verbunden mit der Unfähigkeit zu Opportunismus und Heuchelei, trug ihm verhängnisvolle Intrigen ein, die auch ihn, erst 36jährig, das Leben kosteten.

Die zentrale Gestalt, die die geistigen Fliehkräfte jener Zeit – Recht, Mystik, Tradition, Dogmatik, Mathematik – in sich vereinigte, ist Sufyan al-Thauri (gest. 771). Er lehrte sunnitisches Recht in schiitischen Hochburgen wie Kufa und Basra und beschäftigte sich mit rationaler Dogmatik als Vorläufer der Mu'tazila, die zwar die Prinzipien der vorbestimmten Sünde und des unerschaffenen Koran, aber auch die gnostischen Gedanken der Schia ablehnte. Um solches original zu studieren, reiste er über viele Jahre in die persischen Lehrzentren, wo er u. a. in Samarqand und Rayy auf die frühen Mu'taziliten, Mathematiker und Astronomen traf.[74]

Al-Thauri lehnte das von Abbasidenkalif Al-Mansur angebotene Richteramt sowie auch den Bau Bagdads als »Sitz gieriger Tyrannen« ab und nahm Verfolgung auf sich, weil er den umayyadischen Herrschaftsanspruch vertrat. Auffällig oft suchte er Zuflucht bei den Königstreuen in Syrien und Jemen und wurde schließlich Urheber einer Rechtsschule (*thauriya*), die sich bis ins neue Umayyadenemirat Spanien ausbreitete.[75]

Mit dem neuen Herrschaftsstil schien sich die Geschichte langfristig zu wiederholen: So wie die mitannisch-iranische Kultur im syrisch-antiken Umayyadenstil nachwirkte, so tauchte die indo-iranische Kultur im persisch-sassanidischen Stil der Abbasiden auf, wie sie sich im Hofzeremoniell widerspiegelten. Zwar hatten sich schon die Umayyadenkalifen beim Freitagsgebet vor den Blicken des Volkes hinter einen Vorhang zurückgezogen,[76] doch stellte das abbasidische Herrschergebaren an Pomp und Distanz alle bisherigen Gewohnheiten in den Schatten.

Unbekannt war den Arabern die persische Praxis, sich vor dem Kalifen und seinem Gefolge in den Staub zu werfen; ebenso das Risiko, anläßlich von Gesuchen bei Hofe an Ort und Stelle geköpft zu werden, falls man den Unmut des allmächtigen Herrschers erregt hatte. Ohne vergleichbare Wurzeln und durch das persische Personal aufgepfropft, rückten solche Usancen das arabische Königtum nun in die Nähe zum Gottkönigtum des Iran.

Das persische Wesirsamt bestätigte die Umformung. Als Neuerung im Islam richtete es der erwähnte Kalif Al-Mansur ein, der auch den Herrschaftssitz ins von seinem Kritiker Al-Thauri verworfene Bagdad verlegt hatte. Inhaber des Amtes waren zu jener Zeit die Barmakiden, eine Dynastie in der Dynastie. Sie benannten sich nach Khalid Ibn Barmak, dessen Vater noch ein *barmak*, ein buddhistischer Priester, gewesen war. Die Barmakiden stiegen zu enormer Machtfülle auf, gestützt auf die Kontrolle des Heeres und der Staatsfinanzen. Sie waren Mäzene der Wissenschaft und betrieben freigeistige Zirkel der Philosphie und rationalen Theologie, wie man sie zuletzt nur im Iran vor dem Islam gekannt hatte.

Mit solchen Aktivitäten zu mächtig geworden, fielen sie dem Kalifen Harun ar-Rashid (gest. 809), im Westen eher aus »Tausendundeiner Nacht« bekannt, zum Opfer. Er machte deutlich, daß vor seiner Macht alle Menschen, ob Sklave oder Höfling, gleich zu sein hatten. Die Wesirsfamilie landete im Kerker und ihr Vermögen in der Kasse des Herrschers. Im erweiterten Visier des Abbasiden befanden sich auch das christliche Byzanz und das spanische Cordoba-Emirat, wo die verhaßten Umayyaden zu neuem Glanz gekommen waren. Gegen beide suchte er – trotz extravaganter Geschenke vergeblich – Karl den Großen aufzuwiegeln, obwohl sich Kaiserin Irene (gest. 802) mit hohen Tributen den »Schutz« Bagdads erkauft hatte.

Diese weltpolitischen Schachzüge erwiesen sich als Spiegelfechtereien. Sie täuschten nur noch kurzzeitig darüber hinweg, daß sich das Reich bereits im Niedergang befand. Denn schon im 9. Jahrhundert schwoll der Zustrom zentralasiatischer, vornehmlich türkischer Söldnersklaven an, deren Einfluß die Abbasiden sich nicht entziehen konnten. Bereits ein Jahrhundert nach Übernahme der Macht waren die Kalifen von den Diensten fremdstämmiger Garden abhängig. Die aufwendige Hofhaltung stand einem schwindenden Steueraufkommen gegenüber, das man durch die Vergabe von Militärlehen vergeblich aufzubessern hoffte.

Der Zerfall kalifischer Macht hatte viele Ursachen, sein Beginn läßt sich indessen mit dem Bruderkampf zwischen den Harun-Söhnen Ma'mun und Amin verbinden. Ma'mun hatte unter dem freigeistigen Einfluß der Barmakiden gestanden, während Amin eher für das orthodoxe Ideal des rechtgeleiteten Imam stand. Aus dem Konflikt ging als letztlicher Sieger Ma'muns Heerführer Tahir hervor, der mit der Übernahme von Khorasan 821 die beschleunigte Teilung des Imperiums einleitete. In Persien folgten die Saffariden 867 und die Samaniden 874, die dem Kalifen huldigten, aber eine eigenständige Politik betrieben. Ab 850 bzw. 855 standen wichtigste Provinzen, Syrien und Ägypten, unter türkischen Gouverneuren, die ab 888 zu den Tuluniden überleiteten, der ersten Militärdynastie des Islam.

Bei diesem Teilungsvorgang begann sich allmählich die Glaubensspaltung der Schiiten bemerkbar zu machen. Sie hatten den Betrug der Abbasiden nicht vergessen und trachteten seither danach, deren Kalifat zu untergraben.[77] Dabei bildete sich eine zangenartige Konstellation. Im Westen richtete die ismaelitische Siebener-Schia der Fatimiden ab 909 in Nordafrika ein Gegenkalifat auf, das sich später nach Kairo ausdehnte (s. u. S. 61f.).

Im Osten kam die Familie der Buyiden 932 zunächst in Westpersien an die Macht, mit den Zentren Shiraz im Süden und Isfahan im Norden. Ihr Gründer war Buya, ein Militärführer aus Dailam, einer traditionell schiitischen Region südlich des Kaspischen Meeres. In der Ausdehnung nach Irak übernahmen sie ab 945 den Oberbefehl in Bagdad. Als »iranisches Intermezzo« wurden sie nicht nur zur stärksten Kraft der Region, sondern auch zur Schutzmacht der imamitischen Zwölfer-Schia, ohne allerdings offiziell die sunnitische Legitimation des Kalifats anzugreifen. Wie die tatsächlichen Machtverhältnisse indessen aussahen, brachte der Buyide Adud ad-Daula (gest. 983) zum Ausdruck. Er führte seine Abstammung auf die Sassaniden zurück und legte sich den altiranischen Titel des »Königs der Könige« zu.

Er war es auch, der 980 den Schrein von Kerbela wiederherstellte, den der Abbaside Al-Mutawakkil im Jahre 850 hatte zerstören lassen. Um 1000 erreichten die Schiiten den Höhepunkt ihres Einflusses. Von Westen und Osten kommend, hatten sie weite Bereiche des islamischen Kernlandes mit den Zentren Bagdad und Kairo unter ihre Kontrolle gebracht. Wir wollen nachfolgend dasjenige in den Blick nehmen, was sie dazu befähigt hat. Die Glaubenslehren der Imamiten und Ismaeliten, der Zwölfer- bzw. Siebener-Schia, müssen von besonderer Qualität sein, wenn sie sich – zumindest zeit- und gebietsweise – gegen die Übermacht der islamischen Orthodoxie durchsetzen konnten.

2. Formen der Religion

a) Politische Schia – der Verborgene Imam

Über die zahlreichen Sekten und Strömungen der politisch-ideologischen und esoterisch-mystischen Schia berichtet eine kaum zu überschauende Vielzahl von Monographien und Artikeln, die sich nach der Islamischen Revolution 1979 noch einmal stark ausgeweitet hat. Dagegen gibt es vergleichsweise wenige Gesamtdarstellungen.[78] So faszinierend die Thematik sein mag, so zwingt sie uns doch zur Beschränkung. Wir wollen uns auf das Wesentliche in der Schia konzentrieren, das nicht nur sie selbst, sondern auch die Geschichte Irans und das Verhalten seiner Menschen in unserer Zeit verständlich machen kann.

Wie sich inzwischen angedeutet hat, scheint es in der altiranischen Kultur etwas zu geben, das möglicherweise bei der Entstehung der Schia Pate stand. Es geht um den Gedanken der transzendenten Lebensbilanz, um die ethischen Prinzipien der ewigen Wahrheit und Gerechtigkeit, die aus den Göttern des Iran hervorgingen. Sie könnten in der Vorstellung vom »Verborgenen Imam« wieder aufgetaucht sein, dem das einzig rechtmäßige Kalifat zusteht, dasjenige Alis, des ersten Märtyrers des schiitischen Glaubens, der die »Gerechten« vor den »Mächtigen« schützt.

Der deutsche Orientalist H. Halm hebt hervor, daß »das Schiitentum in seinen Wurzeln so arabisch ist wie der Islam selbst«, und bezieht sich auf den großen Orientforscher der Jahrhundertwende, Ignaz Goldziher (gest. 1921).[79] Dennoch bleibt die Frage offen, warum die Schia in bezug auf ihr politreligiöses Zentrum, das Verborgene Imamat, als vermeintlich arabische Einrichtung von der arabischen Sunna besonders vehement abgelehnt wird. Wir werden eher die Auffassung entwickeln, daß sich vom mythischen Erlöser Sayoshsant über den messianischen Imam Ali und seine diversen Mahdi-Nachfolger bis zum Revolutionär Khomeyni eine Linie ziehen läßt, deren Konsequenz in der Selbsterlösung des Menschen – genauer: des elitären Menschen als Machthaber – liegt.

Denn in der elitären Selbsterlösung des Menschen liegt vor allem die Usurpation der Macht über andere Menschen. In der Sunna ist sie im Grunde schrankenlos, weil sie auf einem »göttlichen« Gesetz beruht, das zu seiner Durchsetzung die Gewalt zum integralen Bestandteil seiner selbst macht. Da die Sunniten dies sehr wohl wissen, ist ihnen Despotie lieber als Anarchie. In der Schia ist die Macht gebunden an das utopische Gewissen vom Mahdi, vom zurückkehrenden Imam, »der die Erde mit Gerechtigkeit erfüllen wird«.

Da in diesem Geschehen der »Idjtihad«, das eigene, individuelle Urteil über die Führung der Menschen, in der Schia erlaubt, in der Sunna hingegen verboten ist, geht das Charisma der Heilserwartung, also der Erlösung, ein Stück weit auf den einzelnen Schiiten über. Insoweit wächst ihm gegenüber dem Sunniten ein deutlich flexiblerer Denkraum zu, der sich in Philosophie, Mystik, Esoterik, Literatur, Dichtung, Malerei etc. niedergeschlagen hat. Nicht zuletzt ist die Trauer über das Leiden Husayns ein spiritueller Luxus, der im sunnitischen Islam versagt bleibt.

Ohne zu weit vorzugreifen, ist diese Weichenstellung aufzuzeigen, weil sie die grundsätzlichen Unterschiede der Herrschaftsideologien und ihrer historischen Entwicklungen offenlegt. Ebenso hilft sie zu erklären, warum die in Geheimbünden organisierte, esoterische Politik und ihre Praxis der Taqiya, der gezielten Täuschung, so wichtige Rollen in der Ausbreitung der Schia, aber auch in ihrer Verfolgung durch die Sunna gespielt haben. So mag schließlich auch klarer werden, warum es nur im Iran – nur hier und in keinem arabischen Land – zur »islamischen Revolution« kommen konnte.

Wie gesehen, waren schon die frühen Aliden auf ihre Weise Revolutionäre, die gegen die Machthaber im Irak und Iran aufbegehrten, weil sie religiöse und soziale Grenzen überschritten. Aus ihnen hatten sich einst die kharidjitischen »Ultras« abgespalten, und es sollten zukünftig vornehmlich Schiiten sein, die sich den Kampf gegen Ausbeutung und Despotie auf die grüne Fahne schrieben. Da die mißbrauchte Macht von Allah verliehen ist und schon am Anfang der Schia die Opfer von Ali und Husayn stehen, verbindet sich der messianische Gedanke des Verborgenen Imam mit der »göttlichen« Rechtfertigung des Kampfes gegen die ungerechte Obrigkeit.

Ein erstes Beispiel für diese Dynamik bildet die sogenannte »Kaysaniya«, eine nach ihrem geheimen Oberhaupt Kaysan benannte Bewegung, die im dritten Sohn Alis, Muhammad Ibn al-Hanafiya (gest. 700), den Mahdi, den erwarteten Imam zu erkennen glaubte. In der »Vierer-Schia« – Ali, Hasan, Husayn, Muhammad – taucht erstmals das Muster der Entrückung, Abwesenheit und Wiederkehr des wahren Imam auf, das zum festen Bestand des schiitischen Glaubens gehören wird:

>»Das ständige Schwanken zwischen der Anerkennung eines leibhaftigen, präsenten Imams und der Hoffnung auf die Wiederkehr eines entrückten Mahdi kennzeichnet die ganze formative Phase der frühen Schia.«[80]

Auffallend war der hohe Anteil nichtarabischer Kaysaniten, der von den »echten Muslimen« benachteiligten Konvertiten (arab.: *mawali*). Die Juden und Iraner unter ihnen sorgten für starke gnostische Einflüsse, die das Endzeitdenken der Schia verstärkt in Gang setzten. Zwar nannte man sie »Übertreiber« (*ghulat*), doch wird kaum bezweifelt, daß ihre Vorstellungen – die göttlichen Eigenschaften des Imam, die Seelenwanderung und die geistige Abstraktion des Gesetzes – zu dauerhaften Bestandteilen insbesondere der esoterisch-mystischen Schia geworden sind.

Noch waren die Schiiten im Irak unorganisiert und griffen zunächst die kaysanitischen Hoffnungen auf. Sie scharten sich 724 um einen neuen, geheimen Führer namens Bukayr Ibn Mahan, der über zwei Jahrzehnte lang eine folgenreiche Propaganda betrieb. Über verdeckte Agenten verbreitete er den Herrschaftsanspruch der Hashim, der Prophetensippe, bis nach Merw, dem Heerlager im fernen Ostiran. Als eine Art Passepartout der Macht war dieser Anspruch namenlos für den reserviert, »der aus der Familie Muhammads Zustimmung findet«. Dj'far Ibn Abi Talib (gest. 747) zog die Generalzustimmung an sich und machte sich zum Herrscher Westirans, bis ihn die Umayyaden von seinem Sitz in Istakhr vertrieben. Er floh nach Herat, wo ihn ein Konkurrent namens Abu Muslim stellte und umbrachte.

Dieser Abu Muslim hatte seinerseits in Merw für den hashimitischen Unbekannten geworben, »der aus der Familie Muhammads Zustimmung findet«, und nun die Gelegenheit erkannt, die Sache ganz anders zu nutzen, als es die kufischen Schiiten geplant hatten. Er brachte Abu Abbas ins Spiel, der zwar ebenfalls Hashimit war, sich jedoch nicht im Kampf gegen die Umayyaden engagiert und mit den Aliden nichts zu tun hatte.

Mit einer Reihe komplizierter Machenschaften in den Jahren 747 bis 749 ist es Abu Muslim tatsächlich gelungen, Abu Abbas in Kufa zum Kalifen ausrufen zu lassen. In raffinierten Werbeschriften eignete man sich den eschatologischen Bonus der Schiiten an und gaukelte ihnen die nahe Macht vor, bis man diese selbst an sich gerissen hatte. Danach kappte man sämtliche Verbindungen zu ihnen, um die eigene Legitimation ungestört vertreten zu können. Aus Sicht bloßer Machtstrategie war dieses Vorgehen eine Glanzleistung, aus Sicht der Schia gehört sie zum Perfidesten, das die islamische Geschichte anzubieten hat (s. o. S. 47, 53).

Nach dem umayyadischen Betrug an Ali hatten nun die Abbasiden ihr intrigantes Spiel mit den Aliden getrieben. Wäre die schiitische Ideologie tatsächlich »in ihren Wurzeln so arabisch wie der arabische Islam selbst« (Halm), hätten ihre Protagonisten – spätestens nach der umayyadischen Erfahrung – das abbasidische Spiel durchschaut. Weil sie aber auf einer anderen Ethik fußten, waren sie abermals unterlegen und zogen es fortan vor, die Rückkehr des Verborgenen Imam auch aus dem Verborgenen zu betreiben, d. h. die esoterische Geheimpolitik zum System zu entwickeln.

Da sich die kaysanitische Erwartung einer Rückkehr des entrückten Muhammad Ibn al-Hanafiya nicht erfüllt und dieser sich auch zu Lebzeiten überhaupt nicht beteiligt hatte, verlagerte sich das Interesse von der alidischen Linie auf die Nachkommen Husayns. Zwar führten auch dessen Sohn Ali und Enkel Muhammad ein inaktives Leben in Medina, doch blieben die politischen Ambitionen der Familie lebendig. So rief Muhammads Halbbruder Zayd Ibn Ali 739 die Einwohner von Kufa zum Aufstand gegen die Umayyaden auf und starb im Kampf gegen den Statthalter. Er begründete die Sonderströmung der Zaydiya.

Schon im 9. Jahrhundert gründeten die Zayditen eigene Staatsgebilde im Jemen und im Daylam-Gebiet südlich des Kaspischen Meeres. Eines ihrer wichtigeren Merkmale ist eine gewisse Offenheit gegenüber den mu'tazilitischen »Ketzern«, die den Koran als von Menschen erschaffen ansahen. Die Lehren der Christen und muslimischen Mystik lehnten sie ebenso polemisch ab, wie sie den Manichäismus eines Ibn al-Muqaffa' verwarfen.[81] Ansonsten befinden sie sich in weitgehender Übereinstimmung mit den Grundregeln der Schia, wobei neben anderem drei Ausnahmen ins Auge springen: Weder kann ein Imam das Amt vererben, noch sich das Charisma des Mahdi aneignen, noch ist die für die Schia so typische Zeitehe (*mut'a*) erlaubt (s. u. S. 224).

Die zentrale Basis der Legitimation des Imam ist das Glaubenswissen, das sich denn auch in einer äußerst umfänglichen Literatur niedergeschlagen hat. Da allein die persönliche Fähigkeit zählt, kann es auch Zeiten ohne Imam oder mit mehreren gleichzeitig geben. Eine wichtige Schnittstelle zur Sunna schuf Sayyid Ibn al-Wazir (gest. 1436), aus dessen Lehren sich die Zaydiya als fünfte Rechtsschule entwickelte. Sie beteiligte sich lebhaft an der traditionellen Diskussion über die juristischen Unterschiede (arab.: *ikhtilaf*) und wurde von Muhammad al-Shaukani (gest. 1834) zu einer Grundlage des islamischen Modernismus ausgebaut.[82]

In der »orthodoxen« Schia festigten sich die Husayniden als Grundlage der Imamiten durch die Einbindung von Dja'far Ibn Sadiq (gest. 765), Husayns Urenkel. An sechster Position in der entstehenden Reihe der zwölf Imame – nach Ali, Hasan, Husayn, Ali und Muhammad – wirkte Dj'far als »Erbe Alis« und geistige Integrationsfigur, ohne je politisch tätig geworden zu sein. Er ist die zentrale Autorität des schiitischen Rechts, auf die sich sowohl Zwölfer- als auch Siebener-Schia berufen.

Letztere führt sich ihrerseits auf Dj'afars früh verstorbenen Sohn Isma'il zurück und wird daher auch »Isma'iliya« genannt. Beide Schia-Varianten stimmen ebenso in der Doktrin überein, daß das Imamat – im Gegensatz zur Zaydiya – vom Vater auf den Sohn übergehen muß. Hasan und Husayn blieben die einzige zulässige Ausnahme.

Dja'far ist der letzte der Imame, die in Medina starben. Alle nachfolgenden – Musa al Kazim, Ali ar-Rida, Muhammad al-Djawad, Ali al-Hadi, Hasan al-Askari – beendeten ihr Leben in abbasidischer »Obhut«, oft unter mysteriösen Umständen. Die Umtriebe der Husayniden waren den Kalifen zu suspekt, als daß sie auf ihre Kontrolle hätten verzichten können. Die schiitische Tradition nimmt sogar an, daß alle Imame nach Dja'far auf Befehl der Kalifen vergiftet wurden.[83] Schon seit den Barmakiden hatte sich ein arabisches Mißtrauen gegegüber den Iranern als unsicheren Muslimen gebildet, die ihrer ruhmreichen Vergangenheit nachtrauerten.[84]

Ein Sonderfall in dieser eigentümlichen Praxis war der bereits erwähnte Abbaside Ma'mun. Er neutralisierte Ali b. Musa (gest. 818) nach dessen Aufstandsversuch im Hidjaz, indem er ihn mit einer seiner Töchter verheiratete. Darauf machte er ihn zu seinem designierten Nachfolger und gab ihm den Beinamen »Ar-Rida«, was etwa dem »Zustimmungsfähigen«, also der schiitischen Machtformel entspricht.[85] Alis Sohn Muhammad (gest. 835) wurde ebenso Ma'muns Schwiegersohn und hielt sich in seinem Gefolge auf. Dieses ungewöhnliche Vorgehen scheint allerdings nicht nur politisch motiviert gewesen zu sein.

Als Förderer der Wissenschaften und freigeistiger Mu'tazilit bezweifelte Ma'mun das ewige Koranwort und unterhielt erlesene Zirkel mit prominenten Andersgläubigen. Die Imam-Prätendenten waren da ebenfalls willkommen, zumal schon seine Ziehväter, die Barmakiden, schiitischen Opportunisten Zugang zum Hof verschafft hatten.[86] So mag sein Machtkalkül auch die alidische Sache selbst enthalten haben, da er nicht klar für die abbasidische Variante der Hashimiten eintrat.[87] Nicht zuletzt geht auf ihn das »Haus der Weisheit« (*bayt al-hikma*) zurück, Übersetzungszentrum griechischer Wissenschaft, in dem Christen, Juden, Zoroastrier und – ismaelitische Schiiten wirkten.[88]

In jedem Falle entwickelt sich die schiitische Geheimlehre als für die Eliten zunehmend attraktiv. Im zwölften Imam der Zwölfer-Schia setzt sich diese Tendenz weiter fort. Um 900 entsteht die Idee eines fiktiven Sohnes des Hasan al-Askari (gest. 874), der in einem Zwitterzustand zwischen Anwesenheit und Entrückung in der Verborgenheit lebt. In dieser Sicht ist seine Existenz zwingend notwendig, weil es ohne ihn auch die gesamte Welt nicht geben kann. Die Verbindung zu ihm halten besonders befähigte »Botschafter« aufrecht, deren vierter, Ali Ibn Muhammad (gest. 941), der letzte ist, der Kontakt mit dem Verborgenen hatte.

Seither befindet sich der Imam vollständig zurückgezogen in der »großen Verborgenheit«, aus der er dereinst als der Mahdi zurückkehren wird, um den Schiiten zum endgültigen Sieg zu verhelfen und die Menschheit von allem Übel zu befreien. Nach der Tradition trägt der Mahdi den gleichen Namen wie der Verkünder des Islam selbst – Muhammad:

> »Tage und Nächte werden nicht eher enden, als bis Gott (Allah) einen Mann
> aus meinem Hause senden wird, der denselben Namen trägt wie ich. Er wird
> die Erde mit Gerechtigkeit und Billigkeit füllen, wie sie zuvor voll Bedrückung
> und Tyrannei war.«[89]

Er ist der Erwartete, der Auferstehende, der sein Recht auf die Führung der Menschheit einfordert und das Martyrium der ihm vorangegangenen

Imame mit Feuer und Schwert rächt. Er wird alle Ungläubigen von der Erde vertilgen und zwischen den Schreinen Alis und Husayns, zwischen Nadjaf und Kerbela, das Paradies errichten – triumphales Signal für das Jüngste Gericht und die Auferstehung der Toten.

Diese Imamatslehre faßte zunächst im persischen Qom Fuß, der ältesten Schiitensiedlung Irans, in die sich schon im 8. Jahrhundert verfolgte Schiiten aus Kufa zurückgezogen hatten. In der Folgezeit breitete sich die Lehre allmählich auch in anderen Städten wie vor allem Nihawend und Qazwin im Westen sowie Nishapur und Tus im Osten aus. Im 10. Jahrhundert entstanden die zwei wichtigsten kanonischen Werke, die bis bis heute gelten. Al-Kulayni (gest. 940) sammelte die tradierten Denk- und Handlungsanweisungen der Imame und Ibn Baboye al-Qummi (gest. 991) die Argumente für die Existenz des Verborgenen Imam.

b) Esoterische Schia – der Geheime Bund

Die Zwölfer-Version war keineswegs unumstritten. Immer noch gab es Schiiten, die der Entrückung von Musa al-Kazim bzw. Dja'far as-Sadiq, des sechsten und siebten Imams, anhingen. Auch die »Übertreiber«, die esoterischen Extremisten, trieben nach wie vor ihr Wesen. Hinzu kam die Siebener-Schia der Ismailiten, die Dja'fars Sohn Ismail als den eigentlich entrückten, siebten Imam ansahen. Ausgehend von der westpersischen Bewegung der Qarmaten in der zweiten Hälfte des 9. Jahrhunderts, breitete sich ab etwa 900 ihre Lehre unter extremer Geheimhaltung einerseits nach Ostiran, andererseits in den Maghrib aus.

Der zentrale Begriff, der oft auch zur Namensgebung dient, ist »Wahrheit«. Ismailiten sind Gläubige, Wissende, Anhänger, Freunde, Rufer und vieles andere mehr, mit dem sie ihre Wahrheit pflegen und verbreiten. Um ihre dunklen Anfänge im 9. Jahrhundert und den ersten »Rufer« namens Abdallah Ibn Maymun ranken sich komplexe Spekulationen, die hier nicht erörtert werden können. Gesichert scheint, daß sich Abdallah als Urheber der politischen Esoterik, der geheimen »Ausbreitung im Inneren« (arab.: *batin* = innen) im syrischen Salamiya niederließ,[90] wo auch das erste offizielle Oberhaupt, Abdallah al-Akbar, starb.

Der ismailitische Ruf (*da'wa*) zur Wahrheit hatte auch erheblichen Erfolg bei der imamitischen Konkurrenz. Viele ihrer Anhänger waren von den Wirren um die An- bzw. Abwesenheit des Imam enttäuscht und wandten sich der verständlicheren, oft auch einträglicheren »Wahrheit« der Ismailiya zu. Einer von ihnen war Ibn Haushab, der als Abgesandter des Qarmaten Abdan die ersten Zellen im Jemen gründete. Seinen Neffen Haytham schickte er nach Indien und einen seiner besten Rufer, Abu Abdallah ash-Shi'i, nach Mekka, um unter den Pilgern zu werben. Hier traf Ash-Shi'i auf Maghrebiner, die er in ihre Heimat Algerien begleitete. Als Werber der Berber gründete er in der Region Kutama die erfolgreichste Zelle der Ismailiya überhaupt.

Das Kettensystem der ruferzeugenden Rufer erwies sich als überaus effizient und hat bis heute Bestand. Innerhalb von drei Jahrzehnten hatte sich um 900 ein weitmaschiges Zellennetz von Nordafrika bis Indien, vom Kaspischen Meer bis zum Jemen gespannt. Indem jede Zelle auch als »Haus der Auswanderung« (dar al-hidjra) verstanden wurde, knüpfte man an das charismatische »Modell von Medina« an, allerdings nicht mit Muhammad, sondern mit Imam Ali als Zentralfigur. Nach wie vor blieb dabei das unveränderte Ziel der Sturz der Abbasiden, so daß man weiterhin unter strenger Geheimhaltung agierte.

Die Lehre fußte auf den sechs »Propheten« Adam, Noah, Abraham, Moses, Jesus und Muhammad, deren äußere Gesetze mit innerem, nur wenigen Erleuchteten zugänglichem Sinn ausgestattet werden mußten. Dessen Urheber waren Seth, Sem, Isaak, Aaron, Simon Petrus und Ali. Die sieben Imame spiegeln die Sechserkette wider, wobei sich der siebte Imam als verborgener Vermittler der Geheimlehre ausgewählten »Bevollmächtigten« offenbart. Eines Tages wird er als Mahdi erscheinen, alle Gesetzesreligionen inklusive Islam abschaffen und eine paradiesische Urreligion einrichten, die an die gnostische Weltüberwindung erinnert.[91]

Der Schia-Spezialist H. Halm folgt auch in diesem Kontext der Djahiliya-Tradition und lehnt vorislamische Wurzeln ab. Er räumt ein, daß die ismailitischen Ideen von einer weiblichen ersten Existenz als oberer immaterieller Welt, aus der die materielle, männliche Welt hervorgeht, kaum islamischer, sondern eher jüdisch-gnostischer Herkunft sind. Ansonsten plausibel argumentierend, verzichtet er hier auf Belege und beharrt darauf, daß es sich um ein »genuin islamisches« System handeln müsse, weil es an Vorbildern fehle.[92]

Diese Auffassung scheint methodisch und inhaltlich problematisch, nicht nur, weil die Gnosis dem orthodoxen Islam fremd ist. Bereits das Prinzip vom Verborgenen Imam ist gnostisch, weil es die Selbsterlösung eröffnet, die wir auch im alten Iran finden (s. o. S. 33). Man muß nicht der Extremsicht des Grafen Gobineau (gest. 1882) folgen, der die Schia direkt auf arische Wurzeln zurückführen wollte.[93] Wer bereit ist, den iranisch-babylonischen Geistesgang in Augenschein zu nehmen, kann auf durchaus tragfähige Parallelen stoßen, die wir in unserer Betrachtung zur Diskussion stellen.

Dabei ist B. Lewis' generelles Konzept von der »ethischen Anziehung« zwischen iranischen und arabischen Kulturelementen nur eines von mehreren Mustern (s. o. S. 20). Eines der wichtigsten ist der Messianismus, wenngleich er im Islam auf einem sehr schmalen Grat wandelt. Wie wir wissen, verdankt sich auch das Götterpaar der Mysterien, das die Gut-Böse-Bilanz auf dem Weg in den Monotheismus symbolisiert, der iranisch-jüdischen Interaktion in Babylonien.[94]

Die Schia-Tendenz zur Selbsterlösung, der wir altiranische Einflüsse zugrunde legen, führte in der ismailitischen Variante eine Spaltung herbei. Im Jahre 899 behauptete der vierte Großmeister in Salamiya namens Sa'id Ibn Husayn, daß nicht der Verborgene Imam, sondern er selbst der Mahdi sei. Während Abdan und seine Qarmaten im Irak und am Golf dem »alten« Mahdi die Treue hielten, schlossen sich Ibn Haushab im Jemen und Ash-Shi'i im Maghrib der neuen Bewegung an, aus der die Dynastie der Fatimiden hervorging.

Mit Hilfe des charismatischen Ash-Shi'i gelang es Sa'id, der selbsternannten Mahdi-Inkarnation, die sunnitischen Aghlabiden, Herrscher der nordafrikanischen Provinz Ifriqiya, zu beseitigen. Da offenbar jüdisches Blut in seinen Adern rollte, waren seine Herkunft und Legitimität Gegenstand heißer Diskussionen, an denen sich die größten Geister der folgenden Jahrhunderte beteiligten.[95] Das änderte allerdings wenig am Erfolg seiner Expansionspolitik in Nordafrika, Sizilien und Spanien, in deren Verlauf er auch seinen treuen Wohltäter Ash-Shi'i über die Klinge springen ließ.

Die Qarmaten von Bahrayn schienen den Fatimiden in der Erfüllung der Mahdi-Verheißung zuvorkommen zu wollen. Sie hatten sich seit Jahren an den Pilgerkarawanen bereichert und fielen 930 erneut in Mekka ein. Dabei brachen sie den Schwarzen Stein aus der Kaaba, erklärten die Religionen des Moses, Jesus und Muhammad für nichtig und das Reich der paradiesischen Urreligion für gekommen.

Selten hat sich die schiitische Neigung zu autonomem Handeln und gnostischer Grenzüberschreitung krasser verwirklicht als in diesem Geschehen. Von einem »genuin islamischen« System konnte hier kaum die Rede sein, es sei denn, man akzeptierte die Gnosis als Teil des Islam. Ein Jahrtausend später, in der modernen iranischen Revolution, wird sich ein vergleichbarer Fall entwickeln, der sich islamisch begründete und gnostisch handelte (s. u. S. 149ff.).

Die Fatimiden, die sich nach ismailitischem Brauch »Dynastie der Wahrheit« nannten, hatten derweil das Kalifat von Mahdiya in der Nähe des alten Heerlagers Qayrawan aufgerichtet. Im Jahre 969 weiteten sie ihren Herrschaftsbereich nach Ägypten aus und verlegten 973 den Kalifensitz nach

Kairo. Aus der erweiterten Machtfülle ergab sich auch eine erweiterte Werbung. Erneut schwärmten die Rufer aus, vor allem nach Persien, um die Botschaft des Mahdi zu erneuern.

Unter dem Einfluß Al-Razis (gest. um 930) entstand dort um die Wende des Jahrtausends eine neuplatonische Denkströmung, die der Isma'iliya neue Impulse gab. Er war freigeistiger Hofgelehrter der Samaniden von Bukhara, Günstling des Gouverneurs in Rayy und zugleich einer der größten Philosophen und Alchimisten des Mittelalters überhaupt. Es entwickelt sich eine gnostische Lehre von der Seele, die uns auch in der persischen Esoterik wieder begegnen wird (s. u. S. 78f.). Zwischen Geist und Materie stehend, bleibt sie der Materie verhaftet, wenn sie nicht durch Erkenntnis befreit wird. Dazu befähigt sie nur der Intellekt, der, durch die ismailitische Geheimlehre erleuchtet, die Seele auf das Paradies vorbereitet und schließlich erlöst, wenn der Tag der Heimkehr gekommen ist.[96]

Um die gleiche Zeit beginnt sich jedoch im Osten die politische Entwicklung gegen die Schiiten zu wenden. Vom anschließenden Niedergang der Samaniden hatte der türkische Heerführer Mahmud profitiert, der 999 im afghanischen Ghazna seine danach benannte Herrscherlinie der Ghaznawiden begründete. Er besetzte Khorasan und begann nach Anerkennung durch den – sunnitischen – Abbasidenkalif Al-Qadir (gest. 1031) mit »Säuberungen« unter den Buyiden, der Schutzmacht der Schiiten: In Rayy ließ er ihre Statthalter ans Kreuz schlagen, die dort seit langem der mu'tazilitischen Lehre anhingen (vgl. o. S. 51, 58).

Wie so oft in der Geschichte, vereinigte sich auch bei ihm die Gewalt mit Ästhetik. Gerühmt werden seine Aktivitäten als Mäzen von Gelehrten, Dichtern und Künstlern, die er von weit her in die neue Residenz holte. Einer von ihnen war der Größte seiner Zeit, der persische Dichter Firdausi (gest. 1020), Schöpfer des unsterblichen »Buchs der Könige« (*shah nameh*). Mit wenigen Worten vernichtete er allerdings den Glanz des Herrschers, der ihm statt des vereinbarten Honorars ein weniger fürstliches Trinkgeld für das epochale Werk zahlte, das ihn mit sechzigtausend elfsilbigen Versen fünfunddreißig Jahre seines Lebens gekostet hatte:

> »O Schah! Ein Werk ließ ich dir zum Vermächtnis, das nie vergeht – als einziges Gedächtnis wird es von dir auf Erden hinterbleiben, wenn man dich selbst vergaß und all dein Treiben – durch Sonnenbrand und Regenguß zerfallen die Königsschlösser und die Tempelhallen, doch den gewalt'gen Bau, den ich erhoben, versehrt nicht Regen noch der Stürme Toben – solang die Welt besteht, die Jahre kreisen, wird wer Verstand hat, meine Dichtung preisen.«

Mahmuds Sohn Mas'ud (gest. 1041) übte folgenreiche Milde, als er den Aufrührer Arslan Ibn Seldjuk (gest. 1034), den Kopf des Seldjukenstamms der Oghusen, nach kurzer Haft wieder freiließ. Von Khorasan bis Syrien zogen die Oghusen eine breite Spur der Gewalt, die die Machtübernahme durch Seldjukenführer Toghrulbegh (gest. 1063) vorbereitete. Er nutzte einen schiitisch-sunnitischen Bürgerkrieg und etablierte sich als neue Schutzmacht, die die Buyiden als schiitische Schutzmacht in Bagdad verdrängte. Seine Nachfolger dehnten ihren Herrschaftsbereich nach Syrien aus und schlugen 1071 gegen die Byzantiner die Schlacht von Mantzikert, die die historische Eroberung von Anatolien einleitete.

Mit diesen Vorgängen ist der Name des Nizam al-Mulk (gest. 1092) verbunden, eines aus der Nähe von Tus stammenden Persers, der aus den ghaznawidischen in die seldjukischen Dienste wechselte. In seinem »Buch über die Staatslenkung« (pers.: *siyaset nameh*) legte er die Schwächen islamischer Herrschaft offen: Gewalt, die sich auf Allahs Gesetze berief, würde immer wieder neue Gewalt erzeugen. Um solches zu vermeiden, sollte ein funktionierender Staatsapparat geschaffen werden, der weniger auf religiösem Denken als auf pragmatischem Handeln beruhte. Nicht nur die Berufung auf Allah, sondern auch die Fähigkeit seiner Beamten könnte dem islamischen Gemeinwesen den Bestand sichern.

Der nüchtern denkende Minister schuf Institutionen, die sich mit den Gegensätzen zwischen Theologie und Recht sowie Sunna und Schia beschäftigten. Die nach ihm benannte Nizamiya in Bagdad wurde neben der Azhar in Kairo zur bekanntesten Bildungsstätte des Islam. Die dortige Dynastie der schiitischen Fatimiden hatte inzwischen immer wieder ihre »Rufer«, die Agitatoren des Verborgenen Imams, entsandt, um die ismailitische Unruhe unter den Menschen des Irak zu verbreiten.

Nizams Beamte verfolgten ein Zweckdenken, das den dogmatischen Debatten der Theologen auswich, indem es nicht den islamischen, sondern den funktionierenden Staat anstrebte. Wenn man von Gerechtigkeit reden wolle, so der pragmatische Staatsmann, brauche man zunächst eine taugliche Ordnung, die durch faktische Tauglichkeit der Machthaber, nicht durch theoretische Legitimation durch Allah zustande komme.

Nizam hatte damit den direkten religiösen Bezug aus der *umma*, dem islamischen Gemeinwesen, entfernt. Der seldjukische Machthaber, der sich jetzt »Sultan« (Herr des Weltlichen) nannte, brauchte keine Extralizenz mehr von Allah, geschweige denn vom Kalifen. Er und die fähigsten Menschen würden einen sunnitischen Staat steuern, in dem die sinnvolle Funktion die religiöse Willkür ersetzte – ein Prinzip ganz ähnlich dem des Ibn al-Muqaffa' (s. o. S. 50f.). Mithin sei ausgeschlossen, daß sich niedrige

Vagabunden die Macht, vor allem die Tributmacht Allahs anmaßen könnten:

>»... sie (die Untertanan) werden bis aufs Blut gepeinigt und sind voll hoffnungsloser Verzeiflung. Jeder Dinar, der zur Steuer erhoben wurde, ward doppelt und dreifach von den Untertanen eingezogen, ohne zum Sultan zu gelangen und ward von gemeinen, niedrigen Erpressern geraubt. Jeder, der zu Maßnahmen gegen sie und als Nachfolger für sie von eurer Seite geschickt wird, der übertrifft nur noch an Gier und Tyrannei die Vorgänger.«[97]

Indem er die geistige Fähigkeit der Seldjuken im Allgemeinen, ihre Machteignung im Besonderen akzeptierte und »pragmatisch« mit ihrer militärischen Stärke begründete, stieß Nizam auf die nicht ungeteilte Zustimmung eines der Großen des Islam. Der persische Mystikphilosoph Al-Ghazali (gest. 1111), der nicht im Sold des Sultans stand, erlaubte sich ein anderes Urteil über »die Türken, die wie rohe Tiere in Menschengestalt sind, denen kein Gottesmann dienen darf«.[98]

Allerdings sah der Gelehrte, daß eine starke Obrigkeit als sunnitische Schutzmacht nicht nur nützlich, sondern notwendig war. Er verfaßte eine anti-schiitische Streitschrift, die jedoch fatale Folgen für Nizam hatte. Die ismaelitische Schia und ihr »Verborgener Imam« verfolgten einen totalitären Anspruch auf die Staatsführung: »Wer stirbt, ohne den Imam seiner Zeit anerkannt zu haben, der stirbt als Ungläubiger«.[99] Ihnen wird zugeschrieben, einen Mordmönch des Assassinen-Ordens auf den schiakritischen Staatsmann angesetzt zu haben, der nach eigener Aussage die »üble Lehre des Irak« ablehnte.[100]

Nizam mußte sterben, weil seine sachbezogene Denkweise die Theo- und Ideologen des Islam im direkten Zugang zur Macht Allahs behinderte. So sahen es denn auch die Sunniten nicht ungern, daß der unbequeme Staatsmann aus dem Weg geräumt war. Seine wiederholten Spenden an die schiitischen Heiligtümer in Nadjaf und Kerbela halfen Nizam letztlich nichts. Beide Seiten – Sunniten wie Schiiten – verstanden keinen Spaß, wenn ihre gottgewollte Autonomie durch nichtreligiöse Einrichtungen beschnitten werden sollte.

So konnte sich der schiitische Einfluß trotz sunnitischer Kontrolle nicht nur halten, sondern verstärken. Die in Ostpersien entstandene *madrasa*, eine religiös-rechtliche Bildungseinrichtung, hatte sich unter Ägide der Seldjuken über ganz Iran, Irak, Syrien und Anatolien verbreitet. Unter ihrer Herrschaft wuchsen die Schiiten – zumeist Perser – im 11. und 12. Jahrhundert von einer zunächst geduldeten Minderheit zu einer kulturell bestimmenden Kraft.

Zwar ging nach Ansicht türkischer Eiferer »jedem, der die persische Sprache erlernte, die Hälfte des Glaubens verloren«,[101] doch legt die türkisch-
iranische Gesellschaft dieser Zeit die Grundlagen für die künftige Natio-
nalreligion Irans: »Die Iranisierung der einwandernden Türken geht Hand
in Hand mit ihrer Schiitisierung.«[102]

Die Migration der Türken aus Zentralasien verstärkte sich zuweilen zu
regelrechten Fluchtwellen, die die nachdrängenden Mongolen vor sich her-
schoben. Auch sie waren auf die Bildung und Verwaltungskunst der Perser
angewiesen, die schon bei den Seldjuken über die Hälfte der Gelehrten und
hohen Beamten stellten. Dies hatte weniger, wie manche Orientidealisten
der Gegenwart meinen, mit »Toleranz«, sondern vielmehr mit mangelnder
Bildung der herrschenden Klasse zu tun. Sie hatte einen »höheren«, d. h.
militärischen Auftrag, der in der Führung eines effizienten und loyalen
Heeres bestand. Alle höheren Offiziere waren somit keine Perser, sondern
Türken, rigorose Eroberer »in unverrückbarer Treue zum Islam« (Lewis),
die den Schiiten als »Herren der Welt« und zuweilen schon als Wegbereiter
des Mahdi erschienen.

Die Mongolen lösten zeitweilig regelrechte Endzeiterwartungen aus. Indem sie in wenigen Jahren ganz Iran besetzten, die seldjukischen »Herren
der Welt« überwanden und 1258 das halbtausendjährige Kalifat der Abbasiden beendeten, schienen sie übernatürliche Kräfte unter Beweis zu stellen. Die imamitische Ehrfurcht galt ihnen schon seit 1256, als sie die Flucht-
burgen der Assassinen schleiften, jener angsteinflößenden Konkurrenz,
deren Kämpfer und Auftragsmörder über eineinhalb Jahrhunderte die Region verunsichert hatten.

Um dem Angriff der asiatischen Eroberer zu entgehen, hatte der Großmeister der Hauptburg Alamut als Friedensboten einen der besten Köpfe
der damaligen Zeit, den Mathematiker Nasir ad-Din at-Tusi (gest. 1261),
entsandt. Aufgrund vorheriger Querelen übte dieser jedoch keine Loyalität
gegenüber seinem Auftraggeber und gab im Gegenteil die entscheidenden
Hinweise zur Einnahme der Festung. Er war es auch, der Mongolenführer
Hulagu zum Marsch auf Bagdad anspornte und seine Truppen auf ihrem
Zug nach Westen begleitete. Ihn brachten erst die ägyptischen Mamluken,
die 1171 die Fatimiden in Kairo abgelöst hatten, zum Stehen.

Ein wenig konnte der Eindruck entstehen, daß Tusi im Sinne der Schia
am Rad der Geschichte drehte.[103] In Bagdad war es ihm sogar gelungen,
Hulagu zum Erwürgen des letzten Abbasiden zu überreden. Nach anderen
Berichten soll der Kalif in einem Sack steckend zu Tode geprügelt worden
sein.[104] In jedem Falle war Tusi euphorisches Lob der Schiiten sicher. So
habe er die Reise nach Bagdad auf sich genommen, »… um das letzte Glied

der Kette von Gewalt und Frevel abzuschneiden, um auszulöschen den Brand der Tyrannei und Verwirrung dadurch, daß er den Kreis des Königstums der Abbasiden zerstreute ...«.[105] Immerhin hatte er sich auch aus Sicht der Mongolen so verdient gemacht, daß er bei den Ilkhanen Hulagu und Abaqa das Wesiramt versah.

Die Herrschaft der Mongolen verbindet sich vor allem auch mit dem Namen Timurs des Eroberers (gest. 1405), der in nur wenigen Jahren Ostiran besetzte und ausgangs des 14. Jahrhunderts den Osmanen zu schaffen machte. Gerühmt wird Samarqand, das er zur glanzvollen Metropole ausbaute. Die dazu erforderlichen Sklaven und Schätze wurden rigoros beigetrieben, wobei sich der Härtegrad nach der Unterwerfungsbereitschaft richtete.

Khorasan, das im islamischen Machtkampf immer eine Zone der Unruhe gewesen war, zeigte hier geschmeidige Anpassung und lud den Mongolen zur Machtübernahme ein.[106] So lieferte man die Bevölkerung der Willkür der Eroberer und Steuereintreiber aus, der man – wie in Herat – nur durch hohe, »freiwillige« Zahlungen entgehen konnte. Wer sich widersetzte, bekam die ganze Wucht des mongolischen »Gesetzes« zu spüren. Im Jahre 1386 wurde eine angebliche Verschwörung in einem Blutbad erstickt, das auch die herrschende Lokaldynastie beendete.

Solche Massaker, begleitet von Versklavung und Vergewaltigung, waren überall dort die Regel, wo man sich der unausweichlichen Unterwerfung und Tributzahlung zu entziehen suchte. In bezug auf Widerstand ist Isfahan in die Geschichte eingegangen, dessen Bevölkerung es 1387 gewagt hatte, Timurs Steuerbüttel anzugreifen. Außerhalb der Stadt sollen 28 der berüchtigten Schädelpyramiden mit jeweils etwa fünfzehnhundert Köpfen aufgeschichtet worden sein.[107]

Wenngleich schon enorm, trat der kalkulierte Abschreckungseffekt noch hinter dem der »ausgeklügelten Bestialität« (H. R. Römer) von regelrechten Körpertürmen zurück. Indem man Tausende von Menschen als Baumaterial benutzte, z.T. bei lebendigem Leibe aufschichtete und dabei mit Lehm und Geröll zementierte, entstanden Massenmonumente, deren Anblick weithin nicht nur an Timurs grenzenlose Macht gemahnte.[108] Sie waren auch Mahnmale der Nekrophilie, wie sie die Mongolen als zentralasiatischen Machtkult zelebrierten.[109]

Da bald auch der Verwesungsgeruch das Land durchwehte, löste allein schon die Nachricht vom Herannahen ihrer Mordscharen den gewünschten Terroreffekt aus, der der Asiatenherrschaft nicht zuletzt auch den Ruf besonderer »Sicherheit« eintrug. Wer nicht als namenloser Baustein in einer Schädelpyramide oder in einem Körperturm verschwinden wollte, tat und gab natürlich, was immer verlangt wurde.

Um die »Befriedung« des Iran zu beschleunigen, gehörte dabei die Verschonung der Eliten ebenso zur Regel, wie sie in bezug auf das Volk die Ausnahme war. Dabei lieferte die lokale Obrigkeit nicht nur unbequeme Machtkonkurrenten, sondern auch religiöse Abweichler ans Messer, um sich den Eroberern als die passende Hilfskraft zu empfehlen. Besonderen Schutz genossen die Sayyeds, die Nachkommen des Propheten, und vor allem die Führer der schiitischen Orden, die ihre Organisationen und Wandermönche in den Dienst der militärischen Aufklärung stellten.

Da Timurs Strategie auf Terror und optimale Ausbeutung und weniger auf eine konstruktive Absicherung der Einflußgebiete ausgerichtet war, hatte seine Herrschaft letztlich zwar keinen dauerhaften Bestand, aber bei aller Zerstörung dennoch einen wichtigen Nebeneffekt: Indem sie eine Reihe von iranischen Teilregimen zerschlug, trug sie dazu bei, daß allmählich wieder das nationale Kulturgebiet des Iran zusammenwuchs.

c) Idjtihad – Allah im Urteil

Anstelle von Qum und Bagdad, die wie viele andere Städte im »Mongolensturm« zerstört wurden, war um die Wende zum 14. Jahrhundert in Hilla am Euphrat ein neues Zentrum schiitischer Gelehrsamkeit entstanden. Hier betrieb man Rechtsfindung unter Einsatz des individuellen Verstandes, den bereits kurz erläuterten *Idjtihad* (s. o. S. 54), der sich mit den Namen der »beiden Hillis« verbindet.

Der ältere, Dj'far Ibn Hasan al-Hilli (gest. 1277), schrieb ein bis heute gültiges Rechtskompendium, der jüngere, Hasan Ibn Yusuf al-Hilli (gest. 1325), hatte noch bei Tusi studiert und arbeitete die theoretischen Grundlagen des Idjtihad aus. Er schuf die Basis für die moderne Rolle der Mollahs als politreligiöse Führer, deren wichtigste man »Ayatollah« (Zeichen Allahs) nennt. Denn ihre Entscheidungen sollen unter Anwendung äußerster Akribie und Ehrfurcht vor Allahs Gesetz zustande kommen.

Beim Idjtihad handelt es sich um einen sehr sensiblen Vorgang, nämlich den menschlichen – und damit auch fehlbaren – Umgang mit der islamischen Offenbarung. Der zuständige Gelehrte, der Mudjtahid, muß über um so exzellentere Kenntnisse des Koran und seiner Sprache, der schiitischen Tradition und ihrer Überlieferer sowie über eben jenen scharfen Verstand verfügen, der ihn dazu befähigt, neu auftretende Fälle mit dem Sinn der Texte und dem Konsens des Lehrkorpus zu verknüpfen. Dieses Vorgehen konnte als »gemäßigte« Form der rationalen Theologie und mu'tazilitischen Spekulation erscheinen, des »Tores zum Idjtihad«, das die Sunna nach Al-Ma'mun geschlossen hatte.

Die Fehlbarkeit der juristischen Abwägung steht im Gegensatz zur Unfehlbarkeit des koranischen Textes, dessen zahlreiche Ungereimtheiten zur sogenannten »Abrogation«, zur Aufhebung früherer Aussagen durch spätere, geführt haben. Die offensichtlichen Eingriffe, die Muhammad in Fragen der Juden, der Frauen, der Gebetsrichtung etc. vorgenommen hat, brachten die muslimischen Gelehrten in erhebliche Erklärungsnot, da der Koran in seiner Gesamtheit als unerschaffenes Werk Allahs gilt.

Um so wichtiger ist das akribische Bemühen des Mudjtahid, der »manchmal das Falsche, manchmal das Richtige« trifft, aber »keine Sünde begeht, wenn er beim Idjtihad fehlgeht«.[110] Er kann daher seine Entscheidung modifizieren, wenn sie sich als unlogisch und/oder unpraktisch erweist. Hier liegt der zentrale Unterschied zu den Propheten und Verborgenen Imamen, die nur einmal entscheiden können, eben weil sie als unfehlbar gelten.

Die Institution des Idjtihad, seine gelegentliche Anpassung an die Verhältnisse und seine Beschränkung auf die Lebenszeit des Mudjtahid heben die schiitische Dynamik von der sunnitischen Statik und damit auch den Iran von der übrigen islamischen Welt ab. Allerdings hatten die Mongolen die ismaelitische Komponente, die psychologische Tiefe der islamischen Gnosis, und auch die gedankliche Fähigkeit zur Befreiung von der Religion und zur Säkularisierung des Staates, erheblich geschwächt.[111]

Nicht nur die Welt der gnostischen Gedanken und Metaphern, sondern die Schia insgesamt wurde oft mit dem Sufitum, der islamischen Mystik, verwechselt. Wenngleich sie sich immer wieder mit dem Ordenswesen des hohen Mittelalters verband (s. u. S. 71f.), blieben beide grundsätzlich getrennt. Das sufische Einheitsstreben zielt auf die Verschmelzung des Ichs mit Allah, während die Schia kaum ohne ein ausgeprägtes Ich auskommt. In der Gnosis verabsolutiert es sich selbst als Gott, in der »normalen« Schia beharrt es auf der Autonomie des Verstandes, um im Idjtihad die Dinge der Welt regeln zu können.

Beide – Sunna und die imamitische Schia – kämpfen gegen die gnostischen Ideen vom ewigen Kosmos und seinem göttlichen »Licht«, das jenseits aller Schöpfung aus dem Nichts steht. Wie der deutsche Orientalist T. Nagel zeigt, erschien der orthodoxe Islam selbst als Reaktion auf die gnostischen Strömungen der Spätantike.[112] Allah als der erfahrbare Schöpfergott der Menschen, der sie von Menschen mit seinen Regeln des »Erlaubten und Verbotenen« lenken ließ, konnte von den Gnostikern mühelos entmachtet werden.

Ihr jenseitiger Gott hatte mit den Erscheinungen »dieser Welt« nicht das
Geringste zu tun – im Gegenteil: Gerade weil er »jenseits von Gut und Böse«
war, hatte er dem Menschen mit dem Leben selbst den Samen des absoluten Guten eingeben. Somit befreit von den Fesseln diesseitiger Regeln und
befähigt zu freiem Denken und Handeln, konnte sich der gnostische
Mensch an die Überwindung des Diesseits und auf den Weg in die Sphären
der »Erleuchtung« begeben. Dort wartet jenes unergründliche Licht des
jenseitigen Gottes, dessen Fülle (Pleroma) den Menschen letztlich zum
Übermenschen und damit zur schlimmsten Lästerung Allahs überhaupt
befähigt.[113]

Da es hier immer wieder um die Verteilung von Macht geht, zeigen die
Schöpfungsreligionen, ob Judentum, Christentum oder Islam, ein ambiva-
lentes Verhältnis zur Gnosis. Einerseits haben sich ihre Vertreter vehement
gegen die Entmachtung ihrer jeweiligen Gottheiten gewehrt, andererseits
zeigten sie sich selbst auch eigentümlich angezogen, weil die Gnosis ihnen
eine überlegene Ideologie an die Hand gab, die über die Lehren ihrer herkömmlichen, monotheistischen Gottheiten hinausging. Dieser Gott war so
absolut, daß er den »erleuchteten« Menschen darüber hinaushob und ihn
dazu aufforderte, diese Gottheiten in seinem Sinne umzuformen und zu
vereinheitlichen. In der islamischen Revolution des Iran wird uns ein klas-
sisches Beispiel dieser Art begegnen.

Zunächst mußte sich die Gnosis allerdings ihren »Weg« erst durch die
komplexen Mäander der Geistesgeschichte bahnen. Wie wir wissen, hatte
es auch zuvor immer wieder Zeichen für die schwierige Lage des menschlichen Geistes im Islam gegeben. Die Erstarkung der Sunna ab dem 10. Jahrhundert war eine Reaktion auf die mu'tazilitische »Abweichung«, zu deren Vorkämpfern wiederum der uns bekannte »Ketzer« Ibn al-Muqaffa'
gehörte. Nach gnostischer Manier wertete er Allah als dem kosmischen Gott
unterlegen ab, womit der Islam als die schlechteste aller gegenwärtigen und
vergangenen Religionen erschien:

> »Denn er beruht auf der Unterdrückung der Völker, auf dem Sieg mit dem
> Schwert. Er macht sich menschliche Dummheit zunutze und fördert sie weit-
> hin. Er geht eigentlich in dieser Welt auf, will sie nicht überwinden, sondern
> paßt sich ihrer Zuchtlosigkeit an.«[114]

Die gnostische Universalität bestätigte ein Bektashi-Derwisch, der fast ein
Jahrtausend später kaum anders argumentierte und – wie viele andere unabhängige Geister im Islam – gleichermaßen vor Mißbrauch der Religion
und Verdummung der Menschen durch die Machthaber warnte:

»All das Gerede, das ihr über die Tugenden des Heiligen Krieges und das Märtyrertum in der Schlacht hört, ist nichts als Unsinn. Ich kann nicht verstehen,
weshalb ihr euer Leben auf den Berggipfeln opfern wollt, während sich der
osmanische Kaiser in seinem Palast vergnügt und der fränkische König sich in
seinem Land amüsiert.«[115]

Aufgrund ihrer gänzlich anderen Gottesvorstellung, die zugleich entrückt
und höchst rational ist, kann es den Gnostikern nicht um die Konkurrenz
mit den anderen, niederen Religionen gehen, sondern um deren Einsatz für
die eigenen, elitären Zwecke. Da ihr Weg der Königsweg zum Heil ist, verleiht er seinen »erleuchteten« Vertretern eine besondere Weihe, die dazu berechtigt und verpflichtet, sich den Einfluß der Rabbiner, Priester und
Imame zunutze zu machen. Um mit Ibn al-Muqaffa' zu sprechen, verleitet
nicht nur der Islam, sondern jede Religion zur Verdummung der Menschen,
was eine Über-Ebene, eine »Weltordnung«, geradezu erzwingt.

Die ordensähnliche Schule der »Lauteren Brüder von Basra« (*ikhwan
as-safa'*) entwickelte im 10. und 11. Jahrhundert eine islamische Version
dieser Tendenz, die die geistigen Potentiale aller Religionen und Kulturen
an sich zu ziehen suchte. Sie fußte auf einer ultra-schiitischen Lehre, die
Anleihen bei der pythagoräischen Zahlenmystik und griechischen Philosophie machte und bei vielen Islamgrößen vom syrischen Assassinenführer
Sinan (gest. 1193), dem »Alten Mann vom Berge«, bis zum Mystikphiloso-
phen Al-Ghazali Sympathien genoß.

Insoweit unabhängige Denker innerhalb ihrer Religionen als »Ketzer«
gelten, können sie oft auch als Gnostiker gesehen werden. In diesem Sinne
verwundert kaum, daß zwei der größten »Ketzer« des Islam, At-Tauhidi
(gest. 1023) und Al-Ma'arri (gest. 1057) zu den Anhängern der »Lauteren
Brüder« gehörten.[116] Ihre Schriften spiegeln die unislamischen Strömungen der Isma'iliya wider, die ihren messianischen Imamglauben in gnostische Erlösungsmythen, antike Kosmologie und griechische Philosophie
einbettet:

»Ali und die Imame übernehmen in diesem Mythos die Aufgaben der Erlöser.
Sie erscheinen als himmlische Lichtboten, die den auf Erden gefangenen Seelen die Aufklärung über ihr Unheil bringen. Der Gehorsam gegenüber diesen
Imamen tilgt die Ursünde, um deretwillen die Seelen in diese materielle Welt
hinabgestoßen worden sind. Wenn man den Imamen gegenüber willfährig ist,
kann man aus dem körperlichen Dasein erlöst werden. Damit wird man zugleich der Verpflichtung ledig, alle Einzelheiten des islamischen Gesetzes zu
beachten.«[117]

Im esoterischen Schiiten als dem Gläubigen des »erlösten Erlösers« taucht auch wieder der Zoroastrier auf, der sich von Zarathustras Sayoshsant leiten läßt. Die Funken, die, vom fernen »Lichtkönig« ausgesandt, den Geist des Menschen aus der diesseitigen Materie in die Morgen- oder Abendröte des Kosmos tragen, sind jedoch Gift für den orthodoxen Islam. So gelten die Qadariten (arab.: *qadar* = Schicksal), die ersten, die dem Muslim einen gewissen Einfluß auf seine Handlungen zubilligten, als »Magier der Gemeinde«,[118] also jene Parallele zu den altiranischen *magush* (s. o. S. 31), vor denen schon der Verkünder selbst gewarnt haben soll.[119]

Die Mongolen konnten zwar die politische Organisation der Isma'iliya, nicht jedoch ihr gnostisches Denken zerschlagen. Die Zeit zwischen dem 13. und 15. Jahrhunderts ist durch die Entstehung mystischer Orden, aber auch von Bruderschaften geprägt, in denen die elitäre Ideologie der »Lichtfunken« weiterlebt. Während sie immer schon Heimstatt für die Führungsschicht in Handel und Gewerbe war, zog sie vermehrt auch Angehörige der von der Mongolenherrschaft frustrierten Beamten und Intellektuellen an sich. Deren Toleranzpolitik hatte im 13. Jahrhundert schamanische Priester, christliche Freischärler und jüdische Minister gefördert, die dem Stolz der persischen Führungsschicht arg zusetzten.

Da es zur schiitischen Lebensmitte gehört, den wahren Kern der Lehre zu verbergen (*taqiya*), ist die Anpassungsfähigkeit hoch. Eine wichtige Ordensvariante entstand mit der gleichzeitig auftauchenden Bektashiya des legendären Hadji Bektash und der Mevleviya des zu seiner Zeit noch berühmteren Djelaleddin Rumi (gest. 1273). Beide vertraten ein elitäres Konzept, das auf gute Kontakte zur jeweiligen Obrigkeit abzielte, um den Bestand langfristig zu sichern.

Bektashi strebte eine eher militante Ordensstruktur an, die später auch richtungweisend für die osmanischen Janitscharen wurde. Rumi, der von Türken und Persern zugleich als einer ihrer Größten vereinnahmt wird, verfolgte dagegen ein anderes Konzept. Er war nicht nur begnadeter Dichter, sondern ebenso talentierter Diplomat. Mit souveräner Bildung und Distanz zur Religion setzte er Allah als optimierten Vertreter in eigener Sache ein:

> »… unsere Blicke sind auf den Willen Gottes gerichtet, um zu sehen, wen er bevorzugt … Gegenwärtig ist Allah nicht mit euch, sondern mit dem Heer der Mongolen. Er hat den Seldjuken das Reich genommen, um es den Nachkommen Djingis Khans anzuvertrauen. Gott gibt seine Besitzungen, wem er will.«[120]

Der Meister zog finanzielle Profite aus der Arbeit des Ordens, die seinem Erfolg in der Welt nach oben keine Grenzen zu ziehen schienen. Wie bei echten Gnostikern üblich, gab es für ihn keinen Grund, warum der Mensch nicht auch selbst Gott werden konnte.[121] Dabei schienen ihm die Türken zur gnostischen Weltüberwindung besonders geeignet: »Die Erbauung der Welt ist ein Merkmal der Griechen, die Vernichtung der gleichen Welt ist den Türken vorbehalten.«[122]

Die in Macht und Besitz zählbare Gottesgunst spielte auch in der Suhrawardiya eine wichtige Rolle, der u. a. der Abbaside Nasir (gest. 1225) angehörte. Ihre Klientel war die »gute Gesellschaft« des Hofes und der besitzenden Klasse, die ein gildenartiges Zunftwesen pflegte. Ihre Ideale der *futuwwa,* der islamischen Ritterlichkeit mit Großmut, Vertragstreue, Widerstand gegen Tyrannei, machten die Suhrawardiya sogar zum Vorbild der organisierten Esoterik in Europa.[123] Ihr Hauptgründer, Shihabeddin Umar Suhrawardi (gest. 1234), ist nicht zu verwechseln mit Shihabeddin Yahya Suhrawardi, genannt Al-Maqtul (der Getötete), einem der größten Perser überhaupt. Von ihm wird in Kürze die Rede sein.

Auf mittlerer Ebene wirkten die Prinzipien der *futuwwa* in die Bereiche des Handwerks und Kleingewerbes hinein, die sich in zahlreichen Gilden und Bruderschaften organisierten. Solange sie der Linderung der Armut nützten, ließ die Obrigkeit solche Aktivitäten gewähren, schränkte sie jedoch ein, sobald sie Ansätze zu selbständiger Zunftbildung mit politischen Konturen erkennen ließen.

In der gesamten Region des Iran und Irak, Syriens und Anatoliens wurde für diese Entwicklung eine eigentümliche Verbindung kennzeichnend. Hier verknüpfte sich Sufismus mit einer ethischen Tugendform, die eher schiitisch als orthodox islamisch war. Trotz der äußeren Überwindung der Schia durch die Sunna und den Sturz der Fatimiden blieb ein humaner Kern, der allmählich zu »einer Art innerer Schiitisierung des Sunnitentums« führte.[124] Mit Blick auf das Ideal der Schia als Religion der Schwachen konnte man diesen Vorgang – in aller Einschränkung – auch die theoretische Vorbereitung auf eine »Sozialisierung des Feudalen« nennen.

3. Konturen der Kultur

a) Die Lichtmystik

Bevor wir den Weg in die Neuzeit und Moderne fortsetzen, wollen wir drei dem persischen Islam eigene Phänomene beleuchten. Sie kommen in ihrer spezifischen Form in keiner anderen Region Allahs vor und können uns helfen, die Sonderstellung des Iran innerhalb der islamischen Kultur zu würdigen. Dabei handelt es sich um die Lichtmystik, den Passionskult und die Malerei.

Wir wissen, daß die Mystiker eine besondere Gefahr für den schiitischen Klerus bedeuten, weil die persönliche Gottsuche ihn überflüssig macht. Im Namen des letzten Safawiden-Schahs schwang sich Mohammad Baqer Madjlisi (gest. 1700) zum Großinquisitor auf, der Sufis und Gnostiker jeder Couleur gnadenlos verfolgte (s. u. S. 102) und alle Orden, ob indische Nurbakhshi oder einheimische Qizilbash, ohne Ansehen der Herkunft vernichten wollte.

Schon ab dem 13. Jahrhundert – nach dem Untergang der Fatimiden 1171 – hatten sich die ohnehin verdeckt operierenden Ismailiten vor dem Sunna-Druck in einen noch okkulteren Krypto-Status zurückgezogen, mit dem sie um des Überlebens willen in kaum identifizierbare Geheimbünde abtauchten. Denn je erfolgreicher sie wurden, desto mehr wuchs auch das Interesse sowohl der Sunna als auch der imamitischen Schia, den sufisch-esoterischen Ich-Glauben zu unterdrücken.

Mit dieser Zeit verbinden sich die kreativsten Vertreter der persischen Esoterik, die Zentralfiguren der islamischen Licht- und Farbmystik überhaupt, Shihab ad-Din al-Suhrawardi (gest. 1191), Nadjm ad-Din Kubra (gest. 1220), Nadjm ad-Din Razi (gest. 1256) und Ala' ad-Daula Simnani (gest. 1336). Ein unübertroffener, westlicher Moderator dieser epochalen Geister ist der französische Orientalist Henry Corbin (gest. 1978), der auf Basis einer universalen Bildung ihre Lehren kongenial interpretierte. So wie sich sein Landsmann Louis Massignon dem arabischen Mystiker Halladj (gest. 922) widmete,[125] so ließ sich Corbin vom zeitlosen Werk des »Meisters der Erleuchtung« (*shaykh al-ishraq*) Suhrawardi inspirieren:[126]

> »Durch meine Begegnung mit Suhrawardi war mein geistiges Schicksal, diese Welt zu durchwandern, besiegelt. Dieser Platonismus drückte sich durch die zoroastrische Engelslehre des alten Persien aus und erleuchtete den Weg, den ich suchte. Man brauchte nicht mehr zwischen Sanskrit und Arabisch hin und her gerissen zu werden. Persien befand sich hier im Zentrum, mittlere und vermittelnde Welt, denn Persien, das alte Iran, ist nicht nur eine Nation oder ein Imperium, es ist ein ganzes geistiges Universum, ein Foyer der Religionsgeschichte.«[127]

Die Verbindung unterschiedlichster Fähigkeiten, wie sie die islamischen Größen in sich vereinigen – philosophische Rationalität, spirituelle Phantasie und esoterische Intuition –, ist nach Corbin, wenngleich wissenschaftlich umstritten, nicht wieder in vergleichbarer Form dargestellt worden. Im Zentrum der islamischen Esoterik steht der Aufstieg zum nördlichen Lichtpol, dem Polarstern, der zugleich die Rückkehr zum Licht des Ursprungs bedeutet. Hier bildet Suhrawardi einen Höhepunkt orientalischer Weisheit, die griechische, hermetische und altiranische Traditionen verbindet.

Er entwickelte eine »Philosophie der Erleuchtung« – im Sinne der Vernunft als Licht des Menschen – die der Kritischen Philosophie Kants und der Wissenschaftstheorie Fichtes nahesteht.[128] Indem er dieses Denksystem in eine islamferne »Politische Doktrin« übertrug und an lokale Fürsten seiner Zeit – u. a. an den Ayyubiden Malik Zahir, einen Sohn Saladins – vermittelte, machte er sich den Machthabern verdächtig. Es war Saladin, einer der unerbittlichsten Despoten des sunnitischen Islam, der schließlich den entscheidenden Befehl gab und Suhrawardi 1191 im Alter von 37 Jahren hinrichten ließ.[129] Dessen Kosmologie war in der Tat gefährlich, weil in dem Maße, in dem das Wissen um das Universum an »Heiligkeit« zunahm, der Koran und das Glaubenswissen ihre Bedeutung verloren.[130]

Über die philosophische Dimension hinaus sehen die Lichtmystiker den Aufstieg der Seele zum einen mit Lichtsymbolen und Farbvisionen verbunden. Sie reichen bis hin zum »leuchtenden Schwarz« oder der »hellen Nacht«, Lichterscheinungen, »die man nicht sieht, sondern die sehen lassen« und sich bei den verschiedenen Mystikern ähnlich wiederholen. Zum anderen tauchen Motive des *fravashi* (oder auch *fravarti*) auf, des seelischen Zwillings in Gestalt eines identischen Gegenübers oder auch der schönen bzw. häßlichen Jungfrau, wie sie uns als personifizierte Lebensbilanz im alten Iran begegnet ist (s. o. S. 35). Auf dem »Berg des Herrn« wachen die Fravashi über den Samen des zarathustrischen Heilands, des kommenden Sayoshsant. Von dort brechen die Heiligen Drei Könige auf, die aus der altiranischen Religion zur christlichen Offenbarung führen.[131]

Hier geht es nicht um einen diffusen Doppelgänger, sondern um den kosmischen Engel, in dem sich die Seele vor dem Hintergrund des *deus absconditus*, des unnahbaren gnostischen Gottes, spiegelt. Der himmlische Zwilling ist das metaphysische *Alter ego*, das letztlich in Gott selbst ruht. »Der Liebende erblickt im Geliebten die Epiphanie des göttlichen Wesens«[132], den Zeugen seiner selbst (*shahid*), den man auch den »Zeugen« des Himmels oder des Jenseits nennt.[133]

Die Erscheinungen sind so intensiv, daß sich das unteilbare Göttliche dem männlichen Menschen auch in weiblicher Gestalt offenbart.[134] Nach Nadjm ad-Din Razi gehen männliche Majestät und weibliche Schönheit eine Verbindung ein, die zum »geistigen Sohn« des Gottsuchers, d. h. die nächste Erkenntnisstufe führt. Dabei verbindet sich das »leuchtende

Schwarz« der Majestät mit dem sechsstufigen Spektrum der Schönheit: weiß – gelb – tiefblau – grün – hellblau – rot.

Dieses Schwarz des Lichts entspricht extremer, alles blendender Helligkeit und unterscheidet sich vom »dunklen« Schwarz, der Finsternis des Ahriman.[135] Wie das Nachbild in der Optik ist es jener psychische Erkenntniseffekt, der die Wahrnehmung eines Objektes durch sein Verschwinden auslöst. Die absolute Erkenntnis bedeutet das Entwerden in Gott und läßt zugleich die Gegenfolie erkennbar werden: das Nicht-Sein durch Gott-Sein. Hier liegt die existentielle Gefahr, die Simnani beschwört: Wer den Sinn der Lebensbilanz und der übersinnlichen Waage nicht erkennt, verfällt dem ethischen Nihilismus, wenn nicht gar – wie viele Despoten – dem Wahnsinn des metaphysischen Nichts. Bildhafter umschreiben dies die Mystiker für sich selbst mit jenem Falter, der, vom Kerzenlicht magisch angezogen, in kurzem Aufflammen verbrennt.[136]

Simnani geht noch einen Schritt weiter. Da Gott und Mensch ineinander aufgehen, gibt es sowohl ein Entwerden des Menschen in Gott als auch ein Entwerden Gottes im Menschen, so geschehen in Jesus Christus, der auch das »Arkanum«, das Geheimnis des »leuchtenden Schwarz« bewahrt.[137]

Ohne die metaphysische Waage sind beide, Muslim und Christ, von der Deregulierung des Bewußtseins bedroht. Der Geist ist vom Verhängnis der Materialisierung bedroht, in der Ich und Selbst erstarren. Die spirituellen Energien verbrauchen sich in der profanen Entfaltung, wobei der säkulare Gewinn den metaphysischen Verlust dröhnend verdeckt. Nietzsches »Gott ist tot« war die kürzestmögliche Beschreibung der stumpfen Schwärze Ahrimans, die jeden Gedanken im Ansatz absorbiert, ähnlich Schwarzen Löchern, die kosmische Materie zu ewiger Starre komprimieren.

»Wer sich selbst erkennt, erkennt seinen Herrn«, sagt Muhammad nach der mystischen Überlieferung. Wie die islamische Geschichte zeigt, kann sich dieser »Herr« jedoch ganz nach den Notwendigkeiten der Zeit bzw. des Menschen richten, die den Islam zur »profanen Religion« gemacht haben. Dennoch lautet die ganz unislamische Verheißung des Koran »Licht über Licht« (24/35), die die Esoteriker Allahs wörtlich nehmen. Ihnen kann sich die Fülle des Lichts öffnen, mag im einzelnen der seelische Lichtfunken durch das Materielle auch noch so verfinstert sein.

Dabei bündelt der Aufstieg zum Polarstern das Lichtspektrum zwischen Orient und Okzident, zwischen Zunahme und Abnahme, zwischen Materie und Geist. Solches wird jedoch nur durch die völlige Individualisierung der Seele möglich. In der esoterischen Schia steht dieser Weg grundsätzlich offen, doch ist er von den Orthodoxen erbittert bekämpft worden, weil die Seele des Menschen den Mudjtahids, nicht ihm selbst gehört.

Da ihnen die Verwaltung der Seele im Namen Allahs anvertraut ist, wollen sie verhindern, daß ihnen die Gläubigen auf dem Weg der Gnosis entgleiten, zu jenem Gott, der in ihnen selbst ist und sie dem klerikalen Zugriff entzieht. Corbin sah natürlich diesen esoterischen Kern, der die monotheistischen Religionen austauschbar macht und ihnen allen existentielle Probleme bereitet:

> »Aber was heißt es denn, eine Religion oder Philosophie zu seiner eigenen zu machen? Es gibt unglücklicherweise Leute, die nur in Begriffen von Konversion denken können, was ihnen erlaubt, deiner Person ein kollektives Etikett anzuhängen. Nein, von Konversion zu sprechen, das heißt, nichts davon verstanden zu haben, was Esoterismus ist … Die Gemeinschaft, die umma der Esoteriker von überall und immer, das ist jene ›Innere Kirche‹, die keinen Beitrittsakt erfordert, damit man zu ihr gehöre.«[138]

Diese Aussage machte auch die Problematik in einer Wissenschaft, in diesem Fall der Orientalistik, deutlich, wenn sie aus einer religiösen Position betrieben wird. Um dies festzustellen, muß man kein Esoteriker wie Corbin sein, zumal keiner, der durch die Fixierung der polaren Kosmologie auf den »nordischen Menschen« seine Interpretation – ob bewußt oder unbewußt – in einen dubiosen Bereich zieht.[139] Gerade weil die Geographie keine Rolle spielt, genügt es, sich auf die »Innere Kirche« des unabhängigen Denkens zurückzuziehen, wenn es um die Stellung des Menschen zwischen Religion, Politik und Wissenschaft geht. Mit anderen Worten: so transzendent der Lichtpol des Nordens, so »rasserein« die Seele!

Nichts anderes will die esoterische Universalität. Insoweit die Erkenntnis Gottes nicht auch zur Selbsterlösung und zur Nachahmung des klerikalen Machtanspruchs über den Menschen führt, sind die Denker des Islam zeitlos richtungweisend und damit eine Gefahr für jede Orthodoxie. Suhrawardi, der »Meister der Erleuchtung«, mußte vorzeitig sterben, weil er mit der Fusion von persischem Zoroastrismus und griechischem Platonismus die überzeitliche Wirkmacht des esoterischen Wissens deutlich machte. Sie baute einen unerwünschten Immunschutz gegen politische und religiöse Manipulation auf, der ihn wiederum in die Nähe des christlichen Gedankens rückte.[140]

Zugleich wird der Grat zwischen Einzel- und Massendenken, zwischen Bewußtsein und Unbewußtem erkennbar, der den gnostischen Weg sehr schmal werden läßt. Denn die innere Wirkmacht des Seelenaufstiegs richtet sich auf die polare Waage zwischen Licht und Finsternis als »Tor des Jenseits«, das sich nur enthüllt, wenn die Seele selbst für das Über-Sinnliche offen ist. Der Übergang erscheint auch als Brücke, »schmaler als die Schwertschneide«, die Licht und Finsternis, Paradies und Hölle trennt.[141]

Damit wird auch die physische Richtung irrelevant. Orient und Okzident sind austauschbare Symbole für die Seele, die das göttliche Wissen selbst ist. Sie ist die »vollkommene Natur« des Suhrawardi, die zwar aus dem »westlichen Exil« zum Licht des Orients strebt, aber nicht im Sinne der Geographie, sondern des Ursprungs, der Religion und Philosophie gemeinsam ist.

Eher geographisch verstanden die weniger inspirierten Dichter die Verbannung der Seele im maghrebinischen Kairouan, dem sie den erleuchteten Jemen entgegensetzten.[142] Als Ort der esoterischen Zellen ist er ihnen allerdings so heilig, daß er gleich zu doppelter Ketzerei ansport. Denn der verbotene Wein »leuchtet derart im Glas, daß man sagen könnte, er sei ein jemenitischer Karneol in einem jemenitischen Canopus«.[143] Beide – Dichter und Mystiker – verachteten das dumpfe Buchstabendenken der Orthodoxen, die kein Sensorium für die Transzendenz von Formen und Farben zu entwickeln vermochten, ganz zu schweigen von der religionslosen Abstraktheit der lichtmystischen Jenseitssuche.

Deren wichtigste Sinnebene ist der *dhikr* (arab.: Gedächtnis, Gedenken), die »einzigartige Physiologie des Licht-Menschen« (Corbin). Mit der endlosen Nennung des Gottesnamens entsteht positivenfalls eine innere Lichtspirale der aufsteigenden Erkenntnis, die in eine Sphäre der physischen Leichtigkeit und geistigen Befreiung, in das »hohe Ich« führt. Es gibt allerdings auch die negative Variante, die den unfreien Geist in das »finstere Feuer des Dämons«, in ein Schwarzes Loch unentrinnbarer, materieller Schwere, in das »niedere Ich« zieht.[144]

Wo die Entscheidung über die Richtung fällt, macht wiederum die Orthodoxie deutlich, die in der individuellen Gottsuche »schlimmsten Götzendienst« sieht. Da Allah – wie alle Gottheiten – natürlich den Eliten gehört, sollen die Mystiker auf ihre »Besitzinstinkte« verzichten und »Herrschaftsansprüche« aufgeben, die sich für die Glaubenswächter mit dem direkten Weg zum Licht verbinden.[145] Als Alternative zwingt die diktierte Unfreiheit den Geist des Menschen in den Massenglauben, in das »niedere Ich«, das von der Materie und dem Kollektiv bestimmt wird.

Wie Suhrawardi erschien auch Kubra schon zu Lebzeiten als Mystiker mit großen Geistesgaben, der viele »Heilige erzeugte«, d. h. kongeniale Jünger anzog. Er lehnte das mongolische Angebot ab, die Stadt Khoarezm zu verlassen, um dem Massaker der Einwohner zu entgehen, und starb 1220 mit ihnen. Seine Aura ist so sakrosankt und sein Grab so berühmt, daß sogar die sowjetischen Atheisten es unberührt ließen.

Kubra entwickelte ein psychisch-kosmisches System, das den bewußten Tag des Menschen zwischen die »leuchtende Nacht« des Über-Bewußten und die Finsternis des Unbewußten stellt. Nichts anderes bedeutet die Morgen- und Abendröte, das paradiesische Yima-Land des Zwischenlichts, auf das schon die magischen Hände der Zoroastrier verwiesen (s. o. S. 31). Solches zu erkennen, setzt die innere geistige Unabhängigkeit voraus, die sich vom Kollektiven befreit, um sich dem Transzendenten zu öffnen.

Damit wird auch die Erkenntnis möglich, daß die göttliche Wahrheit immer etwas dimensionsloses *Drittes* ist, das von der absoluten Dualität zwischen Licht und Finsternis, Gut und Böse, Elite und Masse, d. h. von der Macht des Menschen über den Menschen entlastet. Hier liegt der Dissens der islamischen, insonderheit persischen Mystik. Sie kann der orthodoxen Verwerfung des trinitarischen Christentums als »Beigesellung« zum Eingottglauben, die sich aus der Dreiheit von Vater, Sohn und Heiligem Geist ergibt, nicht folgen. Man sieht nicht nur eine Parallele in der Dreiheit, die der Geist des Gottsuchenden auf dem Weg zum Einen bildet, sondern auch in den ähnlichen Stufen des Weges selbst.[146]

Aufbauend auf der christlichen Gnosis und dem griechischen Prometheus entstehen ihre Ideen vom Lichtmenschen, der sich über das göttliche Fluidum vom körperlichen Menschen graduell löst und schon im Diesseits das »Tor zum Jenseits«, im Islam den »Smaragdfelsen«, aufzustoßen beginnt.[147] Das leuchtende Grün manifestiert sich im »Khidr« (arab.: *ahdar* = grün), dem Heiligen der Wanderer und des Wassers, der auch die Wanderung der Seele zum grünen Schimmer des Paradiesgartens begleitet. Die Universalität dieser Vorstellung zeigt sich nicht zuletzt im Namen der »Tabula Smaragdina«, der grundlegenden Dreiheit ägyptisch-jüdischer Alchemie: Physik – Metaphysik – kosmische Geheimlehre.[148]

Nach dem Prinzip des Lichtmenschen entwickelt sich der »Sohn Gottes«, der als Gott und Mensch im Menschen selbst als dessen Seele auftritt, die wiederum in göttlicher Spiegelung führt und geführt wird. Er ist die Urgestalt des Engels, als der sich die aufsteigende Seele erkennen wird. Ahura Mazda stellte die Fravartis vor die Wahl, im himmlischen Licht zu bleiben oder sich in der Welt zu inkarnieren, um die dunkle Gegenkraft des Ahriman zu bekämpfen. »Sie enthält mich, wie ich dich enthalte«, sagt der Engel zur Spiegelseele des Menschen und meint die Kraft des Guten, die ihm vorangeht. In ihren Psalmen preisen die Manichäer »den Lichtgefährten, Jesus Christus, den Schöpfer des Wohles«. Unschwer erkennbar, ist hier kein Massenführer wirksam: »Ich bin es, der euch die Kraft gegeben hat, die in euch ist«, sagt der Auferstandene in den Apokryphen, die von der christlichen Orthodoxie unterdrückt werden und in der persischen Mystik weiterleben.

Auch in der schiitischen Gnosis ist der Weg der Seele ein Grenzgang zwischen Engel und Dämon. Der bereits erwähnte Nasir ad-Din Tusi beschreibt den gottsuchenden Menschen, der das »Tor des Jenseits« durchschritten hat:

»Sein Gedanke wird ein Engel, der aus der Welt der Urbilder hervortritt; sein Wort wird ein Geist, der aus diesem Engel hervorgeht; seine Handlung wird ein Körper, der aus diesem Geist hervorgeht.«[149] Das Ausmaß, in dem sich diese Vergeistigung vollzieht, wird durch das Symbol der Waage verdeutlicht, das wiederum an die zarathustrische Lebensbilanz anknüpft.

Aus esoterischer Sicht hat somit die eher politische Vorstellung von der »Beigesellung«, mit der man den dreieinigen Gott der Christen umschreibt, nicht nur keine Bedeutung, sondern blockiert als kollektives Machtmittel den Weg zum Licht der individuellen Vernunft, das sowohl in christlicher als auch islamischer Esoterik Jesus selbst ist.

Der Kubra-Interpret Simnani spricht vom »Auferstehungsleib« des Lichtmenschen, der seiner Selbstwerdung um so sicherer entgegenwächst, je harmonischer er mit der positiven Sinnspirale des *dhikr* verschmilzt. Da die höchste Erkenntnis auch das Weibliche umfaßt, ist es Jesus, der durch Maria Magdalena spricht,[150] sich als das »innere Geheimnis« selbst offenbart und das Christentum zum »leuchtenden Schwarz« in der Farbskala der Erleuchtung und damit zur Erkenntnis schlechthin macht.[151] Vergessen wir dabei profanerweise nicht, daß Schwarz alle anderen Farben absorbiert.

Die innere Wirkmacht des Seelenaufstiegs steht in unmittelbarem Kontext mit der transzendenten Kraft, die Psyche und Kosmos im Großen sowie Subjekt und Objekt im Kleinen geistig und materiell verbindet. Individuell spiegelt sie sich in der Wechselwirkung zwischen Ich und Selbst. Beide bilden eine untrennbare Einheit, in der das Ich beobachtet und das Selbst beobachtet wird, parallel zum »leuchtenden Schwarz«, das man nicht sieht, sondern das sehen läßt.

Die Seele, die sich im göttlichen Spiegelbild erkennt, ist Ergebnis eines unendlichen Regresses, der immer der *dritten Ebene* bedarf, um voranzukommen. Das Symbol ist die Spirale, die sich aus dem Labyrinth, aus der binären Endlosschleife des Kreises, erhebt und dem unnahbaren Gott entgegenstrebt. Sie ist die Grundform der Natur, die Außen mit Innen verbindet, auf kürzestem Wege maximalen Raum umfaßt und so vom Chaos zum Kosmos führt. Sie ist ebenso jene Schnittebene, auf der sich Natur und Übernatur begegnen.[152]

Corbin sieht die Ich-Selbst-Dynamik nicht als integralen Teil dieses Regresses,[153] was mit seiner Fixierung auf den »nordischen Menschen« zu tun haben mag. Es wird nicht klar, ob er in der dialogischen Zweiheit, in der Dualität des Spiegels, bzw. in der Fläche des Kreises verharren möchte.

Dagegen spricht, daß sein hoher Stellenwert des individuellen Geistes »es unvorstellbar macht, daß ihr Heil (der Lichtseele) in ihrer Absorption in einer Ganzheit, selbst einer mystischen, bestände«.[154] Wie gesehen, erzeugt die kollektive Masse nicht nur den Dauerreflex ohne Aufwärtsperspektive, sondern sogar den Abwärtssog in die materielle Schwere des Ungeistes, des »niederen Ich«.

Damit entsteht allerdings auch wieder das Machtproblem, denn »wer sich selbst kennt, kennt seinen Herrn« ist das Motto, das Corbin von Muhammad übernimmt. Letztlich muß es jedoch in ein totalitäres »Ihr werdet sein wie Gott« münden, wenn es nicht durch die dritte Ebene aufgelöst wird. Nur sie öffnet den Geist, der »zwischen den Geistern unterscheidet«, d. h. die Machtverhältnisse zwischen Gott, Welt und Mensch entspannt.

Die »göttliche« Machtlizenz, die den Menschen zum Herrn über den Menschen macht, kommt aus der Zweideutigkeit der Offenbarungen. Sie lassen den Heiligen Geist der Christen wehen, »wo er will«, und den muslimischen Engel Gabriel Vollmachten formulieren, die allzu sehr den aktuellen Erfordernissen Muhammads entsprechen.[155] Auch die »Sonne des Mysteriums«, die den Sufis scheint, oder der avicennische »aktive Intellekt«, der die Philosophen erfaßt – sie alle sind Varianten der »vollkommenen Natur«, die den Menschen zum »Übermenschen« machen kann, allerdings nicht muß, wenn der »Dritte Geist« aus Gott und Mensch hinzutritt.

Der zentrale Begriff, der das Machtprinzip vor näherer Prüfung schützt, ist das »Geheimnis«, das die Großen der Menschheit und ihre Leitideen auf dem Weg zum Licht umgibt – vom Propheten und Priester zum Philosophen und Mystiker. Es ist die gemeinsame Uroffenbarung des unnahbaren gnostischen Gottes, der ihnen die »Vollkommene Natur« verleihen und sie zu Herren des Universums machen kann, wenn sie ihren Erleuchtungsgrad mit dem »göttlichen Gesetz« gleichsetzen.

Spinozas »geometrische Gesellschaft« und Kants »kategorischer Imperativ« werden später zu »Zivilformen« dieser Ermächtigung.[156] Wer sie sich aneignet, macht die göttliche Autorität zur Herrschaftsbasis und den individuellen Geist zum »Ketzer«. Im säkularen Staat wird er sich zum Gestörten wandeln, den man behandeln muß. Einer der problematischsten Sätze in diesem Kontext kommt aus der hermetischen (magischen) Lehre: »Wenn du dich nicht gottähnlich machst, kannst du Gott nicht verstehen.«

Zu den Mythen und Religionen gehört das Prinzip einer übernatürlich begabten Elite, welche die Geschicke der Menschheit lenkt und keine Legitimation braucht, weil sie – wie auch die iranischen Mudjtahids – in höherem Grade als die gewöhnlichen Menschen die »vollkommene Natur« repräsentiert. Sie fußt auf verschiedenen esoterischen Traditionen, von denen eine der wichtigeren auf den Iran zurückgeht.

Ihren Ursprung sieht man dort in einer »wunderbaren Rasse« von engelhaften Wesen im nördlichen Elbursgebirge, die über das Paradies des

Yima, die Magier Zarathustras, die »Gottsöhne« der Mysterienreligionen,
die Lichtjünger Suhrawardis bis zu den Denkern der Isfahan-Schule des iranischen Schia-Islam führen (s. u. S. 100). Neben der aristotelischen Philosophie ist es dieser Strang nichtislamischen Denkens, der eine im Grunde
nicht existente »islamische Philosophie« wesentlich prägt.[157]

Dementsprechend liegt der seelische Gipfel, der Dom des Lichts, im kos-
mischen Norden, der die Zielzone des gnostischen Geistesgangs bedeutet.
Suhrawardi nennt sie *Hurqalya*, das paradiesische Lichtland, in dem der
»Smaragdfelsen« in der »Sonne zur Mitternacht« leuchtet. Das Urbild des
inneren Lichts fußt in den altiranischen Wurzeln der Mysterienreligionen
Syriens, Ägyptens und Giechenlands. Dort tragen die »Säulen des Morgen-
rots« den Tempel der hermetischen Erleuchtung, um dem Lichtkreuz, dem
Vorläufer der Eucharistie, zu begegnen und den eigenen Schatten, den
Gefährten in der Welt, hinter sich zu lassen.[158]

Diese Esoterik trennt nicht nur, sondern erlöst von der Exoterik des Tages, der sich mit immer gleichen Abläufen aufdrängt und Sache der Masse
ist. Im Kreuz manifestieren sich dagegen die Koordinaten der Selbstwerdung. Im vertikalen Aufstieg durchschreitet die Seele sieben Sphären zur
individuellen Heiligung, in der horizontalen Ebene zerfließt sie in Entgei-
stigung und kollektiver Vermassung.

Da Orient und Okzident als nichtgeographische Orte des Geistes bzw. der
Materie gelten, befindet sich der Orient nicht im horizontalen Osten, sondern an der vertikalen Spitze des Kreuzes, die dem kosmischen »Norden«
entspricht. Dabei handelt es sich nicht um eine Betrachtung von außen,
sondern um die untrennbare Verbindung mit dem Kreuz. In ihm ringt der
Mensch um die Befreiung des Geistes aus der Materie, der Individualität aus
der Vermassung, ein Geschehen, das die Entfesselung und Zähmung der
existentiellen Extreme im Menschen selbst bewußt macht. Kubra bringt es
meisterhaft auf den Punkt:

> »Glaube also niemals, daß es jenseits von dem, das du erreicht hast, nicht ande-
> res, immer noch Erhaberenes gäbe! ... Wisse, daß die Seele, der Dämon, der En-
> gel nicht Realitäten außerhalb deiner sind, du bist sie selbst. Gleichermaßen sind
> der Himmel, die Erde und der Thron nicht Dinge außerhalb von dir, noch Para-
> dies oder Hölle, noch Tod oder Leben. Sie bestehen in dir: Wenn du die mystische
> Reise vollendet hast und rein geworden bist, wirst du dessen gewahr werden.«[159]

Corbins Scheu vor der Wechselwirkung zwischen Ich und Selbst ist um so
inkonsequenter, als die Lichtmystiker sie selbst verwenden. Kubra spricht
von drei Seelenstufen, die aufeinander einwirken. Die sinnliche, tierhafte
Seele muß von der mittleren, bewußten Kritikseele beobachtet und ge-

zähmt werden, damit ein Gewissen entsteht. Dies ist die Voraussetzung für
die dritte Seelenebene des »Friedens«. Als das »Herz« (*qalb*) des Mystikers
ist sie so wichtig, daß Jesus bzw. Maria oft als ihre Symbole auftreten, wobei die göttliche Smaragdfarbe das Zeichen ihres Lebens ist.

Hinsichtlich der beiden ersten Stufen liegen die Dinge in der westlichen
Psychologie ähnlich. Der Schritt zum transzendenten Über-Bewußtsein,
der »Über-Schritt«, besteht in der Fähigkeit des Ich, sich bewußt zu werden,
wenn es sich bei der Beobachtung selbst *beobachtet* und damit über das
Organische hinausgeht, es also *überschreitet*. In der laufenden Identifika-
tion von Ich und Selbst entsteht der dynamische Geist, der vom Tier unterscheidet, damit auch vom Kollektiven und Materiellen, und mithin den Weg
zur – transzendenten – Erkenntnis öffnet:

> »Die zwiefache Einheit des Selbstbewußtseins macht das Wesen des Menschen
> aus; ihr entspringt jene zweite Gruppe von Merkmalen, die kein anderes Tier
> aufweist. Die Fähigkeit zur Distanznahme vom eigenen Selbst ist eine not-
> wendige Bedingung von Geistigkeit, die etwas grundsätzlich anderes ist als
> Intelligenz. Geistlose Intelligenz ist gewiß keine Seltenheit; in der Moderne
> scheint sie sogar zur Regel werden zu wollen.«[160]

Bei dieser Distanznahme handelt es sich offenbar um genau die Autonomie, die der positive *dhikr* den Mystikern öffnet und ihnen die Aggression
der Priester und Imame ihrer jeweiligen Religionen einträgt. Denn je größer
die geistige Distanz, desto geringer wird die Nutzbarkeit des Individuums
für das Kollektiv, desto schwieriger die klerikale Sozialisierung des Geistigen. Für die wirklich Freien gibt es keine Schranken des fabrizierten Gesetzes und Glaubens, ganz zu schweigen von jenen Erleuchteten, die im Lichtkreuz des Nordens stehen:

> »Was ist zu tun, Muslime? Ich selbst weiß es nicht. Ich bin weder Christ noch
> Jude, weder Magier noch Muslim. Ich komme nicht von Ost oder West, nicht
> vom Land oder Meer. Ich komme nicht aus den Steinbrüchen der Natur, noch
> aus den Sphären des Himmels. Ich bin nicht aus Erde noch aus Wasser, nicht
> aus Luft noch aus Feuer … Ich bin nicht aus Indien noch aus China, nicht aus
> Bulgarien noch aus Sachsen. Ich bin nicht aus den Königreich der beiden Iraks.
> Ich bin nicht aus dem Land Chorasan … Mein Ort ist ortlos, meine Spur ist
> spurlos, kein Körper, keine Seele, ich bin von der Seele der Seelen …«[161]

Solches steht über aller Manipulierbarkeit und ist den monotheistischen
Religionen wie auch den modernen Ideologien, ob Faschismus, Sozialismus
oder Globalismus, besonders verdächtig. Ihnen ist gemeinsam, den Menschen als macht- und nutzenmaximierendes Massenwesen zu verstehen. Da-

her wurden und werden die Grenzen seiner Identität und individuellen Verfügbarkeit nicht von ihm selbst, sondern von den Herrschenden festgelegt. Wie die Geschichte allerdings zeigt, hat auch die Esoterik als Religion der Eliten oft genug diese Grenzen und damit die eigenen Prinzipien gebrochen. Denn je höher ihr Freiheitsanspruch gegen klerikale Bevormundung, desto größer die Verantwortung für die alternative Ethik. Die universale Freiheit des Geistes bedingt ein Höchstmaß an Wachsamkeit gegen den Machtmißbrauch, das kaum eine Kraft der Geistesgeschichte konsequenter eingefordert hat als die philosophische Mystik des persischen Islam. Wie wir sehen werden, steht die Radikalität der Islamischen Revolution im Iran dazu keineswegs im Gegensatz.

b) Der Passionskult

Wie erinnern uns, daß nach dem Märtyrertod Husayns schiitische Zentren in den irakischen Heerlagern Kufa und Basra entstanden, von denen sich die Bewegung in den Westiran ausdehnte. Unter diesen Umständen die Schia als rein »arabisches Phänomen« zu sehen,[162] erschien uns als zu pauschale Verallgemeinerung (s. o. S. 54). Ebenso wenig läßt sie sich allerdings als rein »persisches Phänomen« sehen, zumal die Schiitisierung des Iran fast ein Jahrtausend in Anspruch nahm.

Fest steht jedoch, daß die Abspaltung im arabischen Mutterland des Islam nie eine nennenswerte Rolle gespielt hat. Auch die wichtigste nichtiranische Dynastie der Schia – die Fatimiden in Nordafrika und Ägypten – war nicht arabisch. Sie stützte sich in der Hauptsache auf Berber und Türken. In einem, allerdings wichtigen Ausnahmefall, weil es sich dabei um den Gründer der Dynastie selbst handelte, kam offenbar sogar eine jüdische Linie ins Spiel (s. o. S. 61).

Die Schia – ohnehin immer in der Minderheit – war nicht nur eher eine Religion der Nichtaraber, sondern auch der sozial Schwachen. Schon ihr Ursprung kommt aus dem Erleben von Benachteiligung und Unterdrückung, für die die Gründergestalten Alis und Husayns stehen. Die drei ersten Kalifen hatten dafür gesorgt, daß Ali bei der Wahl übergangen wurde, und als er endlich Kalif geworden war, löste seine Regentschaft blutige Unruhen aus, die die Einheit des Islam gefährdeten. Da er weder über herausragende Geistesgaben noch eine effiziente Beratung verfügte, konnte ihn sein Widersacher Mu'awiya aus dem Herrscheramt drängen. Dessen Sohn Yazid machte schließlich – aus Sicht der Parteigänger Alis – das Maß voll, als er 680 Husayn beseitigte.

Dieser hatte sich in Kerbela mit seiner kleinen Schar heldenhaft gegen die kalifische Übermacht gestellt und damit den Mythos des messianischen Märtyrers in der Schia begründet. Der frühe Geschichtsschreiber Abu Mihnaf (gest. 774) hat die Berichte gesammelt, die um seine Figur entstanden, und im Lauf der Jahrhunderte formte sich ein umfassender Kanon der Volksreligiosität mit Legenden, Bildern und Passionsspielen. So kann erst nach 680, dem Jahr von Kerbela, überhaupt von der Schia als Religion gesprochen werden. Die Umstände ihres Entstehens haben die »Partei Alis« von Anbeginn zu einer oppositionellen, aber auch reuigen Sekte geprägt.

Bereits vier Jahre nach Kerbela machte sich ein Büßerzug von Kufa auf den Weg, um mit dem eigenen Tod den Frevel an Husayn zu sühnen. Den Sohn Alis in der Stunde tödlicher Bedrohung im Stich gelassen zu haben, hatte immense Schuld auf seine Anhänger geladen, die aus ihrer Sicht nur durch das Selbstopfer getilgt werden konnte. Syrische Truppen erfüllten den zweiten Schritt des schiitischen Gründungsmythos und machten die Büßer um die Jahreswende 684/685 im Nordirak nieder. Das Ashura-Ritual als Buße der historischen Schuld an der Tragödie von Kerbela war geboren. Fortan werden es die Schiiten mit blutigen Selbstgeißelungen alljährlich an sich vollziehen.

Der Ashura-Tag erinnert an den 10. Muharram, den Todestag Husayns, und fordert die Gläubigen auf, mit Weinen, Klagen und Geißeln die Schuld am Märtyrertod des dritten Imam (nach Ali und Hasan) zu bekennen. Denn die vierzehn Imame der Schia (zwölf plus Muhammad und Tochter Fatima) sind sündlos, leiden daher auch schuldlos und gelten als unfehlbar.

Ihr stellvertretendes Leiden hat immer wieder zu Vergleichen mit Jesus und einen Kanon von Legenden angeregt, die ihn zum »Fürsten der Märtyrer« machen. Dabei bleibt die schiitische Schuld allerdings im historischen Bereich, während die christliche im Metaphysischen wurzelt und die sogenannte »Erbsünde« bedingt. Die Untilgbarkeit dieser »Erbsünde« steht im Verdacht, die Opfertat Jesu am Kreuz aufzuheben und den zentralen christlichen Gedanken zu unterlaufen, der Erlösung und Gewissen verbindet – eine fatale Quelle für Fehlinterpretationen, die der Kirche endlose theologische Dispute und politische Probleme wie den Ablaßstreit eingetragen haben – mit dem Resultat der Reformation.

Auch die Klagekulte an den Heiligtümern der Imame in Nadjaf, Kerbela, Bagdad (Kazimayn), Meshhed und Samarra und ihre Stiftungen sind im Lauf der Zeit zu regelrechten Unternehmen mit gewaltigen Vermögenswerten angewachsen. Die Nachkommen der Imame, die Sayyeds (Edle), genießen besondere Verehrung, sind neben den Mudjtahids an der Einkünften beteiligt und bilden heute – zu Tausenden weltweit verstreut – eine wichtige Keimzelle schiitischer Werbung auf gehobenem Niveau.

Die Vorstellung vom Verborgenen zwölften Imam, der eines Tages als Mahdi wiederkehren, die Spaltung des Islam beenden und ein paradiesisches Reich der Gerechtigkeit aufrichten wird, durchzieht die gesamte Geschichte der Schia (seit 941, dem Todesjahr des letzten Imam) und lebte zuletzt wieder in der Revolution des Ayatollah Khomeyni auf. Da dem Imam die einzig legitime Herrschaft zusteht, ist diese Utopie ständig präsent und damit auch der schiitische Staat und seine Machthaber jeweils nur als provisorisch zu verstehen.

Die Bußübungen des Weinens und Klagens scheinen auf Riten des antiken Mesopotamien zurückzugehen. Der deutsche Schia-Spezialist H. Halm weist auf ihr Vorkommen bei den dortigen Juden, Christen, Manichäern und frühen Muslimen hin. Gemäß seiner These von der Schia als arabischer Spontanerscheinung, bezweifelt er frühere Wurzeln, die in den alten Irak oder Iran zurückreichen könnten.[163]

Da der Irak jedoch jahrhundertelang unter iranischen Herrschaftsdynastien gestanden hat, kann sich ihr Einfluß durchaus im Bußritual geltend gemacht gaben, zumal sich die jeweiligen Verbreitungsgebiete decken. Auch in der Religionswissenschaft geht man bei der Entwicklung religiöser Phänomene eher von langfristiger geistiger und geographischer Kontinuität aus.

Solche Kontinuität läßt sich auch an den inneren Strukturen des Bußrituals erkennen. Es besteht aus der Elegie, dem Trauerlied, und der Prozession, in der es wiederholt einem wechselnden Publikum vorgetragen wird. Das Gegenstück besteht im konstanten Publikum, dessen Klagechorus auf Pantomimen reagiert, die das tragische Märtyrergeschehen nachstellen. Die Parallelen zum antiken Drama sind unverkennbar, und das Jahr 963 ging in die islamische Geschichte als dasjenige ein, in dem die Schiiten ihre Trauer-Feste und -Szenen erstmals in der Öffentlichkeit zeigten.

Die Chronisten betonen, daß es sich hier um etwas Besonderes handelte. Nicht nur waren alle Geschäfte geschlossen, sondern auch »die Frauen zogen mit aufgelöstem Haar in den Marktgassen umher und schlugen sich die Gesichter«.[164] Diese und ähnliche Verhaltensformen finden sich in den diversen Varianten der orientalischen Mysterien,[165] bilden allerdings nur einen externen Aspekt.

Der interne und weitaus wichtigere Effekt ist die Vergottung der Kultheroen, die an die iranische Tradition des Gottkönigs anschließt. Mit jeder Wiederholung des Rituals, mit jeder Bußübung an den Heiligtümern verfestigt sich die kultische Verehrung, welche die Verborgenen Imame in eine immer fernere Vergeistigung entrückt. Dabei sorgen ihre irdischen Vertreter allerdings dafür, daß sie nicht nur am metaphysischen Charisma, sondern auch an dessen Finanzfluß teilhaben.

Im Lauf der Zeit verdichtete sich die Totenklage (*marthiya*) zum szenischen Passionsspiel (*ta'ziya*), in dem die Stationen der Husayn-Tragödie nachgestellt werden. Gegen Ende des 15. Jahrhunderts hat sich eine ganze Gattung von Klageliedern, der »Garten der Märtyrer« (*raudat ash-shuhada'*) herausgebildet, die von berufsmäßigen Rezitatoren vorgetragen werden. Sie treten sowohl öffentlich als auch in besser situierten Privathäusern auf, wo die Frauen den Darbietungen beiwohnen dürfen, wenn nicht sollen. Denn sie scheinen für das hypnotisch wirkende Weinen und Klagen besonders empfänglich und damit für die Weitergabe des schiitischen Volksglaubens entsprechend wichtig zu sein.

Die Szenen des Passionspiels zeigen mit ihrem Beginn im 10. Jahrhundert eine wahrhaft jahrtausendalte Tradition, scheinen allerdings erst ab dem 17./18. Jahrhundert echte Dialoge angenommen zu haben.[166] Auch die Berichte der westlichen Besucher und Diplomaten, die vermehrt im 16. Jahrhundert einsetzen, spiegeln eine solche Entwicklung wider. Es läßt sich die Herausbildung der *tekiya* feststellen, einer theaterhaften Einrichtung, die ihre Dramen in einem schwarzen Zelt mit zentraler Bühne aufführte. Die hier auftretenden Gestalten werden sämtlich von Männern verkörpert, die sich dicht verschleiern, wenn sie Frauen darstellen.

Die *tekiya* rückte mit einem Ensemble von Rezitatoren, Schauspielern und Musikanten an, die von der lokalen Gemeinde und privaten Sponsoren finanziert wurden. Die Bezeichnung *tekiya ist dabei* nicht unbedingt eindeutig. Sie schillert zwischen dem persischen *tekye* = Zelt, Unterschlupf und dem arabischen *takiya* = Derwischkloster, das im Iran ebenfalls eine Geschichte der Verfolgung hat.

Die Leidensdramen konnten sich über mehrere Tage hinziehen, wobei die Schauspieler ihre Texte vom Blatt lasen. Beides tat der Trauer keinen Abbruch, wenngleich sich bei manchen Zuschauern zuweilen Anzeichen der Heuchelei bemerkbar machten. Um die Emotionen der Teilnehmer auf die religiöse Bedeutung der Handlung abzustimmen, streuten daher die Mollahs, zugleich auch die geistlichen Spielleiter, gezielte Regieanweisungen ein.

Wenn der Pathospegel aus Wut und Trauer zu sehr absank, erinnerten sie an die Qualen der Märtyrer und die Perfidie ihrer tyrannischen Verfolger und verstärkten den Wechselchor zwischen Trauertext und Opferklage. Indem die Grenzen zwischen Bühne und Auditorium verschwammen, konnte die unentwegte, dem sufischen *dhikr* nicht unähnliche Wiederholung von Namen und Begriffen das Publikum in eine bis zur Ohnmacht reichende, ekstatische Hypnose treiben. Die häufigsten emotionalen Motive waren Wasser und Blut – das Wasser, durch dessen Mangel Husayn und seine

Kämpfer in der Wüste dem Verdursten preisgegeben waren, und das Blut, das sie für eine Gemeinschaft hergaben, die seiner nicht wert und daher zu jährlicher Buße aufgerufen war.

Gegen Ende des 19. Jahrhunderts hatte die *ta'ziya* institutionellen Charakter angenommen. Aus dem fahrenden Schaustellervolk war eine eingespielte Truppe geworden, die das Zelt gegen den festen Theaterraum ausgetauscht hatte – nun ein Muß für jede Stadt, die etwas auf sich hielt. Als 1925 der General und selbsternannte Schah Reza Pahlevi ans Ruder kam, begann der rapide Niedergang der *takiya*. Schah Reza war Anhänger Kemal Atatürks und kopierte dessen anti-islamische Politik der radikalen Säkularisierung. Mit der öffentlichen Bußbühne war es damit weitgehend vorbei. Immerhin sahen auch die Mollahs die Kontrolle der darstellenden Kunst nicht ungern und lassen bis heute ihre unislamischen Umtriebe nur in entsprechend engen Grenzen zu.

Zu den ältesten Muharram-Riten gehört auch ihr wohl bekanntester, das Brustschlagen, das seine mildere Version in der christlichen Mea-culpa-Geste hat. Im schiitischen Kult heben die Büßer die Hände über den Kopf und schlagen sich unter rhythmischem Ausruf des Namens »Ya Husayn« mit voller Wucht auf die Brust. Je größer die Menge, desto lauter wird das Dröhnen ihrer Schläge, das die Prozession schon von weither ankündigt. Die im wahren Wortsinne schärfere Version besteht in nadelbewehrten Ketten, mit denen sich die Büßer geißeln und in blutüberströmte Gestalten verwandeln.

Wer als westlicher Besucher solche Umzüge beobachtet, kann fremdartige und vielleicht auch furchterregende Eindrücke sammeln, unterscheidet sich darin jedoch grundlegend vom schiitischen Publikum. Ihm entgeht in der Regel die entrückte Trance in den Augen und in den Rufen der Büßer, die eine gleichermaßen suggestive Wirkung auf die Menge hat. Sie schaut nicht nur zu, sondern nimmt aktiv teil, indem sie laut weinend und klagend in eine Wechselwirkung mit dem Rhythmus der Schläge eintritt.

Dabei sind die Geißelungen, bei denen auch Schwerter und Dolche eingesetzt werden, männliches Privileg und den Frauen verwehrt. Indem die Männer die Sühne übernehmen, unterscheiden sie sich erheblich von ihren sunnitischen Brüdern, die alle Schuld und Schlechtigkeit dieser Welt in den Frauen zu erkennen glauben.[167] Umgekehrt wird das Ritual allerdings auch zum Mannbarkeitsritus, mit dem die jungen Schiiten ihre Anerkennung und somit den Zugang zur kollektiven Gemeinschaft erlangen.

Das formale Denken der Mollahs, das auf Massensteuerung getrimmt ist, steht der Ekstase der Geißler skeptisch gegenüber und duldet sie, solange sie der Kanalisierung des Volkes und den Finanzen der Stiftungen dient. Der christliche Klerus, der einst die Flagellanten des Mittelalters verbot, dachte kaum anders, konnte und/oder wollte die Selbstqual aber letztlich ebenso wenig verhindern. Schließlich sühnten diese Büßer nicht nur die Sünden der Welt, sondern ausdrücklich auch die Ausschweifung und Glaubenslosigkeit der »Geistlichen« selbst. Nach wie vor leben sie in den angelsächsischen Pietisten und spanischen Katholiken fort, wo das Opus Dei seine Bußgürtelpraxis pflegt und durch die finanziellen Beiträge seiner Anhänger sich besonderen Einfluß bis in den Vatikan verschaffen konnte.[168]

c) Das Bild

Das Bilderverbot im Islam gehört zu den wenigen Aspekten, die auch der breiteren westlichen Öffentlichkeit bekannt sind. Es stützt sich wie vieles andere auf den Koran, der die Begriffe »schaffen« und »formen« gleichsetzt.[169] Da Allah die Welt und den Menschen erschaffen hat, steht es letzterem nicht zu, den Schöpfer zu imitieren und Figuren und Bilder zu gestalten, in denen seine Geschöpfe und die Formen der Natur nachgeahmt werden.

Dem besonderen Verbot unterliegt die Darstellung alles Lebendigen. Die westliche Kunstgeschichte wertet dies als Mischung aus Furcht der frühen Muslime vor der magischen Wirkung von Bildern sowie ihrer Aggression gegen die künstlerisch überlegenen Hochkulturen ihrer Zeit.[170]

Diejenigen, die das Gestaltungsverbot verletzen, bedroht die Tradition mit der Höllenstrafe: »Wer immer ein Abbild anfertigt, wird von Allah mit der Strafe belegt, seinem Produkt Leben einzuhauchen; aber er wird dazu nicht fähig sein.«[171] Sie gehören zu den schlechtesten aller menschlichen Geschöpfe, den Polytheisten, die von Muhammad verflucht werden. Dieses Argument drehen die – zumeist schiitischen – Befürworter des Bildes um: Gerade weil der Polytheismus nur für den frühen Islam gelte, die Religion aber gefestigt sei, bedeute die bildliche Darstellung keinerlei Gefahr mehr.

Den Berichten zufolge hat der Verkünder, selbst Besitzer einiger Figuren aus Beutezügen, bei der Einnahme Mekkas die Vernichtung der Bilder in der Ka'ba angeordnet und als einzige Ausnahmen die Darstellungen von Jesus und Maria verschont.[172] Im Koran ist Jesus der einzige, der die Bedingung immerhin erfüllte und die Fähigkeit besaß, einem Geschöpf Allahs – einem Vogel – Leben einzuhauchen (5/110).

In der Praxis kann sich der Künstler vor Bestrafung schützen, indem er in geeigneter Weise deutlich macht, daß den abgebildeten Wesen lebenswichtige Teile fehlen und er nicht die Absicht hatte, die Einzigartigkeit der

göttlichen Schöpferkraft in Frage zu stellen. Ein bekanntes Beispiel ist die
Darstellung von Personen ohne Gesicht.

Weitere Ausnahmen ergeben sich aus der Verwendung der Bilder. Sie sind
erlaubt, wenn sie sich z. B. auf Teppichen befinden, weil man auf ihnen her-
umläuft und damit eine gewisse Geringschätzung zum Ausdruck bringt. Bei
Skulpturen kommt die magische Komponente ins Spiel. Sie sind verpönt,
weil sie dreidimensional sind, Schatten werfen und vermeintliche Lebens-
fähigkeit suggerieren.

Mithin erscheint es bedenklich, wenn nicht frevlerisch, die Mädchen mit
Puppen spielen zu lassen und sie bei der Vorbereitung auf ihre wichtigen
Pflichten zu behindern. Genau das gegenteilige Argument kommt später in
bezug auf die modernen Bildmedien zum Zuge. Weil man auf die propa-
gandistische Wirkung der Bilder in Fotografie, Film und Fernsehen nicht
verzichten kann, müssen sie von dem Verbot ausgenommen werden. Auch
wenn die in ihnen sichtbaren Personen – gerade im sonnenreichen Orient
– immer wieder deutliche Schatten werfen, so sind sie irrelevant, weil die
Personen als chemische Filmschicht und somit selbst als Schatten zu verstehen sind, die nicht aus einem Schöpfungsakt hervorgegangen sind.

Am striktesten wendete man diese Regeln natürlich auf Muhammad, den
Verkünder des Islam selbst, an. Seine Person ist so sakrosankt, sein Charisma so heilig, daß jeder Darstellungsversuch dem Ketzertum gleichkommt. Eine spürbare Lockerung setzte 1258 mit der Beseitigung des Kalifats durch die Mongolen ein, die die Religion als Teil der Geschichte sahen.
Sie gaben historische Enzyklopädien in Auftrag, in denen Bilder von Propheten und sonstigen Heiligen keineswegs fehlen.

So taucht das erste Muhammad-Bild 1299 in einer persischen Version der
Fabelsammlung von *Kalila-wa-Dimna* auf. Ebenfalls unter mongolischem
Einfluß breitet sich das Schattenspiel aus, das sich perfekt für das Nachstellen politischer, sozialer und religiöser Szenen eignet. Denn die Figuren
erfüllen – als auf eine Leinwand projizierte Schatten – wenngleich zufällig,
so doch komfortabel genau die geltenden Vorschriften.

Bei der orthodoxen Strenge erstaunt nicht, daß Allah und seine Engel generell solchen Häusern fernbleiben, in denen gegen die einschlägigen Regeln verstoßen wird. Um der allgegenwärtigen Drohung Nachdruck zu verleihen, wird Bildern die gleiche verunreinigende Wirkung zugeschrieben,
die auch von Urin und Hunden ausgeht.[173] Der bestimmende Gesichts-
punkt bei all diesen Vorstellungen ist immer wieder die Ablenkung vom
rechten Glauben sowie das damit verbundene, strikte Verbot der Anbetung
götzenhafter Abbilder. Wenn man sie allerdings »glaubhaft« verhindert, so
die schiitische Sicht, ist die Herstellung von Bildern grundsätzlich erlaubt.

In der iranischen Praxis hat diese Auffassung erst mit der Verankerung der Schia als Staatsreligion, etwa ab dem 16. Jahrhundert, größere Verbreitung erlangt. Davor blieb sie auf die herrschende Klasse beschränkt. Mit Ausnahme der arabischen Halbinsel und des westlichen Nordafrika suchten sich alle Machthaber, ob Araber, Türken, Inder oder Perser, eine aus islamischer Sicht illegitime, weil quasi-göttliche Aura anzueignen, indem sie das Bilderverbot brachen. Figürliche Darstellungen auf Münzen, Wappen, Prunkgewändern, Bauwerken u. a.m. blieben nicht auf den Hofbetrieb beschränkt, sondern vergegenwärtigten weithin sichtbar die Macht und verankerten sie symbolisch im Bewußtsein der Menschen.

Mit verstärktem schiitischem Einfluß in der Neuzeit begann der iranische Sonderweg, auf dem sich die bildlichen Darstellungen unaufhaltsam auch in der Öffentlichkeit ausbreiteten. Die Malerei, die sich lange Zeit auf die Miniaturen in der elitären Literatur und die Verzierung von Pretiosen beschränkte, vermischte sich allmählich mit der gewerblichen Kunst, indem nun auch Bilder auf den Wänden von Privathäusern, öffentlichen Gebäuden und Gegenständen des täglichen Gebrauchs auftauchten. Die Schahs der späten Safawiden und vor allem der Qadjaren nutzten die Entwicklung in ihrem Sinne und ließen ihre Abbildungen in wachsender Vielfalt verbreiten. Sie förderten eine eigene Gilde von Künstlern, um einen hohen Standard ihrer optischen Gegenwart zu gewährleisten.

Der Qadjarenschah Fath Ali (gest. 1834) ist als besonders eitler Selbstdarsteller in die Geschichte eingegangen. In endlosen Variationen erschien sein Konterfei bevorzugt auf Gegenständen mit hoher Gebrauchsfrequenz, zumindest in den gehobenen Schichten: Spiegel, Schreibpapier und Federkasten. Das ungebildete Volk konnte das Herrscherbild in Amtsstuben, Gebäuden und an Plätzen mit regem Publikumsverkehr bewundern. Auch als Felsrelief ließ sich der Schah verewigen, um weithin an seine Präsenz zu erinnern. Da er offensichtlich nicht überall zugleich sein konnte, stellte man bei öffentlichen Anlässen landesweit Kopien seines Porträts auf, auf denen er sich der Bevölkerung in besonders beeindruckender Pose präsentierte.

Im Lauf der Zeit blieb auch das Tabu des sakralen Bereichs nicht verschont. War bislang die Verzierung von Grabsteinen auf Kalligraphien beschränkt gewesen, wurden diese nun durch prätentiöse Halbreliefs der – männlichen – Verstorbenen ergänzt oder ersetzt. Die vornehmen Familien ließen zudem die Bilder ihrer Lieben, versehen mit erhebenden Lobsprüchen, in großer Zahl herstellen und als Zeichen des Prestiges verteilen. In unserer Zeit haben sich als aktuelle Volksversion des Grabreliefs die Fotografien etabliert, mit denen der Toten, sowohl des Irakkriegs als auch des Mollahterrors, gedacht wird.

Neben dem Koran war der einzige Bereich, aus dem das Bild nach wie vor verbannt wurde, das Innere der Moschee – mit Ausnahme der Märtyrer Ali und Husayn. Insgesamt jedoch hatte der Vormarsch der Bilderwelt eine dem Iran eigentümliche, mediale Mischform aus Politik, Religion und Kommerz erzeugt, die einen massenhaften, plakativen Charakter annahm.

In der Moderne hat sie eine regelrechte Plakatkultur hervorgebracht, die sich auch der Darstellung der Heiligen unbefangener nähert. Bilder von Frauen kommen nur in iranischen Drucken vor, wobei man Gesichtslosigkeit und Scheier beibehält, während die Männer der heiligen Familie allmählich ihre Gesichter zeigen. Dies zunächst in der höfischen, dann auch in der populären Kunst, allerdings in einer ausdruckslosen Standardform.[174] Die Schablonenhaftigkeit soll den übernatürlichen Glanz neutralisieren, der nicht nur, wie es heißt, den Betrachter blenden, sondern wiederum den Maler in die Gefahr der strafbewehrten Nachahmung bringen würde. Dort, wo es verhüllt bleiben soll, übernimmt die Aufgabe der Nimbus, ein flammenartiger Heiligenschein, der die Person anonymisiert.

Da es um das idealisierte Gute geht, können diese Plakate durchaus als die mediale Fortsetzung der ta'ziya-Tradition gesehen werden. Deren Bußbühnen wollen Idealvorstellungen erzeugen, die nicht nur die sakralen Hauptakteure, sondern mit der Drama-Entwicklung auch komische Stereotypen enthalten. In der ta'ziya sind es die Schwarzen, die im Islam als minderwertig und dumm gelten, aber mit dem Schwarz der Trauer kollidieren.[175] So ist nicht auszuschließen, daß sich die Tragödie zuweilen unfreiwillig zur Komödie wendet und im Passionsspiel die dunkle Haut berühmter Muslime aufgehellt wird.

Die religiös motivierten Farbdrucke, oft hinter Glas geschützt, sollen die Andacht des Betrachters fördern. Sie spiegeln die Empfindungsbreite des gelebten Schia-Islam wider, indem sie neben der klassischen Kalligraphie die Szenen der Legenden- und Märtyrergeschichte ausmalen. So wie die Stationen der Passion die Bußbereitschaft des Gläubigen wachhalten, so üben dabei die kalligraphischen Koranformeln magische Zauberwirkung aus und fungieren als amulettartiger Haussegen, der den bösen Blick und anderen Schaden abwehrt.

Daß auch der Kalligraphie magische Kräfte zugeschrieben werden, wird in der Vehemenz verständlich, mit der sich das islamische Bilderverbot eine ornamentale Alternative gesucht und in einer unübertroffenen Schriftkunst Bahn gebrochen hat. Die arabische Schrift gilt als heilig, weil sie sich mit der Entstehung des Koran verbindet. Für die Schiiten war es Ali, der als erster das Kufi, den arabischen Hauptduktus, schrieb. Als »Freund Allahs«, der die Menschen den Gebrauch des Schreibrohrs (qalam) gelehrt haben soll (Koran 96/3f.), gehörte er zu den Bevorzugten, der immerhin die Schia selbst begründete.

Nicht zuletzt schließt sich wiederum über die verborgene Bedeutung der Buchstaben (*ilm al-huruf*) der Kreis zur Esoterik und ihrer kabbalistischen Magie. Sie ist nach wie vor lebendig, während die Kalligraphen nach Erfindung des Buchdrucks allmählich verdrängt wurden. Allerdings räumte ihnen die Scheu vor der heiligen Schrift eine erhebliche Schonfrist ein. Die erste Druckerpresse im Islam (Istanbul 1727) wurde erst knapp drei Jahrhunderte nach Gutenberg in Gang gesetzt.

Zur Vielfalt der optischen Formen in Ornamentik und Kalligraphie lassen sich Parallelen zu der Vielfalt der verbalen und bildlichen Formen in Dichtung und Literatur ziehen. Da die Religion der inhaltlichen Gestaltung Grenzen zieht, steigert sich um so mehr die Kreativität der Formulierung.

Während man im Westen unter schöpferischer Originalität das Neue an sich sieht, schwelgt man im Orient in Variationen des alten Stoffes. Nicht Vielfalt und Innovation, sondern Vertiefung und Verfeinerung des Vorhandenen ist das Ideal der bildenden Kunst. So sagt Ibn Khaldun (gest. 1406), der größte Analytiker des Islam, »daß die Kunst, in Vers und Prosa zu schreiben, nur auf die Worte und nicht auf die Gedanken sich gründet«.[176]

Die Dichter selbst sahen es etwas anders. »Keiner außer mir hat an die Pforte der (göttlichen) Majestät geklopft«, sagt Nizami (gest. 1209), der große Nationaldichter der Azarbeidjaner, der neben seinem epischen Hauptwerk (*Khamsa*) das berühmte Liebesgedicht von *Layla-o-Madjnun* mit viertausend Versen in vier Monaten niederschrieb. Und Hafis (gest. 1390), der berühmteste aller Ghaseldichter, war noch überzeugter von seinem Werk: Mit seinen Gesängen sei das Paradies erreicht, die Engel und Venus ließen sie erklingen, und sogar der Messias bewege sich nach ihnen.[177]

In der Tat bestreitet niemand den Dichtern des Iran, die Fertigkeit der vielfältigen Variation und phantastischen Ausmalung bis zur Perfektion getrieben zu haben. So offen die deutsche Orientalistin Annemarie Schimmel (gest. 2003) die Gewalt des Islam vertrat,[178] so kongenial hat sie die komplexen Formen der iranischen Dichtung sowie die Gefühlsweite ihrer großen Protagonisten erfaßt und beschrieben. Als Konvertitin stand sie besonders beispielhaft für diejenigen im Westen, die mit der ästhetischen Faszination der islamischen Gewalt kokettieren (s. u. S. 254f., 257).

Die Darstellung von Engeln bildet eine weitere esoterische Schnittstelle, allerdings der volksreligiösen Art. Wenngleich auch hier der Lichtaspekt, z. B. die mystische Strahlkraft der Sonne, die Anwesenheit des Göttlichen symbolisiert,[179] so hat dieser Engelstyp mit dem lichtmystischen Seelenpartner, dem »himmlischen Zeugen« (s. o. S. 74), nichts zu tun.

Nach früheren Anleihen bei der byzantinischen Kunst stehen die Abbildungen etwa ab dem 14. Jahrhundert eher unter lokalem, d. h. mongolischem, osmanischem und persischem Einfluß. Körperform, Haartracht, Kopfbedeckung und Bekleidung verbinden sich zu androgynen, zwischengeschlechtlichen Gestalten, die wichtige Menschen wohlwollend begleiten, ohne ins Geschehen einzugreifen. Äußerlich ähneln sie interessanterweise jenen geflügelten Paris (s. u. S. 100), die der schiitische Volksglaube aus dem altiranischen Gut-Böse-Gegensatz von Fee und Dämon in den Bereich des Reinen und Guten verschoben hat.[180]

Für dieses facettenreiche Metier ist die bemerkenswerte Arbeit von Elisabeth Puin zu erwähnen, die eine umfangreiche Auswahl der frommen Drucke zusammengestellt, in die Kunstgeschichte des Islam bzw. Iran eingeordnet und einzeln kommentiert hat.[181] In der Kombination von wichtigen, kalligraphischen Mustern mit der singulären Bildform der schiitischen Andachtsplakate dürfte diese Darstellung für längere Zeit repräsentativ bleiben.

4. Spuren in die Neuzeit

a) Der Weg zum Nationalstaat

Wir schließen wieder an die politreligöse Landschaft zwischen Iran und Anatolien an, in der Sunniten, Schiiten und Mystiker um »Glaubwürdigkeit« rangen, zumeist um sich mit den Machthabern zu arrangieren. Im 14. Jahrhundert breiteten sich die Osmanen über Kleinasien hinaus auf den Balkan aus, während in Iran eine Reihe von Sektenführern auftraten, die behaupteten, der Mahdi, die Inkarnation des Verborgenen Imam zu sein.

Zu den Bekannteren gehörten Fazlullah Astarabadi (gest. 1394) und Ali al-A'la (gest. 1419), die Führer der erwähnten Hurufiya, einer Sekte, die nach ihrer okkulten Zahlen- und Buchstabenmystik benannt war. Beide Männer wurden hingerichtet. Derjenige Mahdi allerdings, der die mit Abstand größte politische Wirkung erzielte, war Isma'il, der Gründer der Safawiden-Dynastie und Wegbereiter des Iran in die Neuzeit.

Seine Vorgeschichte geht auf die sogenannten Kara Koyunlu und Ak Koyunlu (Weiße und Schwarze Hammel) zurück, eine seltsame, nicht ganz geklärte Bezeichnung. Sie steht für die Unterscheidung zweier oghusischer Turkmenenstämme, die als Folge der mongolischen Wirren im 14. und 15. Jahrhundert in Ostanatolien und Westiran aufkamen. Sie wurden dort

zu Ordnungsmächten, die sich gegen die Beutegier lokaler Nomaden-
fürsten und marodierender Banden durchsetzten.

Die Ak Koyunlu hatten sich auf Timurs Seite geschlagen und auch Shah
Ruh, dessen Sohn, die Treue gehalten. Als Kara Osman, das Oberhaupt der
Kara Koyunlu, 1435 im Kampf gefallen war, ließ sein Konkurrent Iskender
seine Leiche ausgraben, enthaupten und den Kopf nach Kairo schicken. Er
wollte das Wohlwollen der dortigen Mamluken gewinnen, in deren
Herrschaftsgebiet die Kara Koyunlu immer wieder für Unruhe gesorgt
hatten. Bevor sich allerdings das Gewicht zugunsten der Ak Koyunlu verlagerte, festigten zunächst ihre Widersacher die Vorherrschaft, angeführt
durch Djahanshah, eine ungewöhnliche Gestalt mit umstrittenen Eigenschaften.

Während die einen ihn als habgierigen Despoten mit der Neigung zu al-
koholischen und sexuellen Exzessen beschreiben, sah der eher elitär orientierte Hofchronist des Shah Ruh in ihm einen gerechten Herrscher, der Wissenschaft und Kunst gefördert und seine Hauptstadt Täbris zu einer mit
Kairo vergleichbaren Blüte gebracht habe. Daß sich beides nicht unbedingt
ausschließt, ist insofern vertretbar, als Djahanshah ein opportunistischer
Anhänger der »schiitischen Ketzerei« war, daher sein Gebiet weit in den Iran
ausdehnen konnte und als Vorläufer der Safawiden gilt.[182]

Inzwischen hatten die Ak Koyunlu ihre Schwächephase überwunden und
mit Hilfe der Mamluken unter Uzun Hasan (gest. 1478), einem begabten
Strategen, der Djahanshah 1467 ausschaltete, einen neuen Aufstieg eingeleitet. Während die Osmanen 1453 Konstantinopel eroberten und ein Blutbad unter den dortigen Christen anrichteten, knüpfte Uzun Hasan zu ihnen
bilaterale Beziehungen an. Er heiratete Despina, die Tochter des Kaisers von
Trapezunt, der einzigen, noch christlich gebliebenen Provinz Kleinasiens,
und machte Djunayd, das Oberhaupt des safawidischen Ordens, zu seinem
Schwiegersohn. Im weiteren entwickelte er eine so große militärische
Fortune, daß er auch seinen mächtigen Nachbarn – Osmanen und Mamluken – ins Machtgehege geriet.

Mit dem Sieg über Djahanshah weitete sich sein Herrschaftsbereich stark
nach Osten aus. Die Timuriden, ansonsten traditionelle Verbündete, fühlten sich bedroht und traten dem erfolgreichen Usurpator in Fehleinschätzung der Lage entgegen. Uzun Hasan schlug sie 1469 entscheidend und
schwang sich zum alleinigen Herrscher Irans auf, bekräftigt durch die Ver-
legung seines Sitzes von Diyarbakir nach Täbris.

Wenig erträglich erschien angesichts des neuerlichen Machtzuwachses
die Entwicklung um das mit ihm verbundene Trapezunt, das 1461 von den
Osmanen eingenommen wurde. Drei Jahre später kam ein Abkommen mit

Venedig zustande, das ein Miltärbündnis und umfangreiche Waffenlieferungen vorsah. Die Großmacht hatte die Aktivitäten bemerkt, nahm die
Herausforderung an und brachte Uzun Hasans Truppen 1473 eine emp-
findliche Niederlage bei. Nach dessen frühem Tod 1478 trat unter seinem
Sohn Ya'qub das Reich in ein Jahrzehnt relativen Friedens, bis ihn die Fa-
milienpolitik seines Vaters einholte.

Haydar, Sohn des Schwiegersohns Djunayd, hatte nach dem »Märtyrertod« des Vaters im Kampf gegen die Tscherkessen den Orden der Safawiden
in eine Truppe aggressiver Glaubenskrieger umgeformt und sich selbst eine
quasi-göttliche Aura zugelegt. Nach Anweisung Alis, der ihm angeblich im
Traum erschienen war, stattete er seine Kämpfer mit roten Kappen aus, die
seinem Orden den fortan geltenden Namen gaben: *qizilbash* – Rotköpfe.

Haydar betrieb rege Aktivitäten zur Anwerbung neuer Kämpfer und
zur Straffung der Ordensorganisation. In wenigen Jahren entstand ein
hochmotivierter Truppenverband, dessen Schlagkraft den Machthabern
der Zeit empfindlich zusetzte. Nachdem der Führer 1488 bei Kämpfen in
Azarbeidjan umgekommen war, übernahm sein sehr junger Sohn Isma'il
den Orden im Jahre 1499. Die Qizilbash schickten sich an, die Nachfolge
der Ak und Kara Koyunlu als Herrscher ganz Irans anzutreten.

Die religiöse Komponente verband sich mit ihrer nomadischen Herkunft
zu brachialer Gewalt, mit der die Qizilbash – diesmal aus dem Westen kommend – ähnlich verheerend wie die Mongolen über den Iran herfielen. Vorislamische Bräuche der Turkmenen vermischten sich mit vorchristlichen
Mysterien zu einem extremistischen Religionsgebilde, »das die safawidische
Propaganda lediglich mit einem dünnen islamischen Firnis versehen und
sufisiert und schiitisiert« hat (Halm).[183] Der Orden der Safawiya lieferte den
militanten Rahmen, in dessen Tradition auch schon Djunayd und Haydar
gestanden hatten.

Das Hauptreservoir der Anwerbung von Kämpfern lag in Anatolien. Hier
verbanden die Qizilbash eine ausgeprägte Ali-Verehrung mit Kulten, die
durch Wein, Tänze und Sexualriten auf die vorchristlichen Mysterien des
kleinasiatischen Altertums verwiesen. Obwohl von ihren modernen Nachfolgern, den Aleviten, immer wieder vehement bestritten, sind diese und
ähnliche Religionsformen für jene Zeit eindeutig belegt.

Hervorgegangen aus dem Orden der Bektashi, entwickelten die Qizilbash
synkretistische Glaubensformen, die sich mit einer straffen Struktur verknüpften. Die vollständige Unterwerfung unter den Kultführer verschärfte
ihren sufischen (mystischen) Ordenscharakter zu einer ideologisch-politi-
schen Gemeinschaft, die immer wieder zu Problemen mit der Obrigkeit
führte.[184]

Da man sich ihrer Loyalität nicht sicher sein konnte, wurden die anatolischen Qizilbash somit auch von den sunnitischen Osmanen verfolgt. Ihre vom orthodoxen Islam abweichende Verbindung aus schiitischem Mystizismus und christlichen Elementen suchten sie durch eine konsequente Geheimhaltung zu schützen,[185] die allerdings nicht nur zur verschärften Kontrolle, sondern auch zur Mythenbildung um ihre Sexualriten beitrug. Auch heute bestehen Vorwürfe der ungehemmten Promiskuität bis hin zum Inzest fort.[186] Seinerzeit genossen sie

> »... Wein, den sie sogar als heiliges Getränk verehrten. Jährlich vollzogen sie einen kultischen Tanz der Frauen und Mädchen, nach dem sich der *dede*, d. h. der Leiter der Zeremonie, mit einer Auserwählten vereinigte, was recht deutlich auf alte Fruchtbarkeitskulte hinweist. Auch sonst war die Hingabe von Frauen an *sufi* (Mystiker) keine Seltenheit.«[187]

Dabei schienen sich die wesentlichen Elemente solcher Ekstase-Reigen weniger auf christliche als auf schiitisch-magische Einflüsse zurückführen zu lassen. Einzelne Kultführer wurden als Heilige verehrt, denen man Jungfrauen aus vornehmen Familien zuführte, um mit den daraus erhofften Nachkommen an ihrer Heiligkeit teilzuhaben. Da die Geschlechtskraft der solcherart Begabten oft überfordert war, ging man zuweilen dazu über, ihr Waschwasser an die leer ausgegangenen Jungfrauen zu verteilen, um deren Fruchtbarkeit auf diesem magischen Ersatzweg anzuregen.[188]

Hier konnte nicht nur die bacchantische Seite der Mysterien, sondern auch die gemeinsame Herkunft mit den Bektashis gewirkt haben, die die Schia mit dem alttürkischen Schamanenglauben verbanden.[189] Jedenfalls war das Schiitentum Ismails nicht rein islamischer Herkunft. Chronisten berichten über »Fälle ritueller Anthropophagie – des Verzehrens getöteter Feinde«[190] –, eine Praxis, die weder im Christentum noch im Islam, sondern eher bei den Nomaden Zentralasiens anzusiedeln war. Darauf deutete die nekrophile Sitte hin, aus Schädeln getöteter Feinde Trinkbecher zu fertigen.[191]

In der modernen Nachfolgegemeinschaft der Aleviten hat sich nicht nur die Verehrung Alis und des Dede als sufischen Führers, sondern auch die Geheimhaltung erhalten. Da sie sich zudem nach außen immer auch schiitischer Schutztechniken der Anpassung und Täuschung (*taqiya*) bedienten, befinden sie sich heute erst am Anfang einer Identitätsbildung. Noch schwanken sie zwischen Extremen der Schia und Sunna, in denen sie sich selbst als »wahre Muslime« sehen, ohne echte Muslime zu sein, und die Gegenseite sie daher als »Feinde des Islam« bezeichnet. Über das tiefe Dilemma dieser problematischen Position sind sich die Experten einig:

»Die Aleviten sind mit einem Paradox konfrontiert. Sie müssen entweder eine systematische Theologie entwickeln und ihre Position schriftlich festlegen oder sich aus der religiös-metaphysischen Dimension ihrer Traditionen zurückziehen … Das Leben der Aleviten in der Türkei ist mit keinem anderen islamischen Land vergleichbar. Es ähnelt keiner Schia, weder in Arabien und Iran, noch in Ägypten und Libyen. Der anatolische Alevismus zeigt eine recht individuelle Struktur, die … Zoroastriertum, Christentum und Islam angenommen hat … Er ist weder innerhalb noch außerhalb des Islam gelegen.«[192]

Was die Qizilbash Anatoliens und Irans verband, war nicht nur die Magie, sondern auch die Militanz. So wie sich aus der anatolischen Bektashi-Version die osmanische Elitetruppe der Janitscharen entwickelte,[193] so entstand aus der Safawiya der Kampforden der iranischen Qizilbash, die sich mit messianischem Eifer in die Schlacht für ihren safawidischen Gottkönig stürzten: »Mein geistiger Herr und Meister, zu dessen Opfer ich werden will!«[194] Schließlich sah Isma'il in sich keinen Geringeren als den erwarteten Mahdi, wenn nicht Allah selbst:

> »Ich bin die göttliche Wahrheit, von Gott komme ich. Ich bin einer der zwölf Imame… Die vier Ecken (der Erde) nehme ich in Besitz. Ich bin identisch mit der Allmacht Alis … Wirf dich nieder! … Gott ist gekommen, Gott ist gekommen! Ich bin mit Gott identisch …«[195]

Ohne Rücksicht auf eigene Verluste gingen die fanatischen Krieger der Qizilbash in den Kampf für diesen unsterblichen Gottkönig uriranischer Prägung, der zu jener Zeit gerade zwölf Jahre alt war. In den Jahren 1500/1501 räumte er bzw. die Allianz hinter ihm alle Widerstände beiseite, hielt Einzug in der Hauptstadt Täbris, verlieh sich den Titel des »Königs der Könige« und erhob die Schia zur Staatsreligion des Iran. Von nun an wurden das schiitische Gebet und der Muezzinruf mit dem Zusatz »auf zum besten Werk« zur Pflicht. Wer sich weigerte, die drei »rechtgeleiteten« Kalifen (außer Ali), die Umayyaden und die Abbasiden zu verfluchen, war des Todes. Als erstes konkretes Signal wurden dreihundert Prostituierte – Inkarnationen der Sünde – öffentlich hingerichtet.

Keineswegs unterschätzten die Osmanen den neuen Machtfaktor, der in kurzer Zeit das gesamte Gebiet der Ak Koyunlu und 1507 auch Bagdad eingenommen hatte. Berichte über die Hinrichtung prominenter Sunniten und die Schändung ihrer Gräber unterstreichen dabei, daß die safawidische Schiapolitik alles andere als problemlos ablief.[196]

Als Zeichen der Stärke ließ Osmanensultan Selim 1514 ein Blutbad unter den Qizilbash-Verbänden im türkisch-iranischen Grenzgebiet anrichten und kurzzeitig auch die Safawiden-Hauptstadt Täbris besetzten. Es begann eine jahrhundertelange Unterdrückung der Sunniten im Iran und der Schiiten in der Türkei, ohne daß es dabei zu weiteren größeren Konflikten kam. Unterwerfen konnten die Türken die Iraner nicht.[197]

Das Interesse der Türken, aus Sicht des englischen Hofes »der gegenwärtige Terror der Welt«, lag im Westen. Wie man in Europa ahnte, »zögert Persien unser Schicksal nur hinaus, es kann uns nicht retten. Wenn die Türken mit Persien abgerechnet haben, werden sie … uns an die Kehle springen«.[198] In Ungarn enttäuschte die türkische Armee diese Erwartungen nicht, und ihr Chronist bereicherte die nekrophile Poesie des Islam um eine weitere Blüte der besonderen Art:

> »Mit Schwertern, blitzend wie brennende Flammen, stürmten sie auf die dem Untergang geweihten, doch mannhaften Ungläubigen ein in glorreichen Schwadronen, die tulpenübersäten Bergen ähnelten. In der Feier der Schlacht waren sie sogleich rot gefärbt wie Pokale mit Wein, ihre Köpfe glichen der Blüte des Judasbaumes, ihre Augen wie glänzende Kornelkirschen, ihre Hände korallenrot … bis der Rand des himmlischen Hippodroms von den Blutflecken des Sonnenuntergangs getrübt wurde … Er (der ungarische König) erreichte die Batterien, wo ihn die Musketiere mit einem tödlichen Feuerhagel begrüßten, der die Blumen im Garten der nutzlosen Existenz des übeltuenden Feindes vertrocknen ließ …«[199]

Solchem Vernichtungswillen war zuvor schon die safawidische Kampfelite nicht gewachsen gewesen. Mit ihrer Demütigung endete zwar der Nimbus ihres unbesiegbaren Gottkönigs; es begann jedoch eine Phase der Rückbesinnung auf die iranischen Tugenden: Realismus und strukturiertes Denken. Der Qizilbash-Extremismus wurde durch das System der Zwölfer-Schia ersetzt, der »Gottkönig« zog sich auf die Position des Mahdi-Stellvertreters und damit des Oberhaupts der Schia zurück. Erstmals seit dem Kalifat von Bagdad war wieder ein universales Herrscheramt entstanden, das die höchsten Ebenen der geistlichen und weltlichen Macht in sich vereinigte.

Die traditionell gewachsenen Unterschiede zwischen türkischen Kriegern und iranischen Bauern, türkischer Militäraristokratie und iranischer Verwaltungsbürokratie hatten großen Einfluß auf die weitere Entwicklung des Safawidenreiches. Die Bürokraten nahmen für sich in Anspruch, den Staat organisiert, die Militärs, ihn überhaupt erst zustande gebracht zu haben. Isma'il führte sich auf die turkmenische Tradition des Safawiya-Ordens zurück und gehörte zugleich dem iranischen Feudaladel an, beschleunigte jedoch – eher unabsichtlich – die Iranisierung des Staates.[200] Zu seiner Zeit begannen sich die Grenzen, die den iranischen Notabeln bislang gezogen waren, auch für militärische Führungspositionen zu öffnen.

Dies blieb nicht ohne Gegenreaktion. Die vom Iranisierungstrend Benachteiligten, vor allem die turkmenischen Qizilbash, verfielen umgehend in verbissene Machtkämpfe, als Ismail 1524 starb und den erst zehnjährigen Sohn Tahmasp zurückließ. In fortwährenden Bürgerkriegen und Palastrevolten lähmten sie das Reich nicht nur nach innen, sondern auch nach außen, wo von Osten die Usbeken und von Westen die Osmanen den Bestand des Reiches bedrohten. Als sich allerdings die Besetzung von Täbris mehrfach wiederholt hatte, erzwang die Staatsräson Maßnahmen: Im Jahre 1555 verlagerte man den Schahsitz nach Qazwin[201] und 1596/97 unter Schah Abbas I. (gest. 1629) nach Isfahan.[202]

Tahmasp hatte 1576 ein im Grunde gefestigtes Reich hinterlassen, weil es ihm gelang, die Machtansprüche der Qizilbash zu neutralisieren. Dabei wird ihm zwar Habsucht, nicht jedoch übermäßige Grausamkeit nachgesagt. Allerdings fiel kein gutes Licht auf ihn, als er den osmanischen Sultanssohn Bayezid und seine Familie, die 1559 bei ihm Zuflucht gesucht hatten, gegen viel Geld und Landgewinn an Istanbul auslieferte.[203] Dagegen ging Tahmasps Sohn Ismail II. als auch für den Orient ungewöhnlicher Schreckensherrscher in die Geschichte ein, der reichlichen Stoff für mehr als ein Drama lieferte.

Gestützt von seiner machthungrigen Schwester Pari Khan Hanum, erscheint er als ein bis zum Irrsinn von paranoiden Ängsten und Mordideen Getriebener, der den Thronfolger Haydar und alle Brüder bis auf den entschlußschwachen und zudem halbblinden Hudabanda auslöschte. Der Brudermord war zwar keine iranische, sondern osmanische »Sitte«, doch den Safawiden durchaus bekannt.[204] Ismails II. früher Tod Anfang 1578 wird einer Überdosis Rauschgift zugeschrieben, dem er schon während des vom Vater befohlenen Arrests auf der Festung Qahqaha verfallen sein soll. Nach anderen Berichten wurde er von Schwester Pari und/oder machtgierigen Qizilbash-Emiren vergiftet, die den idealen Zeitpunkt für gekommen und Hudabanda für die geeignete Marionette hielten.

Als Drahtzieher ebenfalls nicht auszuschließen ist die schiitische Führungsclique, die ihre Pfründe gefährdet sah, als Ismail anfing, der Sunna das Wort zu reden. Bei ihm machten sich indes weniger religiöse Skrupel, sondern späte Rache an seinem schiitisch frommen Vater oder simples Machtkalkül gegenüber dem klerikalen Einfluß geltend. Jedenfalls bedauerte niemand, daß der Tyrann nun seinen Platz für Alternativen geräumt hatte, in die sich Pari Khan Hanum sehr entschlossen einschaltete.

Im Wettbewerb um das Vakuum, das Thronfolger Hudabandas Schwäche hinterließ, erwies sie sich als Virtuosin des Machtspiels gegen Kleriker und

Emire und insbesondere gegen Wesir Mirza Salman, der bald entnervt aufgab. Mit diesen Fähigkeiten erinnerte sie ein wenig an ihre großen islamischen »Schwestern« im Geiste kaltblütigen Intrigantentums – Khayzuran bei den Abbasiden und Roxelana am Hof der Osmanen.[205] Wie jene verstand sie es, für über ein Jahr die Kontrolle über den gesamten Staat in einem Ausmaß an sich zu reißen, das die »führenden« Männer immer wieder von »Weiberherrschaft« sprechen ließ.

Pari brachte es jedoch nicht zur Meisterschaft der Ausnahmefrauen im arabischen und türkischen Islam, die eines natürlichen Todes gestorben waren. Sie hatte nicht mit der Schwäche Hudabandas gerechnet, was sich nun rächte, weil sie seine Überwachung versäumte. Ohne strikte Kontrolle bedeutete dieser indifferente »Herrscher« sowohl Chance als auch Risiko für die höfischen Machtspieler. So war es kein Problem für die frustrierten Qizilbash-Emire, dem schwachen Schah das Verdikt zu entlocken, Pari zu beseitigen und die Macht zu übernehmen. Sie hatten die persische Legende offenbar in ihrem eigenen Sinne ausgelegt: Hier ist Pari der doppeldeutig geflügelte Geist, der das Gute belohnt und das Böse bestraft.[206]

So labil die politische Lage war, so stabil zeigte sich die Entwicklung der schiitischen Religionsideologie. Die Schule von Hilla mit den Zwölfer-Prinzipien des Verborgenen Imam, der Urteilsfindung durch vorbildliche Theologen (*Idjtihad*) und deren Nachahmung durch die Gläubigen (*Taqlid*) etablierte sich immer fester als die Religion des künftigen iranischen Staates und als entsprechende Legitimation seiner herrschenden Klassen.

In gleichem Maße schwächte sich die Opposition ab, die seit jeher aus den Traditionalisten des koranischen Textes (Akhbaris), den Mystikern (Sufis) und den Philosophen (Falasifa) bestanden hatte. Universalgelehrte nach dem Zuschnitt eines Tusi (s. o. S. 65) wurden immer seltener. Einer der Großen jener Zeit, der aus dem Libanon stammende Al-Amili (gest. 1620), hatte bereits Schwierigkeiten, sich gegen den konformistischen Druck seitens des Militärs und der Gelehrten durchzusetzen. Seine Sammelwerke des Rechts und der Dichtung (»Papageienbuch«) zu Ehren Schah Abbas' I. (gest. 1629) waren Vorboten einer letzten großen Glanzzeit der iranischen Theosophie und esoterischen Gnosis.

Die Isfahaner Schule des Mir Damad Astarabadi (gest. 1630) brachte die persische Spezialität, die metaphysische Spekulation aus Offenbarung, Intellekt und intuitiver Erleuchtung, noch einmal zu einsamer Blüte. Giganten des iranischen Geistes wie der Philosoph Avicenna (gest. 1037) und der Lichtmystiker Suhrawardi (gest. 1191), aber auch der Türke Farabi (gest. um 950) und der Spanier Ibn Arabi (gest. 1240) erlebten eine grandiose Renaissance. Als »Gefolgschaft des ungläubigen Griechen«, mit dem

Aristoteles gemeint war, fiel diese unerhörte Verselbständigung jedoch bald dem strikten Machtsinn der orthodoxen Schia-Juristen zum Opfer. Mollah Sadra Shirazi (gest. 1640), der bedeutendste Vertreter dieser Schule, breitete ihre »ketzerischen« Gedanken nach Schiras und Qum aus, wo sie insbesondere Abd ar-Razzaq Lahidji (gest. 1661) und Sa'id Qummi (gest. 1691) aufgriffen. Letzterer beendete sein Leben in Kerkerhaft auf der berüchtigten Festung Alamut, während das spirituelle Zentrum der Zeit, der Mystik-Konvent von Kashan, zerstört und seine Bewohner liquidiert wurden.

Je rigoroser allerdings die Ulema, die Religionsgelehrten, sich durchsetzen konnten, desto deutlicher wurde ihre politische Funktion, ihr enorm wachsender Einfluß, den sie in den Schlüsselbereichen Moschee, Recht, Steuern und Stiftungen auf den safawidischen Staat und die Zentralgewalt des Schahs ausübten. So konnte kaum ausbleiben, daß die Machtfülle mit Selbstgerechtigkeit einherging, die sich zum bigotten Richter über die Staatsmacht aufschwang:

> »Wie kann es möglich sein, daß diese ruchlosen Könige, die Wein trinken und sich von der Leidenschaft treiben lassen, Stellvertreter Gottes sind, daß sie mit dem Himmel in Verbindung stehen, um von ihm das Licht zu erlangen, das nötig ist, um das Volk der Gläubigen zu lenken? Wie können sie die Gewissensfragen und Glaubenszweifel lösen, wie es einem Stellvertreter Gottes obliegt – sie, die manchmal kaum lesen können? ... Der höchste Thron des Universums gebührt nur einem Mudjtahid, jemandem, der mehr Heiligkeit und Wissen besitzt als die gewöhnlichen Menschen. Da der Mudjtahid heilig und folglich ein friedlicher Mensch ist, bedarf es eines Königs, der das Schwert führt, um Justiz zu üben, doch darf er nur dessen (des Mudjtahids) Minister und von ihm abhängig sein.«[207]

Hier tauchte wieder die Idee vom »unfehlbaren Mudjtahid« auf, die sich zwar nicht offiziell durchsetzte, aber im weiteren Verlauf der iranischen Neuzeit und Moderne latent fortlebte und im 20. Jahrhundert mit Ayatollah Khomeyni wieder akut wurde (s. u. S. 148ff.). Als Stellvertreter des unfehlbaren Imam war der Mudjtahid selbst fehlbar, aber als Kontrolleur und Richter der Obrigkeit blieb ihm das Urteil, der Idjtihad, darüber vorbehalten, ob sich der Wille Allahs im weltlichen Machthaber hinreichend abzeichnete oder nicht.

Allerdings trugen gerade auch die späteren Safawidenherrscher wenig dazu bei, die vernichtende Einschätzung ihrer »geistlichen« Kritiker zu widerlegen. Zwar machte Abbas II. (gest. 1666) den Mudjtahids ihre angebliche Vorbildlichkeit streitig, indem er auf sein unangreifbares Gottkönigtum

verwies, doch blieb der Anspruch immer deutlicher hinter der Wirklichkeit
zurück.

Er folgte dem Beispiel seines Vorgängers Safi (gest. 1642), der seine Söhne
umgebracht hatte, und ließ zur Sicherung der von Allah verliehenen Herrschaft seinen Brüdern die Augen ausstechen. Während Safi, selbst Trinker
und Despot, in nüchternen Momenten noch halbherzige Aktionen zur Ein-
dämmung der Prostitution und Päderastie gestartet hatte, ließ Abbas II. seinen Vorlieben freien Lauf. Er widmete sich dem Konsum von Alkohol und
Frauen so ungehemmt, daß man seinen frühen Tod nicht den üblichen
Palastintrigen, sondern seinen Ausschweifungen zuzuschreiben hatte.[208]

Abbas II. soll an Syphilis gestorben sein, eine Krankheit, die der Herrscher
sich kaum zuziehen konnte, wenn er sich auf den Harem beschränkte. Dieser hatte zusammen mit dem Hofstaat inzwischen Formen angenommen,
die sich nicht in der Dimension, aber in der Substanz durchaus mit denen
der Osmanen messen konnten. Es entstanden ähnliche Schattenregime, die
mit Königsmutter, Eunuchen und machthungrigen Konkubinen die eigentliche Staatsführung aus Hof- und Staatsrat ins Abseits stellten.

Das »Gottkönigtum« Safi II. erschöpfte sich weitgehend im Absperren
der Straßen und Wege, damit prunkvolle Ausflüge mit Hunderten seiner
Haremsdamen erfolgen konnten, ohne von den Blicken der gewöhnlichen
Menschen »beschmutzt« zu werden. Unter ihm lebte nicht nur die altbaby-
lonische Erscheinung des »Ersatzkönigs« auf, den die zunehmend verunsi-
cherten Gottkönige tageweise einsetzten, um unheilvollen Horoskopen
ihrer Sternwarten aus dem Wege zu gehen.[209]

Ebenso begünstigte sein Genußleben die Aktivitäten der westlichen Han-
delsgesellschaften, die im 17. Jahrhundert mit der britischen East India
Company und der Holländisch-Ostindischen Kompanie unaufhaltsamen,
weil finanziell lukrativen Einfluß gewannen. Auf sie geht der endgültige Verlust der iranischen Vorherrschaft im Seidenhandel zurück.

Gegen Ende der Safawidenzeit brachte der Zug der Zeit eine kongeniale
Gestalt hervor, die den Trend zum politischen »Geistlichen« weiter vorantrieb. Muhammad Baqir Madjlisi (gest. 1700) trat als Vollender des schiitischen Klerus' auf, der den Stellvertretern des Verborgenen Imam zur erweiterten Machtlizenz verhalf.[210] Er setzte eine islamische Inquisition in
Gang und »reinigte« den wahren Glauben von den häretischen Abweichlern in Mystik und Philosophie.

Deren unbequeme Denkautonomie war von Anbeginn ein Stachel im
Islam gewesen und hatte beiden Orthodoxien – in Schia und Sunna –
immer wieder arg zugesetzt. Aber auch Juden, Christen, Zoroastrier und
sogar die lebensfrohen Haremspolitiker gingen nun schweren Zeiten ent-

gegen. Am Sieg der imamitischen Legalisten konnte es keinen Zweifel mehr geben.

Nach kurzzeitigen Wirren durch afghanische Besatzer in der Zeit zwischen 1722 und 1729 übernahm Nadir Shah, Führer des früheren Qizilbash-Stammes der Afshar, die Herrschaft über den Iran und ließ sich 1736 zum »König der Könige« krönen. Er hatte allerdings einen rigorosen Absolutismus im Auge, der den sechsten Imam, Dja'far Ibn Sadiq, zum Gründer einer fünften Rechtsschule herabstufen wollte.[211] Die Schia wäre somit zu einer Art sunnitischer Sonderform geworden und hätte fatale Ähnlichkeit mit der abgelehnten Zaydiya angenommen (s. o. S. 57) – eine Option mit geringen Erfolgsaussichten. Denn der Herrscher brachte damit nicht nur die Kleriker und die Familie der Afshar, sondern auch die Militärs der wichtigsten Konkurrenten, der Qadjar und der verbliebenen Safawiden, gegen sich auf.

Nadir Shah beschnitt die klerikale Herrschaft sowohl ideologisch als auch finanziell, indem er die Vermögen und Einkünfte der frommen Stiftungen konfiszierte. Viele Mudjtahids und Ulema wichen seinem Zugriff durch das Exil bei den heiligen Stätten Nadjaf und Kerbela aus, die seit 1638 unter osmanischer Hoheit standen. Erstmals konnten sie nun auch in der Praxis ihre Rolle als religiös-juristische Richter über den tyrannischen, illegitimen Herrscher ausüben. Zugleich war Gelegenheit, die Traditionalisten des Akhbaritums, der textgebundenen Rechtsfindung, zu überwinden.

Es blieb die Methode des Idjtihad, deren Vertreter man auch »Usulis« nannte (arab.: *usul* = Wurzeln) – ein eigentlich irreführender Begriff. Denn es waren eher die abgelehnten Akhbaris, die auf den »Wurzeln« der Koran- und Traditionstexte als Erkenntnisquelle beharrten, während die Anhänger des Idjtihad bekanntlich zu einem eigenen Urteil kommen wollten. Sie vertraten eine milde Form des *kalam*, der theologisch-rechtlichen Disputation, die den Einsatz der menschlichen Vernunft (*aql*) bedingte. Die metaphysische Autorität des Verborgenen Imam war durch die zeitabhängige Auslegung, aber auch die materiellen Interessen seiner Stellvertreter ersetzt.

Da die Mudjtahids fehlbare Urteile fällen und somit Verwirrung und Mißbrauch Vorschub leisten können, sind ihre Zahl und die Geltung ihrer Urteile auf ihre Lebenszeit begrenzt. Wenngleich ihre Erwähltheit auch das Prinzip Verantwortung betont, so repräsentiert die »Willensfreiheit« der Mudjtahids immer auch den Willen Allahs, der nicht ohne die letztliche Anwendung von Gewalt auskommt. Das System hatte damit im wesentlichen den heutigen Stand erreicht, der eine der Zwölfer-Schia eigentümliche Mischung aus gedanklicher Flexibilität und dogmatischer Starrheit darstellt und einmal mehr den iranischen Charakter der inneren Gegensätzlichkeit bestätigt.

Der wichtigste Vertreter jener Exilzeit an den Heiligtümern, die man auch »die Schwellen« nennt, war Muhammad Baqir Behbehani (gest. 1793), der als Begründer der schiitischen Orthoxie verehrt wird. Er gilt als Erneuerer des Glaubens, der zugleich die Inquisition seines Namensvetters Muhammad Baqir Madjlisi reaktivierte. Wer immer von dieser »Erneuerung« abwich, betrieb selbst *bid'a*, die unzulässige, unter Strafe gestellte Neuerung, und wurde zum »Ungläubigen« erklärt (*takfīr*).

Behbehanis Knüppeltrupps, primitive Nachfolger der altiranischen »Augen und Ohren« sowie Vorläufer der heutigen »Glaubenswächter« (*pasdaran*), »reinigten« Nadjaf und Kerbela von den Abweichlern – hauptsächlich Akhbaris und gottsuchende Derwische. Wie so oft in der Geschichte, bestand die Reinigung einmal mehr darin, daß man die Dissidenten durch die islamischen Körperstrafen auf den rechten Weg zurückzwang oder auch – bei Uneinsichtigkeit – einfach beseitigte.

Indem man dabei die textgläubigen Akhbaris bekämpfte, löste sich die »Vernunft« des Idjtihad ihrerseits von den Grundlagen des schiitischen Glaubens und ihren textlichen Bindungen. In der Zeit, in der die Europäer mit der »Vernunft« der Aufklärung in der Französischen Revolution die Vormacht des Adels und der Kirche brachen, richteten sich die Iraner in der »Vernunft« der schiitischen Inquisition ein. Ebenso wie sich die aufklärerische Gewalt säkular begründete, öffnete der verselbständigte Idjtihad ein ins Totalitäre weisendes Gewaltpotential, das sich religiös legitimierte. Zwei Jahrhunderte später sollte es sich in der Islamischen Revolution des Ayatollah Khomeyni – mit großen Sympathien in Europa – spektakuläre Geltung verschaffen.

Wie H. Halm zu Recht betont, sind die Mudjtahids unserer Zeit keine »Fundamentalisten« im Sinne starrer Textinterpretationen.[212] Sie ähneln eher den Vertretern moderner westlicher Gewaltsysteme, die in den europäischen Revolutionen wurzeln. Indem sie sich von jeder ethischen, in den Texten niedergelegten Fessel befreien, eignen sie sich Allahs unbegrenzte Macht an, setzen eine absolute Elitenherrschaft durch und bieten sich für die Verwendung im europäischen Modell an.

Dieser Zusammenhang wird uns noch mehrfach beschäftigen. Er ist richtungweisend für die aktuelle Migrationsdynamik, die Islamisierung im »eurabisch-euranischen« Prozeß und die Propaganda des »Dialogs«, der beides begleitet (s. u. S. 243f.). Der iranische Sonderfall kann uns hier spezielle Einblicke öffnen, weil er ein im Wortsinne »revolutionäres« Experimentierfeld anbietet, das komplexe gesellschaftliche Situationen klarer als im übrigen Islamraum hervortreten läßt.

C
Öl, Macht und Korruption

Schia-Gründer Imam Ali mit Schwert Dhu'l-Faqar:
»Kein Muslim wird für einen Ungläubigen sterben!«

1. Das »perfide England«

a) Europa im Anmarsch

Dem afsharischen Interregnum waren 1796 die Qadjaren gefolgt, die zu Nadir Shahs Zeiten eine ernsthafte Machtkonkurrenz aufgebaut hatten. Sie beendeten das Akhbaritum, den schiitischen Fundamentalismus, woran auch das bizarre »Kopfwunder« nichts ändern konnte, das auf den letzten wichtigen Akhbari – auch mit Namen Akhbari (gest. 1806) – zurückging. Er war den gegnerischen Usulis, den Idjtihad-Vertretern in Kerbela, durch Flucht nach Teheran entkommen, wohin die Qadjaren inzwischen den Sitz des Schahs verlegt hatten.

Akhbari bot dem Schah einen interessanten Handel an: Würde er seine Lehre wieder zum vorherrschenden Bekenntnis machen, wenn er ihm den Kopf eines russischen Generals brächte, der zu jener Zeit die iranische Besitzung Baku belagerte? Zum Schein ging der Schah darauf ein, brach jedoch die Vereinbarung, als man ihm nach einiger Zeit wider Erwarten den Kopf tatsächlich präsentierte. Akhbari ging frustriert ins Exil nach Bagdad, die Usulis hatten die Akhbaris nun endgültig überwunden, aber etwas ganz anderes war in diesem Vorgang ins Bewußtsein getreten, das die internen Querelen auf Kleinformat schrumpfen ließ: die wachsende Dominanz Europas, das im 19. Jahrhundert in Gestalt Rußlands und Englands auf den Iran zurückte.

Bei rascher Öffnung zum Westen kennzeichnet die Folgezeit der qadjarischen Herrschaft (bis 1925) eine rigorose Ausbeutungspolitik. Nicht nur im Kulturbereich, wo z. B. die *ta'ziya*-Aufführungen Elemente des abendländischen Dramas angenommen hatten; besonders massiv setzten sich die westlichen Einflüsse in der Wirtschaft durch. Dabei konnten die Qadjaren zu keiner Zeit ihre Herkunft aus Turkmenenstämmen verhehlen, deren dominante Fähigkeit in finanzieller Auspressung bestand.

So wie sie einträgliche Posten an die Angehörigen der Eliten versteigerten, so verhökerten die neuen »Könige der Könige« Bergwerks-, Bank-, Landwirtschafts- und Gewerbelizenzen an Rußland und England. Die Kolonialmächte sahen sich geradezu eingeladen, das Land in »Interessensphären« unter sich aufzuteilen. Nachdem der Kaukasus, Georgien und Teile Azarbeidjans zu Anfang des Jahrhunderts kurzzeitig unter qadjarische

Herrschaft gebracht worden waren, konnten sich die Russen die Gebiete zwischen 1826 und 1828 ohne Mühe einverleiben.

Schon vor dem Ausverkauf hatte die neue »Dynastie« unter ungünstigen Vorzeichen begonnen. Die Wahhabiten, sunnitische Radikale, fielen 1801 aus Arabien ein, zerstörten Husayns Heiligtum in Kerbela und schleppten unermeßliche Reichtümer davon. Sie betrachteten Heiligenverehrung und Gräberkult als heidnischen Götzendienst, der auch mit reichster Beute kaum zu tilgen war. Nach gleichem Muster plünderten sie das ungeheure Vermögen der *ta'ifa* (arab.: Klasse), eines uralten, über Sunna und Schia stehenden Elitebundes, der unter Regie von Kairo das Muhammad-Grab in Medina verwaltete.

In den Jahren 1803 bzw. 1805 nahmen die Eiferer für einige Zeit sogar den Osmanen die heiligen Stätten Mekka und Medina ab, an denen allerlei aus ihrer Sicht unsittliche Umtriebe eingerissen waren. Dabei blieben auch die dortigen Schreine des Hasan, Ali Zain al-Abidin, Muhammad al-Baqir und Dja'far al-Sadiq nicht verschont. Der Gegensatz zwischen ihrer »reinen« Sunna, die heute Saudi-Arabien beherrscht, und der politischen Schia Irans mündete in eine andauernde Rivalität um die Dominanz am Golf.

Als 1826 auch noch Ardabil, das alte Safawidenzentrum im östlichen Azarbeidjan, von den Russen entweiht und geplündert worden war, mußten die Qadjaren zumindest den Schein religiöser Loyalität wahren. Da es für sie als Nachkommen von Bandenführern unmöglich war, irgendeine Abstammungslinie zu den Verborgenen Imamen herzustellen, verlegten sie sich auf die demonstrative Verschönerung und Pflege der Heiligtümer. Im Werben um Legitimation waren sie jedoch auf das Wohlwollen der Mudjtahids angewiesen, die ihrerseits in eine Spaltung gerieten.

Die einen hatten vom Postenschacher profitiert und waren zu Grundbesitzern geworden, die wie ihre profanen Kollegen die Gläubigen auspreßten; die anderen distanzierten sich von diesen Vorgängen und verweigerten dem »satanischen Königtum« die Mitarbeit. Diese Opposition verstärkte sich, als Schah Mohammed (gest. 1848) seine Liebe zur Mystik entdeckte und die verhaßten Derwischorden mit großzügigen Schenkungen bedachte. So machten die Mollahs der Staatsführung klar, wie leicht ihre Macht durch öffentliche Propaganda in Frage gestellt werden konnte, und »überzeugten« sie um die Mitte des Jahrhunderts von einem Zweckbündnis, das bis zum Ende der »Dynastie« Bestand hatte.

Mit der Schwächung Kerbelas und der gestärkten Position der Mudjtahids erlebte das alte Qum einen Wiederaufstieg als heilige Stadt und Zentrum der klerikalen Bildung. Die zusätzlich gewährte Steuerfreiheit war dabei eine dem Aufschwung durchaus nützliche Maßnahme. Kein Wunder, daß die Zahl derer, die das »absolute« Wissen der Mudjtahids erwarben, im 19. Jahrhundert sprunghaft, d.h. um mindestens tausend Prozent, anstieg.[213]

Die Inflation dieser Gelehrten, die man »Instanz der Nachahmung« (*mardja' at-taqlid*) nannte, trug zur Herausbildung einer Hierarchie sowohl des Wissens als auch des Unwissens bei. Denn nun begann der Klerus, sich in Ebenen besonders wissender Mudjtahids und weniger begabter Mollahs zu gliedern, wobei sich der Konsens der Elite auch durch eine anerkannte Spitzenautorität herstellen ließ.

Seither bestand die Hierarchie des Unwissens im Abwälzen von Verantwortung, indem das Volk den Mollahs und die Mollahs den Mudjtahids folgten. Mit diesem Vorgang ging die Behauptung der »Geistlichen« einher, auf dem Wege der »Erleuchtung« noch viel wichtigeres Wissen, sogar das Charisma des Verborgenen Imam selbst, auf sich ziehen zu können. Mehr als je zuvor verhinderte diese Struktur den Willen zu alternativer Bildung, vertiefte die intellektuelle Kluft zu den Europäern und damit die Unfähigkeit, sich der Ausplünderung des Landes kompetent entgegenzustellen.

Die ersten Mardjas, anerkannte Wissensführer des schiitischen Klerus, waren Mortaza Ansari (gest. 1864) und Muhammad Shirazi (gest. 1895), der sich gegen die wachsende Verwestlichung stemmte. Ihnen folgten in der ersten Hälfte des 20. Jahrhunderts Ayatollah Ha'eri (gest. 1959), der Lehrmeister Khomeynis, und Husayn Borudjerdi (gest. 1962), nach dessen Tod die Zahl der Mardjas rasch auf acht anstieg. Der wichtigste von ihnen war Shari'at al-Madari, der nicht nur die klerikale Opposition gegen das Schah-Regime anführte, sondern sich zum schärfsten Kritiker des späteren »Führers« Khomeyni profilierte.

In dem Maße, in dem die Mudjtahids zu Trägern des imamischen Charismas werden, erlangen sie nicht nur geistige, sondern auch praktische Wirkmacht mit großer Reichweite in die Bevölkerung. So obliegt den »Geistlichen« die Leitung des politischen Freitagsgebets, die Eintreibung von Steuern und die Vollstreckung der Körperstrafen. Nach dem schiitischen Impulsmotto – »auf zum guten Werk« – weitet sich die islamische Regel, das Gute zu gebieten und das Schlechte zu verbieten, zu einer klerokratischen Selbstermächtigung aus, die auch den *djihad*, den Krieg gegen den Unglauben, einschließt.[214]

Diese Generalvollmacht war nicht zuletzt als Reaktion auf das bedrohliche Vorrücken der europäischen Kolonisatoren zu verstehen, das den Mollahs endzeitartige Ängste eingab. Diese richteten sich indes auch nach innen, indem man alte Feindbilder auffrischte. Erneut waren es die Sufis und Theosophen, die unter klerikalen Verfolgungsdruck gerieten, diesmal jedoch mit der charismatisch verstärkten Vollzugsmacht. Was zuvor dem Jenseitsentscheid Allahs vorbehalten war, hatten sich nun seine inquisitorischen Vertreter angeeignet. Hinsichtlich des Urteils über Menschen wurden die fehlbaren Mudjtahids unfehlbar: Wer als Abweichler verdächtig erschien, konnte »exkommuniziert« und im Zweifel liquidiert werden. Allahs Diener hatten die Hölle ins Diesseits verlegt.

Während sich dies auch ohne Beteiligung der Obrigkeit vollzog, formulierte man mit ihr gemeinsam eine erweiterte Staatsdoktrin. Unter dem Eindruck der schwindenden Macht des Islam wurde noch einmal das uralte, gemeinsame Ziel definiert: die Gottesordnung auf Erden, die im »Djihad« durchzusetzen ist. Der islamische Kampf richtet sich gegen neue äußere Kräfte wie Rußland und England, aber auch gegen die alte innere Opposition wie Philosophen, Mystiker und Messiasgestalten.

Einen ersten Vorgeschmack von der neuen Radikalität bekamen die Bewegungen der Zeit, die Babisten und Bahai, während die Kolonialmächte verschont bleiben mußten. Denn im Knebelvertrag von 1828 hatten die Russen dem Schah bereits vor Augen geführt, daß er längst nicht mehr Herr im eigenen Hause war. Während man sich auf die universale Basis des Islam berief, machten die iranischen Ideologen gern auch Anleihen beim westlichen Patriotismus, der dem nationalen Zusammenhalt der diversen Völkergruppen – Azeris, Kurden, Araber – nützlich sein konnte.

Ein spektakuläres Beispiel für religiöses »Ketzertum« bildete Ali Muhammad (gest. 1850). Er trat als der für die Jahrtausendwende angekündigte Mahdi auf und nannte sich »Bab«, die »Pforte des Imam« (arab./pers.: *bab* = Tür). Die Zeit, die tausend Mondjahre nach der Entrückung des zwölften Imam umspannt, endet im islamischen Jahr 1260[215] und im westlichen Jahr 1844. Die Mollahs ließen ihn 1845 nach Schiras bringen, zwangen ihn zum Widerruf und steckten ihn vorsorglich ins Gefängnis.

Zwei Jahre später verkündete der »Bab«, der auferstandene Imam selbst zu sein, der nun das islamische Gesetz abschaffen müsse. Die Mollahs brachten ihn nach Täbris, peitschten ihn öffentlich aus und zwangen ihn zu erneutem Widerruf. Als seine Anhänger, die »Babisten«, Unruhen zu schüren begannen, richtete man 1850 den Mahdi schließlich hin. Aus ihrer Bewegung gingen später die Baha'i hervor, die man im Iran massenhaft umbrachte und dort nach wie vor aktiv verfolgt. Mit Zentrum in Haifa bilden sie heute eine universale Religion, die weltweite Mission betreibt.

Die Doppelrolle der Mollahs als Kämpfer gegen religiöse Abweichler und die westliche Invasion entsprach den Interessen der Bazaris, der traditionellen Kaste städtischer Händler, Handwerker und Geldwechsler. Sie stellten sich gegen die europäischen Monopolisten, die gewinnmindernd in die

verschiedensten Branchen vordrangen – besonders in den Agrarbereich
(Russen) und das Bankgeschäft (Briten). Mit dem drohenden Einnahme-
minus des Basars waren auch Steuerverluste zu erwarten, die wiederum auf
die Spenden der Bazaris und die Pfründe des Klerus, das »Fünftel des
Imam«, drücken würden.

In der Basar-Klerus-Fraktion bereitete sich eine wirtschaftlich-soziale
Schicksalsgemeinschaft vor, die große Bedeutung für die iranische Zeitgeschichte, auch im Rahmen der Islamischen Revolution von 1979, erlangen
sollte. Eine erste spektakuläre Belastungsprobe bestand sie im sogenannten
Tabakskandal. Zunächst hatte es Schah Nasir ad-Din (gest. 1896) mit einem
Feuerwerk von Lizenzvergaben verstanden, gleich beide, Bazaris und Kleriker, gegen sich aufzubringen.

Denn die zunehmende Fremdkontrolle erstreckte sich inzwischen nicht
nur auf immer mehr Wirtschaftszweige, sondern auch auf Justiz, Verwaltung und Erziehung. Für deren Reform holte er ausländische Experten ins
Land, die den Mollahs die Posten wegnahmen und damit auch ihren Einfluß beschnitten. Dem allem setzte er nun 1890 mit der Vergabe des Tabak-
monopols an die Briten die Krone auf. Die gesamte iranische Produktion
sollte ein halbes Jahrhundert lang von der Imperial Tobacco Company vermarktet werden – ein kaum überschaubarer Schaden für Händler und
Finanziers.

Es begann eine eindrucksvoll konzertierte Aktion: Die Basarläden und
Glaubensschulen schlossen gleichzeitig ihre Tore, und wenig später brachen
in mehreren Städten, vor allem in Täbris, Unruhen aus. Der erwähnte Shirazi protestierte beim Schah und setzte ein Rechtsgutachten (*fatwa*) in Umlauf, dem zufolge der Genuß von Tabak ein Affront gegen den Verborgenen
Imam sei. Nachdem der Konsum daraufhin über Nacht völlig eingebrochen
war, gab das britische Unternehmen – gegen eine hohe Entschädigung – die
wertlos gewordene Lizenz zurück. Die Bazari-Mollah-Fraktion hatte sich
als gut geölte wirtschaftspolitische Aktionsmaschine bewährt.

Aufgrund seiner korrupten Wirtschaftspolitik erschien den oppositio-
nellen Kreisen der Herrscher inzwischen nicht mehr als Schah, sondern als
»Lakai der Briten«. Im Jahre 1896 erschoß ihn der persische Nationalist
Mirza Kermani, der sich von den antiwestlichen Lehren des ägyptischen
Freigeistes und -maurers Sayyed Assabadi inspiriert fühlte. Dieser wie-
derum war Lehrer keines Geringeren als Hassan al-Banna, des Gründers der
Muslimbruderschaft.[216]

Zwar war nun das Leben des Schahs, nicht jedoch das »Lakaientum«
selbst beendet. Denn Sohn und Nachfolger Muzaffar (gest. 1907) setzte die
Politik des Ausverkaufs eher verstärkt fort. Er ließ es zu, daß die Kolonial-

mächte sich in Marinestützpunkten einrichteten – die Russen am Kaspischen Meer und die Briten am Persischen Golf. Noch wichtiger und von historischer Bedeutung war jedoch 1901 die Vergabe der ersten Ölkonzession, ebenfalls an die Briten. Auf sie und ihre enormen Folgen gehen wir gesondert ein.

Diese Entwicklung rief erneut die Basar-Klerus-Allianz auf den Plan. Sie hatte die gleichzeitige Verwundbarkeit des ausländischen Einflusses und des Schah-Regimes erkannt und zettelte 1905 Unruhen in den großen Städten an. Denn alles, was die Monarchie schwächte, konnte den Mollahs nützlich sein. So zwangen sie den Schah zur Einführung einer Verfassung im Jahre 1906 und bildeten dabei eine Koalition mit den liberalen Republikanern. Dies allerdings nicht als Demokraten, sondern als klerikale Antiroyalisten, die – wie alle Islam-Orthodoxen – im Königtum das Werk Satans sahen.[217] Sie setzten einen Zusatz durch, der als »Artikel 2« bekannt wurde und einem Mudjtahid-Rat die Kontrolle darüber gab, ob die Gesetze des Parlaments mit den Gesetzen Allahs (*shari'a*) vereinbar waren.

Die Unruhen gerieten außer Kontrolle und weiteten sich über die Städte hinaus zu bürgerkriegsähnlichen Zuständen aus. 1908 löste man das Parlament auf, richtete prominente Abgeordnete hin und setzte sogar russisches Militär ein, um das aufständische Volk zur Räson zu bringen – vergeblich. Der Schah floh ins russische Exil und ließ ein Land zurück, das im Chaos zu versinken drohte. Für die nächsten Jahre wechselten die Schahs in kurzer Folge, ohne der Lage Herr zu werden.

Reza Khan (gest. 1944), General der mächtigen Kosakenbrigade, ergriff 1921 die Gunst der Stunde, marschierte in Teheran ein und zwang sich dem Schah als Kriegsminister bzw. zwei Jahre später als Premierminister auf. Da er praktisch die Regierung des Landes übernommen und den Klerus in die zweite Linie gedrängt hatte, brauchte er 1925 nur noch einen letzten Schritt zu tun: den Schah außer Landes zu komplimentieren und sich selbst zum Schah auszurufen. Unter dem Namen »Reza Pahlevi« versprach er, an die heroische Tradition des Landes anzuknüpfen und die Modernisierung ohne die Demütigung durch westliche Profiteure zu betreiben.

Aus ärmlichsten Verhältnissen stammend, hatte Reza Pahlevi eine steile Militärkarriere durchlaufen, die eher rigoroser Durchsetzung als mutiger Umsicht zu verdanken war. Diese Akzentsetzung übertrug sich auch auf seinen Regierungsstil. Mit einfachen Kommandostrukturen glaubte der neue Herrscher, die komplexe Umbruchsituation Irans ordnen und der Entwicklung des Landes eine stabile Linie geben zu können.

Als Bewunderer Atatürks und westlicher Technik sah er in den Maßnahmen, die der türkische Diktator wenige Jahre zuvor angeordnet hatte, ein

Patentrezept, das ähnlich undifferenziert auch dem Iran nützen sollte: Austausch der russischen Militär- und britischen Technikberater gegen deutsche Spezialisten (1926), Programm zum Ausbau eines landesweiten Straßennetzes (1927), Einführung eines Rechtssystems nach französischem Muster (1928), das dann allerdings eher die Grundbesitzer stärkte und die Scharia bestätigte.[218] Wie wenig die Maßnahmen aufeinander abgestimmt waren, erwies sich am Ausbau der Eisenbahn, die eher fremden als eigenen Zwecken nützte:

> »Den alliierten Truppen brachte die Eisenbahn weitaus mehr Nutzen als der iranischen Wirtschaft, sowohl vor als auch nach dem Krieg. Es ist traurig anzunehmen, daß der Nationalist Reza Schah die Iraner unabsichtlich zum Vorteil des britischen und russischen Militärs so schwer besteuert haben könnte.«[219]

Es folgten die massive Förderung westlicher Kleidung (1929), Zulassung von Frauen zum Studium (1934), Säkularisierung des Schulunterrichts bzw. des Rechts- und Theologiestudiums (1935) und das Verbot sowohl des Kopfschleiers als auch des Tschadors, der Gesamtverhüllung (1936). Das alleinige Scheidungsrecht für den Mann blieb dagegen unangetastet.

Während die Mollahs Turban und Traditionsgewand beibehielten, sahen sie Ihren Einfluß durch dieses Programm erheblich beschnitten. Zugleich wurde ihr Sonderstatus erkennbar, der sie nun auf neue Art von den staatlichen Angelegenheiten trennte. Wenn überhaupt noch vorhanden, war ihre Mitsprache in den früheren Domänen Militär, Recht und Bildung auf unwesentliche Randaspekte reduziert. Nicht einmal die Ashura-Passionsspiele waren mehr erlaubt, weil die Möglichkeit bestand, die Bußbühne zum Forum der Obrigkeitskritik zu machen.

Schah Rezas militärische Haudegen-Methoden enthielten viel Ungeduld, wenig Diplomatie und noch weniger durchdachte Planung. Seine Prioritäten – brachiale Säkularisierung auf der Basis eines absoluten Machtanspruchs – ließen keinen Platz für den Ausgleich mit politischen, sozialen und religiösen Interessen. Zwar waren westliche Maschinen für die Industrialisierung willkommen, nicht jedoch Institutionen wie Gewerkschaften oder eine Rentenversicherung, ganz zu schweigen von der Landreform oder gar einem Parlament, das in freier Abstimmung tätig werden konnte.

Im Gegenteil: Die Bezugnahme der Pahlevi-»Dynastie« auf die altiranische Geschichte verstand Schah Reza offenbar nicht als die übliche Metapher, sondern als sehr konkrete Legitimation:

»Das vorherrschende Ethos des neuen Systems war eine militante Form des
säkularen Nationalismus, (ausgestattet) mit der Vision von einem Iran, der die
Glorie seiner vorislamischen Vergangenheit wiedergewann … Man beschwor
die Epochen der Achämeniden und Sassaniden als ruhmreiche Beispiele dafür,
was der Iran einst wieder werden konnte … Reza Schah war entschlossen, den
religiösen Einfluß auf die Politik zu beenden und daher vor allem die politische Rolle der Kleriker zu untergraben. Im Gegensatz zur Türkei hatte der Iran
keine Tradition eines starken Staates und schwacher, sunnitischer Ulema, so
daß es dem Schah nicht möglich war, den Islam abzubauen.[220]

Die Realität sah später zwar etwas anders aus, doch war es ihm zunächst
möglich, auf seine Art tatsächlich an die antike Tradition anzuknüpfen.
1935 wechselte er von der Landesbezeichnung Persien zu »Iran« und
machte sich zum größten Grundbesitzer des Landes. Er enteignete eine
Viertelmillion Bauern und hielt sie nach altiranischer Sitte als tributpflich-
tige Leibeigene. Es erstaunte nicht, daß er Sympathien zu den deutschen
Nationalsozialisten entwickelte, die den »arischen Menschen« zur Führung
einer kommenden Weltgesellschaft beriefen und den modernisierten
»Gottkönig« in Teheran als überaus brauchbaren Mitstreiter hofierten.
Der sah in den semitischen Arabern sogar das größte Unheil in der Geschichte Irans und näherte sich damit auch der antisemitischen Ideologie
Nazideutschlands, die ihrerseits auf die Juden beschränkt blieb.[221] Nur
durch die Abwehr, hieß es, wenn nicht Vernichtung alles Arabischen könne
der Iran seine grandiose Kultur bewahren und sogar wieder in alter Größe
auferstehen.[222] Dabei hatte die Iranisierung auch konkrete, ethno-politi-
sche Gründe. Wie erwähnt, ist die Bevölkerung bis heute nur zur Hälfte
persisch; die andere Hälfte besteht größtenteils aus Azeris und Kurden, die
zuweilen unbequeme Minderheitenrechte einforderten.
Wenngleich Reza den Islam als bewährtes Machtmittel von Kritik ver-
schonte, gab er schon kurz nach seiner Machtergreifung 1925 eine wichtige
Anweisung. Auf seinen Befehl trat das europäische Sonnenjahr mit 365 Tagen (Gregorianischer Kalender) an die Stelle des islamischen Mondjahres
mit 354 Tagen (100 Westjahre entsprechen 103 Islamjahren). Je säkularer er
sich in der Folge gebärdete, desto fester sammelte sich jedoch der klerikale
Widerstand, und je offener er die Achse Berlin-Teheran vorantrieb, desto
klarer ging die britische Kolonialmacht auf Distanz.
Natürlich war London die deutsch-persische Kollaboration ein besonderer Dorn im Auge, nachdem sich England mit Deutschland im Krieg
befand, aber noch empfindlicher reagierte man auf die Andeutungen des
Schahs, in absehbarer Zeit die Bodenschätze Irans selbst ausbeuten zu wollen. Es konnte kein strengeres Tabu als die Interessen der Anglo-Persian Oil

Company geben, deren Rechte mit den nationalen Interessen Englands
identisch waren.

Deutsche Truppen bewegten sich bereits in Richtung Kaukasus, um die
Sowjetunion auch von Osten her in die Zange zu nehmen. Da eine Veränderung der Verhältnisse hier kriegsentscheidend sein konnte, marschierten
im August 1941 englische und russische Verbände in den Iran ein und
zwangen den Schah zur Abdankung. Nur drei Jahre später starb er –
66jährig – als gebrochener Mann im südafrikanischen Exil.

Die Mollahs jubelten. In der langen Geschichte des islamischen Iran gab
es kaum einen Machthaber, der sie so gedemütigt hatte wie Reza Schah Pahlevi. Unvergessen waren die unglaublichen Vorgänge in Qum von 1927, als
sich der Schah für den öffentlichen Aufruhr rächte, den die Basar-Klerus-
Fraktion vom Zaun gebrochen hatte. In einem sechsmonatigen Generalstreik hatte sie erneut bewiesen, daß sie das Volk erfolgreich lenken und
durch Steuerverluste die Obrigkeit zum Einlenken bringen konnte.

Zu den Verhandlungen in der Hauptmoschee von Qum kam der Schah
seinerzeit nicht selbst, sondern entsandte zum Zeichen seiner Klerus-
Verachtung eine seiner Frauen – unverschleiert. Als man die Schahgattin
unsanft hinauskomplimentiert hatte, erschien der Herrscher zu einer
persönlichen, militärisch gefärbten Abrechnung mit den »Geistlichen«. Er
betrat die Moschee in Stiefeln und traktierte vor den dort Versammelten
den verantwortlichen Mollah mit dem Stock.

Der beabsichtigte Effekt trat ein: Fortan gaben die Vertreter Allahs Ruhe.
Niemand wagte es mehr, das Volk gegen den Schah aufzuwiegeln. Im
Gegenteil, in ihrer Schwäche hatten sie eine weitere Steigerung der Demütigung zu durchleiden. Man bedurfte der verhaßten Europäer, dieser gottlosen »Parasiten des Iran«, um sich des seinerseits gottlosen Herrschers
endlich entledigen zu können.

Sein Sohn und Nachfolger Muhammad Reza (gest. 1982) entsprach den
Anforderungen der Kolonialmächte. Er störte ihre Kreise nicht, indem er
zunächst keine wirklichen Ambitionen auf die Führung des Landes erkennen ließ. Über Jahre machte er eher durch Affären in mondänen Society-
Orten und Schlagzeilen in Boulevardblättern auf sich aufmerksam. Das
Regieren überließ er korrupten Ministern, die ihr Amt mit dem Nützlichen
verbanden und den Unternehmen wieder Geschäftsmöglichkeiten wie einst
zur Qadjarenzeit eröffneten. Während in der Folge der russische Einfluß
sank, gewannen die Westmächte ein graduelles Übergewicht, in dem sich
nach dem Zweiten Weltkrieg die USA in den Vordergrund schoben.

Es entstand eine wahre Goldgräberstimmung, in der man große Chancen in den verschiedensten Branchen witterte, allen voran im Ölgeschäft.

Mit Mohammed Mosaddeq tauchte jedoch ein iranischer Politiker auf, der dem Enthusiasmus einen erheblichen Dämpfer versetzte und die Kreise der wichtigsten Akteure, England und USA, erheblich störte. Um den Trend dorthin zu verstehen, müssen wir mehr über das zentrale Interesse aller Beteiligten wissen: das Öl und seine Entwicklung im Iran.

b) »British Show« der Petro-Schahs

Anfang des 20. Jahrhunderts hatten sich in kurzer Folge zwei universale Umwälzungen der Energietechnologie angebahnt: die Umstellung der Lichterzeugung und Handwerksgeräte auf Elektrizität sowie der Maschinen in Industrieproduktion, Transport und Rüstung von Kohle auf Öl, vom Dampfkessel auf den Verbrennungsmotor. Zwischen 1900 und 1912 stieg allein in den USA die Zahl der Automobile um lineare hundert Prozent jährlich, von achttausend auf neunhunderttausend.

Um den neuen Rohstoff hatten sich schon gegen Ende des Jahrhunderts zwei Bank- bzw. Unternehmensstrukturen gebildet, die die komplexen Aktivitäten zur Ausbeutung der bekannten Ölvorkommen – Amerika, Rußland, Indonesien – in einer Art Duopol besetzten. Das »schwarze Gold« war nicht nur zu fördern, sondern auch mit einem weltweiten Netzwerk von Tanker-, Raffinerie-, Lager- und Absatzpotentialen auszustatten. In diesem Geschäft stand das »Alte Haus«, die amerikanische Standard Oil of New Jersey um die Familie der Rockefellers, einer Konkurrenz gegenüber, die zunächst aus der holländisch-britischen Royal Dutch Shell und einer Gruppe um die Familien der Rothschilds und Nobels bestand.

Während Alfred Nobel sein Geld mit der Herstellung von Dynamit verdiente, hatte sein Bruder Ludwig in die Ölquellen des Kaukasus investiert und das erste Ölimperium außerhalb Amerikas errichtet. Mit der Basis im kaspischen Baku, dem alten persischen Besitztum und Ost-West-Handelszentrum, beherrschten die Nobels, finanziert von den Rothschilds, das gesamte russische Ölgeschäft.

Mit eigenem Sitz in London drang diese Allianz in den europäischen Absatzmarkt vor und begann dort, in die Domänen der Standard Oil einzubrechen. Ein massiver Preiskrieg half den Amerikanern dabei wenig, weil man in Baku bei weiteren Bohrungen fündig wurde, das Angebot aufstockte und sich zudem durch neue Pipelines der Transport verbilligte. Nicht zuletzt sicherte sich das Nobel-Rothschild-Unternehmen sogar auch den ostasiatischen Markt, indem es zu attraktiven Verträgen mit dem britischen Tankerkönig Samuel und langfristigen Durchfahrtsrechten im Suezkanal kam.

Wie wichtig dieser Kommerz-Finanz-Verbund für alle Beteiligten war, zeigte seine völlige Unempfindlichkeit gegen den grassierenden Antisemitismus, der um die Jahrhundertwende eine europaweite Konjunktur erlebte. Immerhin hatten die Rothschilds schon die Übernahme der Suez-kanal-Aktien durch den britischen Premier Disraeli finanziert und dafür gesorgt, daß die unter britischer Flagge fahrenden Samuel-Tanker eine erstklassige Versicherungseinstufung durch Lloyd's London erhielten.

Über die Zwänge der Konkurrenz verbanden sich die britischen Interessen nicht nur mit Rußland, sondern auch mit Standard Oil. Wohlwollend, wenn nicht gar über indirekte Beteiligungen verbunden, beobachtete die britische Regierung die Gegengründung der »Anglo-American Oil Company«, mit der sich das »Alte Haus« 1907 in London niederließ. Dies um so mehr, als die Royal Dutch Shell inzwischen zu einem immer stärkeren Wettbewerber aufstieg, in dem die wenig geliebten Holländer die Mehrheit hielten.

Unterhalb der elitären Managementebene vollzogen sich einstweilen politische Vorgänge, in denen das Ölzentrum Kaukasus eine wichtige Rolle spielte. Die Bolschewisten betrieben eine besonders aktive Propaganda unter den Ölarbeitern in Baku und im kaspischen Ölhafen Batum. Über Agenten in Europa und Persien liefen in Baku die Nachrichten für Lenins Untergrundblatt »Nina« zusammen, und kein Geringerer als Josef Stalin organisierte die ersten Aufstände in Batum.[223]

Obwohl im kaukasischen Schmelztiegel wieder der alte, ethnisch-religiöse Haß zwischen Tataren, Armeniern und Azarbeidjanern hochkam, erschienen im vorherrschenden Antisemitismus einmal mehr die Juden, speziell die Rothschilds, als der Grund allen Übels. Zu erstaunen war daher über die späteren Pogrome kein Anlaß, die Stalin in den 40er und 50er Jahren anfachte.[224] Allein schon ihr »Kosmopolitismus« war dem bolschewistischen Ganzheitswahn des »Großen Vaterländischen Führers« Anlaß genug, die Judenverfolgung zur ständigen Einrichtung zu machen.[225] Wie noch zu zeigen ist, wurde hier ein antisemitisches Muster deutlich, das in der intellektuellen Westlinken latent fortlebte. In der gemeinsamen Tendenz zum judenfeindlichen Islamismus offenbart sich heute ihre ganzheitliche »Familienähnlichkeit« mit der extremen Rechten (s. u. S. 249). Doch zurück zur Ölpolitik um die Jahrhundertwende.

Um der unübersichtlichen Situation zu entgehen, verkauften die Rothschilds ihr Rußland-Engagement an Royal Dutch Shell und demonstrierten dabei souveränes Management. Indem sie sich in Aktien der Gesellschaft bezahlen ließen, war ihr Investment nicht nur sicherer, sondern auch profitabler geworden. Zugleich entstand die Liquidität, die man brauchte, um sich mit der Deutschen Bank an der Finanzierung neuer Konzessionen in Rumänien zu beteiligen, die wiederum von Royal Dutch Shell, Standard Oil und den Nobels gemeinsam ausgebeutet wurden.

In diesem Geschehen waren die Briten zunächst noch Randfiguren geblieben. Um so mehr hatten sie aufgehorcht, als ihnen im Jahre 1900 ein Mittelsmann eine persische Bohrkonzession anbot. Wie wir wissen, waren gerade die Qadjarenschahs besonders verschwenderisch und suchten ständig nach Finanzierungsquellen für ihren extravaganten Lebensstil.

Wichtiger war jedoch, daß die weltpolitische Situation für ein verstärktes Engagement der Briten sprach. Die Rivalität mit Rußland um die Vormacht in Iran hatte sich zum Nachteil Englands verschoben. Russische Truppen waren nach Afghanistan vorgedrungen und bedrohten Indien, das koloniale Kronjuwel. Auf den Iran als Pufferstaat konnte man weniger als je zuvor verzichten. Lord Curzon, Vizekönig von Indien, sah die persischen Politiker als habgierige Marionetten, aber ihr Land als zentralen »Stein im Schachspiel um die Weltherrschaft«.[226]

Bei dem Ölagenten handelte es sich um William Knox d'Arcy, einen reichen, englischen Rechtsanwalt, der mit aufwendigen Salons eine bevorzugte Stellung in der Londoner Society genoß. In einer bereits stillgelegten, australischen Goldmine hatte er eine gewaltige Ader entdeckt, die nicht nur sein Vermögen, sondern auch seinen Ruf als Spürnase für attraktive Investments ins Märchenhafte wachsen ließ.

Als er sich für die Iranlizenz stark machte, waren die Engländer so interessiert, daß sogar die Russen versuchten, eine Einigung zwischen den Parteien zu torpedieren. Dennoch kam sie zustande, zu Konditionen jedoch, die die Ausverkaufspreise des Iran auf neue Tiefstände brachten. Schah Muzaffar unterzeichnete einen für die Branche mehr als ungewöhnlichen Vertrag: Gegen zwanzigtausend Pfund Handgeld und sechzehn Prozent Beteiligung an den etwaigen jährlichen Nettoerträgen gab er auf sechzig Jahre drei Viertel des Landes für die Bohrungen frei – selbst aus kolonialistischer Sicht ein krasses Mißverhältnis zwischen Leistung und Gegenleistung.

Um seiner Empfehlung Nachdruck zu verleihen, trat D'Arcy zunächst mit allen Kosten persönlich in Vorlage. Allerdings wuchsen sie schnell in Dimensionen, die selbst sein Riesenvermögen zu überfordern drohten. Als die Regierung zögerte, ihn zu unterstützen, zog der Risikospezialist Karten aus dem Ärmel, die auch die beschränktesten Bürokraten überzeugten: Die englische Flotte würde ihre Überlegenheit einbüßen, wenn sie nicht bald von Kohle auf Öl umgerüstet wäre. Und weiter: Sollte die englische Regierung zu solchen Entscheidungen nicht fähig sein, könnte die russische ihr diese Aufgabe sicher abnehmen. Die Marine verstand die Botschaft und bewog 1905 die von ihren Bestellungen abhängige Burmah Oil Company, in das Engagement einzusteigen.

Die Bohrungen konzentrierten sich auf Maidan-e-Naftan, nordöstlich von Ahwaz, unweit von einem verfallenen Feuertempel der Zoroastrier. Die schwierigen Begleitumstände vor Ort führten jedoch bald zu extremen Verzögerungen und ließen die Unternehmung zu einem Faß ohne Boden werden. Burmah Oil sprach bereits von Aufgabe, als am 26. Mai 1908 – sieben Jahre nach Vertragsschluß und auf dem Nullpunkt aller Hoffnungen – die erste Ölquelle des Iran zu sprudeln begann. Die Finanzquelle öffnete sich wesentlich schneller: Ein Jahr später ging man als »Anglo-Persian Oil Company« (APOC) an die Londoner Börse.

Dennoch blieben die lokalen Bedingungen das zentrale Problem der nächsten Jahre. Nach überlanger Bauzeit erzeugte die Raffinerie in Abadan minderwertige Qualität, und der Bau der Pipeline an den Golf geriet immer wieder ins Stocken. Erneut explodierten die Kosten, auch die APOC geriet in Liquiditätsengpässe, aber wiederum ergab sich ein wundersamer Ausweg. Er erschien in Gestalt Admiral Fishers, des Kommandeurs der Royal Navy, der mit dem Tanker-König Samuel eine Ansicht teilte: Alle Schiffe, damit auch die Marine, seien auf Öl umzustellen, um im kommerziellen bzw. militärischen Wettbewerb bestehen zu können. Beide waren als »oil maniacs« bekannt, Männer, deren Enthusiasmus für den Fortschritt durch Öl keine Grenzen kannte. Da Fisher in Deutschland den gefährlichsten Feind Englands sah, der zudem gerade die größte und modernste Flotte der Welt aufbaute, erschien jeder Aufwand gerechtfertigt, Englands Vormacht zu sichern.

Der enorme Finanzbedarf erzeugte Widerstand im Parlament. Im Jahre 1910 stellte Premier Asquith dem Admiral einen Zivilberater zur Seite, einen liberalen Abgeordneten namens Winston Churchill. Das ungleiche Paar wurde zum Glücksfall für England. Der noch junge, aber gewiefte Politiker erfuhr alles über Öl, und der ältere, aber undiplomatische Admiral lernte die Tricks des politischen Taktierens. Der Erfolg kam nahezu zwangsläufig: Die beiden erhielten die Zustimmung der Parlamentarier für das teuerste Bauprogramm in der Geschichte der englischen Flotte.

Zwar hatte man nun die »Hardware«, aber die »Software«, eine langfristig gesicherte Ölversorgung der Royal Navy, war noch ein Problem. Sie mußte »national korrekt« sein, d. h. zuverlässig von England kontrolliert werden können, um die Nation – z. B. durch Lieferstopps – nicht erpreßbar zu machen. Genau in dieses Profil paßte die Situation der APOC. In ihrer Finanzschwäche – auch Shareholder Burmah war inzwischen in Turbulenzen geraten – suchte sie für ihre Produkte nach einem sicheren Abnehmer, als der sich inzwischen die Royal Dutch Shell angeboten hatte. Diese stand allerdings nicht nur in traditioneller Konkurrenz mit englischen Interessen, sondern auch im Verdacht, schon des öfteren deutschem Druck nachgegeben zu haben. Mithin war nicht auszuschließen, daß die Anglo-Persian Oil Company ein Lieferant des Feindes wurde.

Da niemand ernsthaft bezweifelte, daß Öl als identisch mit dem nationalen Gemeinwohl zu sehen war, erschien es also auch im gleichen Interesse, die Kontrolle über die APOC zu übernehmen. Dennoch mußte Churchill seine gesamte Wortgewalt einsetzen, um einen für England historischen Beschluß herbeizuführen: die Regierung zum Mehrheitsaktionär eines Unternehmens, nämlich der APOC, zu machen, um mit deren Finanzierung eine eigene Rohstoffbasis zu sichern.

Dem Trend der Zeit folgend, war der Widerstand im Parlament nicht immer englisch fair: Churchill wolle »die Juden ködern«, wenngleich es »nicht immer Vertreter der hebräischen Art sind, die böse Absichten hegen«.[227] Am Erfolg Churchills änderte dies nichts mehr. Mit 254 zu 18 Stimmen entschieden die britischen Parlamentarier für Persien als neuen Partner Englands, der die Nation vor dem Zugriff der Giganten bewahren sollte. Denn mittlerweile argwöhnte man, daß neben Royal Dutch Shell sogar auch das »Alte Haus« Standard Oil einen gewissen Appetit an der Situation entwickelt hatte.

Dabei blieb unerwähnt, daß beide Gesellschaften ihre Lieferpflichten gegenüber englischen und allen anderen Abnehmern zu jeder Zeit pünktlich erfüllt hatten. Pathetische Kommentare wie »es wäre ein nationales Desaster, wenn man die Konzession in ausländische Hände übergehen ließe«, illustrierten lediglich, daß es sich nicht um eine wirtschaftliche, sondern um eine politische Entscheidung handelte. Das orientalische Land erschien als das geringere Übel im Vergleich zum westlichen, zumal amerikanischen Konzern, wenn es um die Frage der Rohölversorgung ging.

Ein erster Schatten fiel auf die orientalische Option, als Reza Schah 1933 den britischen Partner zu einer Verbesserung der Konzessionsbedingungen zwang. Das Bohrareal wurde um zwei Drittel verkleinert, eine Gewinnbeteiligung von zwanzig Prozent eingeführt und die Lizenzgebühr mit einem Mindestbetrag gegen Preisfluktuationen geschützt. Manche Verantwortliche waren froh, mit diesen Konditionen davongekommen zu sein und eine Änderung der Beteiligungsverhältnisse vermieden zu haben. Das hinderte sie indessen nicht, noch bis 1951 die unschöne Tradition fortzusetzen, sich weitgehend nicht an die Abmachungen, wie z. B. die Ausbildung iranischen Fachpersonals, zu halten.

Dennoch schien man allmählich zu ahnen, daß das Ölgeschäft nicht nur keine einfache Angelegenheit war, sondern den USA durch das Übergewicht im technischen Know-how gegenüber England einen entscheidenden Vorsprung verschaffen würde. Hier reifte eine Erkenntnis heran, die sich nach den zwei Weltkriegen bestätigen sollte. Die APOC, die seit 1935 AIOC – Anglo-Iranian Oil Company – hieß, hatte keine eigene Absatzorganisation entwickelt und war von langfristigen Abnahmeverträgen, nun mit vorwiegend amerikanischen Gesellschaften, abhängig. Vier von ihnen – Standard Oil of New Jersey, Socony (Standard Oil of New York), Socal (Standard Oil of California) und Texaco – hatten jedoch ihre Basis drastisch aufgestockt und brauchten das Öl der APOC nicht unbedingt. Seit Ende 1948 waren sie Partner in der ARAMCO (Arabian-American Oil Company), der Gesellschaft, die nun in Saudi-Arabien die größten Vorkommen der Welt ausbeutete.

Um so interessierter war die Sowjetunion, die schon während des Krieges versucht hatte, den Iran zur Erteilung einer Konzession zu bewegen. Um diesen Ambitionen Nachdruck zu verleihen, hielt Stalin Azarbeidjan auch nach Kriegsende besetzt. Der Diktator erkannte die günstige Position Irans, über dessen Öl sich wirtschaftliche und strategische Vorteile verbinden ließen. Er wußte auch um die schwierige Beherrschbarkeit der Region, die er als bolschewistischer Agitator selbst genutzt hatte (s. o. S. 116). So bestand er auf dem nördlichen Sicherheitsgürtel, zumal die Förderung in Baku durch den Krieg stark gelitten hatte. Zudem war der Zugang zum Golf noch ein altes russisches Ziel aus der Zarenzeit, das auch die Kommunisten weiter im Auge behielten. Erst auf massive gemeinsame Intervention der USA und Englands zog sich Stalin 1946 zurück.

Der Kalte Krieg begann also mit der Sicherung des nahöstlichen Öls, wobei sich der orientalische Teil des »Eisernen Vorhangs« nun etwas nach Norden verschob. Am Einfluß auf die inneriranische Situation änderte sich dadurch wenig. Die sozio-ökonomischen Strukturen in Azarbeidjan boten immer schon ergiebige Ansatzpunkte für die kommunistische Propaganda. Obwohl die Region das höchste Steueraufkommen vorweisen konnte, standen ihre Minderheiten in ständiger Gängelung durch und in Opposition gegen die iranische Zentralregierung.

So bildeten die Azeris einen wesentlichen Nährboden für die 1941 gegründete Tudeh (pers.: Masse, Volk), die erste kommunistische Partei im islamischen Raum. 1945 verband sie sich mit anderen linken Kräften und gewann als »Demokratische Partei« die Mehrheit im Parlament. Ähnliches vollzog sich im Gebiet der Kurden, die ebenfalls ihre Selbstbestimmung verlangten. Die sowjetischen Besatzer, zu jener Zeit noch im Land, verhinderten den Einmarsch der Schahtruppen, die seit Jahrhunderten solche Bestrebungen mit Gewalt zu beenden pflegten. Immerhin formierte sich konservativer Protest in einer unheiligen Allianz aus Grundbesitzern und Mollahs, die sich mit lokalen Stammesführern verbündeten, um die linken Modernisierer zu bekämpfen. Dagegen intervenierten britische Truppen im südwestlichen Ölgebiet Khuzistan. Unter den dortigen Arbeitern hatte die Tudeh eine große Anhängerschaft gewonnen, die sich gewerkschaftlich organisierte und dem AIOC-Management etliche Zugeständnisse in bezug auf Bezahlung und Arbeitsbedingungen abrang. Allerdings bewirkte sie damit auch eine iranische Version des »Outsourcing«: Das Management delegierte Arbeit an kleine Gewerbeunternehmen in der Umgebung, denen das Hemd näher war als die Interessen der Tudeh.

Da sich die Zentralregierung einem Arbeitsgesetz verweigerte, blieben die Umstände bei der AIOC ein Sonderfall, insbesondere als die Tudeh 1946 zum Generalstreik aufrief. Die Briten bauten ein zweistufiges Szenario auf: Von Basra aus ließen sie an der Grenze ein demonstratives Drohkontingent aufmarschieren, während angeheuerte Provinzfürsten die »Ordnung« an den AIOC-Anlagen gewaltsam herstellten.

Dieses Beispiel machte Schule. Im gleichen Jahr hatte sich die Mollah-Grundbesitz-Allianz mit den lokalen Stammesführern so weit geeinigt, daß die Zeit zum Generalangriff auf die Selbständigkeit der Kurden und Azeris reif schien. Im Herbst 1946 wurden alle Tudeh-Minister entlassen, und sobald die Sowjets sich zurückgezogen hatten, konnte man zu rustikaleren Methoden übergehen. Die örtlichen Führer der Azeri-Tudeh und kurdischen Autonomie-Partei wurden aus ihren Posten verjagt, eingekerkert, gefoltert und hingerichtet. Die Kontrolle durch das traditionelle Elitenkartell aus Grundbesitz, Geldadel, Spitzenbürokratie und Klerus war gesichert.

Weder konnte die herrschende Klasse von der Provinz Loyalität erwarten, noch brauchte sie sie. Da Arbeits- und Landreformen fehlten, blieben Arbeitskräfte, insbesondere die ländlichen, extrem billig. Mithin sahen die Privilegierten keinen Anlaß zu Veränderungen. Im Gegenteil: In den späten 40er Jahren drückte die Auspressung der Bauern die Agrarproduktion auf katastrophale Tiefstände. Die Landlords bekamen Konkurrenz von Staatsbeamten und Genossenschaftsbankern, die ihre Befugnisse im Steuer-, Kontroll- und Finanzierungsbereich zu schrankenloser Bereicherung mißbrauchten.

Sie plünderten das eigene Land in noch größerem Stil als die »britischen Parasiten« aus, was einiges heißen wollte. Denn die wiederum hatten den persischen Staat allein bei den Ölabrechnungen zwischen 1933 und 1951 um für die damals astronomische Summe von einer halben Milliarde Pfund betrogen. Bei einer verdreifachten Arbeiterschaft hatte sich der Nettogewinn verdreißigfacht – das »perfide England« wurde seinem Ruf gerecht.[228]

Im Industriesektor konzentrierte sich nahezu alles auf Teheran, wo bereits 60 Prozent des BIP erwirtschaftet wurden, eine Entwicklung, die die Landflucht weiter verstärkte. Die Vorgänge bei der AIOC heizten die allgemeine Unzufriedenheit zusätzlich an. Nicht genug damit, daß die Fremden das Land ausbeuteten, sie konnten sich dabei sogar noch auf »Eliten« stützen, die auf Bereicherung und Korruption geradezu programmiert waren. Immer unverhüllter ließen sie erkennen, daß es ihnen nicht um das Gemeinwohl, sondern ihr Eigenwohl ging. Dies ließ sich um so leichter optimieren, je mehr man sich den Interessen der westlichen Imperialisten unterwarf.

2. Der »Große Satan«

a) Amerika und der Fall Mosaddeq

In diesem Szenarium übernahmen die Amerikaner allmählich die Führungsrolle. Während die Sowjets verdrängt wurden, hatten sich auch die Briten »freiwillig« zurückzogen. Sie waren von den Kriegsfolgen so geschwächt, daß sie aus dem kostspieligen Machtspiel ausscheiden mußten. Projekte wie die Gründung Israels und die Finanzierung Palästinas überstiegen die Kräfte der maroden Weltmacht. Auch die defizitären Kolonien, allen voran Indien, wurden »in die Unabhängigkeit entlassen« – in der Sprache der »Global Player« eine milde Formel für Konkursverwaltung.

Im Iran richteten sich derweil amerikanische Militär-, Verwaltungs- und Wirtschaftsberater ein, die den schwachen Schah Muhammad Reza und sein Kabinett wirksam »unterstützten«. Wie fast immer im Orient, spielte die wichtigste Rolle der Sicherheitsbereich, den für das Militär und die Polizei ein Oberst namens Norman Schwarzkopf organisierte.[229] Unter den Westmächten wirksame Akzentbildungen wurden deutlich, als die Briten sich energisch gegen den US-Finanzberater Shuster wehrten, aber nichts gegen die US-Missionen einzuwenden hatten.[230]

Als weiteres Richtungskonzept formulierten die Amerikaner die Kriterien, die die künftige Wirtschafts- und Sozialentwicklung Irans steuern sollten. In den Jahren 1947/48 entstanden drei Gutachten, die unter US-Kontrolle in einen Siebenjahresplan für die Entwicklung Irans mündeten. Wenngleich sich allen Beobachtern die Sanierung der Landwirtschaft als mit Abstand wichtigste Maßnahme aufdrängte, sparten die Entscheidungsträger sie sorgfältig aus. Großes Gewicht wurde statt dessen der Stellungnahme der Overseas Consultants zugemessen, eines Ablegers der US-Ölindustrie. Sie empfahl die Technisierung der Landwirtschaft und des Transportwesens, ohne die archaischen Agrar- und Sozialstrukturen zu reformieren. Iran sollte ein reiner Öllieferant bleiben, dem auf zweierlei Weise der Weg in den modernen Industriestaat zu versperren war: Zum einen sollte das Land außerstande bleiben, seine Rohstoffbasis zur integrierten Industrie – »vom Bohrloch bis zur Tankstelle« – auszubauen, zum anderen sollte es fortfahren, Fertigwaren zu importieren, ohne sich das technische Knowhow zur Entwicklung eigener Produktionsstätten anzueignen.

Wie destruktiv dieses »Programm« war, ließ sich allein schon am Verhältnis der Beschäftigung im Agrar- und Industriebereich ablesen, das um die Mitte des Jahrhunderts bei 95:1 lag. Eine Planung, die eine konstruktive Entwicklung des Landes anstreben wollte, hätte natürlich zunächst Korruption und Wahlfälschung erschweren müssen. Bis heute können sich jedoch westliche – nicht nur amerikanische – Orientpolitiker für solche Maßnahmen nur selektiv erwärmen (Paradebeispiel Ägypten). So dominierte auch das alte Elitenkartell den Madjlis, das iranische Parlament, weiterhin ungestört und legte die Bedingungen für die eigene Bereicherung selbst fest.

Es ist ein altes Faktum der Massenpsychologie, daß eine kleine Minderheit über eine gewisse Zeit die große Mehrheit beherrschen kann, ohne sich plausibel rechtfertigen zu müssen. Wie gesehen, lieferte die iranische Geschichte zahlreiche Beispiele. Gerade weil die herrschende Klasse die Bevölkerung in der Regel mit wenigen Propaganda-Klischees ruhigstellt und somit für eine Weile einer überprüfbaren Rechtfertigung enthoben ist, läßt sie allerdings ihr Erfolg unbewußt in ein Dilemma driften: Sie sieht sich ebenso häufig zum Mißbrauch der Macht eingeladen, wie sie eben dieser Mißbrauch blind für die Warnzeichen der kommenden Entmachtung macht.

So auch im Fall der hier geschilderten Situation. Obwohl sich die Signale für bevorstehende Probleme häuften, verharrten der Schah und seine Kamarilla in einer Haltung des »business as usual«. Die Warnzeichen hatten Namen: Tudeh und Ayatollah Kashani. Letzterer hatte sich zum Sprecher des frustrierten Klerus gemacht, der keine direkte Kritik am Schah übte, sondern gegen die britische Fremdherrschaft räsonierte.

Unter diesem Einfluß begann sich die »gläubige« Gefolgschaft allmählich zu radikalisieren und erste Kampfzellen zu bilden, die bald als *Fida'iyan-i-Islam* bekannt wurden. Schiitischem Endzeitdenken gemäß sahen sie in den Briten nicht irgendeinen simplen Feind, sondern eine übernatürliche, teuflische Macht, die in planvoller Perfidie den Untergang des Iran vorbereitete.

Weniger pathetisch, nicht minder wirkungsvoll, erneuerte sich dabei auch die bewährte Bazari-Mollah-Fraktion, vor der inzwischen jede Obrigkeit äußersten Respekt hatte.

Wenngleich nicht das gleiche Feindbild, so doch dasselbe Objekt nahm die Tudeh-Partei aufs Korn, mit sehr direkter Wirkung auf die Massen. Für sie waren die Briten natürlich der Inbegriff des westlichen Kapitalismus, der mit Hilfe seiner lokalen Lakaien den Iran und seine Ressourcen unentwegt aussaugte. Da solche Parolen durchaus auch ihre reale Grundlage hatten, gelang es der Partei, rasch wachsende Teile der Bevölkerung zu mobilisieren.

Arbeiter, Angestellte und Kleingewerbler gingen in den größeren Städten auf die Straße oder brachten sogar – wie die Ölarbeiter von Abadan im Jahre 1951 – den Mut zu Streiks auf, die große Wirkung hinterließen. Wer darauf verwies, daß die AIOC in den Jahren von 1945 bis 1950 dem englischen Fiskus höhere Einnahmen beschert hatte als dem Iran an Pachtabgaben, der konnte auf den Zulauf nicht nur der iranischen Sozialisten, sondern auch der Nationalisten zählen.

Den wachsenden Haß der Bevölkerung auf die fremden Ausbeuter nutzten die Gewerkschaften, die die Tudeh-Ideologie auch in weite Kreise der jüngeren Intelligenz und gehobenen Schichten ausbreiteten. Gerade auch Angehörige der höheren Verwaltung waren für die sozialistischen Signale sehr empfänglich, weil sie tagtäglich über praktische Beispiele der »konservativen« Bestechung berichten konnten. Was man geahnt hatte, bestätigte sich konkret, daß es nämlich in der Tat sehr wenige der »Zufriedenen« waren, wie man die Eliten nannte, die sich an einer viel höheren Zahl von »Unzufriedenen« bereicherten und den desolaten Zustand der Nation zu verantworten hatten.

Die US-Perspektive war zweigeteilt, wies aber in eine ähnliche Richtung. Zum einen sah man die Entwicklung durch das vereinfachende Objektiv des Kalten Krieges: Wer der Tudeh folgte, half den Sowjets. Zum anderen verschafften sich die kühlen Rechner und Diplomaten Gehör: Wer den Iran und seine Eliten weiterhin nur als Geldpresse benutzte, würde die Interessen der USA gefährden.

Außenminister Dean Acheson kritisierte die »ungewöhnlich hartnäckige Dummheit der AIOC und der britischen Regierung«.[231] Hatte man bis in den Krieg hinein noch den US-Bonus genießen können, die AIOC als Sache Londons, als »british show« zu behandeln, so zeigte den Briten nun ihre eigene Unprofessionalität, daß sie diesen Bonus verspielt hatten und den Amerikanern das Weltmanagement des Ölgeschäfts überlassen mußten.

Denn die Gefahr, den Bogen der Geldgier überspannt zu haben, stand

1950 eindeutig im Raum. Die elitenkritischen Kreise im Madjlis (Parlament) bekamen Oberwasser und verzögerten die Abstimmung über einen Antrag betreffend AIOC. Es ging um ein Abkommen der Gesellschaft mit der Regierung über eine Ergänzung zum Konzessionsvertrag von 1933. Darin waren eine erhebliche Anhebung der Royalties (Lizenzgebühren) und eine gewaltige Einmalzahlung vorgesehen. Die Opposition ließ das Papier über ein Jahr lang liegen, nicht etwa weil man später über die Beträge debattieren, sondern weil man das gesamte Projekt platzen lassen wollte.

In einem Land, das von der eigenen Regierung an den Rand des Ruins getrieben worden war, mußte die Opposition besonders gut informiert sein. Sie hatte Wind davon bekommen, daß die USA ein Abkommen mit Saudi-Arabien über eine Fünfzig-Prozent-Gewinnbeteiligung – das Doppelte des bisher üblichen Satzes – vorbereiteten. Als die Partner es in Riadh unterzeichnet und inoffiziell bekannt gegeben hatten, nützte es nichts mehr, daß das AIOC-Management nun die gleichen Bedingungen anbot. Der Vorsitzende des parlamentarischen Ölkommitees, der oben erwähnte Mohammed Mosaddeq, ließ überhaupt keinen Zweifel daran, welche Konsequenz nun zu ziehen war: Verstaatlichung der Anglo-Iranian Oil Company.

Nun hatte die Misere des Landes einen klaren Namen. Auf die britisch geführte Gesellschaft konzentrierten sich, wie unterschiedlich auch immer, die Einpeitscher aller oppositionellen Gruppen – Tudeh, Bazaris, Mollahs. Als Premier Razmara es in der aufgeheizten Stimmung wagte, sich noch für die AIOC einzusetzen, brachte ein fanatisierter Islamist den »Handlanger der Briten«, der zuvor auch die Verfolgungen in Azarbeidjan geleitet hatte, um. Wenige Tage später mußte auch der Erziehungsminister sein Eintreten für westliche Interessen mit dem Leben bezahlen. Der Schah und die Eliten sahen sich einer ernsthaften Gegenkraft gegenüber, die ihre Herrschaft akut zu bedrohen begann.

Um es neben der wirtschaftlichen nicht auch zur politischen Katastrophe kommen zu lassen, erfüllte man zwei Forderungen: Mosaddeq wurde zum neuen Premier gewählt, und der Schah unterzeichnete das Gesetz zur Verstaatlichung der AIOC, nun umbenannt in NIOC (National Iranian Oil Company), das am 1. Mai 1951 in Kraft trat. Überall im Land brachen Jubelstürme aus, weil ab sofort jeder Liter Öl dem iranischen Volk gehören sollte. Der Dekan der Universität von Teheran, Mahdi Bazargan, erschien in der Abadaner Raffinerie und brachte höchstpersönlich ein Schild mit dem neuen Firmennamen an.

Mosaddeqs Popularitätswerte waren kaum noch zu übertreffen. Als Urenkel eines Qadjarenschahs war er selbst reicher Grundbesitzer und in Europa juristisch ausgebildet. Dennoch nahmen ihm sowohl Intellektuelle

als auch Arbeiter sein Engagement für demokratische Reformen ab, weil er
schon in den 20er und 30er Jahren gegen die Despotie Schah Rezas oppo-
niert und zeitweilig im Gefängnis gesessen hatte. Immerhin war sein Name
auch schon bei den Debatten um die erste Verfassung 1906 aufgetaucht.

Obwohl bereits um die siebzig Jahre alt und von eher unscheinbarer Erscheinung, sollte er sich als oft unterschätzter, dafür um so unbequemerer
Kontrahent erweisen, dessen unkonventionelle Verhandlungsmethoden in
die Diplomatiegeschichte eingegangen sind. Prominente Gesprächspartner
zollten »Old Mossy« widerwillige Anerkennung: US-Außenminister Acheson nannte ihn einen »großartigen Spieler und Schauspieler«.[232]

Als junger Investmentbanker hatte der Autor dieses Buches im Herbst
1969 die ungewöhnliche Gelegenheit, mit dem Pensionär Acheson in dessen Privathaus nicht nur über US-Bankenpolitik, sondern auch über seine
persönlichen Erfahrungen im Nahen Osten zu sprechen. Der zurückhal-
tende Politiker, der Gespräche auf Ministerebene für wesentlich sinnvoller
als Staatsbesuche hielt, kam ein wenig ins Philosophieren, wenn es um die
Beschreibung diverser orientalischer Potentaten ging.

Sie seien sich im Grunde ähnlich gewesen, und er habe sie etwas benei-
det um ihre mal vorsichtige, mal unbekümmerte Mischung aus Charme
und Brutalität, mit der sie ihre westlichen Gesprächspartner, ihn selbst
eingeschlossen, immer dann in die Defensive brachten, wenn ihre Ver-
handlungsposition in Gefahr geriet. Aber in bezug auf Raffinesse, Unbe-
rechenbarkeit und Durchhaltevermögen hätte es keiner mit »Old Mossy«
aufnehmen können. In seinen Memoiren nannte er ihn einen »scharf-
sinnigen Demagogen«,[233] im Gespräch etwas lockerer: »a hard nut to
crack«.

Wie Achesons Persönlichkeit selbst, so zeigten beide Urteile eher vor-
nehme Contenance. In der Literatur wird Mosaddeq als exaltierter Zeitge-
nosse geschildert, der seine Besucher im Pyjama empfing und durch den
erratischen Wechsel von Heiterkeit und Trauer, Redeschwall und Schweigen verunsicherte. Wer allerdings meinte, es hier mit einem Psychopathen
zu tun zu haben, war einem Virtuosen des gehobenen Opportunismus auf
den Leim gegangen. Der britische Premierminister Anthony Eden schien
dieser Versuchung erlegen, indem er in ihm nur ein »gefundenes Fressen für
die Karikaturisten« sah.

Mosaddeq war ein besonders spektakuläres Exemplar des orientalischen
Machtspielers, der seine iranischen Opponenten nur in Schach halten
konnte, wenn er »noch nationalistischer, noch extremer, noch fundamen-
talistischer, noch ausländerfeindlicher«[234] als sie selbst auftrat. Während
dies in der Praxis bedeutete, daß er nur allein verhandelte, folgte aus dem

Zwang zur Überbietung in den Gesprächen mit England und den USA auch die Unfähigkeit zum Kompromiß. Unter solchen Umständen mußten sich die Geduld der Westmächte und Mosaddeqs strategisches Pluskonto langsam, aber sicher abbauen. Wie Acheson schreibt,

»war die Eigenschaft, mit der sich Mosaddeq selbst zu Fall brachte, seine Unfähigkeit, einmal einzuhalten und zu realisieren, daß die Leidenschaften, die er zu seiner Unterstützung geweckt hatte, ihn zugleich in seiner Wahlfreiheit einschränkten und ihm nur noch extreme Lösungen offenließen. Wir waren vielleicht ein wenig langsam in der Erkenntnis, daß er im Grunde ein reicher, reaktionärer, feudalistischer Perser war, der sich von fanatischem Haß auf die Briten und der Sehnsucht nach ihrer Vertreibung aus dem Land ... leiten ließ.«[235]

Dabei drängte sich der Eindruck auf, daß Mosaddeq nichts anderes tat, als seinen Einschätzungen als »feudalistischer Perser« und »großartiger Spieler« gerecht zu werden und alle Beteiligten zu optimalem Vorteil einzusetzen. Wenngleich er nach Gründung der Vereinten Nationen vor westlicher Kanonenbootpolitik einigermaßen sicher sein konnte,[236] war es allerdings unklug, die für ihn günstige Lage über Gebühr auszureizen.

Dabei war die vorherrschende Sicht, die sich als erste Alternative zu diesem Ausnahmepolitiker das Abdriften des Iran in den Ostblock vorstellte, nicht unberechtigt. Allerdings hatten die Iraner – trotz schlechterer historischer Erfahrungen – nicht nur die Tudeh-Partei hervorgebracht, sondern auch nicht den Haß auf die Russen entwickelt, wie ihn die Türken pflegten, die sie ein Jahrzehnt zuvor – mit Hilfe der Deutschen – völlig vernichten wollten und dabei gnadenlos die Linken im Lande verfolgten.[237]

Dennoch garantierte natürlich niemand dafür, daß sich an der iranischen Konstellation nichts ändern würde. Bei sorgfältigerer Analyse der Mosaddeq-Mentalität hätte jedoch vieles dafür gesprochen, daß er jedweden fremden Einfluß auf den Iran ablehnte und somit die Russen auch keine wirkliche Alternative zu den Briten sein konnten.[238]

Für die »langsamen« Amerikaner mit ihrem Kalter-Krieg-Raster stellte sich die Lage wesentlich einfacher als für die Briten dar. Sie hatten aus der Verstaatlichung des mexikanischen Öls gelernt und erkannten das nationale Recht eines Landes auf seine Rohstoffe generell an.[239] Die Briten sahen gerade darin ein gefährliches Präjudiz, weil sie befürchten mußten, daß nun ihr Iran-Engagement, das sich in vielen Bereichen zu großen Investitionen summierte, insgesamt auf dem Spiel stand. Überdies sprach ihnen Mosaddeq schlicht das Recht ab, als ausländischer Shareholder der AIOC überhaupt in die Frage der Verstaatlichung eingreifen zu können.

In London beurteilte man die Lage daher anders, hatte aber auch ein zusätzliches Problem mit der eigenen kolonialen Hybris, die in einem finanzrechtlichen Problem die »zerstörerische Bastardisierung einer führenden britischen Gesellschaft« sah.[240] Solche Sichtblenden gingen oft auch mit einer Fehleinschätzung der islamischen Hybris einher. Im vorliegenden Fall schienen die britischen Diplomaten nicht verkraften zu können, daß der Muslim Mosaddeq die Weltmacht »unzuverlässig, schlau und völlig gewissenlos« überlistet und damit Eigenschaften an den Tag gelegt hatte, die man für sich selbst reservierte.[241]

Wer sich indes mit solchen Eitelkeiten aufhielt, hatte aus US-Sicht nicht begriffen, worum es eigentlich ging. Die amerikanische Politik zielte auf eine umfassende Ölordnung des Nahen Ostens, die den Großrahmen für die »Freie Welt« unter Führung der USA bilden sollte. Die Bedingungen waren dabei so zu gestalten, daß so unterschiedliche Mitspieler wie Iran und nun auch Saudi-Arabien – immerhin zugleich Konkurrenten um die Hegemonie am Golf – sich darin langfristig tragfähig einfügen ließen.

England war solchen Plänen zwar nützlich, weil es seit dem 18. Jahrhundert die lokalen Eliten und Strukturen westlich beeinflußt und mitbestimmt hatte; es konnte aber zum Sicherheitsrisiko für amerikanische Interessen werden, wenn es ihm nicht gelang, die Denkweise des 19. Jahrhunderts zu überwinden. Trotz eines Vermittlungsversuchs durch A. Harriman, Freund Achesons und seinerzeit US-Botschafter in London, verweigerte man strikt jedes Einlenken, und die Dinge nahmen ihren Lauf.

Als Mosaddeq mit Ausweisung der britischen Techniker drohte, wenn England nicht an den Verhandlungstisch zurückkehrte, stockte die Royal Navy ihre Präsenz im Golf drastisch auf. Als zudem die Bank of England auch noch das Wechselprivileg für iranische Konten aussetzte, war das Maß iranischer Demütigung voll: Die britischen Manager, Techniker und Berater des gesamten Ölsektors mußten das Land verlassen. John F. Kennedy, späterer US-Präsident und zu jener Zeit auf Durchreise im Iran, machte den damals wenig beachteten, später nicht weniger wegweisenden Vorschlag, sie durch US-Spezialisten zu ersetzen.

Eine Eingabe Englands im Sicherheitsrat der Vereinten Nationen erhielt keine Mehrheit – das Veto der Sowjetunion war ohnehin selbstverständlich. Im Rahmen der UN-Verhandlungen wurde Mosaddeq in den USA einerseits zum Star der Medien und andererseits zum Bremsklotz der Politik. Erneut frustrierte er seine US-Gesprächspartner mit einem »Irrgarten« (Acheson) widersprüchlicher Aussagen, die konkrete Ergebnisse, damit auch Zusagen für dringend benötigte Kredite der Weltbank verhinderten.

Wer hinter die Kulissen schaute, konnte feststellen, daß die erratische Verhandlungsführung des Premiers und »großartigen Schauspielers« auch, obwohl die *Fida'eyan-e-Islam* ihn unterstützten, auf die Furcht vor einem islamistischen Anschlag zurückging. Ayatollah Kashani, deren Mitgründer und unverhohlener Nazi-Sympathisant, ließ Harriman wissen, daß die Befreiung des Landes von Ausländern, vor allen von den Briten, oberstes Gebot der Stunde war: »Wenn Mosaddeq nachgibt, wird sein Blut fließen wie das Razmaras«.[242]

Die Eingeweihten wußten, daß Kashani nicht bluffte, denn immerhin hatten seine Kaderleute den zuständigen Richtern die Aufhebung des Todesurteils gegen Razmaras Mörder abgepreßt.[243] Die Konstellation änderte sich erst, als der Ayatollah 1952 die Seiten wechselte und Mosaddeq dem Schah sowie die Radikalen dem berüchtigten Geheimdienst SAVAK preisgab.[244] Seinen Rat an die Fida'eyan, sich im Volk zu verankern, wenn man schon die Geheimhaltung aufgab, hatte man nicht befolgt. So entschied der kühle Stratege, sich mit dem Schah, also mit demjenigen, der bis auf weiteres der Stärkere sein würde, zu arrangieren.

Wenngleich sich auch an der Londoner Blockade – vornehmlich durch die Minister für Energie und Finanzen – nichts änderte, so ließ sich indessen eine diffuse Andeutung des US-Außenministers als Koketterie oder Drohung mit der Macht auslegen: »Ich habe es immer bedauert, daß uns nicht die Gelegenheit gegeben wurde, ihn (Mosaddeq) unter Druck zu setzen.«[244] Zweideutig war diese Aussage allemal, denn wenig später zeigten die Ereignisse, daß die USA durchaus in der Lage waren, für eine solche Gelegenheit selbst zu sorgen.

Zunächst beteiligten sie sich am britischen Boykott gegen die verstaatlichte NIOC, deren Fördermenge durch den Aderlaß von qualifiziertem Personal ohnehin bereits drastisch gesunken war. Der Einnahmeverlust führte zu einer wirtschaftlichen Auszehrung, wie sie sich selbst die schiitischen Apokalyptiker nicht hatten vorstellen können. Mit stiller US-Zustimmung lasteten der Schah und seine westtreuen Hofbeamten die katastrophalen Zustände dem ungeliebten Mosaddeq an und entließen ihn Mitte 1952 aus dem Amt. Er wurde jedoch rasch wieder eingesetzt, nachdem erkennbar geworden war, daß seine ungeheure Popularität Maßnahmen gegen ihn leicht zum Bumerang für ihre Verursacher machen konnte.

Im Gegenteil: Die soziale Misere und der Druck der Bevölkerung nahmen ab 1953 so kritische Formen an, daß den Sozialisten der Tudeh-Partei wieder größere Spielräume ermöglicht waren, die sogar zu gemeinsamen Schnittstellen mit Mosaddeq führten. Sie unterstützten den »feudalistischen Perser« in einer sich verschärfenden Kritik an Amerika, die die zentralen Probleme ansprach: Komplizenschaft bei Ölboykott und Wirtschaftsblockade sowie Verweigerung von Hilfskrediten. Allerdings ließ sich auch Truman-Nachfolger Eisenhower davon nicht beeindrucken und setzte die Henne-Ei-Doktrin seines Vorgängers fort: Am Beginn einer Lösung stünde nicht die Erfüllung der iranischen Forderungen, sondern eine »vernünftige« Einigung über das iranische Ölgeschäft.

Etwa gleichzeitig mit dem US-Regierungswechsel hatten in England die Konservativen die Macht von der Labour Party übernommen und in der Anglo-Allianz einen wichtigen Stimmungswandel bewirkt. Im Gegensatz zu den befreundeten Truman und Attlee, die Anregungen ihrer Geheimdienste zugunsten eines gewaltsamen Umsturzes in Iran stets abgelehnt hatten, zeigten sich ihre Nachfolger Eisenhower und Eden gegenüber solchen Ideen aufgeschlossen. Unter der Ägide der Gebrüder Dulles, des neuen Außenministers John Foster und des CIA-Direktors Allen arbeiteten MI6 und CIA einen gemeinsamen Operationsplan aus.[246]

Ein erster Versuch, bei dem der General und Nazi-Sympathisant Zahedi eingeschaltet war, scheiterte im Frühjahr 1953. Nach kurzer Haft kehrte Zahedi jedoch über den CIA-Agitator Kermit Roosevelt, Enkel des früheren Präsidenten Theodore Roosevelt (gest. 1919), erneut ins Machtspiel zurück. Mit Billigung Eisenhowers befand sich der CIA-Mann im Sommer gleichen Jahres im Iran, mit der Aufgabe, die verschiedenen Fraktionen der Opposition zu bündeln und gegen Mosaddeq einzustimmen.

Bei dessen ungebrochener Beliebtheit war das nicht ganz einfach, doch gab es entscheidende Achillesfersen: Der Premier hatte wenig Einfluß auf den Geheimdienst und noch weniger Rückhalt in der Armee. In mehreren Stufen rollte der Plan schließlich ab, wobei Mosaddeqs Leben zeitweilig am seidenen Faden hing. Der CIA-Insider T. Powers resümierte:

>»Dulles (Allen) war in der Tat ein harter Mann; er scheute sich nicht, die Ermordung ausländischer Politiker anzuordnen … Nasser hatte Dulles zwar überlebt, aber zwei andere führende Politiker, die sich den Zorn der Brüder Dulles zugezogen hatten, kamen weit weit weniger glimpflich davon: Mohammed Mossadegh im Iran und Jacobo Arbenz in Guatemala. Die Beseitigung Mossadeghs, der die im britischen Besitz befindliche Anglo-Iranian Oil Company verstaatlicht hatte, war ein klassisches Beispiel für einen in aller Stille durchgeführten Akt politischer Subversion.«[247]

Um den 18. August 1953 sorgten Roosevelts Provokateure in der ersten Phase für Unruhen, denen sich teilweise auch Kräfte der Tudeh anschlossen. Während man Parolen gegen den Schah skandierte und seine Standbilder umstürzte, verließen der Herrscher und seine Frau, die Schahbanu, das Land. In einer zweiten Phase spitzten sich die Teheraner Ereignisse zu, allerdings mit veränderter Stoßrichtung. Mosaddeq versuchte zwar, mit Polizei und Militär den Aufruhr zu unterdrücken, bewirkte jedoch eine eigentümliche Gegenbewegung. Während sich die Tudeh zurückzog, verband sich die Basar-Klerus-Fraktion unter Ayatollah Kashani mit dem schahtreuen Militär unter General Zahedi und ging gegen die Regierung Mosaddeq auf die Straße.

Was hier zum Vorschein kam, war die Erfüllung der Hauptbedingung für das Gelingen des MI6-CIA-Coups: ein Keil zwischen Regierung und Tudeh. Wenngleich sie nur gemeinsam in der Lage gewesen wären, dem auslandsgestützten Schahsystem ein Ende zu machen, und Mosaddeq sogar tudehnahe Leute in sein Kabinett geholt hatte, gab es zu keiner Zeit eine intakte Kommunikation, geschweige denn Kooperation.

Gefangen in altem Mißtrauen gegenüber dem »feudalistischen Perser«, schaute die Tudeh nun tatenlos zu, als dessen Regierung gestürzt und er selbst vor Gericht gestellt wurde. Mosaddeq konnte von Glück sagen, daß ihn sein Nachfolger Zahedi mit einigen Jahren Gefängnis und anschließendem Hausarrest davonkommen ließ. Von Dankbarkeit, wie manche meinten, weil Mosaddeq seinerseits Zahedi verschont hatte, konnte in dem ethikfreien Machtpoker der Dulles-Zahedi-Connection kaum die Rede sein.

Um so traumatischer war die Wirkung auf die iranische Öffentlichkeit. Denn weniger als zwei Wochen nach seiner Ausreise saß der Schah schon wieder auf dem Teheraner Pfauenthron, und weniger als ein Jahr nach dem Coup befand sich das Land fester im Griff des Auslands als je zuvor. Die Idealvorstellung, nach der »jeder Liter Öl dem Volk« gehören sollte, war in weite Ferne gerückt.

Zwar hatte Iran in der »Fifty-fifty«-Beteiligungsklasse mit Saudi-Arabien gleichgezogen, doch befanden sich Produktion und Marketing des Öls unter gänzlicher Kontrolle der Fremdaktionäre. Während hier den Briten die Rolle eines Juniorpartners blieb, übernahmen die Amerikaner nun endgültig die Führung. Dabei mußte auch deren eigenes Recht zurückstehen, indem der Nationale Sicherheitsrat den US-Bundesanwalt anwies, ein Antitrust-Verfahren einzustellen: »Die Durchsetzung der amerikanischen Antitrust-Gesetze gegen die im Nahen Osten tätigen westlichen Ölgesellschaften kann gegenüber dem nationalen Sicherheitsinteresse als sekundär gesehen werden.«[248]

Den Iranern drängte sich aus der Retrospektive jedoch eine beunruhigende Erkenntnis auf. Gerade die große Bandbreite der ehemaligen Opposition – Linke, Rechte, Liberale, Kleriker, Minderheiten – ließ den Beteiligten klar werden, daß sie eine große Chance zur Befreiung ihres Landes verspielt hatten, indem sie Mosaddeq im Stich ließen. Je weiter die Zeit voranschritt, desto mehr verklärte sich »Old Mossy« zum Nationalhelden. Nach alter Gewohnheit im Islam lastete man dabei die eigene Fehlleistung natürlich dem Systemgegner, vorwiegend den Briten und den USA, an.

Aus dieser Sicht ruinierten den Iran nicht die eigene Zerstrittenheit, Brutalität und Korruption, sondern die Machenschaften der Westmächte und ihrer Geheimdienste. Letzteres traf zwar subjektiv zu, ließ jedoch die objektive Seite der Medaille unbeachtet. England und die USA konnten ihre Kreise nur so lange ziehen, wie sie iranische Eliten fanden, die bereit waren, das Wohlergehen des Landes dem eigenen Vorteil zu opfern. Diese Bedingung blieb problemlos gewährleistet, sowohl unter dem Regime des Schahs als auch der nachfolgenden Islamisten. Die Schwierigkeiten nach der Islamischen Revolution beeinträchtigten die westliche Position zwar, stellten sie jedoch nicht nachhaltig in Frage. Wie zu zeigen sein wird, änderte diese »Revolution« am allerwenigsten an der Austauschbarkeit der Eliten und ihrer Freiheit vom Gesetz.

Der 1954 unterzeichnete Vertrag über die westliche Zusammenarbeit mit der National Iranian Oil Company war der »Schlußstein« in einem größeren Gebäude, in einer neuen, nahöstlichen Ölordnung, die neben Iran auch Saudi-Arabien, Kuwait und den Irak umfaßte. Im gleichen Jahr putschte sich in Ägypten Oberst Nasser an die Macht, der aus den iranischen Vorgängen gelernt zu haben schien. Er reagierte auf US-Widerstände gegen die Finanzierung des Assuan-Staudamms und umfangreicher Waffenwünsche und ließ statt dessen die Sowjets in das Geschäft einsteigen. Als er auch noch Rotchina anerkannte, sah der Kongreß ohnehin keinen Grund mehr, die ägyptische Baumwollindustrie mit verbesserter Bewässerung und die ägyptische Aggressivität gegen Israel mit verbesserter Bewaffnung anzukurbeln.

Ein weiterer Aspekt stand damit im Zusammenhang. Mit der neuen Ölordnung war die Bedeutung des Golfs als Lieferplatz und damit auch die des Suezkanals als Zugangsweg enorm gestiegen. Nassers Folgerung entbehrte keineswegs der Logik: Wenn, wie die Ölmächte nicht müde würden zu betonen, das »Fifty-fifty«-Beteiligungsprinzip für ihr gesamtes Ölgebäude gelte, das den Nahen und Fernen Osten umfasse, müsse auch Ägyptens Beteiligung an den Gebühren für den Suezkanal diesem Niveau entsprechen. Als die Reaktion ausblieb, verkündete Nasser Ende Juli 1956 die Verstaatlichung der Wasserstraße und wies die Armee an, die Kanalzone zu besetzen. Entgegen westlicher Erwartung gelang es, den Betrieb aufrechtzuerhalten, indem sowjetische Schiffslotsen die Ägypter unterstützten.

Die akute Krise verschärfte sich durch die Absichten Englands und Frankreichs, militärisch einzugreifen und Nasser zum Rückzug zu zwingen.

England sah sich einem globalen Niedergang als Kolonial- und Ölmacht ausgesetzt und wähnte seine gesamte wirtschaftliche Existenz bedroht, Frankreich fürchtete um sein Engagement in Algerien, das enge Kontakte zu Ägypten aufbaute. Die USA kritisierten die kolonialen Reflexe nicht nur Englands, sondern nun auch Frankreichs, und stellten sich energisch gegen diese »antiquierte Option«. In einem Geheimtreffen in Sèvres vereinbarten dagegen die beiden europäischen Mächte, zusammen mit Israel gegen eine inzwischen von Ägypten, Syrien und Jordanien gebildete Entente zu intervenieren.

Gegen Ende Oktober 1956 ergab sich eine brisante Konstellation, aus der die USA gestärkt hervorgingen. Einige Tage, nachdem die Russen in Ungarn einmarschierten, um den dortigen Aufstand niederzuschlagen, griff die Allianz Israel-England-Frankreich Ägypten an. Während seine Truppen sich zunächst zurückzogen, blockierte Nasser den Suezkanal und – mit syrischer Hilfe – den Betrieb der irakischen Pipeline. Sein Ziel einer wirksamen Sabotage der westlichen Ölversorgung erreichte er jedoch langfristig nicht. Die Alternative, die Umrundung Afrikas mit einer erhöhten Tankertonnage, sollte sich für die Ölkonzerne als kein wirkliches Problem erweisen. Kurzfristig standen sie jedoch vor großen Schwierigkeiten.

Die aktuelle Situation hatte sich zusätzlich verkompliziert, weil der Handlungsspielraum der US-Regierung zunächst durch Wahlen behindert war, die Eisenhower dann überlegen gewann. Er hatte aus der Not eine Tugend gemacht, mit simplem Abwarten seriöses Risikobewußtsein demonstriert und die amerikanischen Wähler überzeugt. Diese Passivpolitik weitete er auf das Öl selbst aus, indem er sich weigerte, britische Versorgungslücken zu füllen. Wer sich auf Abenteuer wie die Suezkrise einließ, der sollte zukünftig auch für sein eigenes Ölmanagement sorgen – wie er lakonisch reimte – »to boil in their own oil«.[249] Aus amerikanischer Sicht war den Europäern eine Lektion zu erteilen. Ihr unprofessionelles Vorgehen hatte nicht nur zu ernsthaften Ölengpässen geführt, sondern auch den Russen willkommene Vorwände geliefert – zu noch brutaleren Maßnahmen in Ungarn und drastischen Drohungen in Richtung Westen. Aus Moskau hieß es, London und Paris hätten Atomschläge zu erwarten, sollte man sich nicht umgehend aus der Suez-Affäre zurückziehen. Hier endete jedoch auch Eisenhowers Passivhaltung: Jede nukleare Maßnahme würde direkte Folgen in der Sowjetunion haben.

Zugleich begann eine strategische Aktivhaltung, die sich zu einer Art politischer Maxime entwickelte. Der Präsident bezeichnete es als einen der wichtigsten Aspekte der US-Politik, »sich die Araber nicht zum Feind zu machen und darüber nicht öffentlich zu sprechen«.[250] Selbst US-Außenminister und Orient-Hardliner John Foster Dulles machte keine Ausnahme von dieser Leitlinie und sorgte dafür, daß man sie in der Administration schnell und effizient verinnerlichte.

In der zweiten Hälfte des Jahrhunderts reifte sie zum dominanten Prinzip amerikanischer Politik heran, dem sich im Grunde alles andere unterzuordnen hatte. Sie wurde zur Keimzelle eines proislamischen Trends, der die Ebene bloßer Diplomatie längst verlassen hat und Spuren in das Gesicht Europas gräbt. Diese Leitlinie bildet inzwischen die Basis westlicher Politik insgesamt, innerhalb derer sich die Europäer die verschärfte Variante der »Eurabia«-Ideologie verordnet haben (s. u. S. 261ff.). Dabei ist diese Maxime nicht nur auf Arabien beschränkt. Seit langem gilt sie für alle Lieferanten von Rohöl, die zugleich auch Importeure westlicher Produkte sind, also auch für den Iran.

b) Gottkönig Pahlevi und die Mollahs

Mit der Neuordnung der NIOC und der Weltmacht USA im Rücken war die Position des Schahs inzwischen gefestigt. Er hatte die Jahre des ziellosen Lebemanns längst überwunden und allmählich begonnen, sich die üblichen Züge des orientalischen Despoten zuzulegen. Zustände, wie sie unter Mosaddeq eingerissen waren, sollten sich nicht wiederholen. 1954 organisierte er ein Parlament mit willfährigen Abgeordneten und entließ ein Jahr später Premier Zahedi, der inzwischen zuviel auf dem politischen Kerbholz hatte. In den Jahren danach gingen die oppositionellen Gruppen in den Untergrund, insbesondere die Tudeh-Partei, die sich von ihren diversen Rückschlägen nicht mehr erholen sollte.

Die fatalen Folgen legte ein zweiter Siebenjahresplan offen. Zunächst verschwanden die Mittel – vornehmlich Öleinnahmen – spurlos in der Planungsorganisation, statt daß man sie in die zuständigen Ressorts leitete. Eine »Landreform« sollte die größten Besitztümer aufteilen, stieß aber auf starken Widerstand. Eine Front aus traditionellen Landaristokraten und klerikalen Neureichen, geführt von Ayatollah Borudjerdi (gest. 1962), seit 1949 als höchste Autorität (*mardja'-e-taqlid*) anerkannt, durchlöcherte die Vorlage mit so vielen Ausnahmen, daß sich die Verhältnisse abermals nicht änderten.

In einem anderen Bereich entfaltete man dagegen um so regere Geschäftigkeit: im Dammbau. Gerade weil die iranische Landwirtschaft in bezug auf ihren komplexen Bewässerungs- und Energiebedarf ein kompetentes Management brauchte, krankten viele Projekte an zweckfremder »Pla-

nung«. Allerdings wunderten sich nur die unbelehrbar Gutgläubigen darüber, daß sie besonders überdimensioniert und überteuert waren, wenn sie
von westlichen Consultingfirmen konzipiert wurden.

In der Zeit zwischen 1955 und 1963 wurden hier Dollarmilliarden ver-
baut, die in erheblichem Umfang auf den Konten der Beteiligten landeten,
statt sinnvoll zur ökonomischen Infrastruktur des Landes beizutragen. Unter Modernisierung verstand man weniger die ausgewogene Entwicklung
des Landes und seiner Institutionen, sondern die Steigerung der Ölförde-
rung, um allerlei Prestigeobjekte und den Import technischer Anlagen für
ausgewählte Industriezweige zu finanzieren. Solange die Verfügung darüber auf einige wenige »Zufriedene« – der iranische Ausdruck für korrupte
Eliten – beschränkt blieb, war auch der Zugriff der westlichen Lieferanten,
allen voran USA und bald auch Deutschland, auf die Finanzen des Landes
gesichert.

Um der Konstruktion einen »demokratischen« Anstrich zu geben, führte
der Schah eine Pseudo-Opposition ein. Es gab nun zwei »Parteien«, die Na-
tionalpartei (Melliyun) und die Volkspartei (Mardom), die sich nach außen
Wahlkämpfe und parlamentarische Scheingefechte lieferten. Nach innen
dienten sie allein dem Zweck, in variablen Aufgabenstellungen die Projekte
des Schahs und seiner führenden Oligarchen zu verwirklichen. Korruption
und fehlende Importkontrolle schoben die Inflation an und verhinderten
zugleich Lohnerhöhungen und aktionsfähige Gewerkschaften. Die Wohl-
standsschere zwischen Elite und Volk öffnete sich immer schneller.

Da solche Umstände erfahrungsgemäß Widerstand erzeugen, waren der
Potentat und sein Pseudo-Parlament vor andersdenkenden Elementen zu
schützen. So richtete der Schah – mit ausländischer Beratung – 1957 den
SAVAK, den berüchtigten iranischen Geheimdienst ein. In altiranischer
Tradition spähten mindestens hunderttausend »Augen und Ohren des
Königs der Könige« das gesamte Land aus und sorgten mit Haft, Folter und
Hinrichtung für nachhaltige Ruhe. Da diese Einrichtung nicht nur die
staatliche Ordnung, sondern auch das Geschäft mit dem Ausland sicherte,
hielt sich die Kritik am System auf beiden Seiten in den gewünschten Grenzen. Im weiteren verzeichnete man eine stetige Förderung des Öls – im Jahrzehnt 1954/64 von nahe null auf 4,5 Millionen Barrel pro Tag – das durchaus wörtlich die gesamte Maschinerie »schmierte«.

Trotz aller Hindernisse wuchsen die Erträge, die in den Unternehmen
und staatlichen Ressorts, aber auch bei den internationalen NIOC-Part-
nern anfielen. Um sie abzuschöpfen, gründete der Schah ein Jahr nach dem
SAVAK die »Pahlevi-Stiftung«. Nach außen als humanitäre Einrichtung ge-
tarnt, flossen dieser Einrichtung erzwungene »Spenden« aus Steuer- und

Unternehmensmitteln in enormen Dimensionen zu. Im Lauf der Jahre machten sie die Pahlevi-Stiftung zu einem umworbenen Investor, dessen Vermögen mit dem kaiserlichen Privatbesitz identisch war. Als Khomeynis Revolution 1979 den Schah schließlich aus dem Iran vertrieb, war aus der »Stiftung« ein milliardenschwerer, bei den Banken gern gesehener »Global Player« geworden.

Im Rahmen der stabilen Wechselwirkung zwischen bestochenen »Zufriedenen« und zahlenden »Unzufriedenen« – unausweichliche Folge von Klanwirtschaft und Korruption – spitzten sich die Ereignisse 1960/61 erneut zu. Die Abgeordneten des Scheinparlaments hatten sich dort in fingierten Wahlen Dauersitze verschafft und dabei allzu ungeniert in die Staatskasse gegriffen. Erneut bildete sich eine übergreifende Opposition, eine »Nationale Front«, in der nun statt der Tudeh die Armee vertreten war. Mit wachsendem Druck auf die Abgeordneten aktivierte sie eine Schattentruppe von Denunzianten – bevorzugt in der NIOC und der Planungsorganisation –, die zum einen deren Pfründe rettete, zum anderen den Schah zum Handeln zwang.

Er löste das Parlament auf und setzte den Frontführer Amini als Ministerpräsident ein. Wer glaubte, daß sich nun die Opposition und damit ein frei gewähltes Parlament mit demokratischen Verhältnissen durchsetzen würde, sah sich getäuscht. Im Gegenteil: Völlig ohne Parlament regierte der Schah nun per Verordnung, wobei er sich auf Amini und dessen Einfluß in der Opposition stützte.

Er ging noch einen Schritt weiter und nutzte den Schwung dieses Schachzugs zur sogenannten »Weißen Revolution«, bei der es sich um einen weiteren Scheinversuch zu überfälligen Maßnahmen handelte: Landreform, Privatisierung von Staatsunternehmen, Beteiligung der Arbeit am Unternehmensgewinn, Verstaatlichung von Wald und Weide, Gleichberechtigung der Frauen, Bildungsprogramm. Das Paket wurde dem Volk zur Abstimmung vorgelegt, während Vertreter der Nationalen Front, die Debatten eines frei gewählten Parlaments forderten, hinter Gittern verschwanden.[251]

Die Mollahs, die sich seit Mosaddeqs Zeiten zurückgehalten hatten, sahen eine Chance, sich wieder in den Vordergrund zu schieben. Ebenso wollten sie von der Kennedy-Ära profitieren, in der sich der Kalte Krieg etwas entspannt hatte. Außerdem begann die offene Despotie des Schahs die westliche Öffentlichkeit zu irritieren und auch übergeordnete Interessen zu gefährden. Also drängte man im Westen den Herrscher zu »Reformen« und beschnitt allerlei Zusagen, um seine Ansprüche zu mäßigen.

Die führenden Länder stornierten oder kürzten ihre Entwicklungskredite und stützten den saudischen OPEC-Minister Yamani. Er war Fürspre-

cher einer gemäßigten Preis- und Produktionspolitik und Gegenspieler des
Schahs, der schon immer ein Förder- und Preismaximum angestrebt hatte:
»Iran muß den ersten Rang als Ölproduzent einnehmen. Die Förderung
steuern zu wollen ist eine nette Theorie, aber in der Praxis unrealistisch.«[252]
Wenngleich der Potentat ungefährdet blieb, so verfehlten solche Korrekturen ihre gesichtsmindernde Wirkung auf den Orientalen nicht. Jedenfalls
ließ der Druck auf den Klerus nach und schuf lange vermißten Spielraum,
den man dort dringend brauchte. Um wieder die Führungsposition zu
übernehmen, war zunächst ein Angriff auf die korrupte Führungsschicht
vorzubereiten, die das Land und seine Gläubigen im säkularen Ketzertum
versinken ließ. An die Stelle des inzwischen verstorbenen Spitzenklerikers
(*mardja' at-taqlid*) Borudjerdi war ein Ayatollah-Triumvirat getreten: Hadi
Milani in Meshhed sowie Kazim Shariatmadari und Ruhollah Khomeyni in
Qum.

Da sich niemand, Mollahs inklusive, der Modernisierung entziehen
konnte, war ihr Aufbruch nicht nur als reaktionäre Korrektur zu sehen,
wenngleich sie bevorzugt gegen die Pläne zur weiblichen Gleichberechtigung polemisierten. Wenn sie jedoch von »Säkularität« sprachen, meinten
sie eigentlich eine politreligiöse Mischung. Zum einen die traditionell-schi-
itische Position gegen den despotischen Herrscher, der seine von Allah ver-
liehene Garantenstellung für die Gläubigen mißbrauchte, und zum anderen – trotz religiöser Rhetorik – die modern-politische Opposition, die sich
gegen die Abhängigkeit von den USA und gute Beziehungen mit Erzfeind
Israel stellte.

Um die Mitte der 60er Jahre begannen beide, Nationale Front und Klerus, in der »Befreiungsbewegung« eine lose Verbindung zu bilden, die sich
gegen Ende der 70er Jahre unter Führung von Mahdi Bazargan und Ayatollah Taliqani zu einer der wesentlichen Revolutionskräfte verstärken
sollte. Um es dahin zu bringen, war allerdings eine Anpassung der schiitischen Ideologie erforderlich, zu der die Ausbildungsstätte der Mollahs
in Qum, schon unter dem legendären Ha'eri, in frühere Zeiten zurück-
reichende Beiträge leistete:

> »Qum wurde so zum Sammelpunkt einer antiimperialistisch eingestellten
> Elite jüngerer, religiös geprägter, aber politisch interessierter Intellektueller;
> von ihnen und ihren Schülern sollte Jahrzehnte später die Revolution ent-
> scheidende Impulse empfangen.«[253]

Über die Doppelkurbel von Despotie und Korruption, laufend »ge-
schmiert« durch die wachsende Bedeutung Irans als Öllieferant, manipu-

lierten die führenden Kräfte des Westens die wichtigen Figuren und damit auch die Geschicke des Landes. Aus Mollah-Perspektive erschienen sie wie Parasiten, die sich im Islamland eingenistet hatten und das Eigentum Allahs absaugten. Um diesem Mißstand abzuhelfen, waren also zunächst ihre »Wirte«, identisch mit den korrupten »Zufriedenen«, zu bekämpfen.

Derjenige, der diese Aufgabe systematisch in Angriff nahm, war Ayatollah Khomeyni. Er hatte bereits in den 40er Jahren gegen Reza Schah agitiert und setzte nun in Qum seine Propaganda gegen dessen Sohn fort. Die Geduld des Potentaten war kurz: Im März 1963 griffen seine Truppen die Universität von Qum an, töteten eine Reihe von Studenten und steckten Khomeyni ins Gefängnis. Nach einigen Tagen wieder frei, fuhr der Ayatollah dort fort, wo er aufgehört hatte.

Er wärmte die antibritische Rhetorik der Jahrhundertwende auf und münzte sie nun auf die Amerikaner. Indem er sie als »Feind des Islam« und die Regierung als »Lakaien der USA« brandmarkte, traf auch er den Schah, der wie jeder wußte, für beides verantwortlich war. Zweideutig klagte er, »daß die Verfassung mit dem Blut unserer Väter erkauft wurde, und ihre Verletzung nicht zulässig« sei.[254] Damit war nicht ihre demokratische Verwirklichung, sondern ihre islamische Auslegung gemeint: Er forderte seine Anhänger dazu auf, die Wahlen vom Oktober 1963 zu boykottieren.

Auf den Prüfstand geraten, reagierte die Obrigkeit prompt. Erneut landete Khomeyni im Gefängnis, was aber nur noch größere Unruhen auslöste, die sich über Qum hinaus nach Shiraz, Kashan und Meshhed ausdehnten. Als sogar vom »Heiligen Krieg« (*djihad*) die Rede war, sprach der Potentat sein übliches Machtwort: Die Demonstranten wurden zu Hunderten niedergemacht.

Nach acht Monaten kam Khomeyni aus der Haft frei und verwahrte sich öffentlich gegen die SAVAK-Forderung, jeder politischen Aktivität abzuschwören. Weitere vier Monate später, im Oktober 1964, verabschiedete der Madjlis ein Gesetz, das dem amerikanischen Militär und dem diplomatischen Korps im Iran Immunität verlieh. Daraufhin brachte Khomeyni Flugblätter in Umlauf, in denen er die Kapitulation Irans vor seinen ausländischen Herrschern verkündete. Nach Abwägung der Optionen entschloß sich die Regierung zur Ausweisung des Störenfrieds.

Der ließ sich nach einem Jahr in der Türkei 1965 in Nadjaf, einer der heiligen »Schwellen« im Irak, nieder, wo er schiitische Theologie lehrte und seine politischen Thesen entwickelte. Auf Millionen von Kassetten sprach er zu den Menschen im Iran, Irak und am Golf. Ihre Wirkung war immens und für die Eliten schließlich fatal. Jeder wußte, daß Khomeynis Kritik am System stimmte: Die »Reformen« waren und blieben Betrug, und je

höher die Wirtschafts- und Wachstumszahlen stiegen, von der Regierung
triumphal verkündet, desto mehr blähten sie die Konten der »Zufriedenen«
auf.

Der Schah und seine Höflinge waren einerseits tatsächlich die Lakaien
des Westens, als die man sie bezeichnete, andererseits aber auch dessen
Herren, deren Rolle weniger diskutiert wurde. Seinerseits korrupt, stand
der ökonomisch-militärische Komplex des Westens im harten Wettbewerb
um das iranische Megageschäft, aus dem bald ausschied, wer das mafiose
Zwangssystem der Pahlevis nicht als modernen Staat und demokratischen
Fortschritt pries.

Als sich der Ayatollah vor dem erneuten Zugriff des Schahs 1978 nach
Frankreich zurückzog, endete hier ein langes, revolutionäres Vorspiel, das
spätestens mit dem Exil begonnen hatte. Der Vorgang lüftete auch ein wenig den Vorhang, hinter dem Frankreich seine eigentliche politische Priorität pflegt: eine Politik gegen Amerika und Israel. Khomeynis neues Do-
mizil in Neauphle-le-Château nahe Paris wurde zu einer Art west-östlichem
Wallfahrtsort, wo die führenden Politiker und Intellektuellen des Landes
dem Ayatollah ehrfürchtige Aufwartung machten.[255] Wie sich zeigen sollte,
befanden sich nicht wenige Antisemiten unter ihnen, die einen neuen Hoff-
nungsträger suchten. Nun saß endlich wieder einer vor ihnen, der offenbar
bald in der Lage sein könnte, die Kreise der Juden und deren US-Vasallen
zu stören.

Das zentrale Problem des Iran blieb derweil die Landreform. Das System
baute auf Staatskapitalismus und Feudalstrukturen auf und schonte die islamische Klanwirtschaft, weil die Kolonialmächte die traditionellen Eliten
– Grundbesitzer, Bürokraten, Mollahs – brauchten, um die Ressourcen ausbeuten, d. h. überhaupt Kolonialmacht sein zu können. Insoweit ähneln sie
im Großen den Grundbesitzern, die im Kleinen die Arbeitsressource ihrer
Bauern nutzen. Allein die Schahfamilie besaß ein Drittel aller iranischen
Domänen und dachte nicht daran, die Besitzstrukturen durchgreifend zu
ändern. Bei aller Selbstherrlichkeit konnte sie ohnehin kaum auf das politische Wohlwollen der Landlord-Kaste verzichten.

Fast die Hälfte der Bauern lebte von Lohnarbeit und hatte keinen Zugang
zu Beteiligungsrechten, und insgesamt waren es nur knapp zehn Prozent,
die als Ergebnis der reformerischen Ansätze in den 60er Jahren zu eigenem
Land gekommen waren. Jede Anhebung dieses Anteils mußte Einbußen
und harten Widerstand auf der Besitzerseite zur Folge haben. Wie erwähnt,
gab es daher eine Reihe von Ausnahmen und Sonderregelungen, die den Besitz der Landlords rechnerisch verkleinern oder ganz verschwinden lassen
konnten, um der »Reform« zu entgehen.

Ebenso gestaltete man die Genossenschaftsbedingungen so restriktiv, daß viele Bauern den Gedanken an Selbständigkeit von vornherein aufgaben. Wer es dennoch wagte, mußte schnell erkennen, daß das vorherrschende Klansystem nach wie vor die großen Betriebseinheiten bevorteilte. Denn je bedeutender der Besitzer, desto leichter wurde es für ihn, günstige Finanzierungen und niedrige Steuersätze auszuhandeln. Ebenso konnte er den Einfluß der Dorfmollahs nutzen, die Mentalität der landbestellenden Gläubigen von Jugend an auf Unterwerfung und Bescheidenheit zu trimmen. Besonders krass wirkte sich der Größeneffekt auf die Bewässerung aus. Sie speist sich aus Gebirgsbächen und Brunnen und wird über ein kompliziertes, teilweise unterirdisches Kanalnetz verteilt. Wer einen großen Betrieb hat, braucht viel Wasser, das er zudem schneller als andere aus der Erde pumpen kann, weil er auch stärkere Maschinen hat. Im Zuge der Technisierung waren es somit eher die großen Betriebe, die es jedoch nicht dabei bewenden ließen, den kleinen nur das Wasser wegzupumpen. Durch die allmähliche Absenkung des Grundwassers machten sie ihnen auch den weiteren Betrieb insgesamt unmöglich, sobald die Hubhöhe die Kraft ihrer schwächeren Pumpen überstieg. Hier stand man nicht nur vor einem klassischen, sondern auch wörtlichen Beispiel kapitalistischer »Austrocknung«. Auf eindrucksvolle Weise bestätigte sich, was die Eliten längst wußten: daß man mit dem Großgrundbesitz bereits seit der Antike die beste Lebensform hatte und jede Veränderung, geschweige denn Landreform, nur Abstieg und Verfall bedeutete.[256]

Auch die Verstaatlichung des Weidelands hatte systemgerechte Folgen. Die Nomadenstämme, die sich oft in oppositionelle Interessen einspannen ließen und immer wieder auch politische Sonderwünsche anmeldeten, waren der Zentralregierung generell unbequem. Nun war die Hauptweiche gestellt, mit der man ihnen die Grundlage langfristig entziehen konnte. Viele Agrar- oder Industrieprojekte gingen auf Kosten ihres Lebensraums. Die Technisierung erfaßte auch die Fleischproduktion, die nicht mehr auf ihre Schafherden zurückgriff, sondern große Farmen mit industrialisierten Fertigungsanlagen entwickelte. Erneut profitierte das Elitenkartell aus Grundbesitzern und Investoren, das die kleinen Produzenten verdrängte und sie in die Lohnarbeit zwang.

Bauern und Nomaden, im alten Iran erbitterte Gegner, konnten somit auf unerwartete Weise herausfinden, daß die Moderne sie ins gleiche Boot setzte. Die diversen Phasen, die die Maßnahmen im Agrarbereich bis zur Revolution durchlaufen haben, schrieben den feudalen Status quo fest, statt ihn zu modernisieren. Von einer Neuordnung der Besitzrelationen konnte jedenfalls keine Rede sein. Die Fehlentwicklung verschärfte sich eher noch.

Man importierte Viehfutter für die Großfarmen und Personal für ihren Betrieb. Das Management kam aus dem Westen und die Arbeiter aus dem Osten, zumeist aus Afghanistan und Pakistan. Die Iraner wanderten statt dessen in die Arbeitslosigkeit oder ins Ausland ab.

Auch im kommerziellen Bereich setzte sich das »Gesetz der Großen« durch. Hier sanken die Kreditkosten der Banken mit der Größe des Betriebes, während sich die kleinen Gewerbe – identisch mit den Landverhältnissen – zu horrenden Basarkonditionen refinanzieren mußten. Sie hatten im »freien Wettbewerb«, den die »liberalen« US-Wirtschaftsberater unermüdlich predigten, auf zweierlei Weise keine Chance: Zum einen wurde der Zugang zum Markt durch westliche Fertigprodukte, zum zweiten durch eine begrenzte Lizenzvergabe verstopft, die sich nur mit hohen Abgaben bzw. »Schutzgeldern« an die Schahfamilie und Spitzenbeamte anregen ließ.

Da die Löhne in der Stadt im Vergleich zur ländlichen Stagnation stiegen, beschleunigte sich die Spirale aus Landflucht, Verstädterung und Arbeitslosigkeit, zusätzlich angetrieben vom Bevölkerungswachstum. In der Folge überstieg die Nachfrage der Bevölkerung das Angebot der Produktion. Das Agrarland Iran mußte nun zwar Nahrungsmittel in großem Stil importieren, doch schien dies zunächst kein Anlaß zur Beunruhigung.

Der »Ölschock« von 1973 ließ die Deviseneinnahmen explodieren und bescherte dem Land hohe Wachstumsraten, die die wirtschafts- und sozialpolitische Katastrophe verdeckten. Der Westen hatte dabei kein Interesse, die Menschenrechtsmisere zu thematisieren. Um den bedrohlichen Abfluß der Liquidität zu stoppen, lief das »Recycling« der Petrodollars an – bevorzugt mit Lieferungen im Rüstungsbereich. Dabei waren die Despoten des Orients milde zu stimmen, weil sie zwei Voraussetzungen perfekt erfüllten: ein vitales Verlangen nach neuester Waffentechnik und die dazu passenden flüssigen Mittel.

Schon damals formierte sich die westliche Koalition aus Wirtschaft und Politik, die korrupte Orientdespotien als »moderne Staaten auf dem Weg in die Demokratie« lobte. Mit einiger Berechtigung läßt sich sagen, daß sie sich im Zuge des islamistischen Vormarsches eher noch gefestigt hat.[257] Weder die Übernahme des Iran durch das Mollahregime noch der wachsende Einfluß der Muslimbruderschaft im arabischen Raum noch die Islamisten in der Türkei noch der laufende Wechsel der Regierungen im Westen konnte das despotenfreundliche Objektiv wesentlich trüben.

Mit dem Motto »Islam ist Frieden« hat sich diese Koalition zu einer der wichtigsten Konstanten der Globalisierung entwickelt. Bis heute genießt das repressive System Irans den Bonus westlichen Wohlwollens, in dem sich Amerika und Europa erst in jüngerer Zeit deutlich unterscheiden. In bezug auf Europa ist die ideologische Linie klar. Die gleichen Machtmechanismen, die unter dem Schah Ziel der Achtundsechziger-Demonstrationen waren, genießen unter Mollah-Kontrolle die Bewunderung der gleichen Achtundsechziger-Generation, die über die Jahre die Gelegenheit genutzt hat, das westliche Staatswesen in ihrem Sinne zu verändern und damit schrittweise zu entdemokratisieren.

Das iranische Landproblem scheint nicht zuletzt auch im Leben des Ayatollah Khomeyni eine gewisse Rolle gespielt zu haben. Zumindest weiß die Legende zu berichten, daß sein Vater Mustafa, von edlem Sayyed-Geblüt und ebenfalls Ayatollah, eine Art Schutzheiliger der Bauern wurde. Wie es heißt, lehnte er Zuwendungen von den Grundbesitzern ab und tadelte ihr Luxusleben, das sie auf Kosten der ausgebeuteten Landleute führten. Schließlich verklärte man ihn zum Märtyrer, als ihn im Jahre 1902 angeblich von Landlords gedungene Schergen erschlugen.[258]

Wenngleich diese Erzählungen, sollten sie auf wahren Ereignissen beruhen, in der Tat eine traumatische Wirkung auf den jungen Khomeyni gehabt haben könnten, braucht man sie nicht, um seine Ideologie zu verstehen. Sie läßt sich durchaus im Rahmen der vorrevolutionären Schia erklären, die im Grunde nur abzuwarten und die ruinöse Schahpolitik in eigene Pluspunkte umzuwandeln brauchte. Die Opposition ging quer durch die ganze Bevölkerung, was sich für die Frauen allerdings weniger vorteilhaft auswirkte. Da man inzwischen alle Schah-Initiativen pauschal ablehnte, stießen auch sinnvolle Projekte, die z. B. die Position der Frauen verbessern konnten, auf »profanen« Widerstand, der wiederum den frauenfeindlichen Mollahs in die Hände spielte.

Mit den Öleinnahmen stieg nicht nur das iranische Interesse an modernsten Waffensystemen und technischen Vorzeigeprojekten, sondern auch das britisch-amerikanische Verlangen nach Beteiligung an den profitablen Banken und Unternehmen, die in diese Vorhaben eingeschaltet waren. In der fraglichen Zeit zwischen 1973 und 1979 erhielt das ohnehin beachtliche Iran-Investment einen weiteren, gewaltigen Schub. Mit den finanziellen Zuwächsen stieg allerdings auch der Wirklichkeitsverlust des Schahs. Nachdem er die saudischen Preisbremser gedemütigt hatte, wagte ihm niemand zu widersprechen, wenn er darüber fabulierte, den Iran in die Spitzenklasse der Weltwirtschaft zu katapultieren.

Im Auftrag der iranisch-westlichen Nomenklatura verknüpften internationale Finanzinstitute das immense Investmentpotential zu einer Art höheren Interessenverbunds, der den Regeln des herkömmlichen Bankgeschäfts entzogen war. Es überrascht kaum, daß die Pahlevi-Stiftung und ihre US-Banken die tonangebende Rolle spielten. Die westlichen »Player«

erfuhren zwar wiederholt von einer wachsenden Opposition, ließen sich jedoch von ihren Teheraner Partnern gern in der Sicherheit des »business as
usual« wiegen: Es seien nur einige bedeutungslose Linke und religiöse Wirr-
köpfe, die viel Lärm um nichts machten und im Wunschdenken der schah-
feindlichen Intellektuellen überschätzt würden.

Dennoch tickte die Zeitbombe des Machtwechsels immer lauter. Einen
besonderen Beitrag zur eigenen Beseitigung leistete der Schah schon Jahre
zuvor mit einer Veranstaltung, die als Groteske in die Zeitgeschichte eingegangen ist. In bizarrer Realitätsferne, der früher oder später jeder Despot
anheimfällt, entschied Muhammad Reza im Oktober 1971, die Grandiosität
der seinerzeit 46 Jahre alten Pahlevi-»Dynastie« standesgemäß zu begehen.
Als Rahmen erschien das zweitausendfünfhundertjährige Bestehen des
persischen Imperiums, das man mit einem Aufwand um hundertfünfzig
Millionen US-Dollar in den Ruinen von Persepolis beging, gerade hinreichend.

Während des pompösen Festes, zu dem Monarchen, Präsidenten und
Ministerpräsidenten nebst ihrem Troß geladen waren, nahm der Schah spirituelle Verbindung zu Kyros dem Großen auf. Die eigene Größe schien sich
in mystischer Einheit mit dem Gründer des Perserreichs zu befinden und
einen geheimnisvollen, nicht minder lächerlichen Bogen durch die Zeiten
zu schlagen. Der Schah sah sich als »Licht der Arier«, das nun durch die
Jahrtausende jenem Giganten der Geschichte leuchten sollte: »Du Kyros
schlafe, ich wache.«

Nach Aussage vieler Beobachter war das Geschehen an Peinlichkeit kaum
zu überbieten. Die Königin von England und andere Staatsoberhäupter waren daher froh, abgesagt zu haben. Die Queen war von ihren Diplomaten
gewarnt worden, nachdem das Teheraner Festkommitee das britische Pro-
tokollamt um Unterstützung gebeten hatte. Die Erstellung eines Sitzplans
für die ungewöhnliche Ansammlung eitler Prominenter hatte sich als kaum
bewältigbares Problem erwiesen. Kritik wegen der extravaganten Bewir-
tung durch ein Pariser Nobelrestaurant stieß beim Pfauenthron dagegen
auf Unverständnis: »Dem Himmel sei Dank, daß der kaiserliche Hof sich
den Service von Maxim's noch leisten kann.«[259]

»Dank sei Allah … Öl ist in den Händen von Muslimen.
So sollen andere kommen und sich vor euch verneigen.
Sie sollen eure Hände küssen, eure Füße küssen und
diese Reserven zum höchsten Preis kaufen. Daher sollt
ihr euch nicht vor ihnen verneigen«.

(Ayatollah Khomeyni,
Oberster Führer des Iran)

D

Die Revolution

Die Zwölf Imame der Schia – Ali im Zentrum, links Hasan und rechts Husayn – mit dem Verborgenen Imam als entrückte Geistgestalt, aus der die iranische Revolution ihre Machtlegitimation bezieht.

1. Abstieg des Alten

a) Propheten der Revolution

Solche Provokationen waren Wasser auf die Mühlen der, wie die herrschende Klasse sie nannte, »bedeutungslosen Linken«. Der wichtigste von ihnen war Ali Shariati (gest. 1977). Als Sohn eines Predigers war er vertraut mit der politischen Schia und kam in Kontakte mit oppositionellen Kreisen – wie den um Mosaddeq –, die ihn schon früh ins Gefängnis brachten. Nach einem Soziologie-Abschluß ging er nach Paris, beschäftigte sich mit Übersetzungen von Fanon und Sartre und promovierte schließlich 1964 in persischer Philologie.

Zurück in Iran, lehrte er in Meshhed und Teheran schiitische Theologie mit sozialkritischen Inhalten, die er in unzähligen Kopien von Reden und Traktaten verbreitete. Indem er die kapitalistische Obrigkeit angriff, wurde er zur doppelten Integrationsfigur: der intellektuellen Sozialisten und linken Theologen. 1973 mußte er untertauchen, wurde gegen Ende des Jahres verhaftet und verbrachte dreieinhalb Jahre im Gefängnis bzw. unter Hausarrest. Auf Druck des Auslands ließ ihn das Regime im Frühjahr 1977 nach London ausreisen, wo er wenige Monate später von SAVAK-Leuten aufgespürt und ermordet wurde.

Shariatis Ausstrahlung auf die Massen blieb ungebrochen, indem seine Portraits neben denen Khomeynis in keiner Demonstration fehlten. Die Botschaft des Predigers Shariati dreht sich um den schiitischen Islam als die Weltrevolution an sich, die Rettung aus der Unterdrückung des Tyrannen und die epochale Wende zu Gerechtigkeit und Freiheit.

In dieser Darstellung erscheint auch die Schia als in ihrer Geschichte nicht frei von Korruption und Verrat. Danach folgten der Reinheit der Urversion Alis die politischen Verunreinigungen der Safawiden und Pahleviden, die das Erbe des Verborgenen Imam verraten, wie einst Mu'awiya Ali verriet und Yazid Husayn tötete. Das Martyrium der beiden ersten Imame ist jedoch kein isoliertes Ereignis, »sondern verpflichtet die Schiiten der Gegenwart zur Nachahmung«.[260]

Husayns Opfertat ist das Vorbild für alle Zeiten und Generationen. Indem er sich dem Despoten ohne reale Erfolgsaussicht stellte, wurde er zum Symbol der realen Tat, zum Revolutionär schlechthin. Für die Schiiten gibt es somit nur das Muß zum Handeln, das jedes Nichtkönnen überschreitet.

Damit durchläuft der Gläubige eine übernatürliche Verwandlung, die ihn in das Sein des Husayn gleiten, den Verborgenen Imam vorwegnehmen sowie den Tyrannen und seine korrupten Vasallen überwinden läßt. Sie ist die Revolution des Islam, die wahre Revolution, die letztlich die kolonialen Irrtümer des Kapitalismus, des Sozialismus und der westlichen Zivilisation insgesamt hinwegfegen und den Iran retten wird. Shariati folgt darin seinem Lehrer Al-e-Ahmad (gest. 1969), der sich vom Stalinisten zum »national-schiitischen Linken« wandelte,[261] einer ideologischen Mutation, die nur die Verzweiflung der iranischen Intellektuellen hervorbringen konnte.

Beide wollen die »Westoxication«, die schleichende Vergiftung durch westliche Unwerte, überwinden, allerdings nicht mit den gescheiterten Ideen des westlichen Klassenkampfs, sondern durch die »revolutionäre Linke« der Schiiten.[262] Diesem ultimativen Weltbild einer religiös erneuerten Nationalkultur als einzig noch möglicher Therapie der fortgeschrittenen »Okzidentose« näherte sich Al-e-Ahmad von der atheistischen, Shariati von der islamischen Position.

Als eine Art spirituell-revolutionäre Variante lehnten sich diese Lehren ein Stück weit an Ayatollah Mohammed Na'ini (gest. 1936) an, einen iranischen Theoretiker, der schon zur Jahrhundertwende die Verbindung von Islam und Demokratie propagiert hatte. In der Tradition von Mirza Shirazi, dem Erfolgsmollah im Tabakskandal, sah er die Scharia als vereinbar mit der Verfassung. Es sei immer auch Menschenwerk gewesen, wenn man den ungerechten Herrscher entfernen mußte. Da das Wissen untrennbar mit dem Glauben verbunden sei, brauche man keine Scheu vor der Verfassung zu hegen. Sie sei in der Tat ein Instrument, mit dem von Allah geleitete Menschen die Fehlentwicklung von Machtmißbrauch und Korruption frühzeitig erkennen und »den üblen Baum des Unrechts, der Despotie, des Raubes von Menschen und Gütern der Muslime« ausreißen könnten.[263]

Eine dergestalt politisierte Schia, ob von der eher konservativen Na'ini- oder der revolutionären Shariati-Seite, erscheint in eigentümlicher Weise ganzheitlich »geläutert«, denn beide verlassen den Boden der Scharia nicht. Die neue Schia sollte mit »neuen Menschen«, die aufhören, nach oben zu buckeln und nach unten zu treten[264], der Höhepunkt von Politik und Religion im iranischen Staat werden.

Shariati fügt die spirituelle Dimension der drei Glaubenskerne hinzu. Die Wahrheit liegt in der Verbindung von Gefolgschaft (*taqlid*), Täuschung (*taqiya*) und Hingabe im Tod (*istshhad*), im selbstopfernden Märtyrertum. Da es keine Alternative zum husaynischen Muß gibt, haben auch diese Kerne absolute Geltung. Die Gefolgschaft ist bedingungsloser Gehorsam gegenüber der Gemeinschaft, die Täuschung ist bedingungslose Leugnung der Gemeinschaft, solange sie dem Feind schadet, die Hingabe ist das bedingungslose Opfer der Existenz für die Gemeinschaft. Mit dieser visionären Ideologie vollendete Shariati ebenso die politreligiös-praktische Ideologie des Ruhollah Khomeyni. Die »Westoxication« sah der Ayatollah in der Deformierung des islamischen Staates durch das Lakaienparlament der pahlevidischen Despotie – das häretische Produkt des unislamischen Machthabers, der den Staat Allahs der kolonialistischen Fremdherrschaft unterworfen hatte. Diesem Würgegriff konnte man nur mit dem unausweichlich gewordenen Austausch der Obrigkeit entgehen.

Die Tyrannei war durch die *wilayat al-faqih* zu ersetzen, was im Westen oft mit »Regierung des Rechtsgelehrten« oder auch »Expertenregierung« übersetzt wird. Hier entsteht leicht der Irrtum, den westlichen Begriff von »Regierung« zu unterstellen, während Khomeyni eine andere Vorstellung im Auge hat. »Wilaya« bedeutet im Arabischen eher Machtausübung und Vormundschaft sowie im Persischen Heiligkeit und Erhabenheit. Die Kombination beider trifft den Charakter der schiitischen Herrschergewalt, die sich von der Heiligkeit des Verborgenen Imam ableitet. Nur wenn die Garanten des islamischen Rechts die Kontrolle über alle Vorgänge im Staat sicherstellten, konnte auch von einer islamischen Regierung die Rede sein.

Denn die islamische Regierung, so Khomeynis sophistisches Argument, ist entgegen westlicher Auffassung keineswegs despotisch, sondern durchaus konstitutionell. Sie richtet ihre Kontrollfunktion allerdings nach Vorschriften aus, die von der Basis des Islam unveränderbar »gesetzt« sind. Ihr Urheber ist Allah als die allein zur Gesetzgebung befugte Gewalt. Niemand im Islam hat das Recht, einem anderen Recht als der göttlichen Scharia zu folgen. Alle Muslime gehorchen diesem Gesetz aus Koran und Tradition, das zugleich auch die Kontrolle der Regierung festlegt.

Damit, so heißt es, sei eine ideale Verbindung zwischen Herrschaft und Volk hergestellt, deren Harmonie nicht mehr übertroffen werden könne, zuallerletzt von der Demokratie. Deren Vertreter gäben vor, das Volk zu vertreten, legten aber den Wortlaut des selbstverfaßten Gesetzes nach ihren Interessen aus, um dem Volk endlose Steuern abzupressen. Im Islam sei so etwas von vornherein ausgeschlossen, weil sich die Regierung einem Gesetz zu unterwerfen habe, das nicht von ihr, sondern vom göttlichen Gesetzgeber stamme und damit auch den Maßstab bilde, an dem sie vom Volk gemessen werden könne.

Jeder wisse allerdings, daß es auch im Islam Regierungen gegeben habe, die ihre Vollmacht mißbraucht und entsprechend schlimme Folgen bewirkt hätten. Man brauche sich nur der Umayyaden zu entsinnen, die den gerechten Herrscher Ali um die Macht betrogen und sogar seinen Sohn Husayn getötet hätten. Viele Machthaber seien ihrem Beispiel und nicht Allahs Gesetz gefolgt, was schließlich auch das frevelhafte Schahtum mit all seinen Auswüchsen der Habgier, Ausbeutung und Gewalt nach sich gezogen habe:

»…würde die Regierung noch in islamischer Form geführt, dann wäre es nicht zur Herrschaft über Gut und Leben des Volkes, nicht zur Monarchie und Schahtum, nicht zu diesen Ungerechtigkeiten und Plünderungen, zu diesen Veruntreuungen der öffentlichen Mittel, zu diesen Gemeinheiten und Schändlichkeiten gekommen … Viele Übel entspringen eben aus jener herrschenden Gruppe, jener despotischen und ihren Begierden frönenden Herrscherfamilie. Diese Machthaber sind es, die Stätten des Bösen errichten, Zentren der Unzucht und des Weingenusses gründen und (religiösen) Stiftungen vorbehaltenes Vermögen zur Eröffnung von Kinos ausgeben.«[265]

Khomeyni führt weiter aus, wie einfach im Grunde die islamische Herrschaft zu gewährleisten sei. Es bedürfe lediglich eines Mannes, der über geistige Gesundheit, einen einwandfreien Ruf und die Kenntnis des göttlichen Gesetzes verfüge. Sind diese Fähigkeiten gegeben, tritt er in die Rechte des Verborgenen Imam ein, und alle Gläubigen müssen ihm folgen. Der Rechtsgelehrte erlangt die Herrschaft durch die Nachahmung der gottgewollten Ordnung, die durch die Propheten offenbart und von den Imamen verwirklicht wurde.

Nur so sei auch der rechte Glaube der Menschen zu sichern. Überließe man ihn weiterhin den zerstörerischen Einflüssen des westlichen Kolonialismus und Konsumglaubens, brauche man sich nicht zu wundern, wenn die Muslime den materiellen Ablenkungen erlägen, ein falsches Bild von den Klerikern bekämen und das Denken schließlich ganz verlernten:

»Lehrt die Leute den wahren Islam, damit die junge Generation nicht meint, die Gelehrten in ihren Klausen in an-Nadschaf und Qom seien der Meinung, die Religion lasse sich von der Politik trennen, und sie seien mit nichts anderem beschäftigt als (die rituellen Vorschriften über) Menstruation und Wochenbett zu erörtern und hätten mit Politik nichts zu tun!«[266]

Nicht nur das Gebet, sondern die Politik sei der eigentliche Lebenssaft des Islam. Die Kolonialisten dürfe man keineswegs unterschätzen, denn sie zielten darauf ab, die Muslime auf das Gebet zu beschränken und sie am Nachdenken über Regierung und Verwaltung zu hindern. Solange sie sich darauf einließen und mit dem beschieden, was ihnen die fremden Ausbeuter zuteilten, wären diese zwar zufrieden, nicht aber Allah, der ihre diesseitige Passivität im Jenseits hart vergelten würde. Es sei die Aufgabe der »Regierung der (islamischen) Experten«, in Vertretung des Imam den gerechten Staat zu führen, um Mißachtungen der Vorschriften zu verhindern.

Indem Prophet, Imam und Gelehrter das gleiche Recht anwenden, überträgt sich die islamische Wahrheit auf den Rechtsgelehrten, dessen Herrschaft den Staat zum »Staat der Wahrheit« macht. Beim Islam handelt es sich also um das Prinzip des idealen Staats, das von Personen unabhängig ist, aber von hinreichend Befähigten, den »Wissenden«, aktiviert wird. Da alle, Herrscher und Beherrschte, über das Medium des »wahren Staats« mit dem Charisma des Verborgenen Imam verbunden sind, obliegt jedem Gläubigen der aktive Schutz der Ordnung und Gemeinschaft.

Passivität reicht hier nicht nur nicht aus, sondern bedeutet relativen Rückschritt, wenn nicht bereits die beginnende Abkehr. Somit ist die Tat integraler Teil des schiitischen Glaubens und das Handeln nach den Leitlinien der Scharia die Basis des islamischen Fortschritts. In diesem Sinne bedeutet Schia die permanente, innere Revolution, die sich aus zwei Quellen speist: aus der diesseitigen Arbeit an der Ordnung und aus der jenseitigen Fernerwartung des Mahdi.

Mit dieser Auffassung wich Khomeini allerdings erheblich von der herkömmlichen Schia ab. Die war bekanntlich eher auf das Ideal des passiven Duldens und Leidens ausgerichtet. Bevor der Verborgene Imam als Mahdi erschien und die legitime Macht übernahm, waren die Ulema gefordert, die Machthaber genau zu beobachten, nicht aber, sich an ihre Stelle zu setzen.

Dennoch sind es zwei Eigenheiten der imamitischen Schia, die den Schritt in die aktive Gestaltung der Politik ermöglichten: die eigene Urteilsbildung durch den *idjtihad* und der latente Messianismus. Sie sind das Aktionspaar, das ein konkretes revolutionäres Potential aufbaute und schließlich den extremen Reflex gegen die westliche Hegemonie und ihre Pahlevi-Profiteure auslöste. Sie bilden ebenso die Schienen, über die Ali Shariati und sein Lehrer Al-e-Ahmad zu ihrer Verbindung aus antiwestlichem Sozialismus und Nationalismus mit einer revolutionären Version des messianischen Schia-Denkens kamen.

Viel stärker als die sunnitische Variante birgt die schiitische Macht eine latente Heilswirksamkeit, deren Charisma sich am Urgrund des Gottkönigs zu nähren scheint und nahezu zwangsläufig die Gestalt des politreligiösen Führers hervorbringt. In diesem Aspekt bestätigt sich besonders deutlich, daß die Shariati-Khomeini-Ideologie ihrerseits in der Moderne angekommen ist. Sie lehnt nicht rundweg alles Westliche an sich ab, sondern die vielfältig materiellen, nicht zuletzt »diesseitigen« Effekte des liberalen Kapitalismus und seiner anti-islamischen, weil pluralistischen Gesellschaftsform.

Denn diese Effekte besetzen das Bewußtsein des islamischen Menschen und blockieren den ganzheitlichen Machtanspruch des islamischen Gesetzes, ebenso wie sie den Machtanspruch der sozialistischen »Klasse« und der nationalsozialistischen »Rasse« herausfordern. Hier liegt die Schnittmenge, die den islamischen Extremismus für die westlichen Politreligionen von links und rechts so attraktiv macht und über den gemeinsamen Antisemitismus eine weitere Verknüpfung ermöglicht.

Eigentümliche Zurückhaltung in diesem Aspekt üben viele Orientalisten, die die Schia-Revolution primär als Reflex bzw. Spiegelbild der Westdominanz sehen. Historische bzw. geistige Verbindungen zu islamischen, geschweige denn vorislamischen Strukturen werden verneint: »... sie sind weder aus dem traditionellen Islam im allgemeinen noch aus der schiitischen Überlieferung im besonderen zu erklären.« Diese stellvertretende Aussage des Schia-Experten H. Halm zieht die Vereinfachung wissenschaftlicher Sorgfalt vor, wie es am Beispiel der Schia-Wurzeln im alten Iran deutlich wurde. So stellt sich denn auch die theologische Diskussion anders. Hier ist von der »Gnade« Allahs die Rede, die den Willen des Mudjtahid zur »vortrefflichen Herrschaft« umwandelt – die Lizenz grenzenloser Macht.[267]

Wer sich die differenzierte Prüfung selektiv versagt, braucht nicht die Frage zu stellen, ob und warum Anarchie und Gewalt islamimmanent sind. So heißt es lediglich, es »gelang« Khomeyni, die Opposition schrittweise »auszuschalten«,[268] ohne die Massaker zu erwähnen, die fast jedes »Gelingen« des Revolutionsführers und seiner Gotteskrieger begleiteten. Eine gewisse Rolle bei dieser milden Betrachtung mag allerdings Halms freimütiges Bekenntnis zur eigenen »ghibellinischen Gesinnung« spielen.[269] Darunter ist im weiteren Sinne eine ultra-traditionalistische Sicht auf Basis eines Kaisertums von Gottes Gnaden zu verstehen – ihrerseits bekanntlich keine zimperliche Staatsform.

Aus dieser Perspektive wäre im Grunde jede Gewalt in der islamischen Geschichte, ob Eroberung oder Abwehrreflex gegen Fremdeinfluß, als isoliertes Ereignis zu sehen, das mit dem Islam selbst nichts zu tun hat und zu seiner Diffamierung mißbraucht wird, wenn man solche, grundsätzlich unzulässigen Verknüpfungen herstellt. Die Frage entsteht, ob es eine Geschichte des Islam bzw. »den Islam« überhaupt gibt.

Diese dem Laien absurd erscheinende Konsequenz bildet in der Tat die Basis der »modernen« Orientalistik sowie anderer Fachbereiche und Institutionen, die sich angeblich mit dem Islam und seinen Erscheinungsformen beschäftigen. Man richtet sich dabei an ein Wunschphänomen, das es aus Sicht seiner Vertreter in Politik, Universität, Medien etc. nur so und nicht anders geben soll. Ein beliebtes Bild ist das »Prisma«, durch das gestreut es

sozusagen so viele »Islame« wie Menschen gibt.[270] Wir greifen diesen psy-
chologisch aufschlußreichen Aspekt der modernen Bewußtseinszerschla-
gung weiter unten noch einmal auf. Als kollektiv-neurotisches Verhalten
mit Symptomen der Schizoidie ist er an anderen Orten bereits kommentiert.[271]

Hier könnte sich ein postkulturelles Weltbild abbilden, die pluralistische
und nicht mehr unbedingt utopische Variante einer politreligiösen Entrückung, die das Wertevakuum des modernen Materialismus füllt. In einer
erneuerten Version der vorislamischen Unwissenheit löscht der europäi-
sierte Islamismus alte Vorstellungen vom Islam, »den es nicht mehr gibt«,
um die neue Version des »Friedens« und des »Respekts« einer eigenen Heils-
vision zu formen.

Um so wichtiger wird es, sie aggressiv gegen Andersdenkende zu schützen und von allem Negativen zu reinigen, das in historischen Vergleichen
zum Vorschein kommt. Den westlichen Klassen- und Rassenmustern entsprechend, ergäbe sich daraus ein radikaler Machtanspruch, wie wir ihn aus
der Schnittstelle der Schia-Ideologie hergeleitet haben. Der ehemalige deutsche Außenminister J. Fischer, der aus einer militanten Szene hervorging,
erscheint als eine der Pilotgestalten dieser Tendenz, indem er sich ehr-
fürchtig vor der »Heiligkeit« der iranischen Revolution verbeugte.[272]

Die Shariati-Khomeyni-Lehren schufen die Grundlage für diese »mo-
derne Heiligkeit« und ihr charismatisches Führertum, das im Auftrag des
Verborgenen Imams über das Recht Allahs verfügt. Indem die Gelehrten das
Richtige gebieten und das Falsche verbieten, werden sie zur reinen, idealen
Obrigkeit, die in Alis Legitimation eintritt. Sie nehmen die Herrschaft des
Imams im Diesseits wahr und verhindern weiteren Schaden an der Ge-
meinschaft durch unreine Regime und ihre ausbeuterischen Komplizen,
insbesondere die Ölkonzerne.

Da die Politik der Tyrannen schmutzig, die der wissenden Mudjtahids
dagegen rein ist, müssen die Gelehrten im »Gebieten des Richtigen« Gewalt
anwenden, um den »wahren, gerechten Staat« durchzusetzen: »Stellt den
Menschen den Islam, die Schule des Glaubenskrieges, die Religion des Kampfes anheim.«[273] Hier öffnen sich weite Felder, auf denen sich vielfältige Verbindungen zur Gewalttradition im Sinne Hitlers, Stalins und des Wunsch-
denkens mancher neuer Westislamisten herstellen lassen (s. u. S. 264f.).

Denn nicht nur in der Schia garantiert das Töten der Feinde die »Säube-
rung« der Gemeinschaft. Auch die westlichen Extreme von der reinen
Klasse und Rasse führten zu den bekannten Auswüchsen massenhafter
Tötungsorgien, um den idealen Staat herzustellen. Stalin, Hitler und
Khomeyni reagieren gleichermaßen gewaltsam auf die unerbittliche

Umarmung durch den liberalen Kapitalismus und seine »bürgerliche Gesellschaft«. Diese Reaktion beschränkt sich allerdings auf eben diese »Gesellschaft«, die ideologisch gesteuert oder pluralistisch träge oder beides sein kann, in jedem Falle aber machttechnisch unproblematisch, d. h. leicht manipulierbar ist.

Wie die Priester aller Zeiten blieben auch alle Diktatoren und ihre Eliten von den selbstgesetzten Regeln befreit und haben sich zur Verteilung der Machtpfründe ausnahmslos mit den gewachsenen Klanen des Kapitals – ob Grundbesitzer oder Stammesfürst, ob Regierung oder Konzern – arrangiert. Wie quecksilbrig dabei Chancen und Risiken verfließen können, zeigte u. a. das Beispiel des Saddam Husayn vom Irak. Dessen despotisches Regime war über viele Jahre willkommen, wurde im Krieg 1980/88 gegen den Iran unterstützt und blieb auch im Golfkrieg von 1991 verschont, bevor es 2003 schließlich durch den Rost der westlichen Eliteninteressen fiel.

Wir werden sehen, daß es hier um das eigentliche »Gesetz« geht, um das elitäre »Übergesetz«, das über allen Religionen und Ideologien steht und auch von den Mollahs nicht durchbrochen wird. Im Gegenteil: Indem sie sich die messianische Imam-Macht aneigneten, erreichten sie eine effiziente Version des »Übergesetzes«, die ihnen großen »Respekt« im Westen, nicht nur den des ehemaligen deutschen Außenministers, eintrug.

Obwohl es sich nur wenige vorstellen konnten, übertrafen sie das Pahlevi-Regime noch an Inkompetenz, asozialer Energie und Korruption. Um so nützlicher waren sie den westlichen Interessen, um so härter trieben sie allerdings auch die historische Tragödie des Iran voran. Man muß lange suchen, um ein Land zu finden, das einen schärferen Kontrast zwischen sprühendem Geist und dumpfer Brutalität, zwischen höchster Kultur und tiefster Barbarei aufweisen kann.

b) Der Machtwechsel

Selbst für den iranischen Gottkönig gab es Grenzen. Auf dem Höhepunkt seiner Macht erkrankte der Schah 1977 an Krebs. Als er daraufhin die Zügel der Staatskontrolle etwas lockerte, meinten die einen, dies sei eine Wirkung der Medikation, die anderen, es sei der Wunsch der Amerikaner gewesen. Die alten Forderungen der Opposition – frei gewähltes Parlament, verfassungsgemäße Regierung, Amnestie der politischen Gefangenen, Pressefreiheit – und die ebenso alte Kritik an Wirtschaftsmisere und Verschwendung konnten nun geäußert werden, ohne sogleich Haft und Folter nach sich zu ziehen.

Eine personelle Konsequenz bestand in zwei Bauernopfern, die keinen wirklichen Wechsel brachten. Premier Howeida, der die Regierung zwölf Jahre lang geführt hatte, und Ex-SAVAK-Chef Nasiri wurden verhaftet. Da beide Vertraute sowohl des Schahs als auch der CIA waren, löste die Maßnahme in Washington Irritationen aus. Sicherheitsberater Bzrezinski empfahl Präsident Carter, der durch die Friedensverhandlungen Ägypten-Israel abgelenkt war, den Schah und die Lage im Land genauer zu beobachten.

Als neuer Premier war Djamshid Amuzegar eingesetzt, der jedoch als ehemaliger Wirtschafts-, Innen- und Ölminister eher die Vergangenheit repräsentierte. Indem er die oberste Regel des Systems einhielt – keine Kürzung des enormen Militärbudgets –, blieb wenig Raum für die Sanierung der maroden Wirtschaft, vor allem der galoppierenden Inflation.

Des Schahs Lockerungen führten sich eher auf Nutzendenken zurück. Sie kamen ihm selbst und den USA in zweierlei Hinsicht entgegen. Zum einen fügte er sich in die gemäßigte OPEC-Preispolitik, die dem amerikanischen Wunsch entsprach. Zum anderen fand US-Präsident und Menschenrechtler Carter besseres Gehör für wichtige Anliegen: im Kongress für Irankredite und im befreundeten Ausland für eine Image-Aufwertung des Landes.

Weltmachtstratege Henry Kissinger, seinerzeit US-Außenminister, interpretierte das Menschenrecht als flexiblen Begriff, dessen Auslegung sich nach den vorherrschenden Interessen zu richten hatte: »So wie die Menschenrechtskampagne heute geführt wird, stellt sie eine Waffe dar, die hauptsächlich gegen die Alliierten (USA und Europa) gerichtet ist und deren innere Strukturen schwächen kann.« Basis dieser Sicht waren die »objektiven Bedingungen« des Marktes, nach denen die Eliten die Industriestaaten zu führen hatten.[274]

Wie wir wissen, müssen »innere Strukturen«, um nicht vom Prinzip der Menschenrechte geschwächt werden zu können, über dem Gesetz stehen, also mit den Strukturen der herrschenden Eliten identisch sein. Einfacher ausgedrückt: Menschenrechte behindern die elitäre Macht. Auf die Achse USA-Iran traf dies allemal zu, wobei den Amerikanern ein Betriebsunfall unterlaufen war. Ihre Intervention beim Schahfeind Saddam Husayn, den Schahfeind Khomeyni 1978 des Landes zu verweisen, erwies sich als – allerdings schwer vorhersehbarer – Bumerang.

Wie gesehen, versuchten die Franzosen, den Ayatollah in ihre Interessen einzuspannen, die oft nicht denen der USA entsprachen. Kurzfristig hatte sich ein neues Überangebot auf dem Ölmarkt ergeben, das keiner der Produzenten, am allerwenigsten der Schah, nach dem jüngsten Einlenken in der OPEC, durch nochmalige Drosselung der Fördermengen abfangen wollte. Just in dieser Lage ließ Khomeyni durchblicken, daß eine Mollahregierung wohl kaum die planlose und kostpielige Industrialisierung Irans fortsetzen und daher durchaus die Ölproduktion verringern könnte.[275] Zur gleichen Zeit hatten sich die Ereignisse in Iran längst erneut und diesmal entscheidend zugespitzt. In den Universitäten, seit Jahren notorische Unruheherde, nahm der Einfluß der oben erwähnten nationalen Front der »Volksrevolutionäre« (*fida'iyan-e-khalq*) unter Führung von Bani Sadr zu, in der sowohl linke als auch rechte Kräfte Platz hatten. Ab den Siebzigern hatten die »Volkskämpfer« (*modjahedan-e-khalq*), die sich aus linksreligiösen Kreisen bildeten, das revolutionäre Potential in der Studentenschaft verstärkt. Sie kämpften nicht nur gegen die Tyrannei an sich, sondern auch speziell gegen die des Kapitalismus, womit sich der Kreis zu den Sozialisten schloß. Wie es hieß, bestehe der Ausweg im schiitischen Islam, dessen einheitliche Ordnung (*nizam-e-tauhid*) eine klassenlose Gesellschaft schaffen könne. Es müßten eben nur alle Formen der Unterdrückung wie Großgrundbesitz und westlicher Imperialismus beseitigt werden.

Diese Strategie hatte schon ihre Märtyrer, wie Bizhan Djazani (gest. 1975) und Hamid Ashraf (gest. 1976), die einen Guerillakrieg nach dem Vorbild Che Guevaras aufzogen und vom Geheimdienst »unschädlich« gemacht wurden. Ebenso betrieben beide Gruppen einen Doppelkult um Mosaddeq und Khomeyni,[276] den sie über ihre Kontakte zu westlichen Universitäten auch ins Ausland exportierten.

So wie sie schon die iranische Nationalfront und die westliche »Antifa« der Achtundsechziger inspiriert hatte, so verband die verklärte Strahlkraft Mosaddeqs die akademischen Oppositionsgruppen im Iran zu einer gemeinsamen Front. Khomeyni konnte als Inbegriff des Antischahkampfs ganz entscheidend von ihr profitieren, zumal er Shariatis Lehren nutzte, die große Verbreitung gerade unter den Studenten fanden.

Sie bildeten den Hebel, über den auch die »Antifa« der Siebziger enge Verbindungen mit der »Antischah« der Siebziger hielt, insbesondere seit der Ayatollah in Frankreich residierte. Wie sich später zeigen sollte, wurde dabei der Name des »feudalistischen Persers« Mosaddeq zum Schlüsselbegriff des heldenhaften Widerstands gegen den Kolonialismus, zur universalen Visitenkarte des iranischen Revolutionskampfes, die auch Khomeyni und seine Gotteskrieger bei Bedarf gern vorzeigten.

Deren jahrelange Subversionsarbeit über Flugblätter, Kassetten und Agitatoren begann ihre Früchte zu tragen. Spätestens seit 1978 stellte Khomeynis Charisma, wie auch dessen Ausweisung aus dem Irak bewies, für den Schah eine reale Bedrohung dar. Diffamierungskampagnen gegen den Ayatollah, die ihm u. a. unterstellten, im Sold der Briten zu stehen[277] bzw. zur Homosexualität zu neigen,[278] gingen letztlich ins Leere.

Im Gegenteil: Sie lösten Protestmärsche in Qum aus, die unter Führung des Khomeynifreundes Ayatollah Madari erneut auch auf andere Städte übergriffen. Sie bildeten die Vorstufe zu einer mehr als ungewöhnlichen Revolution. Die Staatsmisere war so tiefgreifend, daß sich nicht nur die vielschichtige links-national-religiöse Intelligenz einigte, sondern auch die ansonsten schwierige Verbindung zwischen ihr selbst und dem Volk ermöglichte. Die *Fida'iyan* hatten Zulauf von den Industriearbeitern und vor allem den Frauen, die *Modjahedan* von der einflußreichen Basar-Klerus-Allianz. Quer durch beide gingen Fraktionen der Linken und Muslime, der marxistischen Tudeh-Anhänger und liberalen Aktivisten, wobei der Gegendruck der Obrigkeit den islamischen Sog weiter verstärkte:

> »Unsere Organisation (die Modjahedan) ist zu der festen Überzeugung gelangt, daß der Islam, besonders die Schia, eine wesentliche Rolle dabei spielen wird, die Massen zur Teilnahme an der Revolution zu inspirieren. Dies weil die Schia, besonders Husayns historischer Widerstand, sowohl eine revolutionäre Botschaft als auch speziell unsere Volkskultur trägt.«[279]

Da die Proteste auf alle großen Städte übergegriffen hatten, forderte die Brutalität des Staatsapparats überall Opfer, was die Propaganda gegen die pahlevidische Tyrannei weiter anheizte. In idealer Weise ließ sich dabei die schiitische Trauertradition einsetzen, die vierzig Tage nach dem Sterbedatum ihrer Toten gedenkt. Bei den zahlreichen Toten herrschte kein Mangel an Anlässen zu Gedenkmärschen, die wiederum weitere Opfer provozierten – eine rhythmische, nach oben offene Spirale von politreligiösem Widerstand und purer Staatsgewalt.

Oft marschierten Frauen an der Spitze, deren Kleidung den Machtwechsel ankündigte. Indem sie sich verschleierten, traten sie für die Renaissance islamischer Macht auf, opferten damit jedoch ihre Verfassungsrechte, so begrenzt sie auch immer waren. Denn ohne die Verhüllung der Frau und die Einschränkung ihrer Person gibt es keinen orthodoxen Islam.[280] Der rasant um sich greifenden Antischah-Mentalität erschien alles besser als das herrschende System.

In Teheran kam das öffentliche Leben zeitweilig zum Erliegen. Hunderttausende demonstrierten gegen die uriranische Krankheit, die armutzeugende Korruptionsdespotie. Ins Mark getroffen, ließ die Obrigkeit ihr politisches Tauwetter wieder im eigenen Teufelskreis verschwinden. Als akute Zwangstherapie, die zugleich chronischer Teil der Krankheit ist, schickte sie am »Schwarzen Freitag«, dem 8. September 1978, ihre Sicherheitsorgane auf die Straße und eröffnete das Feuer auf die Demonstranten.

Obwohl schlimm genug, kam es zur eigentlichen Katastrophe am Ashu-ra-Tag drei Monate später, am 11. Dezember 1978. In den Moscheen des ganzen Landes drängten sich die Gläubigen, um die vom Band gespielte Predigt des »Erleuchteten Mudjtahid« Khomeyni zu hören. Der nahm kein Blatt mehr vor den Mund: Die Zeit für den Heiligen Krieg gegen den Tyrannen sei nun gekommen. Das Volk müsse sich dem Schah stellen wie einst Husayn dem mörderischen Umayyadenkalifen Yazid. Jedem, der im Kampf für die Gerechtigkeit fiele, sei das Paradies sicher, wie Allah im heiligen Koran verfüge.

Die Trauerprozessionen skandierten berühmte Sätze des »Märtyrers« Shariati: »Die den Opfertod sterben, übernehmen die Aufgabe Husseins ... alle anderen verrichten das Werk des Yazid.«[281] Die religiöse Trance schaukelte sich zum politischen Aufstand hoch. In das rhythmische »Ya Husayn« des Brustschlagens mischte sich unüberhörbar ein »Tod dem Schah« – das erneute Signal für den kaiserlichen Feuerbefehl.

Obwohl ihn viele dafür hielten, brauchte der Ayatollah kein Prophet zu sein, um zuvor anzukündigen, daß zur Vertreibung des Despoten viel Blut fließen müsse. Tausende fielen im Kugelhagel der Armee und machten den Ashura-Tag zu einem Martyrium, das keinen Vergleich mit der schiitischen Tradition zu scheuen brauchte. Im Namen Allahs bildete dieser Tag den Auftakt zum größten Blutbad der iranischen Geschichte. Die Angaben über die Opferzahlen gehen weit auseinander, waren jedoch hoch genug, um die »Antischah« die letzten Nägel in den Sarg des Schahtums treiben zu lassen.

Dies um so mehr, als sie inzwischen Unterstützung von unerwarteter Seite bekam: von den Amerikanern. Der US-Regierung mußte der Schah als zunehmend peinliche Belastung erscheinen. Denn um die Jahreswende 1978/79 arbeitete sie neben dem Ägypten-Israel-Frieden an zwei Globalkonstellationen: an Kompromissen in der Ölordnung und in der Menschenrechtsdiskussion. In beiden wirkte das Teheraner Regime inzwischen als Bremsklotz, dessen ramponiertes Image sogar auch dem Geschäft im Iran selbst zu schaden drohte. Währenddessen entwickelte sich der Ayatollah in zahlreichen Interviews zum umworbenen Medienstar, der die islamistische Fraktion der »Antischah« als das Modell der iranischen Zukunft vorstellte: »Unsere Bewegung wächst mit dem Blut der Märtyrer.«

Nach islamischer Djihad-Tradition wandelten sich die Moscheen allmählich zu Waffenlagern, die die Obrigkeit zu Konsequenzen zwangen. Gegen Ende 1978 mehrten sich in Iran die Anzeichen für einen Staatsstreich, der das Schahregime unter den Schutz einer Militärjunta stellen sollte. Die USA schalteten General Huyser, den stellvertretenden NATO-Kommandeur, mit dem Auftrag ein, die Armee auf beide Varianten – Militär- und

Zivilregierung – einzustellen.[282] Der Schah beschäftigte sich seinerseits mit dem Gedanken, die Rolle eines konstitutionellen Monarchen zu übernehmen.

Als Zeichen der Milde entließ er seinen Kritiker Mahdi Bazargan aus der Haft, der dem Vernehmen nach die Achtung Khomeynis genoß und als Kompromißpremier geeignet schien. Er galt als konstruktiver Vertreter der iranischen Politik, der schon zu Mosaddeqs Zeiten Staatssekretär war, die Nationalfront geführt hatte und die Raffinessen des Raffineriegeschäfts kannte. Beachtenswert schien außerdem, daß General Huyser jeden Kontakt mit dem Schah mied, aber in seine vertraulichen Gespräche vor Ort den Khomeynifreund Ayatollah Beheshti einbezog, der im Hinblick auf einen Machtwechsel die Interessen des Exilführers wahrnahm.

So erstaunte nicht, daß der Schah aus dem internen US-Kalkül bald ganz ausschied. Während die Amerikaner den Ablauf weiter unter Kontrolle zu halten versuchten, begann man sich auf eine Alternative ohne ihn einzurichten. Nun gaben sich beim heimlichen neuen Regenten Khomeyni sowohl einflußreiche Vertreter der US- und Euro-Politik als auch der iranischen Opposition die Klinke in die Hand, um die Möglichkeiten der Zukunft abzuklopfen.

Nachdem ein Besuch Bazargans beim Ayatollah nur kühle Höflichkeit bewirkt hatte, tauschte man ihn gegen einen neuen Premier-Kandidaten aus. Mit Shapur Bakhtiar glaubten alle Beteiligten, die schwierige Situation besser bewältigen zu können. Khomeyni blieb derweil Herr der Lage. Er wiegte alle in Sicherheit und täuschte den Eindruck vor, eine säkulare Regierung ohne eigenen Machtanspruch anzustreben.

Bei aller Hybris mußte selbst der egomanische Schah erkennen, daß ihm inzwischen die Zügel entglitten waren. Er hätte halb Teheran umbringen müssen, um »Ordnung« zumindest vor der eigenen Tür zu schaffen, ein utopisches Projekt, das allein schon die US-Intervention blockierte. Auch hektische Korrekturen an der Oberfläche – halbherzige Einschnitte in die Korruptionsmaschinerie und der Austausch Premier Amuzegars durch den liberalen Sharif Emami – bewirkten nichts mehr. Letzterer galt ohnehin als »Freimaurer«, ein pauschal-konspiratives Etikett, das man gern solchen Privilegierten aufklebte, die sich vermeintlich zu eng am westlichen bzw. »britischen« Denken und Verhalten orientierten.[283]

Um so besorgter beobachtete die Entourage des Schahs, in welchem Tempo ihr gottgleicher Führer zu einem entschlußlosen Schatten seiner selbst verfiel. Dessen Möglichkeiten waren allerdings noch nicht erschöpft. Im Gegenteil, er hatte zwar das politische Heft aus der Hand gegeben, nicht jedoch das finanzielle. Er handelte Bakhtiar eine Verschiebung seiner als

»vorübergehend« deklarierten Ausreise ab, um ein Maximum an Vermögenswerten mitgehen zu lassen.

Dabei sollten die Kronjuwelen eine kuriose Rolle spielen. Insgeheim spekulierte der Noch-Schah auf die Macht des Schicksals, die auf wundersame Weise die Fortsetzung seiner »Dynastie« bewirken sollte. Die Kronen der Qadjaren und Pahlevis, die Platinkrone der Schahbanu Farah Diba, von den New Yorker Spitzenjuwelieren Van Cleef & Arpels gefertigt, das »Meer des Lichts« (*darya-e-nur*), der größte Rosédiamant der Welt, einst von Nadir Schah den Indern geraubt, erschienen als unverzichtbare Insignien einer zumindest symbolisch bewahrten Macht. Unbedingt sollten sie die Schahfamilie auf dem Weg ins Ungewisse begleiten.

Wie so oft, machte sich die »Macht des Schicksals« auf ganz andere Weise geltend. Die Türen der Schatzkammern in der National Bank of Iran öffneten sich nicht, weil die Direktoren und damit auch die Schlüssel verschwunden waren. Eine Woche lang rückte die Imperiale Garde den betonbewehrten Stahltresoren mit Sprengstoff, Schweißbrennern und Preßlufthämmern zu Leibe. Vergeblich: Was der Herrscher vor unbefugtem Zugriff geschützt hatte, öffnete sich auch dem unbefugten Herrscher nicht. Ein Spitzenprodukt westlicher Sicherheitstechnik hatte sich spektakulär bewährt.

Weniger spektakulär vollzog sich die endgültige Ausreise des Schahs am 16. Januar 1979. Zur Verabschiedung am Flughafen, wo ihm einst Tausende bestellter Jubler huldigten, hatten sich nur wenige Politiker und Offiziere versammelt. Als die Pahlevis die kaiserliche Boeing bestiegen, waren zuvor etliche Kisten mit diversen Vermögenswerten – Aktien, Anleihepapiere, Bargeld, Juwelen und Antiquitäten – im Frachtraum verstaut worden. Die Bank Omran (pers.: *omran* = Wohlfahrt), die jahrzehntelang die Geschäfte der Pahlevi-Stiftung abwickelte, machte ihrem Namen, d. h. dem Wohl der Schahfamilie und der Bankleitung, noch einmal alle Ehre.

Sie ging in betrügerischen Konkurs, indem sie alle Konten abräumte, nicht ohne die Kreditlinien bei In- und Auslandsbanken ausgenutzt zu haben. Als die Maschine abhob, verschwanden mit der Familie mindestens drei Milliarden US-Dollar im dunstigen Himmel Teherans, ganz zu schweigen vom Vielfachen dessen, was die Stiftung in weltweiten Bankverbindungen, Beteiligungen und Liegenschaften bunkerte. Allein eine Milliarde soll sich in Form von Bankschecks im Privatkoffer des Schahs befunden haben. Mindestens fünf Milliarden wurden zuvor von nahezu hunderttausend »Zufriedenen« transferiert, die zu ihren Konten ins Ausland emigrierten.

Ihnen erging es wesentlich besser als ihrem Herrn, der eine entwürdigende Odyssee antrat und die Früchte seiner »Arbeit« kaum genießen konnte. Erste Stationen in Ägypten und Marokko waren von kurzer Dauer, weil Präsident Sadat und König Hasan befürchteten, daß der Funke der islamischen Revolution auf ihre Länder überspringen könnte. Auch die USA hatten wegen der Möglichkeit terroristischer Anschläge dem Schah Einreiseverbot erteilt, hoben es allerdings auf, als die Behandlung seiner Krebskrankheit durch ein New Yorker Spezialhospital unvermeidlich geworden war.

Dort wurde er am 24. Oktober 1979 – nach Aufenthalten auf den Bahamas sowie in Panama und Mexiko – operiert. Nicht ohne Folgen: Elf Tage später besetzten Khomeynis Gotteskrieger die Teheraner US-Botschaft und nahmen das Personal für über ein Jahr – genauer: 444 Tage – in Geiselhaft. Die Amerikaner antworteten da, wo es weh tat: Sie sperrten die offiziellen Regierungskonten des Iran bei US-Banken und konfiszierten das Vermögen der Pahlevi-Stiftung. Deren Vorstand gehörte Ex-Außenminister Rogers an, der zuvor für geeignete Weichenstellungen sorgen konnte.[284]

In krassem Gegensatz zur gedrückten Stimmung bei der Abreise des Schahs stand der frenetische Jubel, mit dem Millionen begeisterter Iraner am 1. Februar 1979 dem Heimkehrer Khomeyni einen triumphalen Empfang bereiteten. »Wenn der Teufel geht, kommt der Engel«, hieß es in der religiös aufgeladenen Situation, die sich einige Tage später im ganzen Land nach schiitisch-islamischer Tradition entladen sollte.

Während Khomeyni Bakhtiar durch Bazargan ersetzte und mit Vertretern von Armee und Verwaltung verhandelte, wendeten Fidaiyan und Modjahedan das Machtblatt endgültig zu seinen Gunsten. Sie spielten ihre revolutionäre Stoßkraft und Guerilla-Erfahrung aus, als sie sowohl die Imperiale Garde als auch den SAVAK zur Auflösung zwangen und die politischen Gefangenen freiließen. Unter dem Eindruck dieser Entwicklung blieb die Armee in den Kasernen. Die Generäle verharrten unschlüssig, zumal Kadetten der Luftwaffe zu den Revolutionären überliefen. Auf die Möglichkeit des eigenen Eingreifens hin befragt, meinten US-Vertreter einsilbig, daß eine modern ausgerüstete Armee von siebenhunderttausend Mann vorhanden sei, die die alte Ordnung wiederherstellen könne, wenn das denn überhaupt wünschenswert erscheine.

2. Aufstieg des Neuen

a) Gottkönig Khomeyni

Was folgte, war eine Kulturrevolution der schiitischen Art, vor allem in den Bereichen Recht, Erziehung und Wirtschaft. Da der Westen und der Teufel identisch waren, mußte alles Westliche ausgerottet werden. Juristen, Lehrer und Professoren, die als »Vasallen teuflischer Ideologien« an ausländischen Universitäten studiert hatten, wurden von ihren Posten verjagt und durch schariakundige Mollahs ersetzt. Die Mudjtahids säuberten die Lehrpläne der Schulen und Universitäten vom »Schmutz westlichen Wissens«, setzten als Maßstab die reinen Inhalte der schiitischen Glaubenswerke ein und durchkämmten die Bibliotheken nach antiislamischer Literatur.

Nicht zuletzt mußte auch das westliche Steuer- und Profitsystem dem islamischen Konzept weichen. Die *Zakat*, die urislamische Almosensteuer, trat an die Stelle der modernen Steuertabelle, und westliche Banken sowie Kreditinstitute, die sich nicht dem islamischen Zinsverbot beugten, wurden geschlossen. In möglichst allen Bereichen sollte die perfekte Ordnung Allahs dort wieder ihren Platz einnehmen, wo die fehlerhaften Regeln des westlichen Irrtumssystems ihn streitig machten. Nach der Devise »weder Ost noch West« sollte nun nur noch die reine, islamische Lehre gelten.

Wer glaubte, daß diese Vorgänge friedlich ablaufen könnten, sah sich getäuscht. Häufig wird Allah dort als Rachegott tätig, wo man seine Macht beschneiden will. Bazargan mußte schnell erkennen, daß Khomeyni ihn nur als Übergangsfigur eingesetzt hatte. Seine Aufgabe war es, die erfolgreichen Linksgruppen zu neutralisieren und die klerikale Propaganda für die anlaufende Hinrichtungswelle zu unterstützen. Es begann eine mörderische Jagd auf Politiker, Offiziere, SAVAK-Leute und sonstige Profiteure, die zum großen Teil selbst Mörder bzw. Auftragsmörder waren. Kein Wunder, daß die Aktion zunächst auf Zustimmung bei der Bevölkerung stieß. Deren Gunst wollte Khomeyni nicht den abgelehnten Marxisten überlassen, sondern für sich selbst reservieren. Bakhtiar konnte von Glück reden, daß ihn Bazargan unter falschem Namen ausreisen ließ.

Da die Macht nicht vom Volk, sondern von Allah ausging, mußte der Klerus effektiv die »Herrschaft des Rechtsgelehrten« und damit auch die Funktion des Henkers übernehmen. Immer rabiater verdrängten der schiitischreligiöse Revolutionsrat und seine Aktionskommitees die linken,»weltlichen« Revolutionsgruppen. Als Scharfrichter setzte Khomeyni einen Mitstreiter aus Qum ein, den militanten Sadeq Khalkhali, der sich seiner Aufgabe mit großer Hingabe widmete. Niemand kennt die immense Zahl seiner Opfer, deren Hinrichtung in der ersten Phase der Revolution auf dem Dach jener Teheraner Koranschule erfolgte, in der auch Khomeyni wohnte. Dieser konnte »live« miterleben, wie Allah mit jeder Salve der Mordkommandos seine Vorstellung vom Gottesstaat erfüllte. Khalkhalis Credo befand sich in Harmonie mit der Ideologie seines Meisters. Selbst der »kritische Dialog« im Westen ließ seine Standardfloskel verstummen:»Das ist nicht der Islam«.

> »Gegner des Tötens haben keinen Platz im Islam. Unser Prophet tötete mit seinen eigenen gesegneten Händen. Unser Imam Ali tötete an einem einzigen Tage über siebenhundert Personen. Ist Blutvergießen für den Bestand unseres Glaubens vonnöten, sind wir da, unsere Pflicht zu erfüllen.«[285]

Als der von Allah berufene Vollstrecker der revolutionären Umformung rief Khomeyni am 1. April 1979 den iranischen Gottesstaat aus und legte im Dezember die neue Verfassung zur Abstimmung vor. Sie wurde mit 98 Prozent angenommen – ein untrüglicher Beweis für die Weisheit und Gnade Allahs sowie ihre Harmonie mit dem Willen des Volkes. In seinen Predigten betonte er ebenso, wie wichtig die Rolle der iranischen Kultur für die Entwicklung des Islam sei und mit der Revolution erneut zum Vorbild der islamischen Massen werden könne. Wenn sie sich ihrerseits von der westlichen Verschmutzung befreit hätten, so seine Vision, könnten sie das iranisch-islamische Modell auf die ganze Welt ausdehnen und auch den Verführten des westlichen Unglaubens das Heil bringen.

Die *wilayat-e-faqih*, die ideologische Expertenherrschaft, war nun effektiv in der politischen Praxis angekommen. Artikel 5 der Verfassung verfügt:

> »In der islamischen Republik Iran obliegen in der Abwesenheit des entrückten Zwölften Imam – walte Allah, daß er bald wiederkehrt – Auftrag und Befugnis zur Führung der Gemeinschaft dem gerechten, gottesfürchtigen, zeitgerecht unterrichteten, führungsfähigen Rechtsgelehrten zu, den die Mehrheit des Volkes als islamischen Führer anerkennt. Falls es einen solchen nicht gibt, übernimmt ein Rat islamischer Gelehrter die Führung.«

Damit lag alle Macht bei dem oder den Mudjtahids. Solange Khomeyni lebte, würde er unangefochtener »oberster Führer« (*mardja'-e-taqlid*) sein. In der Zeit nach ihm würde der »Wächterrat« aus geeigneten Gelehrten – je sechs linientreuen Theologen und Juristen – in Aktion treten und für die Befolgung des Glaubens sorgen. Diese oberste Instanz – selbst ohne

Kontrolle – führte den gesamten Staat, setzte den obersten Richter und militärischen Befehlshaber ein und überwachte die Regierung nebst Parlament.

Da eine solche politische Machtfülle von der traditionellen Schia keineswegs gebilligt wird, regte sich bei den orthodoxen Gelehrten alsbald Skepsis gegen Khomeyni als den »erleuchteten Führer des Volkes«. In bezug auf die Leuchtkraft des absoluten Machtanspruchs schien er sich kaum vom »Licht der Arier«, vom pahlevidischen Despoten, zu unterscheiden. Seine früheren Mitstreiter von der Shariati-Front, die Islamsozialisten und religiösen Intellektuellen, waren bereits kaltgestellt. Aber auch die Sympathisanten im »profanen« Mittelstand der Angestellten und Kleingewerbler wandten sich allmählich von ihm ab. Jemand, der in islamischer Maske den weltlichen Tyrannen nur kopierte, konnte kaum auf ihre Loyalität zählen.

Dies war die eine, schwächere Seite der Medaille. Die andere, wesentlich stärkere, bestand in der umfassenden Vollmacht, die der Verkünder des Islam und – vor allem – der Imam Ali den Machterben hinterlassen haben. Ihr metaphysisches Vermächtnis ist die physische Führung des schiitischen Staates durch die Mudjtahids und ihre Helfer. Sie erfüllen den gerechten Gottesstaat, wenn sie als Bewahrer der »Religion« überall im Land, in der Regierung sowie in den Städten und Dörfern, auf die Vorschriften Allahs pochen und diejenigen bestrafen, die von ihrer Einhaltung abweichen.

Nicht die Pasdaran und Basidj, die treuen »Glaubenswächter«, sondern Allahs Gesetze bestimmen dabei, ob jemand unislamisches Verhalten an den Tag legt. Ist dies hingegen der Fall, fordert Allah die Kontrolleure auf, sein Gesetz mit Prügel, Haft, Folter und Tod durchzusetzen. Von Willkür konnte also, wie im »teuflischen« Westen oft behauptet, keine Rede sein. Es ist die unendliche »Gerechtigkeit« des islamischen Schöpfers, der die Menschen auf die rechte Bahn bringt, im Diesseits wie im Jenseits.

Der *Wali-ye-Faqih*, der Führer der Islamischen Revolution, war sein Garant. Er verfügte über die »Erleuchtung«, die das Charisma des Verborgenen Imam in den schiitischen Staat trägt und seine Wächter mit »Weisheit« erfüllt, seien es die Mudjtahids, die obersten Kontrolleure des Parlaments, oder die ungebildeten »Glaubenswächter«, die als »Allahs Hände« jeden auf islamisches Normalmaß stutzten, der ihnen »unislamisch« in die Quere kam.

Sie führten den gerechten Djihad gegen die Abweichler vom Gesetz. Der Führer selbst hatte noch einmal daran erinnert, daß die Gebetsnische der Moschee (arab.: *mihrab*) zugleich auch der Startplatz für den Kampf und Krieg auf dem Weg Allahs ist, daß Beten und Töten eine untrennbare Einheit bilden (Rede zum Geburtstag Muhammads, 2.4.1981).

Da es gerade in der Anfangszeit zu viele auch auf gehobener Ebene gab, die der Gnade Allahs und der Weisheit seines Stellvertreters ausweichen wollten, dachte Khomeyni mit seinem Getreuen Khalkhali über eine geheime Killertruppe für die ungehorsame Elite nach. Auslöser war der spektakuläre Fall des Ayatollah Mortaza Motahheri, den die *forqan* (pers.: Unterschied), supergeheime Kontrolleinheit für interne Mollah-Angelegenheiten, 1979 wegen abweichenden Verhaltens liquidierte.

Diese Maßnahme war ein spektakuläres Beispiel für die charismatische Gewaltkonkurrenz in totalitären Systemen. Den Ultras erschien Motahheri bereits als Abweichler, obwohl er loyal im Islam »die Religion der Agitation, der Revolution, des Blutes, der Befreiung und des Martyriums« sah[286] und auch der Oberste Führer selbst nichts an ihm auszusetzen hatte. So hielt er sogar seine Grabrede, unternahm jedoch nichts gegen die Täter.

Gefragt war eine Organisation, die auf globalem Niveau geräuschlose Tötungen jeglichen Schwierigkeitsgrads ausführen konnte. Prominente Exilanten wie der ehemalige Premier Bakhtiar, der Schah-Neffe Shafiq oder auch die Schahbanu selbst traten zwar selten, aber mit um so wirksameren Statements an die Öffentlichkeit, die dem Regime nicht gefielen. Wer auch immer ins Fadenkreuz geriet – zumindest mußte man Zugriff auf Profis haben, die einen Auftrag schnell und zuverlässig ausführen konnten.

Dieses Projekt, das man dem unauffälligen Mollah Mahalati in völliger Selbständigkeit anvertraute, blieb ein Torso. In den ersten zwei Jahrzehnten wurden zwar mindestens sechzig Mordanschläge auf Exiliraner verübt,[287] doch wurde nicht erkennbar, inwieweit es sich um die üblichen Geheimdienstleute oder speziell ausgebildete Auftragsmörder handelte.

In Einzelfällen »gelang« es, bekanntere Zielpersonen wie Shafiq, elf Jahre später den Schah-Mitarbeiter Tabatabai oder wieder zwei Jahre später – in der sogenannten »Mykonos-Affäre« in Berlin – vier Angehörige der iranischen Kurdenpartei zu liquidieren, aber eine Mordmaschine von der geplanten Supereffizienz kam nicht zustande. Als man in Deutschland, das sich unempfindlich für den iranischen Staatsterror zeigte, Geheimdienstchef Fallahian 1993 zum Gespräch ins Kanzleramt lud, reagierte Romanautor Rushdie, langjähriger Khomeyni-Verfolgter, erbost: »Die Deutschen haben den roten Teppich für den größten Terroristen der Welt ausgerollt.«[288]

So konnte sich ein sehr erfolgreiches, in Deutschland besonders dichtes, teilweise mit Drogenhandel finanziertes Netzwerk bilden, das sich mit dem Ankauf verschiedenster Waffen beschäftigt – von der einfachen Pistole über Luftabwehrraketen bis hin zu Teilen von Trägerraketen, die bereits jetzt Israel bedrohen und möglichst auch Europa in den Griff nehmen sollen. Ebenfalls sehr beliebt sind »Dual-use«-Produkte, Apparaturen, die zivil und militärisch genutzt werden, wie z. B. medizintechnische Schalter, die man auch als Zünder für Atombomben verwenden kann. Vorbereitet und abgewickelt werden diese Aktivitäten in kunstvollen Kombinationen von Strohmännern und Scheinfirmen, die sich oft hinter der vielfach bewährten Camouflage von »religiösen Stiftungen« verbergen.[289]

In der inneriranischen Terrorvorbereitung hatte Mahalati mehr Erfolg mit einer anderen Aufgabe, die die Durchführung von Trainingsprogrammen für Selbstmord-AttentäterInnen vorsah. Sie bildeten die Basis für den »Export der Revolution«, der sich zunächst auf die Hizbollah im Libanon und die Hamas in Palästina konzentrierte. Bald wurden Zentren der Gotteskrieger-Ausbildung ruchbar – Orte in der Nähe von Teheran, Meshhed und Qum –, doch zog sich die Regierung darauf zurück, sich über Mahalati und seine Leute nicht äußern zu können. Wer mehr über sie wissen wolle, müsse sich schon direkt an sie wenden. Dabei blieb die Autonomie der Hizbollah unangetastet. Khomeyni reservierte sie als eine Art Prätorianergarde, um die Regierung kontrollieren und nach Bedarf einschüchtern zu können (s. u. S. 205, 211).

Wie die Linken, so sahen auch die liberalen Muslime in den Khomeyni-Parolen eine Vollmacht zu Willkür und Gewalt, die das Volk in eine islamisierte Version des Schahstaates preßte. Die triumphale Rückkehr des Ayatollah und der Sieg über die verhaßten »Lakaien des Imperialismus« hatte seinen Gewaltapparat zu einem Spiegelbild des Schahsystems, zu »Lakaien des Islamismus« werden lassen. Man hatte sich in einen Rausch der Macht gesteigert, der allen Beteiligten, Führern wie Schergen, eine Mentalität zwischen Allmachts- und Märtyrervisionen verschaffte.

Kein Wunder, daß auch Khomeyni selbst der iranischen Tradition nicht entging. Der Charakter seines Regiments ähnelte dem gottähnlichen Urmuster des »Königs der Könige« fatal – mit einem Unterschied: An die Stelle der biologischen Dynastie trat das schiitische Herrschaftsprinzip, das ihn zu einer einmaligen, nicht überschreitbaren und für alle Zeit gültigen Gestalt stilisierte. Vielen erschien Khomeyni als der sich aus dem Verborgenen offenbarende Imam, der Allahs Auftrag auf Erden erfüllte: »Husayns Blut fließt in Khomeynis Adern.«

Von »Demokratie« redeten in diesem Szenarium nur die Hütchenspieler der deutschen Politik, die sich unter dem Banner des »kritischen Dialogs« mit dem Iran versammelten. Dessen Führer sah in der westlichen Staatsform natürlich das wichtigste Feindbild überhaupt, das keinerlei Raum zu irgendeinem »Dialog« ließ. Während seine Bonner »Partner« um die wirtschaftliche Gunst der Mollah-Riege warben, verabfolgte ihnen der *wali-ye-faqih* eine politische Ohrfeige nach der anderen.

Nach den scheinliberalen Taqiya-Sprüchen im Pariser Exil hatte Khomeyni längst die Maske fallen lassen: »Akzeptieren wir die Säkularisierung und erlauben wir, daß unsere Herrscher von gewöhnlichen Leuten unter gewöhnlichen Politikern gewählt werden, brauchen wir auf das Ende des Islam nicht zu warten.«[290] Ayatollah-Kollege Mahalati stimmte aus vollem Herzen zu: »Der Islam wurde von seinen eigenen Herrschern besiegt, die das göttliche Recht im Namen der Säkularisierung westlichen Stils ignorierten. Der Westen erregte die Phantasie großer Teile unseres Volkes. Und diese Eroberung war für den Islam weit verheerender als jegliche Einbuße an Territorium.«[291]

Khomeynis Weg zum Gottesstaat war lang und mit Kämpfen gegen den Säkularismus gepflastert. Schon am Anfang hatte ein Mord gestanden, der im Jahre 1942 Ahmad Kasravi, Richter und profilierter Modernisierer des Iran, aus eben diesem Weg räumte. Von zwei Mitverschwörern ließ er den verhaßten Freidenker in seinem Büro im Teheraner Justizpalast erstechen. Die Aktion, die unter mehreren Zeugen stattfand, beseitigte nicht nur einen brillanten Kopf, sondern auch den gefährlichsten Vertreter des modernen Rechtswesens, das Reza Schah gegen die Scharia durchsetzen wollte.[292]

Kasravi, selbst Mollah und Sorbonne-Absolvent, war von der Kraft des Islam keineswegs überzeugt. Ihm fiel auf, daß die Muslime in ihrer Geschichte immer dort Erfolge erzielten, wo bereits abgewirtschaftete, dekadente Systeme, wie seinerzeit auch im sassanidischen Iran, darauf warteten, abgelöst zu werden. Ebenso sei die Schia kaum mehr als gehobener Schwindel, der sich allein schon in der monströsen Dumm- und Faulheit ihrer klerikalen Vertreter dokumentiere. Als Religion tauge der Islam allenfalls »für nomadische und barbarische Araberstämme, die sich in einem vorzivilisatorischen Zustand befinden«.

Damals hatte Khomeyni eine mediokre Streitschrift verfaßt, die in der Wortgewalt des gebildeten Islamfeinds unterging. Die Frustration hielt sich in Grenzen, weil er gleichzeitig Kasravis »Blut für wertlos erklärt« und ihn damit nach schiitischem Recht zur – alsbald durchgeführten – Ermordung durch jedermann freigegeben hatte. In der Mollahschmiede Qum feierte man den Mörder und seine Hintermänner als Helden des Djihad. Sie wurden zur Keimzelle der *Feda'iyan-e-Islam*, die zu einer wichtigen Hintergrundmacht aufstieg, zeitweilig auch Mosaddeq unterstützte und mit Drohung und Gewalt die iranische Politik erheblich mitbestimmte.

Knapp vier Jahrzehnte später hatte Khomeyni den Spitzenrang erklommen, den ihm keiner streitig machte. Nun verschaffte er dem Islam Weltgeltung, indem er die US-Botschaft besetzen ließ. Mit dieser Maßnahme gegen den säkularen »Satan USA« hatte sich die Macht Allahs ruhmreich bestätigt und das kollektive Erfolgserlebnis der iranischen Massen noch weiter gesteigert. Ihren Führer umgaben sie bereits zu Lebzeiten mit einer mythischen Aura, deren Schwung der geborene Diktator kongenial nutzte. In guter schiitischer Tradition war der imamitische »Ruf«, die Herrschaft Alis und seiner Revolution in alle Welt zu tragen, zunächst in die besonders irregeleiteten Länder der islamischen Region – Saudi-Arabien und Irak.

Die Saudis erschienen aus mehreren Perspektiven problematisch. Sie waren nicht nur Vertreter des verhaßten Königtums, das man in Iran gerade »zum Teufel« gejagt hatte; sie waren auch die »Vasallen« eben dieses Teufels, der sich besonders perfide in den USA und der ARAMCO-Ölkonkurrenz inkarnierte. Mithin war es pure Sünde, solchen doppelt dekadenten Machthabern die Kontrolle der heiligen Stätten in Mekka und Medina sowie die jährliche Wallfahrt zu überlassen. Das Öl und die Pilgerströme waren die Lebenssäfte ihrer Herrschaft, die gewissermaßen das islamische Naturrecht mißbrauchte.

In kürzester Zeit hatten iranische Religionsagenten ein schiitisches Werbesystem eingerichtet, das schon bei der Wallfahrt im Herbst 1979 große Erfolge verbuchte. Zwei Millionen Schiiten marschierten durch die Straßen Mekkas und demonstrierten für die Revolution des Ayatollah Khomeyni, den eigentlichen, echten Islam. Sie in Schach zu halten, war eine nicht einfache, aber letztlich machbare Aufgabe für die saudischen Sicherheitsbehörden.

Weniger erfolgreich verlief eine spektakuläre Schiitenaktion, die kurz danach das islamische Jahr 1400 (21. November 1979) einläuten sollte. Iranische Agenten und arabische Widerständler ließen einen »Mahdi« auftreten, der zum islamischen Aufstand gegen die saudische Königsfamilie und ihre »Westoxication« aufrief.

Seit ihnen die ARAMCO Massen von Dollars und blonden Frauen ins Land schickte, so der »Mahdi«, seien sie vom Islam abgefallen und hätten nichts als Wein, Spiele und Musik im Kopf. Mithin seien diese verkommenen Unterdrücker der sunnitischen Brüder genauso wegzufegen wie die pahlevidischen Westlakaien, die sich so lange am Vermögen des iranischen Volkes gütlich getan hätten. Die Abneigung beruhte auf Gegenseitigkeit: Im Austausch von Propaganda-Plaketten erschien den Orthodoxen des Wüstenstaates die Schia wie ein kaschierter Aufguß des Zarathustra, wie »die Religion des Magus unter einem dünnen islamischen Schleier«.[293]

Um ihren Forderungen Nachdruck zu verleihen, besetzten die Aufrührer die Große Moschee in Mekka, wobei sie offenbar auf einen langen Aufenthalt eingerichtet waren. Zuvor hatte man die Wächter bestochen und in den Katakomben unterhalb der Kaaba große Vorräte von Waffen, Munition und Proviant gelagert. Da Polizei und Militär Saudi-Arabiens sich zur Lösung des Problems außerstande erklärten, ohne das ganze Heiligtum in die Luft zu sprengen, sah König Khalid seine Herrschaft akut bedroht. Er wurde seinem Ruf als »Vasall« gerecht und bat den Westen um Hilfe, die USA und England vergeblich, Frankreich mit Erfolg. Nach zweiwöchigen Kämpfen und mehreren hundert Toten hatten die Antiterrorspezialisten den Aufstand niedergeschlagen und das »Ende des falschen Mahdi« verkündet.

Um dies bewerkstelligen und den Sakralbereich überhaupt betreten zu können, hatten sich die Franzosen zuvor formal der Gemeinschaft Allahs angeschlossen. Als ihre Aufgabe beendet war, folgte das eigentliche »Nachspiel«: Islamischem Recht gemäß wurden die knapp siebzig Rädelsführer in über das ganze Königreich verteilten Hinrichtungen öffentlich geköpft. Die saudischen Imame waren indes uneins über die Rechtmäßigkeit der Maßnahme. Der »Mahdi« war promovierter Theologe, Schüler eines renommierten Islamlehrers und hatte Argumente vorgetragen, die den Glaubensabfall der Machthaber nach der Scharia korrekt belegten.

Die Teheraner Ayatollahs interpretierten die Saudi-Reaktion als Anregung zu weiteren Aktionen. Als nächstes Ziel zum »Export der Revolution« hatte Khomeyni den Irak ausersehen, denn auch dort befand sich die Krebskrankheit der schleichenden Verwestlichung in einem unübersehbar fortgeschrittenen Stadium. Die schon 1947 gegründete, irakische Baath-Partei (arab.: *ba'th* = Erweckung) fußte auf einem arabischen Kulturnationalismus mit sozialistischem Einschlag, der dem säkularen Staat Vorrang vor dem Islam gab und die Koranschulen zurückdrängte. Auf der Basis des iranischen Kulturnationalismus hatte der Schah eine im Grunde vergleichbare Politik betrieben, lehnte allerdings als »Licht der Arier« die semitischen Schiiten des Irak ab.

Khomeyni setzte natürlich den exakten Gegenpunkt. Für ihn spielten Semiten und »Arier« keine Rolle, solange sie Schiiten waren, und die stellten im Irak immerhin über die Hälfte der Bevölkerung. Da er das irakische Konzept aus seiner Exilzeit gut kannte, erschien es ihm ideologisch besonders gefährlich. Denn es propagierte nicht einfach den säkularen Staat, sondern band den Islam als »metaphysischen Sozialismus« ein, als sekundäre Hintergrundmusik. Die »erste Geige«, die politische Hauptrolle, spielte eine nichtreligiöse Erziehungsdiktatur, jene unverzichtbare Einflußsphäre, deren orthodox-islamischen Anspruch er selbst einst hatte gegen die Shariati-Front durchsetzen müssen. Um so wichtiger war es, die Schiiten des Irak von solchen westlich verseuchten Kultur-»Lakaien« zu befreien, wenn nicht gar in den iranischen Gottesstaat zu holen.

In Syrien entwickelte sich eine Baath-Version, die mit den gleichen Phrasen von panarabischem National-Sozialismus arbeitete, aber eine alevitische Schia vertrat und damit in striktem Gegensatz zum sunnitischen Irak stand. So durchgängig die Gewaltparallelen ihrer Machtwechsel sind, so krass wurde der Gegensatz im unmittelbaren Konflikt. Im historischen Blutbad von Hama schlachteten die als »tolerant« geltenden Aleviten Syriens 1982 etwa fünfundzwanzigtausend Sunniten ab.[294] Kein Wunder, daß Khomeyni die syrische Baath-Variante ungeschoren ließ, zumal ihm Präsident Asad Hilfe gegen den gemeinsamen irakischen Feind angeboten hatte.

Denn inzwischen rüstete Saddam Husayn die Armee des Irak gewaltig auf. Die Westmächte versorgten ihn mit modernster Waffentechnologie, um ein Gegengewicht zum unberechenbaren Gewaltpotential des erratischen Ayatollah zu schaffen. Der hatte inzwischen den »Ruf des Islam« (da'wat ul-islam) aktiviert, eine Gruppe irakischer Islamisten, die an die glorreiche »Rufer«-Tradition der Schia anknüpfen sollten.

Mit massiver Unterstützung der Zentrale in Qum ließen sie ihre Aktivisten im ganzen Land ausschwärmen, um die schiitische Einheit des Irak zu sichern. Nach bewährtem Muster bildeten sie militante Zellen aus, verbreiteten antisunnitische Propaganda und führten den Guerillakampf aus dem Hinterhalt. Sie wollten kämpfen, »bis die Banditen der Baath-Partei aus dem Irak verschwunden sind«, ein Konzept, das gut zwei Jahrzehnte später auch die Amerikaner nach ihrem Einmarsch in den Irak zu spüren bekommen sollten.

Die Feindseligkeiten häuften sich, bis der Irak entgegen dem Vertrag von Algier (1975) die Grenzlinie von der Mitte des Schatt-al-Arab an das iranische Ufer verlegte. Schiffe, die den Ölhafen Abadan anlaufen wollten, brauchten nun die Genehmigung des Irak – aus Sicht des Ayatollah ein Affront ohnegleichen. Um den 19. September 1980 traten Panzer- und Artillerieverbände beider Seiten in Aktion. Mit dem Iran-Irak-Krieg hatte ein achtjähriger Abnutzungskampf begonnen, der beide Seiten eine Million Menschen und jeweils – niemand weiß es genau – zwischen zwanzig und vierzig Milliarden US-Dollar kostete. An den Territorien änderte sich wenig. Die USA sorgten dafür, daß die überlegenen Truppen des Irak am Ende des Krieges nicht in den Iran einmarschierten und der Ayatollah sich ohne großen Gesichtsverlust aus dem »Heiligen Krieg« zurückziehen konnte.

b) Blut für Allah

Nicht nur wegen der Rüstungsgeschäfte hatten sowohl die USA als auch die Sowjetunion den Krieg nicht ungern gesehen. Beide hegten unterschiedliche Hoffnungen, die am Stehvermögen Khomeynis und seiner Propaganda scheiterten. Als Ergebnis des Krieges erwarteten die Amerikaner kurzfristig eine Lösung des Teheraner Geiselproblems und mittelfristig die Ablösung des Ayatollah durch eine Zivilregierung. Mit großem Mißvergnügen hatten die Russen ein Jahr zuvor das Wechselspiel verfolgt, mit dem der Revolutionsführer die moskaugestützten Tudeh-Leute nutzte, sich in den Sattel helfen zu lassen, um sich ihrer dann um so brutaler zu entledigen. Von einem geschwächten Khomeyni erhoffte man sich daher die effektive Rückkehr der marxistischen Linken in die Arena der iranischen Machtpolitik.

Die Verhältnisse entfalteten sich allerdings anders als erwartet. Zwar waren die Mollahs denkbar schlecht vorbereitet in den Krieg gegangen, doch kämpften die islamischen »Wächtergarden« mit einem enormen Einsatz, der die fehlende militärische Ausbildung weitgehend wettmachte. Welle auf Welle todesbereiter Kämpfer ging gegen die irakischen Stellungen vor oder griff auch ohne panzerbrechende Waffen die Panzer an, um mit geballten Ladungen und Brechstangen ihre Kanonen und Ketten lahmzulegen. Durch das gefährliche Gelände bahnten ihnen zigtausende Kinder den Weg, die sich als menschliche Minenhunde in die Luft sprengten.

Dabei half die Märtyrer-Ideologie, das massenhafte Sterben zu erleichtern. Immer wieder mußte das »Blut Husayns« herhalten, das sich durch das Blut der heldenhaften Iraner erneuerte, um dem Islam Leben zu geben und das Paradies näherrücken zu lassen. Hier zeigte sich, warum Marx in der ideologischen Auseinandersetzung Husayn unterlegen war. Wenngleich selbst durchaus gewaltgeneigt, hätte er diese gigantischen Menschenwellen nicht motivieren können. Zwar empfahl auch er, den Feind »nicht zu widerlegen, sondern zu vernichten«, doch im internen Vergleich war seine Ideologie für martyriumsbereite Schiiten kaum attraktiv, eben »blutleer«.

Ab 1983 verlagerte sich der Schwerpunkt des Krieges in den Golf. Seit die Iraker die iranischen Ölanlagen mit den teuren, aber genauen »Exocet«-Raketen aus Frankreich beschossen, wurde die Lage für Teheran schwierig. Mit sinkenden Öleinnahmen sank auch die Kriegsfinanzierung, was die Überlegenheit des Feindes verstärkte. Man hatte zwar die Luftabwehrrakete vom Typ »Hawk« im Depot, konnte sie aber nicht einsetzen, weil das US-Waffenembargo die Lieferung der Steuermodule blockierte.

Dennoch beschaffte man sie von den USA selbst, eine kriminelle Aktion zwischen Geheimdienst- und Regierungsmafia, die als Iran-Contra-Affäre bzw. »Irangate« bekannt wurde und Präsident Reagan in Schwierigkeiten brachte. Wie das Stockholmer Institut für Friedensforschung ermittelte, waren seinerzeit außer Frankreich und den USA nicht weniger als weitere 42 Länder zu Waffenlieferungen an die Mollahs bereit. Darunter befanden sich Deutschland und Israel, die schon seit den 50er Jahren gute Beziehungen zum Iran unterhielten.

»Irangate« reichte bis 1980 zurück und verdankte sich im Grunde einer doppelten Übereinstimmung zwischen Khomeyni und der amerikanischen Seite. In Verhandlungen zwischen Bush sen. und Rafsandjani war man sich zunächst einig, daß Präsident Carter möglichst nicht wiedergewählt werden sollte, so daß man die US-Botschaftsgeiseln erst nach der Wahl freiließ, um seine Wahlchancen nicht zu fördern.[295] Ein halbes Jahr später traf es Staatspräsident Bani Sadr. Den Amerikanern war er zu links, dem Ayatollah zu säkular, was im Grunde auf dasselbe hinauslief. Allerdings war er nicht ganz schuldlos an seiner unsanften Entlassung im Juni 1981. Zu offen hatte er mit den Volksmodjahedan paktiert, die Khomeyni ablehnte, zu offen seine Sympathien für die Kurden kundgetan, die viele ablehnten, und schließlich zu laut darüber nachgedacht, ob es überhaupt sinnvoll sei, den Staat durch Kleriker führen zu lassen.

Die nachfolgenden Ereignisse konnten in der Tat den Eindruck vermitteln, daß die Amerikaner immer noch oder schon wieder den Iran kontrollierten oder zumindest einen intakten Draht zum Ayatollah unterhielten. Als Schahersatz strebten sie angeblich eine Zivilregierung an, die nun unter Bani Sadr – zusammen mit dessen guten Kontakten zur Armee – hätte entstehen können. Statt dessen zogen sie nun jedoch den frommen Führer vor, der sie offiziell als »Großen Satan« titulierte. Bani Sadr und der Chef der Modjahedan, Mosawi Radjawi, wußten, was die Stunde geschlagen hatte: Sie verließen fluchtartig das Land und ließen sich in Paris nieder.

Khomeyni schätzte es, von anderen unterschätzt zu werden und im Machtpoker daraus Vorteile zu ziehen. Wenig später übte er sich an einem weiteren Risikofaktor, der ihm vielleicht noch gefährlicher als Bani Sadr werden konnte, am ehrgeizigen und weltläufigen Ayatollah Sadeq Qutbzadeh. Er genoß anfänglich Khomeynis Vertrauen, weil er ihm die Aufenthaltserlaubnis in Frankreich beschafft hatte. Mit seiner Pariser Lebensgefährtin in den Iran zurückgekehrt, übernahm der gewandte »Geistliche« den Posten des Außenministers, fiel aber bald in Ungnade.

Er hatte die Stirn besessen, die elegante Französin, noch dazu unverheiratet, ihn zu einer Audienz beim Führer begleiten zu lassen. Dergestalt beleidigt, schenkte der Frauenfeind Khomeyni nur zu gern Qutbzadehs einflußreichen Konkurrenten Glauben, die ihn eines umstürzlerischen Komplotts bezichtigten und hinter den Kulissen sein Todesurteil betrieben. Als der selbstbewußte Delinquent das Angebot ablehnte, zu seiner Rettung öffentliche Reue zu üben, ließ ihn Khomeyni hinrichten.

Währenddessen wurde der Iran-Irak-Krieg zum Golfkrieg im Sinne eines Kampfes um kriegsfinanzierende Tankertonnage. Als das Emirat Kuweit irakisches Öl unter kuweitischer Flagge fahren ließ, war die iranische

Toleranz überschritten. Bei afghanischen Mudjahidin versorgte man sich mit amerikanischen Stinger-Raketen, die nun gegen amerikanische Interessen eingesetzt wurden – bei der US-Waffendominanz eine gar nicht so seltene Kuriosität.

Abgeschossen von auf drei Golfinseln stationierten Schnellbooten, waren die Stingers eine wirkungsvolle Waffe, die zusammen mit einer selektiven Verminung der Wasserstraße den irakischen Transport empfindlich störte. Als flankierende Maßnahme verkaufte man das eigene Öl zwei Dollar unter dem Weltmarktpreis, was viele Reedereien das Risiko eingehen ließ, ihre Schiffe zu verchartern. Solcher Mut wurde zusätzlich angeregt, indem das iranische Ölministerium den Prämienaufschlag der Versicherung und die Reparaturkosten für Schäden durch irakischen Beschuß zahlte.

All das war kurzzeitig sinnvoll, aber einer von der Armee entwickelten Strategie unterlegen, die man auf Befehl des Obersten Führers allerdings nicht weiter verfolgte. Auf der Halbinsel Fao installierte Raketen vom Typ »Seidenraupe«, ein chinesisch-nordkoreanisches Produkt, stellten eine ernste Bedrohung für Tanker und vor allem den kuweitischen Ölhafen dar. Feldherr Khomeyni verbot jedoch ihren Einsatz unter dem Vorwand, den Krieg nicht eskalieren zu lassen.

Der eigentliche Grund waren in Kuweit verborgene, schiitische Kampfzellen, denen man aus Sicht des religiösen Ideologen die Vernichtung des Emirs, des »Vasallen des Satans«, nicht vorenthalten durfte. Der rückte wiederum die Dinge auf seine Art zurecht, indem er mit CIA-Hilfe wenig später diese Zellen ausheben und ihre Führer öffentlich hinrichten ließ. Die Maßnahme verfehlte ihre Wirkung auf die iranische Öffentlichkeit nicht, zumal Khomeyni auch danach nicht auf den Raketenknopf drückte. Die Weisheit des größten aller Führer und Feldherrn schien fehlbar zu sein.

Denn nun griff Saddam seinerseits die Raketenidee auf, brachte Anfang 1988 die moderne Scud B in Stellung und nahm Teheran unter Beschuß. Die Experten wußten seit langem, daß der Krieg gegen die überlegene Waffentechnik der Iraker und den latenten Willen der Westmächte nicht zu gewinnen war. Mit jedem Raketeneinschlag erhellte sich jetzt endlich auch den engstirnigsten Mollahs die Erkenntnis, daß ihre eigene Schaltzentrale, die klerikale Macht selbst, in Gefahr geriet.

Hinzu kamen Gerüchte, nach denen die Scuds bald auch mit tödlichem Nervengas bestückt sein würden, das zwar viele Opfer, aber sozusagen »schiitisch unkorrekte« Opfer fordern würde. Die Mollahs stritten darüber, ob der unblutige Gastod überhaupt die Bedingungen des Märtyrertums erfüllen könnte. Denn nach gängiger Lehre muß das Blut des Muslim möglichst tödlich fließen, um »paradiesfähig« zu sein.

Neben spürbarer Kriegsmüdigkeit drückte solche Verunsicherung zusätzlich auf die Opferbereitschaft der Gläubigen. Als in dieser Lage Anfang Juli 1988 eine Verkehrsmaschine der Iran Air – eher durch Versehen – mit 290 Iranern an Bord vom US-Lenkwaffenkreuzer »Vincennes« abgeschossen wurde, griff Khomeynis abgenutzte Blutsprache kaum noch. Denn statt seiner nochmals beschworenen Vision von einem »Himmel rot mit Amerikas Blut« standen Erzfeind Saddams Truppen inzwischen sehr real auf iranischem Boden.

Um diesen Boden, geschweige denn nicht auch noch den Himmel darüber mit iranischem Blut zu färben, gab der Führer dem Drängen des Oberbefehlshabers Hashemi Rafsandjani nach und stimmte einem Waffenstillstand zu. Nicht der Einsicht folgend, sondern erst konfrontiert mit dem drohenden Totalsieg des Gegners und dem Verlust der eigenen »Ehre« begann sich die Opferhysterie des Diktators abzukühlen.

Die wahnhafte Flut des »Bluts für Husayn«, in der Hunderttausende Iraner umgekommen waren, wandelte sich rasch zu einem nüchtern kalkulierten Menschenpotential. Dessen etwaiger Tod hatte nichts mehr mit Husayn zu tun und war sinnlos geworden, weil er Khomeynis persönliches Ehrkonto belastete. Zwar erschien die spezifisch orientalische Logik des Potentaten dem radikalen Philosophen M. Foucault als »bürgerlich« (s. u. S. 218), doch war der Krieg am 20. August 1988 zu Ende.

Wie wir aus der kollektiven Psychologie wissen und weiter ausführen werden, verübeln es die indoktrinierten Massen ihren Führern, wenn deren Rhetorik ihnen kein identitätsstiftendes Zwangs-Denken und -Verhalten vermitteln kann. In dem Maße, in dem der Zwangs-Reflex nachläßt und nicht durch andere Stereotypen ersetzt wird, ist es um den Führer geschehen. Sein Charisma lebt von der Fähigkeit, die Führungssuggestion zu bewahren, sie möglichst auch von der eigenen Person abzukoppeln und Epigonen zu zeugen, die den Urheber nachahmen, weil seine Ausstrahlung bzw. die seiner Idee Macht vermittelt.

Für diesen uralten Zusammenhang ist Khomeyni ein Paradefall, denn ihm gelang diese Verselbständigung nur bedingt. Sein Charisma war ohne Zweifel gegeben, aber von Anbeginn gespalten zwischen einer starken Persönlichkeit und einer Ideologie, die der Schia einen illegitimen Herrschaftsanspruch aufgezwungen hatte. Gerade für eine messianische Lehre, die sich als Zuflucht für die Unterdrückten gegen die Willkür der Obrigkeit verstand, mußte dies nicht nur ein theoretisches Problem, sondern ein gefährlicher, praktischer Schritt sein, weil er die Lehre in offene Konkurrenz mit anderen, vor allem weltlich-elitären Systemen brachte. Hatten die Mollahs zuvor die Könige und Wesire, Minister und Politiker aus der sicheren Deckung heraus beobachtet und kritisiert, standen sie nun selbst an den Hebeln der Macht und waren an ihren Taten meßbar geworden.

Das eigentliche Problem war dabei, daß mit den Mollahs auch die »göttlichen Gesetze« meßbar geworden waren, die sie ihren Handlungen angeblich zugrunde legten. Im Grunde mußte sich Khomeynis Gotteskonzept auf ganz harmonische Weise zum Idealstaat an sich entwickeln. Denn wie die islamische Ideologie sagt und sich auch im westlichen »Dialog« ständig bestätigt, soll Islam nicht nur mit Frieden identisch, sondern die bestmögliche Lebensform überhaupt sein (3/111).

Subjektiv handelte Khomeyni richtig, indem er als erste größere Maßnahme alle Systemgegner liquidierte, um den islamischen »Frieden« im eigenen Lande herzustellen. Im zweiten Schritt widmete er sich dann Ländern wie Saudi-Arabien und Irak, die von Vasallen des Westens geführt wurden und/oder Allahs Ordnung westlich verfälscht hatten. Grundsätzlich kommt es also dort zu Gewalt und Krieg, wo der Frieden des Islam noch nicht perfekt eingerichtet ist. Mit anderen Worten: Der Krieg geht dem Frieden des Islam voraus, um die bestmögliche Lebensform zu installieren.

Weiter oben haben wir festgestellt, daß zu den obersten Prinzipien des Islam die »Gerechtigkeit« gehört. Wenn es nach dem Koran ginge, müßten vor Allah alle Gläubigen gleich sein (16/97). Aus erkennbaren Gründen ist diese Bedingung zu schwierig, als daß es weltweit jemals ein solches System gegeben hätte. Nicht jedoch aus Sicht der islamischen Ideologie, die »Gerechtigkeit« im Sinne der koranischen Vorschriften versteht. Im Umgang mit feindlichen Gruppen wird dies besonders deutlich. Wenn sie »gerecht« behandelt werden, dann natürlich nach den geltenden Regeln, die je nach Härte des Falles die Grenzstrafen bzw. den Tod vorsehen.[296]

Im pragmatischeren, innergesellschaftlichen Bereich ist die islamische »Gerechtigkeit«, und viele realistische Muslime sehen es ebenso, allenfalls als *Tendenz* zu verstehen, den Ausgleich der sozialen Unterschiede *systematisch* anzustreben. Allerdings läßt sich eher das Gegenteil einer solchen Tendenz feststellen, nämlich daß in kaum einer Kultur die soziale Ungerechtigkeit größer ist als im Islam.

Ein wesentlicher Grund hierfür liegt wiederum im Prinzip des islamischen Friedens, das nicht auf einer demokratischen, sondern einer feudalen Ordnung beruht. Da Allahs Gesetz als Verfassung des islamischen Staates der oberste Maßstab für alle Bereiche der Gesellschaft ist, hat diese sich auch eine entsprechend feudale Struktur bewahren können. Nach wie vor sind Militär, Grundbesitz, Klerus, Handel und Bürokratie die staatstragenden Kräfte. Innerhalb dieser kartellartigen Struktur gibt es individuelle Unterschiede zwischen den Staaten, doch ist in keinem von ihnen die

Deutungshoheit von Allahs Gesetz auf eine demokratische Verfassung übergegangen. Das »Parlament« wählt keinen Staatschef, der nicht den Segen des Machtkartells hat.

Am allerwenigsten im Iran. Khomeyni hatte eine Machtfülle an sich gezogen, die oft Vergleiche mit dem Islamverkünder Muhammad provozierte. Gerade weil er das »göttliche Gesetz« in seiner reinsten Form auf den Gottesstaat angewandt wissen wollte, beanspruchte er die obersten Ebenen in Politik, Religion und Recht. Demgemäß kam es für ihn nicht in Frage, die traditionellen Herrschaftsbereiche des Gottesstaates – Militär, Grundbesitz, Klerus etc. – zu ändern. Die islamische, also »gerechte« Feudalstruktur blieb unangetastet.

Da das System Allahs als perfekt gilt, muß jede Änderung negative Folgen, wenn nicht gar »westlichen Schmutz« nach sich ziehen. Somit ist allein der Begriff der »Reform« bereits ein anstößiger Angriff auf den Gottesstaat. Die Landreform wurde zum besonderen Stein des Anstoßes, der unter Mollahs und Politikern zu endlosen und nahezu ergebnislosen Diskussionen führte. Daß sie bis heute aussteht, ist einer der wichtigsten Gründe für die völlig unnötige Rückständigkeit Irans und seiner verelendenden Landbevölkerung.

Die Landreform war nicht nur unislamisch, sie hatte auch noch eine Art Schahgeruch aus der »Weißen Revolution« an sich, mit dem man im klerikal geführten Machtkartell besser nichts zu tun bekam. Von den wenigen unbedeutenden Maßnahmen blieben die großen Landbesitzer, zu denen immer mehr Mollahs gehörten, ungeschoren. Die Folge war, wie in islamischen Staaten besonders häufig zu beobachten, eine ungeheure Landflucht. Während der zehnjährigen Ära Khomeyni (1979–1989) verdoppelte sich allein die Bevölkerung Teherans von fünf auf zehn Millionen, im Land insgesamt stieg sie um knapp 50 Prozent von 36 auf 53 Millionen – eine seinerzeit weltweit führende Wachstumsrate, die sich inzwischen bei derzeit um 70 Millionen deutlich abgeschwächt hat.

Die Bewahrung des traditionellen Machtkartells bewahrte auch die Korruption. Was die Mollahs der Schahclique vorgeworfen hatten, betrieben sie nun selbst. Dies allerdings in weit größerer Dimension, weil die Öleinnahmen stetig anstiegen. Gemessen am Zeitaufwand zur Sicherung der »nützlichen Abgaben«, traditionell ergiebig im Projektbereich sowie im Ex- und Importgeschäft, schien die Einhaltung der »göttlichen Gesetze« nebensächlich geworden zu sein.

Die »Geistlichen« bestätigten eine alte Erfahrung: Die islamische »Moral« hat nichts mit Religion zu tun; sie besteht im Nutzenprinzip, das systematisch den Stärkeren begünstigt. Es ist diese Moral des Stärkeren, die auch

den Eliten des Westens zu eigen ist und die Islamisierung in der Globalisierung antreibt – mit der »eurabisch-euranischen« Intensiv-Variante in
Europa. Über die schiitische Urteilsinstanz des Idjtihad war eine defekte,
aber deutliche Verbindung zur europäischen Ideologiebildung entstanden,
die auch dem gebildeten Islambewunderer Lewis nicht entgangen ist. Er
bleibt jedoch die Erklärung für seine skurrile Sicht schuldig, nach der die
islamische Revolution zwar revolutionär, aber nicht islamisch gewesen sein
soll:

> » … die mit der Festigung der Macht einhergehende Mischung aus Repression
> und Subversion, von Gewalt und Indoktrination – all das ist viel mehr dem
> Beispiel Robespierres und Stalins verpflichtet als dem Mohammeds und Alis.
> Solche Methoden dürfen schwerlich als islamisch bezeichnet werden, sie sind
> jedoch durch und durch revolutionär.«[297]

Wie wir jetzt wissen, liegen die Dinge so einseitig nicht. Vielmehr geht in
beiden Totalitarismen – in Europa und im Islam – die gewaltsame Gleich-
schaltung dem »Frieden« voraus. Der große Al-Ghazali (gest. 1111) sah das
nicht anders: »Allah vollbringt mit Schwert und Speer, was er nicht mit Beweisen erreicht.«

E
Revolutionäre Praxis

Alis Kampf gegen die Juden von Medina –
Vorbild für den modernen Iran

1. Wirtschaft – Allahs Manager

a) Der Nutzen des Islam

Wie die Rechte der Frauen und der Minderheiten bedeutet auch das moderne Wirtschaften eine systematische Herausforderung für die islamische Ideologie. Im Rahmen des globalen Produktivitätsfortschritts erlangt sie sogar existentielle Bedeutung. Wer dem ökonomischen Handeln ein nach dem Markt orientiertes Profitkalkül zugrundelegt, muß sein Denken und Verhalten entlang eben dieser Leitlinien entwickeln. Es entsteht die Frage, ob die besondere Geschlossenheit des islamischen Rechtssystems eine solche Rationalität problemlos zuläßt.

Wie wir wissen, ist die Verfassung des islamischen Staats der Koran, ein unveränderbares Dokument, das sich mit den Verordnungen der Tradition zur Scharia verbindet. Entgegen den säkularisierenden Strömungen gewinnt nun seit Jahren wieder die Vorstellung von einer göttlichen Ordnung an Gewicht, die gemäß dem Modell des Verkünders Muhammad eine ideale Heilsverantwortung zwischen Regierenden und Regierten zugrunde legt. Die Revolution des Iran erhebt den Anspruch, sie erneut – allerdings nach schiitischen Kriterien – zu verwirklichen.

Da dieses Modell alle Bereiche des Lebens umfaßt, geht es auch davon aus, die ideale Wirtschaftsform zu enthalten. Es gibt jedoch keine islamische Wirtschaftstheorie, und auch die realen Verhältnisse – im Vergleich zum Westen – sind weit vom Ideal entfernt. Mithin ergibt sich ein Dilemma: Die maßgeblichen Führungsebenen des Orients müssen begründen, warum das göttliche Wirtschaftssystem des Islam der westlichen »Welt«-Wirtschaft unterlegen ist.

Ihnen wird diese Aufgabe dadurch erleichtert, daß der gesamte Denk- und Verhaltensrahmen der islamischen Gesellschaft auf dem Gedanken einer universalen Gerechtigkeit aufbaut, die nach dem Motto »der Weg ist das Ziel« permanent im Raume steht. Nach wie vor übt dieser Gedanke eine große Faszination auf die Menschen aus, legitimiert die politische Macht und bestimmt auch generell die wirtschaftliche Ratio. Im arabischen Raum herrscht die Auffassung vor, daß was noch nicht vollendet ist, auch nicht den Anspruch auf sofortige Perfektion erheben kann. Deren Erreichen ist dem unerforschlichen Ratschluß Allahs vorbehalten, unterliegt aber keinerlei Zweifel, weil die islamische Gemeinschaft die beste aller erreichbaren Lebensformen ist (3/111).

Auch Revolutionsführer Khomeyni machte seinerseits unmißverständlich deutlich, daß die Ordnung Allahs jedem anderen System überlegen sei, wenn man sie ungestört umsetzen könne. Im Iran habe man das Ideal »grundsätzlich« verwirklicht, aber seine Leistungsstärke noch nicht beweisen können, weil der Kolonialismus des Westens jeden Ansatz – eben aus Angst vor der islamischen Überlegenheit – zerschlagen mußte. Die »Imperialismus-These« ist zu einer der wichtigsten Schablonen geworden, die sowohl bei den Original-Islamisten als auch ihren westlichen Helfern gleichermaßen beliebt ist.

Kennzeichnend für die stereotype »Debatte« ist, daß ihr jede sachliche Grundlage fehlt. Weder haben die Islamgelehrten eine funktionierende Ordnungstheorie entwickelt, noch verfügt ein notwendiger Mindestteil der Diskutanten über wirtschaftlichen Sachverstand. Weder in der Region selbst noch im allgegenwärtigen »Dialog« geht es um eine konstruktive, theoretisch tragfähige Systematik. Um die Niederungen der politischen Gestaltung zu vermeiden, beschränkt man sich somit auf die *islamische Rechtfertigung* der bestehenden Verhältnisse.[298]

Mit anderen Worten: »Islamische Wirtschaft« wird nicht mit den Instrumenten der Wirtschaftstheorie erfaßt, sondern als unscharfer Begriff benutzt, um der Verantwortung für wirtschaftspolitisches Scheitern zu entgehen. Da die islamischen Machthaber sich in verschiedenen Situationen befinden, zeigen auch ihre diversen Länder unterschiedliche Wirtschaftsformen, die jedoch allesamt »islamisch« genannt werden. Ob Markt-, Planoder Klanwirtschaft oder auch die »Wohlstandsdiktatur« nach Golfmuster – ihre Direktiven sind in jedem Falle »islamisch«, weil sie der herrschenden Klasse dienen müssen.

Dieser liberalen Auslegbarkeit leistet vor allem der Koran Vorschub. Gerade weil dessen Formulierungen keine konkreten, ökonomischen Leitlinien enthalten, sind sie überall so allgemein, »daß sich ihnen fast alles zuordnen läßt«.[299] Der koranischen Surensammlung, die manche Islamophobe irrtümlich auch »Sammelsurium« nennen, mangelt es nicht an gutgemeinten ethisch-moralischen Empfehlungen. Zu ihrer Umsetzung fehlen allerdings die praktischen Anweisungen, die zumeist Allah überlassen werden und somit die Ethik des Stärkeren in Gang setzen. Vor allem aber läßt dieses Dokument jede ordnungspolitische Orientierung vermissen.

In bezug auf z. B. die Armensteuer (*zakat*) wird der Anspruch erhoben, eine ethisch hochstehende Einrichtung zu sein. Somit sollte gerade sie einen wichtigen Indikator für die ungeordnete, d. h. freiwillige Ethik des Islam bilden können. Überall da jedoch, wo man ihre jährliche Zahlung – üblicherweise zwei Prozent vom Einkommen – nicht kontrolliert, verzichten die Muslime mehrheitlich darauf, für die Unterprivilegierten zu sorgen.

Dies ist nicht das einzige Beispiel, das in direktem Gegensatz zum altruisti-
schen Menschenbild des Islam steht, zur Gemeinschaft Allahs (arab.: *umma*), die sich – offiziell – von einer Ethik der Gerechtigkeit und Solidarität
bestimmt sieht.

Dagegen steuert der universale Grundsatz, nach dem »keiner des anderen Last trage«, den Einzelnen nach der Direktive, sich zunächst selbst der
»Nächste« zu sein. Dies soll zwar die Schädigung Dritter ausschließen, doch
ist die innerislamische Gesellschaftsdynamik von einem fundamentalen
Mißtrauen gekennzeichnet. Die große Bedeutung der Ehre, die der einzelne
für sich und seinen Klan erwerben kann, zwingt ihn laufend, den »Nächsten« zu übervorteilen. Da somit die Summe aller Einzelmotive schwerlich
dem Gemeinwohl dienen kann, sind staatliche Eingriffe nicht nur erlaubt,
sondern geboten. Der »unsichtbaren Hand« eines Adam Smith, die das
Wirtschaften der vielen zu einem guten Ganzen, dem »vollkommenen
Markt« (Hayek) führen soll, trauen die Muslime also nicht.

Wenngleich in diesem Ablauf der materielle Aspekt schwer wiegt, ist der
islamische Gesellschaftsprozeß – im Gegensatz zum Westsystem – idealer-
weise zunächst spirituell orientiert. Dies durch die Anwendung des islamischen Rechts, der Scharia, sicherzustellen, und die Beachtung ihrer Vorschriften zu überwachen, ist oberste Pflicht der Machthaber. Sie wiederum
sind auf die lokalen Eliten und Klane angewiesen – Militär, Grundbesitz,
Bürokratie, Handel, Klerus –, die jedoch traditionell kein Interesse an einer
sozialen Wirtschaftsform haben und die Religion der Masse überlassen.[300]

Obwohl sich alles Verhalten nach den schariatischen Regeln richten soll,
bleiben ihm begrenzte Spielräume. Die Freiheitsgrade des Handelns, nicht
nur des wirtschaftlichen, beruhen auf einem fünfstufigen Raster, der das
Erlaubte und Verbotene, das Wissen und Gewissen der Muslime, in eine
quasi-gesetzliche Ordnung bringt:

Gebotene Handlungen sind dem Heil des Menschen förderlich und ziehen bei Zuwiderhandlung Allahs Strafe nach sich;

empfohlene Handlungen sind dem Heil förderlich, lösen bei Unterlassung
allerdings keine Strafe aus, sondern ziehen bei Befolgung eine Belohnung
nach sich;

erlaubte Handlungen sind nach allen Seiten neutral;

mißbilligte Handlungen sind dem Heil hinderlich, ihre Ausführung bedeutet keine Strafe, ihre Unterlassung entsprechenden Lohn;

verbotene Handlungen ziehen Allahs einschlägige Strafen nach sich, ihre
Unterlassung ist islamische Pflicht.

Unschwer erkennbar lassen die Stufen formal nur im Bereich des Erlaubten einen freien Gestaltungsraum, während alle anderen den Normen

des Glaubensgesetzes unterliegen. Freiheit im Sinne rationaler Wahlfreiheit nach westlichen Kriterien ist diesem politreligiösen Normensystem fremd, es sei denn, es ergibt sich ein Nutzen für den Islam – zum Beispiel durch das Abschöpfen nichtislamischer Potentiale.

Wer sein Geld auf Konten westlicher Banken Zinsen tragen läßt, um den Ertrag gegen westliche Einrichtungen einzusetzen oder islamischen Stiftungen zu spenden, hat »islamisch korrekt« gegen das Zinsverbot verstoßen. Da sich dieses Argument beliebig dehnen läßt, hat es zu einer nahezu unbegrenzten Flexibilität der Eliten in der Nutzung des westlichen Kapitalismus geführt.

Über die Hebel der organisierten Kriminalität – vornehmlich Drogen- und Waffenhandel – und der Wirtschaftskorruption sind die Führungsebenen der Islamstaaten zu Topinvestoren der Globalisierung aufgestiegen und als Aktionäre in den großen Banken und Unternehmen vertreten. Auch im Produktspektrum der großen Konzerne nimmt die Schmuggelware ständig an Bedeutung zu und macht im Islamraum ein Mehrfaches anderer Weltregionen aus.[301] Gleiches gilt für die Geldwäsche, die für die global tätigen Banken – entgegen allen gesetzlichen Bestimmungen – ein unverzichtbares Geschäft ist.[302]

Da sich die Islameliten ihre Handlungsfreiheit oft mit Schutzgeldern an Islamisten erkaufen, finanziert der Westen nicht nur mit Ölimporten und Handelsrabatten, sondern auch mit Firmendividenden und Fondsrenditen die Logistik der islamischen Expansion. Je größer also das islamische Investmentvolumen, desto enger die elitäre Kapitalverflechtung zwischen Islam und Westen, womit insgesamt ein wichtiges Motiv entsteht, das der Toleranz-Rhetorik des »Dialogs« ihre ganz eigene Rationalität verleiht.

Die islamische Nutzenstrategie wird durch die schiitischen Vorstellungen von Eigentum und Arbeit gestützt. Sie wurden erstmals systematisch formuliert vom irakischen Ayatollah Baqir Sadr (gest. 1980). Er verwirft die gängige Meinung, nach der sich im Islam die Privat- und Staatsformen des Eigentums der kapitalistischen Markt- bzw. sozialistischen Planwirtschaft vereinigen. Vielmehr gebe es im Islam des Imam Ali drei Formen, nämlich Privat-, Publik- und Staatseigentum, wobei er unter dem Publiksektor öffentliches Eigentum versteht, das sich in den Stiftungen konzentriert.

Wiederum soll es der Ethik-Kodex sein, der die Muslime dazu bringt, unter gegenseitiger, individueller Achtung auch auf die Unterschiede zwischen den drei Eigentumsbereichen zu achten und sich nichts anzueignen, was die jeweils geltenden Regeln nicht zulassen. Der Lehre nach ist gegen privates Eigentum nichts einzuwenden; es darf jedoch nicht zum Selbstzweck werden, sondern muß irgendwann und erkennbar der Gemeinschaft zugute kommen. Wenn dem indessen so wäre, würde es natürlich weder die Korruptionsdebatte geben, die seit vielen Jahren die iranische Öffentlichkeit beherrscht, noch könnten Witze über die »Mercedes-Mollahs« kursieren, die den Klerus in wenig schmeichelhaftem Licht erscheinen lassen.

Es ist verständlich, daß gläubige Muslime Analysen dieser Art ablehnen, weil sie die Ethikfähigkeit ihrer Religion nicht in Frage stellen. Zunächst weniger verständlich ist, daß gleiches auch von seiten ihrer westlichen Lobby geschieht. Wie erwähnt, weisen deren Vertreter ihrerseits – einschließlich der noch nicht zum Islam konvertierten – die westlichen Analysemethoden zurück. Sie verhalten sich mithin wie Quasi-Muslime.

Diesem islamorientierten »Strukturwandel« könnte auch der Begriff von der Arbeit förderlich sein, dem die iran-islamische Theorie einen hohen Stellenwert zuweist. Dazu merkt U. Encke in seiner Arbeit über Islamismus und Marktwirtschaft indes an, daß die Arbeitsdiskussion »den westlichen Anforderungen einer wissenschaftstheoretischen Auseinandersetzung nicht einmal ansatzweise gerecht wird«.[303]

Somit steckt die Vorstellung selbst in einer subjektiven Perspektive, in der die Arbeit als Teil der Religion erscheint. Oder anders ausgedrückt: Je höher der Arbeitseinsatz und/oder monetäre Erfolg, desto mehr kann der Betroffene in Anspruch nehmen, ein »Gläubiger« zu sein, der in der Gunst Allahs steht. Dies beinhaltet die erweiterte Variante, andere für sich arbeiten zu lassen, womit sich zwei Kreise schließen können: zum Nutzen des Islam und zum Protestantismus, »der die Arbeitswelt heiligt« (Max Weber).

Dabei spielt die Qualität der Arbeit keine wirkliche Rolle. Gemessen am obersten Maßstab, der in der Erfüllung der religiösen Pflichten besteht, ist es unerheblich, ob der jeweilige Beitrag in Form von körperlicher oder geistiger Arbeit geleistet wird. Dies behindert zusätzlich die allgemein erschwerte Vertrauensbildung und wirkt sich auf innerbetriebliche Bewertungen aus, die eher »islamische Korrektheit« als fachliche Eignung honorieren.

Dennoch machen sich die Regeln der Religion auf ihre Weise ökonomisch bemerkbar. Als die Mollahs einen Kündigungsschutz für die »Entrechteten« einführten, ging man in den Unternehmen stillschweigend zu Zeitverträgen über. Da man »des anderen Last« Allah überlassen kann, braucht man sich auch nicht die steigende Last unbrauchbarer Mitarbeiter aufbürden zu lassen. Hier öffnet sich eine komfortable Schnittstelle zum westlichen Wirtschaftsliberalismus, der die islamische Zuwanderung und ihre Lohnsenkungseffekte zu einer ökonomischen Grundforderung macht.

Vergleichbares gilt für den Zins, der zunächst keine ökonomische, sondern religiös-rechtliche Funktion hat. In der iranischen Wirtschaft weicht der gegen Zins vergebene Kredit einer Beteiligung, auf die eine Art Dividende gezahlt wird. In der – fiktiven – volkswirtschaftlichen Gesamtrechnung sollen sich diese Beteiligungen zu einem dynamischen Effekt summieren, der das Kapital zu optimalen Anlagen führt und sich in einer gesteigerten Prosperität der Gemeinschaft niederschlägt. Voraussetzung für diese Vergabeform wäre jedoch ein Bankensystem, das über unternehmerische Expertise und differenziertes Know-how in der Projektanalyse verfügt. Da im Iran beides Mangelware und die Einstellung von Ausländern »Sünde« ist, bevorzugen die Banken kurzfristige, überschaubare Handelsgeschäfte, die bei weniger qualifiziertem Personal schnelleren Gewinn abwerfen. Unter solchen Umständen mußte die dringend erforderliche Entwicklung der industriellen Diversifikation zu kurz kommen. Das Zinsverbot hatte somit die kuriose Wirkung, daß man die technologische Abhängigkeit vom Westen verlängerte. Und noch etwas anderes wurde deutlich: Der einzige Bereich, in den man mit langfristigen Beteiligungen »investierte«, war der Waffen- und Atomsektor, der ohnehin staatlich subventioniert ist. Ob man damit auch dem Verfassungsziel der »Annäherung an Allah« entspricht, wird sich weiter unten klären lassen.

Wie in allen nahöstlichen Ländern bleiben zwei primäre Ziele unangetastet: Modernisierung des Militärs und Zentralisierung der Verwaltung. Erst danach beginnen wirtschaftliche Kriterien zu greifen. Finanzpolitik und Kapitaleinsatz lenken die freien Mittel mehrheitlich in den Handel sowie die Investitionen in Auslandsanlagen und Deviseninstrumente, die vornehmlich der Basar-Klerus-Fraktion nutzen. Da in diesen Bereichen persönliche Interessen schneller und unauffälliger zum Zuge kommen, überwiegen sie systematisch das kollektive Interesse einer konstruktiven Industriepolitik. Die Formel von der »Islamischen Wirtschaft« bleibt ohne Inhalt, weil die Eliten den westlichen Praxisrahmen zum eigenen Vorteil nutzen und an einer ordnungspolitischen Grundlage, die sich für sie nachteilig auswirkt, nicht interessiert sind.

Während der revolutionäre Iran somit über die schlichte Behauptung, ein eigenes Wirtschaftsmodell zu haben, bislang nicht hinausgekommen ist, nutzten die Mollahs die verbale Gestaltbarkeit als praktische Chance. »Islamisches Wirtschaften« interpretierten sie also zunächst als massive Gewinnmaximierung für sich selbst. Dabei verfingen sie sich in einer Art »islamischem« Gefangenendilemma.[304]

Denn die Erklärung, der zufolge sie für den »Glauben« als obersten Wirtschaftsmaßstab auch als oberste Autoritäten gelten können, mußte wiederum unislamisch sein, weil bekanntlich die Art des Arbeitsbeitrags für den Heilserfolg keine Rolle spielt. Ähnlich dem Gefangenendilemma als logischem Experiment ist es auch im Islam als Wirtschaftsmodell nur vordergründig erheblich, ob die Mollahs den Profit Allahs den Menschen zukommen lassen oder in die eigene Tasche stecken. Das Dilemma steckt in der Ethik: Je mehr allgemeiner Wohlstand, desto größer die Gefahr des Glaubensabfalls und damit auch des Machtverlusts.

Ein Beispiel war die Verstaatlichung von tausend Großfirmen, die aus Schah- und Klanbesitz stammten und als »unrechtmäßig« erworben deklariert waren. Wenngleich viele von ihnen vor der Flucht ihrer Besitzer ausgeplündert wurden, war diese Maßnahme notwendig und mithin »islamisch«. Allerdings hätte auch jeder andere Staat in dieser Situation – ob chinesisch, indisch oder sonstig – ähnlich »islamisch« gehandelt, weil man auf diesen Sektor, der fast drei Viertel der Industrieproduktion ausmachte, nur hätte verzichten können, wenn man auch keinen Wert auf Kontrolle legte. So landete denn der Löwenanteil, das Pahlevi-Vermögen, in der »Stiftung der Entrechteten«, in der die »Geistlichen« die Schah-Tradition pflegten. Sie wurde zum Kronjuwel des klerikalen Bestechungskartells.

b) Ethik der Korruption

Diese Perspektive läßt sich in die ideologische Praxis hinein verlängern. Islam nach gottesstaatlichem Muster präsentiert sich als absolut bindender Rahmen, der präexistent allen anderen Existenzformen vorgeht. Somit muß er auch in der Praxis als universal überlegen verstanden werden. Die darin eingebettete Wirtschaftsform, soweit angeblich auf das Wohl der Muslim-Gemeinschaft gerichtet, ist subjektiv/objektiv die beste aller Varianten.

Wie gesehen, ergibt sich dies allein aus dem Nützlichkeitsprinzip, nach dem alles geboten ist, was dem Islam dient und somit auch den Rahmen des Erlaubten fast nach Belieben sprengt. Wie Zinsverbot, Kündigungsschutz, Djihad und zahllose andere Beispiele der Praxis zeigen, kann sich dieser Rahmen auch auf mißbilligte oder gar verbotene Handlungen ausdehnen, wenn der Profit hinreichend groß ist. Dabei ist der Nutzen des Islam in der Regel identisch mit dem Nutzen der Eliten, wie sich nicht nur in der Region selbst, sondern zunehmend auch im »Islamdialog« der Europäer zeigt.

Je islamistischer das System wird, desto erratischer wird auch die Entscheidung darüber, was »nützlich« ist. Denn auf der einen Seite engen die orthodoxen Vorschriften die Handlungsfreiheit ein, auf der anderen weitet sie sich durch den feindbildgeleiteten »Nutzen« aus. Mit anderen Worten: Solange Täuschung und Ausnutzung des Systemgegners (*taqiya*) die Ausbreitung des Islam fördern, sind auch unislamische Maßnahmen erlaubt.

In der Begegnung mit dem Nichtislam legitimiert die gleiche Orthodoxie sowohl Glaube als auch Unglaube. »Islamisches Wirtschaften« ist also universal und besteht auch und besonders darin, im Westen dessen politische, rechtliche und kulturelle Institutionen zu infiltrieren, die Quellen des Sozialwesens anzuzapfen, Einrichtungen und Methoden des Bank- und Börsenwesens zu besetzen und sonstige brauchbare Wege zu beschreiten, die sich in politischen Druck umsetzen lassen.

Aus islamischer Sicht erscheinen also gerade diejenigen, die, an welcher westlichen Stelle auch immer, den Interessen Allahs dienen, keineswegs als »nützliche Idioten«, sondern als rational tätige Menschen, deren Motivation in jeder Hinsicht zu fördern ist. Anhand einiger Beispiele gehen wir im letzten Abschnitt darauf ein, wie sich solche islamgeleiteten, »nützlichen Idioten« in Deutschland verhalten, während sich kurioserweise im Iran eine junge Generation entwickelt, die die westliche Freiheit für wünschenswert hält.

Auch bei den Führungsmollahs zeichnete sich nach etwa zwei Jahrzehnten der revolutionären Praxis ein gewisser Pragmatismus ab. In der ersten, radikalen Euphorie nach Entstehen des »Gottesstaats« suchte man die koranischen Vorschriften möglichst korrekt, d. h. totalitär, umzusetzen, mußte jedoch feststellen, daß sich im Abgleich mit dem globalen Wettbewerb die Gesetze Allahs bremsend auf die Rentabilität auswirkten. Der göttliche Wille schließt nicht nur das westliche Verfassungsrecht, sondern auch dessen wirtschaftliches Gewinnprinzip aus, das auf dem individuellen Menschenbild und selbständigen Entscheidungen beruht.

Die Theorie des innerislamischen Ablaufs fußt auf einem Konzept sozialer Gerechtigkeit, das z. B. durch kapitalstreuendes Erbrecht extreme Einkommensdifferenzen zu vermeiden sucht. Dessen Praxis braucht keine Institutionen, weil der Wille Allahs keinesfalls durch den des Volkes ersetzt werden soll. So waren sich schon die Juristen und Literaten des 9. Jahrhunderts rechtlich und moralisch einig, daß Einkünfte aus selbständiger Tätigkeit höher einzustufen waren als solche aus dem Staatsdienst, aus der »Kriecherei der Diener des Herrschers«.[305]

Um ein systematisches Wirtschaftswachstum in Gang zu setzen, müßte also die ökonomische Ratio den »göttlichen« Regelkodex durchbrechen – eine vorläufig utopische Option. Die Einengung der individuellen Eigeninitiative, die Lähmung der Zins- und Kapitalmärkte und das Abschöpfen der Ressourcen durch Korruption haben verhindert, daß sich im Islam ein freies Wirtschaftssystem entfalten konnte. Im Grunde ist es ferner denn je: Die moderne Technologie und Kommunikation ermöglichen gerade den feudalen Herrschaftssystemen, die Überwachung der Gesellschaft zu verschärfen und sich selbst der Kontrolle zu entziehen.[306]

Die ab 1990 einsetzende Wende, mit der man sich im Rahmen des Zweiten Fünfjahresplans des Iran graduell von der Ideologie lösen und dem Privatsektor zuwenden wollte, hat bislang erst bescheidene Resultate gebracht. Das Ziel Hashemi Rafsandjanis, »mit den schiitisch-islamischen Kenntnissen das größte Wirtschaftszentrum der Welt aufzubauen«,[307] klang kühn, mutete allerdings nur den westlichen Beobachter überzogen an.

Denn die Revolutionäre gingen allen Ernstes von der Annahme aus, daß der iranische Staat und seine Unternehmen frei von jeder Anwandlung zu Ausbeutung und Monopolismus waren. Aus dieser utopischen Ethik leiteten sie eine Überlegenheit ihres Systems ab, die aus ihrer Sicht völlig normal schien, weil sie von Allah kam. Die meisten Muslime stimmen dem ebenso »natürlich« zu, weil sie in dieses System hineingeboren sind und keinen alternativen Spielraum kennen.

Diese Konstellation kann zu erklären helfen, wieso in der islamischen Geschichte immer wieder viel Zeit verstrich, bis ein Machthaber seinen Bonus bei den Menschen verspielt hatte. Denn beide Seiten gehen davon aus, daß durch die unauflösliche Bindung von islamischem Gesetz und menschlichem Handeln ein Menschentypus entstanden ist, der allen anderen Kulturformen unendlich überlegen ist und daher eigentlich gar nicht scheitern kann.

Aus dem gleichen Grunde wird ebenso verständlich, wieso die Muslime scheinbar »irrational« auf ihrer Überlegenheit beharren. Sie behaupten, einer überragenden Ethik zu folgen, die sich bei näherem Hinsehen jedoch in verbaler Selbstgenügsamkeit erschöpft. Sie etikettieren ihre Handlungen »islamisch«, folgen jedoch oft anderen Kriterien, die nur dadurch islamisch werden, daß sie den Eliten nützen.

Einen konkreten sozialen, geschweige denn ökonomischen Beweis ihrer Funktionsfähigkeit braucht diese »Ethik« nicht zu erbringen. Im Gegenteil, in einem historischen Beispielsakt hat sie sich in zwei zentralen Punkten von dieser Verpflichtung ein für allemal befreit. Vor einem halben Jahrtausend erklärte die Rechtstheologie alle Koranverse für ungültig, die eine konziliante Behandlung von Juden und Christen bzw. Frauen ermöglichen.[308]

So bleibt eine eigenzentrierte Ethik, die durch keine Sachhemmnisse und/oder Zeitverluste behindert wird. Da Verunsicherungen durch Ausgleich und Toleranz entfallen, kann sie sich voll auf sich selbst konzentrieren und braucht nicht mehr zwischen sich und anderen zu differenzieren. Damit reduziert sich das »Gute« auf das, das dem eigenen Nutzen, Bestand und Fortkommen dient, und alles andere ist als um so »böser« zu sehen, je weiter es von dieser Maxime abweicht. Zum Verständnis sei die Anmerkung wiederholt, daß es sich bei dieser Konstellation um einen *Idealtypus* handelt, dem »nicht alle«, aber die meisten folgen. Der Erfolg liegt in der islamischen

Existenz, die sich gegen Alternativen mit Grenzstrafen schützt und somit die Nutzung besonders derjenigen optimiert, die Alternativen dulden.

Westliches Wirtschaften gehört – Eliten ausgenommen – zu den »böseren« Tätigkeiten, nicht weil es Profite abwirft, sondern weil seine pluralen Auswirkungen das Gesetz Allahs aus dem Denken und Verhalten der Menschen verdrängen. Muslimisches Sein kann es allerdings nur innerhalb dieses Kodex geben. »Die religiösen Gesetze«, sagt Ayatollah Khomeyni, »enthalten eine Reihe verschiedener Vorschriften, die ein umfassendes gesellschaftliches System bilden. In diesem globalen Rechtswerk findet man alles, was man braucht … Das Ziel ist, den Menschen zu erziehen, einen vollkommenen und gebildeten Menschen, der die lebendige Verkörperung des Gesetzes ist und die Gesetze freiwillig und selbständig verwirklicht.«

Mit diesem unveränderbaren Rahmen bleibt das Verhalten mehrheitlich konform, es sei denn, es treten externe Einflüsse auf – wie die westliche Zivilisation –, die das System nicht dauerhaft verhindern kann. Dann ist jedoch Aggression programmiert, weil der Einzelne nicht mehr »rational«, d. h. als Teil des Ganzen agiert. Er »entfremdet« sich und muß in die Gemeinschaft zurückgezwungen werden.

Dies wird um so schwieriger, je weiter die Realität des Systems von der Realität der Umgebung abweicht und je mehr Menschen sich »entfremden«. Denn es ist nicht das Ziel aller Iraner, wie die Verfassung fordert, »Allah näher zu kommen«, sondern eher den verordneten Verhaltensstrom zugunsten anderer Alternativen zu verlassen, z. B. in die Schattenwirtschaft oder auch in die Diskursweite des Internet. Die iranischen Weblogs wurden zur größten Meinungsgruppe im »größten Gefängnis des Nahen Ostens«.[309]

Im Iran tritt der Fall besonders klar zutage, weil mit dem Gottesstaat eine Ultraform des islamischen Wertesystems vollzogen wurde. Ähnlich dem Sozialismus blockiert es eine wichtige »anthropologische Konstante«, die Verwirklichung des individuellen Eigennutzes. Da das islamische Wirtschaften Teil des »Glaubens« ist, setzt sich der kollektivistische Druck auch auf den »modernen Muslim« fort. Er gerät in den Spagat einer Existenz, die weiter als Teil des Ganzen leben und vielleicht sogar als »Märtyrer« sterben soll, während das globale Umfeld sich dynamisch pluralisiert.

Nichts hindert die moderne Realität, sich von der iranischen Wirklichkeit fortwährend zu entfernen. In der Sprache der Ökonomen drängt sich der Eindruck auf, »daß die große Mehrheit der Wirtschaftssubjekte von dieser durch die Einführung einer islamischen Wirtschaftsordnung eröffneten Möglichkeit keinen Gebrauch gemacht hat«.[310] Die Diskrepanz zwischen diesem unattraktiven Angebot und dem individuellen Streben der Iraner wurde so groß, daß sie sich zunehmend verweigern, zu Normenverstößen übergehen, die nicht nur den Wirtschaftsablauf schädigen, sondern durch »innere Kündigung« den gesamten Gesellschaftskonsens in Frage stellen.

Die Korruption ist koranisch streng verboten (2/188): »Und fresset nicht euer Gut unter euch unnütz und bestechet nicht damit die Richter, auf daß ihr einen Teil des Gutes der Leute sündhaft fresset, wiewohl ihr es wisset.« Da die Eliten die islamische Ethik nicht für sich gelten lassen, konnte sie sich sich immer wieder als Antiprinzip bestätigen, dessen Anspruch die Realität verfehlt, d. h. systematisch das Gegenteil des angeblichen Ziels bewirkt.

Wer so vehement wie die Iranrevolutionäre die Fehler des Schahregimes anprangerte und als Ergebnis der Kritik – in Vertretung Allahs – eine monströse Steigerung dieser Fehlleistungen erreichte, konnte also mit Recht für sich in Anspruch nehmen, die islamische »Ethik« gänzlich verstanden und effizient weiterentwickelt zu haben.

Zu diesem Ablauf gehört natürlich der Hinweis darauf, daß wir noch nicht den »wahren Islam« vor uns haben, sondern eine beschädigte Version, die durch ein unmoralisches System, nämlich die Auswirkungen der westlichen Zivilisation, blockiert wird. Selbst ein so »reines« Prinzip wie der iranische Islam konnte deren verheerende Wirkung in so kurzer Zeit nicht überwinden.

Zum Ausgleich dieses Mankos stellte man jedoch einen Rekord im Tempo auf, mit dem die führenden Klane ihr Schäfchen ins Trockene brachten. Die »Zufriedenen« der Schahzeit erschienen dagegen wie Anfänger und hätten noch amateurhafter ausgesehen, wenn im Korruptionskarussell der »Mercedes-Mollahs« ein freier Wettbewerb zugelassen gewesen wäre.

Die Staatsunternehmen hatten jedoch nicht die Flexibilität, die man im Preisbereich braucht, um organisiert kriminell zu sein. Um so freier konnte man sich im Klassiker der Bereicherung bewegen: in der Überfakturierung. So erklärte sich, wieso kaum einmal das importiert wurde, was man wirklich benötigte bzw. vom Plan her vorgesehen war. Vielmehr bestellte man bei den Firmen, deren Rechnungen weit genug von der Wirklichkeit abweichen konnten, um möglichst mit einem einzigen Geschäft arriviert zu sein. Denn unter der Herrschaft Allahs wußte niemand, ob er den nächsten Tag noch erleben würde. Ebensowenig wußte man allerdings, welchen Zwecken die eigentümlichen Produkte dienten, die sich in den Lagerhäusern türmten.

Milliardenaufträge werden ohne Ausschreibung, d. h. unter Einschluß der maßgeblichen Beamten erteilt, eine im Orient übliche, aber im Gottesstaat wesentlich folgenreichere, weil teurere Praxis. Denn wenn etwas schiefgeht, wenn Lieferungen und Leistungen nicht den Spezifikationen entsprechen, kann der »Wille Allahs« bemüht werden, dessen Gnade jeweils rettend eingreifen und vor Verantwortung bewahren muß. So auch im Falle des Elburs-Tunnels, der die Route Teheran–Kaspisches Meer verkürzen soll. Hier war es nicht etwa technische Inkompetenz, sondern Allahs unerforschlicher Ratschluß, der den Tunnel mehrfach einstürzen ließ. Den erpreßbaren Dienern des Gottesstaats blieb nichts anderes, als die Forderungen des Unternehmens nach Entschädigung zu erfüllen. Das Risiko war und ist gering, weil der Wächterrat dem Parlament die Einsicht in die Budgets der Stiftungen verwehrt. Sie kontrollieren über ein Viertel des Bruttoinlandsprodukts, und die Verwaltungsräte tagen zuweilen auch in einer der eleganten Büro-Suiten in der »Satan«-Metropole New York, die das globale Stiftungsportefeuille abrunden. Die iranischen Witze über die »Mercedes-Mollahs«, die klerikalen Selbstversorger, sind Legion. Sie bestätigen die alte Regel, nach der diejenigen, welche die Gesetze machen bzw. auslegen, über denselben stehen:

»Der Staat ist verpflichtet, das Vermögen, das aus Wucher, unrechtmäßiger Aneignung, Bestechung, Unterschlagung, Diebstahl, Glücksspiel, Mißbrauch von Stiftungen, staatlichen Aufträgen und Geschäften … aus dem Betrieb von sittenwidrigen Anstalten und anderen von der Religion untersagten Handlungen stammt, an den rechtmäßigen Eigentümer zurückzugeben, oder, falls dieser nicht bekannt ist, der Staatskasse zuzuleiten. Der Staat führt dieses Verfassungsgebot aufgrund einer Ermittlung, Prüfung und Beweisführung nach den Vorschriften der Scharia durch« (Art. 49 der Verfassung der Islamischen Republik Iran 1980).

Die Besonderheit der schiitischen Herrscher liegt in ihrer gnostischen, d. h. unnahbaren Herrschaft, die mit der »Ethik« identisch ist. Sie behaupten, nicht nur zu deren Durchsetzung von Allah eingesetzt zu sein, sondern auch dessen geheimnisvollen Willen zu kennen. So entstand ein weiterer Effekt, der die Korruption in neue Dimensionen schraubte. Die allgemeine Bedrohung durch die Hierarchie und die erratisch wechselnden Prioritäten verbanden sich zu einer Handlungsblockade, die die Eigeninitiative in Unternehmen und Behörden weitgehend lähmt. Zur Absicherung bindet sich der Entscheidungsstrang von der Sachbearbeitung bis zur Direktion in die Betrugsgeschäfte ein, mit der Folge, daß Zentralisierung und Denunziation zur Routine werden und die Arbeitseffizienz gegen Null geht.

Für Pragmatismus und einen ausgeprägten Sinn für persönlichen Besitz bekannt, könnte auch Rafsandjani mit seiner seinerzeitigen Vision vom »größten Wirtschaftszentrum« eher persönliche Perspektiven im Auge gehabt haben. Wie mehrfach festgestellt, ist Reichtum im Islam zwar durchaus populär, wird allerdings der Mehrheit entzogen, um ihn auf eine um so dünnere Feudalelite zu konzentrieren. »Ruin und Verheerung«, stellte schon der große Ibn Khaldun als wirtschaftliche Mermale seiner Zeit fest,[311] und es nicht erkennbar, daß sich daran bis heute sehr viel geändert hat.

Dabei werden Ausgleichszahlungen um so mehr zur Pflicht, je weniger die Privilegierten den Besitz der eigenen Leistung zu verdanken haben. Stammt er z. B. aus natürlichen Ressourcen wie Rohölquellen, legt die Lehre eine Sachwalterschaft über die Güter Allahs zugrunde, deren Einkünfte der Gemeinschaft zustehen. Neben der Almosensteuer (*zakat*) spielen hier die religiösen Stiftungen (*waqf*) eine traditionelle Rolle, die sich nicht nur der Bereicherung widmen, sondern zuweilen auch ihrer eigentlichen Aufgabe, der Federführung in Wohlfahrt und Bildung.

Wenn sich das Land positiv entwickeln soll, muß sich also die herrschende Oligarchenklasse unter das – noch zu formulierende – Gesetz beugen und auf lukrative Privilegien verzichten – ein erkennbar schwieriges Unterfangen, weil es nicht von Allah kommen könnte. Sollten sich jedoch Einsicht und Reformwilligkeit wider Erwarten durchsetzen, stünden die Bedingungen günstig. Mit gestiegenem Ölpreis und gesunkenem Bevölkerungswachstum lassen sich so umfassende Projekte wie die Förderung der Nichtölindustrie und damit der Kampf gegen die Arbeitslosigkeit leichter angehen als noch um die Jahrtausendwende.

Aufgrund seiner immanenten Gegenethik ist es dem Machtverbund aus Politik und Religion im aktuellen Islam unmöglich, sich an den koranisch empfohlenen Sozialausgleich zu halten. Im Gegenteil: Indem die Eliten das verbotene Anhäufen von Vermögen und Zinseinkünften exzessiv betreiben, befinden sie sich seit langem im Fokus der Islamisten, die ihnen den Koran vorhalten: »Aber wer da Gold und Silber aufspeichert und es nicht spendet in Allahs Weg, ihnen verheiße schmerzliche Strafe« (9/34). So hat sich denn ein mafioses System der übergreifenden Erpressung entwickelt, in dem sich islamische Regime, Radikale und westliche Länder gegenseitig legitimieren.

Dabei profitieren die Islamisten gleich von beiden Seiten. Während sie sich die Duldung der unislamischen Machthaber und ihre Kollaboration mit dem Westen bezahlen lassen, räumen ihnen die westlichen Länder großzügige Spielräume im Rahmen ihrer Ausbreitung ins »eurabische« Europa ein. Dies schließt einen unproportional hohen Anteil des Islam am organisierten Verbrechen ein,[312] was der Logik des unethischen Wirtschaftens entspricht.

Im Iran treten diese Konstellationen verschärft zutage, weil Khomeynis Ideologie in diesem Sinne eine absolute Herrschaftsfreiheit öffnete. Korruption und Staatsterror konnten sich im Iran in nahezu reiner Form entfalten, weil Machthaber und Extremisten – als Stellvertreter Allahs – identisch sind.

Die Doppelrolle unterwarf sie auch doppelt radikal den Maßstäben, die sie zuvor für den gerechten Machthaber als bindend und als Rechtfertigung für den Sturz des Schahs formuliert hatten. Wie sich zeigte, wurden sie nach islamischem Gesetz diesen Ansprüchen »gerecht«, weil die koranische Gewalt nach oben offen ist. Nur in diesem streng islamischen und auch nur einzig möglichen Sinne erwiesen sie sich als gerechte Herrscher, wobei sie nicht in der Lage waren und auch nicht zu sein brauchten, die Weisheit Allahs für ein effizienteres Wirtschaftssystem zu aktivieren. Im Vergleich mit den sunnitischen Glaubenskollegen hatten sie dabei die besseren Voraussetzungen. Denn während letztere auf den Konsens (arab.: *idjma'*) begrenzt sind, können die Mudjtahids auf den Ermessensentscheid (*idjtihad*) zurückgreifen. Er konnte ihnen im Grunde also größere Spielräume nicht nur der politischen, sondern auch der ökonomischen Vernunft öffnen. Daß es nicht so gekommen ist, kann nicht mehr überraschen und läßt sich an Beispielen der Zeitgeschichte aufzeigen.

c) Wirtschaftsplan im Gottesstaat

Der Krieg mit dem Irak ergab sich vornehmlich aus Khomeynis utopischer Ideologie, die alles andere, insbesondere eine klare Wirtschaftslinie, beiseite drängte. Mit Kriegsende trat die Revolution in ihre zweite Phase, in der die Mudjtahids und ihre Mollahkaste aufgefordert waren, nun endlich ihre Fähigkeit zur gedeihlichen Führung des Landes unter Beweis zu stellen.

Schon der Beginn dieser Phase ließ sich nicht erfolgversprechend an. Man entwarf einen Fünfjahresplan (1989–1993), der innerhalb einer mittelfristigen Entwicklungsperspektive für Wirtschaft und Gesellschaft zunächst die Kriegsfolgen beseitigen und die dringende Notlage der Bevölkerung lindern sollte. Das erste Jahr dieses »Plans« verstrich zunächst mit Debatten im »Parlament«, bevor man sich an seine Umsetzung machte.

Die wesentlichen Ziele bestanden im Abbau der Abhängigkeit vom Öl, Aufbau einer wettbewerbsfähigen und stabilen Inlandsproduktion, Einführung eines effizienten Steuersystems bei Abbau der Bürokratie und Korruption, Stärkung der privaten Investitionen, Dämpfung von Bevölkerungsexplosion, Urbanisierung und Arbeitslosigkeit bei gleichzeitigem Ausbau des Bildungs- und Gesundheitswesens landesweit.

Es handelte sich also um einen Rahmenplan, der die generellen Wirtschaftsbedingungen in bestimmten Richtungen stärken sollte. Dies hoffte man mit einer Kombination von Strukturverbesserungen, Öleinkünften, Auslandshilfe und Privatmitteln zu erreichen. Der Krieg hatte die Produktion nahezu zum Erliegen gebracht und einseitig den Handel, die Immobilienspekulation und den Schwarzmarkt gefördert.

Der nachhaltige Auf- und Ausbau der industriellen Produktion und damit auch des Inlandseinkommens besaß daher erste Priorität. Diese dominante Perspektive verengte wiederum den Blick auf andere Punkte innerhalb des Plans, insbesondere solche, welche die Lage der Bevölkerung verbessern sollten. Keinerlei Aufmerksamkeit erhielt die dringend notwendige Revision des Rechts, das im Zuge des Schah-Despotismus völlig deformiert und in den ersten Jahren des Khomeyni-Despotismus durch ein inoffizielles Scharia-Diktat ersetzt worden war.

Zunächst galt es, den rapiden Verfall des Prokopfeinkommens und der persönlichen Lebensbedingungen zu stoppen. Dazu war es erforderlich, über die Öleinnahmen hinaus die Industrieproduktion anzukurbeln und auch die privaten Finanzressourcen in die Investitionen zu lenken. Indem die Mollahs jedoch die Schahroutinen der Korruption und des Postenschachers selbst übernommen hatten, blieb auch nach ihrer Machtübernahme der Löwenanteil der Regierungseinnahmen in der Hand des elitären Kartells aus Stiftungen, Basar-Mollah-Fraktion und Großgrundbesitz.

Um dies nicht zu gefährden, waren die Ansprüche des Volks zu senken. Vor allem mußte das Bevölkerungswachstum sinken, das mit Arbeitslosigkeit und subventioniertem Konsum die Staatsfinanzen vor wachsende Probleme stellte. Denn nicht nur die Pfründe der Gottesdiener wurden geschmälert; die Versorgungsengpässe förderten sogar wieder Lieferungen des westlichen Systemfeinds, der somit die Entwicklung der Inlandsproduktion behinderte.

In den Ländern des Islam grassiert dieses Dilemma besonders, weil hier die Menschen dazu neigen, harte Lebensbedingungen und die Ausbeutung durch die Machthaber als »Allahs Wille«, also als eingebautes Merkmal des Systems, zu akzeptieren. In Gestalt der Mollahkaste vertraten diese Machthaber inzwischen Allah selbst und erhoben daher den Anspruch, dessen Willen besser als jeder andere beurteilen zu können.

Dieser Logik entsprach, daß man ihnen zutraute, neben dem Management der Religion auch das der Wirtschaft zu bewältigen. Wie gesehen, sind im Gottesstaat diese Bereiche ohnehin nicht trennbar, von der Politik ganz zu schweigen. Da sie überdies »ethisch« miteinander verbunden sind, hätten sie sich längst automatisch regeln, durch Allahs unerforschlichen Ratschluß zum Selbstläufer werden können, wenn der muslimischen Gottheit nicht, wie Khomeyni klagte, das teuflische Westsystem in den Arm gefallen wäre.

Dennoch steckte »Satan« auch im Detail. Während man die Steuern erhöhte, waren bei weiter ausufernder Bürokratie Einsparungen an der

Kostenseite illusorisch. Die Kontrolle der Preise und der Geldmenge blieb
ebenfalls schwierig, weil es bei gleichbleibender, eher weiter ansteigender
Korruption schwerfiel, die privaten Investitionen anzuregen. Erst nach Einführung eines flächendeckenden Netzes »islamischer Banken«, die nun
auch Druck auf die Privilegierten ausübten, begann sich dieses Defizit etwas zu mildern. Indessen hätte nur durch ein rationales Management des
Hauptproblems, der Diversifikation der Wirtschaft, die Abhängigkeit von
Öleinnahmen und Auslandsdevisen bewältigt werden können.

In der aktuellen Durchführung des Plans entstanden an vielen Stellen
Reibungsverluste, die den Wirkungsgrad empfindlich einengten. Neben
dem Dauerstreit über die Prioritäten anstehender Projekte wird an erster
Stelle immer wieder die Qualität des Managements genannt, die auf die
Effizienz der Investitionen drückte. Ein »gutes« Beispiel war der Ausbau der
Krankenhäuser, bei dem man stolz auf die Zahl neuer Betten verwies, dabei
aber die sinkende Belegdauer verschwieg. Man hatte schlicht am Bedarf
vorbeigebaut.[313] Indem versäumt wurde, die Ergebnisse gleichzeitig verbesserter Hygiene zu berücksichtigen, demonstrierte man einen Beispielfall
fehlender Korrelation, der sowohl Managementmangel als auch Korruption – meist beides zugleich – zugrunde liegen.

Da die Revolution die traditionellen Klanstrukturen schonte, blieben
auch deren Machtstrukturen erhalten, die statt der verdrängten Schah-
günstlinge nun durch die Mudjtahids und ihre Profiteure genutzt wurden.
Welche Projekte Vorrang vor welchen hatten, entschied sich daher weniger
nach sachlichen Erwägungen, sondern nach dem Einfluß der »Geistlichen«
und ihrer Familien. Gegenüber dem Volk konnte man ohnehin offiziell illo-
yal sein, seit der »Oberste Führer« Khomeyni zu verstehen gegeben hatte,
daß der wahre Revolutionär »erst Muslim und dann Iraner« war.[314] Die islamische Ethik brauchte sich also nicht durch nationale Skrupel trüben zu
lassen.

Hinzu kam der Umstand, daß Vorhaben- und Finanzumfang des Plans
die möglichen Staatseinkünfte selbst bei optimistischster Einschätzung um
ein Mehrfaches übertraf – eine Erscheinung, die nur Außenstehende verwundert. Wer den Orient kennt, weiß, wie sie funktioniert. In der aufge-
blähten Hierarchie der Projekte spiegelt sich die Ehre-Hierarchie der Oligarchen wider, die mit der Zuweisung von Mitteln die wirtschaftlichen und
damit die machttechnischen Prioritäten steuern. Dem westlichen Interes-
senten bietet sie die Kehrseite, nämlich nach Sondierung der Kräfteverhältnisse gezielt einsteigen und das System selbst nutzen zu können.

Verständlicherweise brachte sich die Klerus-Basar-Fraktion besonders
nachdrücklich ins Spiel. So stärkte man den Handel mit Konsumgütern

statt deren Produktion, denn die Bazaris dominierten den Import und waren nicht an einer Steigerung der Inlandsproduktion interessiert. Zugleich konnte man die Konkurrenz eines modernen, gebildeten Mittelstands bremsen, der eine gottesferne Mentalität fördert und den klerikalen Koalitionspartner schwächt.

Denn die Modernisierung, die von islamischer Warte ideologisch immer auch mit dem Feindbild Westen zu tun hat, verbreitet die islamfremde Ratio der Produktivität. Sie könnte auch im Islam ein eigenes Marketing erzeugen und daher nicht nur mit Allah, sondern auch mit dem Bazar konkurrieren. Wie sich zeigen sollte, begann hier das ansonsten universale Argument des »Nutzens für den Islam« seine Geltung zu verlieren.

Wenn das Wirtschaften im globalen Rahmen Nichtmollahs überlassen wird, muß es rasch in selbständige Denkmethoden und neue Handlungskriterien führen, die Allahs Kontrollanspruch zuwiderlaufen. Also hielt man die Wirtschaft innerhalb der eigenen Rationalität, die sich allerdings – ebenso wie in steigendem Maße das globale Profitkalkül – nicht am Gemeinwohl orientiert. Insofern beide – Westen und Islam – das Eliteninteresse verfolgen, verhalten sie sich also »islamisch«.

Von der Privatisierung der Staatsfirmen profitierten – wie im Schahsystem – erneut die alten Mitstreiter aus dem Basar sowie diejenigen, die den Regierungskreisen nahestanden. Willensbilder und Weichensteller dieser Tendenz war einmal mehr Hashemi Rafsandjani, der als einer der reichsten Männer der Welt galt, als er sich 2005, wie es im Orient augenzwinkernd heißt, »vorläufig endgültig« aus der Politik verabschiedete.

Aus dem begrenzten Erfolg der 1980er Jahre hatte man dennoch wenig gelernt. Während sich in jener Zeit die Zahlen der Landwirtschaft plangerecht entwickelten, wurde die Abhängigkeit vom Öl kaum abgebaut, weil das Wachstum des Nichtölsektors um etwa die Hälfte hinter dem Ziel zurückblieb. Noch negativer verlief die Entwicklung der Bauwirtschaft, die über ein Drittel der Arbeitsplätze stellt und bei anhaltender Schwäche und Landflucht eine enorme Sozial- und Wohnungsnot in den Großstädten verursachte. Da zugleich der Konsum ausuferte, stagnierten die wichtigen Nettoinvestitionen (Investitionssumme bezogen auf das Bruttoinlandsprodukt). Sie waren inzwischen weit hinter den Stand zur Endzeit des Schahregimes zurückgefallen und machten weniger als die Hälfte dessen aus (13 Prozent), was eine stabile Volkswirtschaft braucht (30 Prozent).

Die restriktiven Planergebnisse drückten auf die Steuern, deren Budgetanteil von über fünfzig Prozent auf fast nur noch ein Drittel sank. Zum »Ausgleich« machte sich das mafiose Element islamischer Herrschaft geltend. Die Mollahs schwangen sich zu Bossen des Devisen-Schwarzmarkts auf und »erwirtschafteten« dort um vierzig Prozent der Budgetdeckung. Die üblichen negativen Begleiterscheinungen blieben nicht aus. Die Privatisierung der tausend Staatsunternehmen scheiterte schon nach einem Jahr. Mit parlamentarischer Hilfe hatte man den »Zufriedenen« einen privilegierten Zugang zu den Aktien eingerichtet, der jedoch auf massiven Protest stieß. Der deutlichste Ausdruck des Mißerfolgs war eine rasante Inflation. Statt auf Planziffern unterhalb zehn Prozent abzusinken, erreichte sie 1994 einen Stand weit oberhalb fünfzig Prozent, etwa gleichauf mit dem Anteil der Bevölkerung, der um diese Zeit unterhalb der Armutsgrenze lebte. Im weiteren Verlauf schwächte sie sich allerdings deutlich ab und hat sich in den ersten Jahren des neuen Jahrhunderts um fünfzehn Prozent eingependelt.

Mit diesem Trend ging ein rapider Anstieg der Auslandsverschuldung einher. Allein in den letzten zwei Jahren des Planzeitraums erreichte sie 34 Milliarden US-Dollar und hatte sich in wenigen Jahren um fast vierhundert Prozent gesteigert (von neun Milliarden in 1991). Auch im weiteren Verlauf erhöhte sie sich kontinuierlich, wobei das von US-Präsident Clinton 1995 verhängte Embargo eine wesentliche Rolle spielte.

Als einer der wenigen positiven Aspekte erscheint die Senkung der offiziellen Arbeitslosenrate auf elf Prozent, eine wenig verläßliche Angabe, weil die Bewertungsfaktoren schwanken. Ebenso irreführend wirkten sich die hohen Anteile der Arbeit im öffentlichen Sektor und in der niedrig entlohnten Landwirtschaft aus. Trotz ungünstigen Planungsumfelds weitete sich jedoch der private Dienstleistungssektor aus und deutete auf ein latentes Innovationspotential im Lande. Mit Blick auf diese Unsicherheiten läßt sich als grobe Faustregel eine Drittelung der Agrar-, Nichtagrar- und Service-Bereiche des iranischen Arbeitsmarkts feststellen. Mit etwa dreißig Prozent liegt allerdings ähnlich hoch die Arbeitslosigkeitsquote der bis 30-Jährigen, die den Mollahs mit Recht große Sorgen bereitet.

Ihre ideologische Fixierung verleitete sie wiederholt dazu, die Realität in ein zu optimistisches Licht zu tauchen. Weder bedeutete die Schwächung des Erzfeinds Irak eine automatische Aufwertung des Iran, noch trug die iranische Förderung des islamischen Terrors und Antisemitismus dem Land wesentliche Sympathien ein. Weltbank und Währungsfonds betrieben eine Politik des Hinhaltens, und ebenso hielten sich die Haupthandelspartner des Iran zurück. Während sie den »kritischen Dialog« pflegten, vermieden Deutschland und Japan Direktinvestitionen im Lande und erzielten enorme Überschüsse, weil sie zudem darauf achteten, nicht in Abhängigkeit von iranischem Öl zu geraten.

Selbst wenn es zu konkreten Verhandlungen mit Auslandspartnern kam, erledigten sie sich in der Regel von selbst. »Management by Islamic Correctness« erwies sich als ökonomisch wenig effizient und baute bürokratische Hemmnisse auf. Allein schon die internen Machtkämpfe zwischen den iranischen Leitungsebenen verursachten Reibungsverluste, die sowohl die Durchführung des Entwicklungsplans als auch die Ansiedlung ausländischer Investoren behinderten.

Die Zusammenarbeit mit »Managern«, die zwar islamistisch linientreu sind, aber wenig, wenn gar nichts über die Planung und Führung eines Unternehmens wissen, gestaltet sich nicht nur für westliche Partner schwierig, sondern erwies sich als für die wirtschaftliche Entwicklung des Iran insgesamt katastrophal. Der »Kampf für Allah« mochte dem kollektiven Ego der iranischen Revolutionsführung und auch manchem westlichen Ideologen einen Psycho-Schub gegeben haben – der Produktion, geschweige denn Forschung und Entwicklung war er alles andere als dienlich.

Die volkswirtschaftlichen Gesamtdaten, Bruttoinlandsprodukt, Inflation, Investition, Arbeits- und Geldmarkt, haben sich im neuen Jahrtausend leicht verbessert, bedürfen jedoch nach wie vor eines konstruktiv integrierten Konzepts. Dem wiederum nützt gewiß nicht die unveränderte, isolationistische Tendenz, die aus der Abwertung des Nichtislamischen folgt. Wenngleich man sich einredete, mit der Einstellung von ausländischen Beratern deren »niedrige Käuflichkeit« zu beweisen, so blieb diese Praxis dennoch weiterhin begrenzt.

Bei allen Widerständen konnten selbst die Teheraner Betonköpfe die Bremswirkung ihrer »Religion« auf die iranische Wirtschaft nicht dauerhaft verschleiern. Zu inkompatibel war ihr einbahniges Denktraining mit der Problematik einer Volkswirtschaft und deren vielschichtiger Vernetzung von Investition, Produktion, Konsum, Kredit, Währung etc. Unsystematisch suchte man die zutage tretende Inkompetenz auszugleichen, wobei sich die Folgen der Managementfehler zwangsläufig verstärkten. Es führte kein Weg an der Erkenntnis vorbei, daß die neoliberale Forderung nach Deregulierung von Wirtschaft und Gesellschaft im »islamischen Wirtschaften« auf große Probleme stößt.

Den unislamischen Sachzwängen gehorchend, hatten die Gottesstaatler im Zweiten Plan (1995–1999) ihre Ambitionen zurückgesteckt. Abgesehen von immer noch utopischen Zielen im industriellen Nichtölbereich und religiös geführten Banksektor ging man realistischer an das Kostenmanagement, die Projektion von Wachtumsraten und die Verbesserung des Bildungssystems und der desolaten sozialen Lage heran.

Inoffizielle Analysen ergaben, daß scheinbar unterschiedliche Phänomene wie das Absinken des Bevölkerungswachstums und das Fernbleiben ausländischer Investoren auf das gleiche Motiv zurückgingen: eine vollständige Planungsunsicherheit durch das Fehlen berechenbarer Bedingungen im juristischen, sozialen und organisatorischen Bereich. Als das Parlament beschloß, den Zweiten Plan unter die Leitlinien des Khomeyni-Nachfolgers Ayatollah Khamenei zu stellen, der fortwährend die »Ideale der Revolution« beschwor, verstärkten sich die grundsätzlichen Zweifel an einer konstruktiven Führungskompetenz.

Ein Beispiel für das Dilemma war der Rial-Währungskurs, der durch andauernde Inflation und die Nachwirkungen des 11. September unter verstärkten Druck geriet. Indem man 2002 den multipel gespaltenen Markt unter einer kontrollierten Kursrelation zusammenfaßte, hoffte man die monetären Probleme in den Griff zu bekommen. Die klassischen Kontra-Effekte der Devisenbewirtschaftung wurden dadurch jedoch nicht beseitigt: die Umpolung von Produktion in Handel und Finanzinstrumente sowie der Verzicht auf qualifiziertes Management.

Beides kommt der Bazar-Mollah-Fraktion entgegen. Überdies können die Regierungsunternehmen ganz offiziell die Währungsdifferenzen nutzen, was sie profitabel und unproduktiv zugleich macht. Während sie stolz auf ihre Gewinne verweisen, geht im gelenkten System der negative Gegenposten unter, der sich auf die Währungskonten der diversen Ministerien verteilt.

Mithin verführt ein solcher, privilegierter Zugriff oft zu der Illusion einer florierenden Wirtschaft. In der Praxis läßt er jedoch den Schwarzmarkt und Mißbrauch von Währungskontingenten zur Gewohnheit werden, die sich überdies mit willkürlichen Importen und entsprechender Korruption verbinden. Ohne flankierende Maßnahmen blieb auch diese Umstellung eine Halbheit, die zwei Schwachpunkte nicht beseitigte: Kapitalflucht und Schwarzmarkt.

Die wünschenswerte Wirkung – Senkung der Importe und Steigerung der Exporte – trat nur sehr bedingt ein, weil die ölbasierte Monowirtschaft des Iran immer noch nicht über eine Differenzierung verfügt, die man für eine nachhaltige Stabilität braucht. Die dennoch positive Zahlungsbilanz verdankt sich den seit 2004 gestiegenen Ölpreisen. Trotz des Optimismus in diesem Markt garantiert jedoch niemand dafür, daß es nicht zu nachhaltigen Veränderungen in den Strukturen der globalen Energieversorgung kommt.

Eine ökonomische und zugleich psychologische Bremse ist und bleibt die hohe Massierung des Staatsvermögens bei einer dünnen Elite, zu der nun auch die Mollahs gehörten. Deren Preiselastizität blieb nahe Null, während der Rial zwischen 2001 und 2005 um lineare zwanzig Prozent pro Jahr sank – im Klartext: Preise spielten für diejenigen keine Rolle, die Zugang zu den Finanztöpfen des Staates hatten und in die eigene Tasche wirtschaften konnten. Ein wenig erinnerte der Zustand an die ähnliche Situation vor einem Jahrtausend, als sich der abbasidische Silber-Dirham gegen den byzantinischen Gold-Dinar binnen kurzem halbierte.[315]

Unter solchen Bedingungen konnte bislang noch keine professionelle Währungs- und Fiskal-, geschweige denn Industriepolitik zustande kommen, die dem Gesamtwohl des Landes hätte nützen können. Mit anderen Worten: Die Mollahs als Stellvertreter Allahs konnten dessen Willen in vieler Hinsicht erfüllen, von der Entmachtung des Parlaments über die Entrechtung der Bauern bis hin zur Entsorgung der Opposition. Am Verlauf wirtschaftlicher Trends schien sich seine Macht indessen die Zähne auszubeißen. Bekanntlich trügt hier jedoch der Schein, denn es ist es die islamische »Ethik«, die eine sachbezogene Analyse verbietet. Sie erfordert den unabhängigen Verstand, der wiederum dem islamischen Ganzen, d. h. den Eliten schadet, die vorgeben, zum Wohle des Ganzen zu handeln.

Neben der traditionell korruptionsbedingten Vermögensschere, die sich weder unter dem »gottlosen« Gottkönig Schah Reza Pahlevi noch den göttlich inspirierten Mudjtahids schloß, hatte sich eine weitere Schere noch weiter geöffnet. Während das Schahregime zwar eine despotische Herrschaft ausübte, aber die Modernisierung nicht blockierte, so war es eben diese pluralistische Moderne, welche die Muslime der Herrschaft Allahs entfremdet und als Gegenbewegung den iranischen Gottesstaat erst ermöglicht hatte.

Als dessen Vertreter waren die Mollahs um so mehr aufgerufen, die unislamischen Auswüchse zurückzuschneiden, zu denen nun wiederum das Prinzip des westlichen Wirtschaftens gehörte. Eine der wichtigsten Aufgaben der Zukunft war es daher, die ökonomischen Notwendigkeiten mit den ideologischen Zwängen des Gottesstaats in pragmatischen Einklang zu bringen. Um überhaupt in Gang kommen zu können, würde ein solcher Kompromiß jedoch eine gewisse innere Disziplin erfordern. Er würde ein Mindestmaß an wissenschaftlichem Denken und wirtschaftlichem Ethos, nicht weniger als eine zivilgesellschaftliche Willensbildung voraussetzen.

Die stellt aus Sicht der Gottesstaatler zwar eine erhebliche Zumutung dar, bildet aber unter den Bedingungen der modernen Zivilisation eine zwingende Voraussetzung für jedes Staatswesen. Im globalen Rahmen sind die ethischen Anforderungen der Moderne grundlegend, auch und gerade wenn ihre westlichen Erfinder ihnen oft genug ausweichen und sich damit, wie das Wirtschaftsbeispiel zeigt, der islamischen »Ethik« annähern. Je länger sich hier die Anpassung an islamische Denk- und Rechtsschemata fortsetzt, desto legitimer ist die Vermutung eines elitär geführten Vorgangs, bei dem es primär darum geht, der Bevölkerung mit den Floskeln der Globalisierung den Verzicht auf Einkommen und mit den Floskeln des »Dialogs« den Verzicht auf Grundrechte schmackhaft zu machen (s. u. S. 237).

Da die Revolutionäre mit ihrem Leitspruch »Blut für Allah« die Extremversion der Vormoderne wählten, bestätigten sie sich als totalitäre Herrscher, an denen man studieren konnte, wie sich die Theorie der islamischen Ethik durch die Praxis der Gegenethik verwirklicht. Aufschlußreich war die Konsequenz, mit der die Mollahs die Loyalität der iranischen Muslimmehrheit verspielten und statt des Gottesstaats das Gegenteil erreichten: eine Gesellschaft, die sich unerbittlich säkularisiert.

Indem das theokratische Konzept die Kluft zwischen Eliten und Volk weiter vergrößerte, verhinderte es die Förderung sozialer Verantwortung und wirtschaftlicher Teilhabe. Sie sind für eine stabile Gesellschaft unverzichtbar, bilden jedoch genau die Aspekte, welche die islamische »Ethik« ablehnen muß, um das Ganze zu bewahren. So bestätigt sich im Iran das »islamische Gefangenendilemma« auf besonders tragische Weise: Gerade weil die Mollahs dem Kern des Islam treu blieben und dabei sogar Allah selbst vertraten, mußten sie im Gottesstaat nicht nur immensen wirtschaftlichen Schaden anrichten, sondern auch das Vertrauen der Menschen verlieren.

d) Machtspiele in Teheran

Schon seit seinem Amtsantritt 1989 hatte das Gespann Khamenei und Rafsandjani eine islamistisch elitäre Mainstreampolitik gepflegt und damit die »neue islamische Linke« zurückgedrängt. Unter dieser Rubrik begannen sich ein halbes Jahrzehnt später wiederum technokratisch-linke Kräfte zu sammeln, die eine modernisierte Verbindung aus Tudeh-Tradition und Mosaddeq-Ideal aufgreifen wollten. Als ihren Kandidaten boten sie den eigentlich schon abgeschriebenen Mohammed Khatami gegen Khameneis Günstling Nateq Nuri auf.

Sie waren ermutigt worden durch angeblich »frischen Wind« in der iranischen Politik. Wenngleich das Führungsduo ökonomisch versagt hatte, so bewies es um so mehr seine Eignung im strategischen Bereich. Indem man in »Säuberungen« langjährige Schergen wie den Schlächter Sadeq Khalkhali entfernte, kreierte man eine Aura pragmatischer Flexibilität, die im Westen, vor allem in Europa, die Hoffnung auf einen konstruktiven »Dialog« nährte.

Das änderte wenig daran, daß die Teheraner Führung ihre islamistische Perspektive und damit auch den Status quo einer eher klangesteuerten Wirtschaft beibehielt. Solches war nicht geeignet, das Mißtrauen des amerikanischen »Großen Satan« zu zerteuren, der denn auch im Iran-Libya-Act von 1996 das Embargo von 1995 verschärfte. Nun sollten Sanktionen gegen Unternehmen verhängt werden, die sich in größerem Stil im Ölsektor der beiden Länder engagierten – ein Vorhaben, das wiederum auf starken Widerstand der islamgläubigen EU stieß.

Im weiteren Verlauf sollte sich herausstellen, daß der Iran zum potentiellen, vor allem energiepolitischen Spaltpilz zwischen Europa und Amerika werden konnte. Aus dieser Trennung erwuchs eine weitere, wichtigere Divergenz, nämlich die abweichenden Auffassungen über die iranische Atompolitik, auf die wir weiter unten eingehen. Mit der Interessengemeinschaft USA–Israel wird in diesem Punkt eine Allianz erkennbar, die am Beispiel des atomaren Bedrohungsfaktors ohne jede Kompromißbereitschaft zwei harte Linien zieht: die Grenzen iranischer Souveränität und Europas Grenzen »eurabisch-euranischer« Kollaboration.

Die Verhärtung der US-Haltung hatte schon um die Mitte der 90er Jahre unter dem »Liberalen« Clinton begonnen und fiel zeitlich etwa mit den Teheraner Parlamentswahlen von 1996 zusammen. Um hinreichenden Rückhalt zu sichern, mußte sich der »Pragmatiker« Rafsandjani an ungeliebte Bettgenossen gewöhnen, nämlich die Linksmuslime, die er Jahre zuvor mattgesetzt hatte. Erneut erstarkt durch unveränderte Sozialprobleme, konnten sie nun – trotz des Widerstands des Wächterrats – nicht mehr aus dem öffentlichen Geschehen herausgehalten werden.

Khamenei hatte Rafsandjanis Warnungen vor Khatami nicht ernst genommen. Der war ehemaliger Khomeyni-Weggefährte und entwickelte sich zu einer versierten Größe im Teheraner Politdschungel. Mit einer scheinliberalen Verbindung aus Demokratie und Islam trat er mal als linientreuer Revolutionär, mal als geschmeidiger, »weltoffener« Diplomat auf, der das Vertrauen der vielschichtigen Opposition und mit ihren Stimmen 1997 die Wahl zum Präsidenten gewann. Er hatte nach allen Seiten Versprechungen gemacht, bei Linken, Studenten, Sunniten, Kurden, nicht zuletzt auch bei den Frauen Hoffnungen auf freiheitliche Reformen geweckt. Viele fielen auf seine Slogans von der »iranischen Zivilgesellschaft«, der »gleichberechtigten Frau« und ähnlichem herein und verhalfen ihm zu einem erdrutschartigen Sieg.

Als ehemaliger Leiter des Islamischen Zentrums in Hamburg und iranischer Minister für Kultur und Islamische Angelegenheiten hatte Khatami vielfältige Auslandskontakte sowohl in die westliche als auch in die islamische Welt geknüpft, die er als Staatspräsident weiter vorantrieb. Insbesondere ließen sich die schwierigen Verbindungen zu Ägypten und Saudi-Arabien verbessern, das seit jeher in den Bereichen Öl und Islam-Ideologie ein harter Konkurrent war. Bei den schwierigen Beziehungen zum Irak, Afghanistan und der Türkei konnte jedoch auch das Darstellertalent Khatamis nichts bewirken.

Der Westen setzte Hoffnungen in den gewandten Ayatollah und bereitete ihm in den Jahren 1999/2000 große Empfänge in Rom, Paris und Berlin. London nahm die Beziehungen auf Botschafterebene auf, nachdem Khatami den Eindruck erweckt hatte, daß die Todesdrohung gegen den Romanautor Salman Rushdie »praktisch beendet« war. Selbst in Washington setzte daraufhin Tauwetter ein. Bei seinem Besuch tauschte man Höflichkeiten aus und hob als »Gastgeschenk« das Embargo gegen Teppiche und Pistazien auf. Dennoch stießen Khatamis Avancen in den USA auf gemischte Reaktionen, die ihm bei den Medien ein ebenso lebhaftes wie bei der Politik gedämpftes Echo eintrugen.

Man wußte, daß an der Heimatfront nach wie vor der Oberste Führer und *Wali-ye-Faqih* Khamenei die Fäden zog. Während er zusammen mit den führenden Konservativen des Landes die wichtigen Ministerien und Stiftungen überwachte, ließ er seinem Chefdiplomaten die lange Leine, solange der den Auslandsinteressen des Iran nützte und keine Flurschäden in der Religionspolitik anrichtete. Die herrschende Klasse, deren Kern aus der – weitgehend von Steuern befreiten – Basar-Klerus-Fraktion bestand, saß unverändert an den Schalthebeln der Staatskontrollen und Finanzprivilegien.

Gleichwohl begann der Druck der Verhältnisse die Restriktionen erst langsam, dafür in um so wichtigeren Bereichen aufzuweichen. Im exklusivsten aller Sektoren, dem Öl, waren für unmöglich gehaltene Schlupflöcher entstanden, die in Ausnahmesituationen ausländische Produktionsbeteiligungen erlaubten.[316] Khatami hatte spezielle Konventionen angeregt, mit denen man die verfassungsmäßigen Sperren neu auslegen und die verhaßten, aber sehr nützlichen Großkonzerne des globalen Ölgeschäfts ohne Gesichtsverlust ins Spiel bringen konnte.

Im Jahre 2002 verabschiedete das Parlament ein Gesetz, das mit Verbesserungen für investitionswillige Ausländer aufwartete. Auch andere Bereiche des inzwischen formulierten Dritten Fünfjahresplans (2000–2004) wurden unter liberalisierten Bedingungen aufgelegt: Auslegung des islamischen Rechts, Nichtölexporte, Deregulierung etc. sollten insgesamt professioneller als bisher gestaltet und sowohl die ökonomische Effizienz verbessert als auch die internationale Isolierung – mit besonderem Blick auf die WTO – gelockert werden.

Ein erheblicher Teil dieser guten Absichten verlief erneut im Sande, weil sie wiederum die Kreise der Interessenfront Basar-Klerus störten. Auch nach Ablauf dieses Plans steht über die Hälfte der iranischen Volkswirtschaft unter staatlicher Kontrolle. Mindestens weitere fünfundzwanzig Prozent werden von den großen Religionsstiftungen gesteuert, die ebenfalls der Staatsführung unterstehen. Für die Bevorzugten eines gelenkten Wirtschaftssystems ist es eben zu verlockend, Währungskontingente, Importgenehmigungen und Kreditzusagen selbst ausstellen zu können.

Keiner wußte das besser als Staatspräsident Khamenei, der sich zum Bewacher der Privilegien machte und mit ihrer dosierten Verteilung eine loyale Kontrollelite innerhalb der Elite heranzog. Mit Geheimdienst und Militär im Rücken wachte diese Schutzmacht eisern darüber, daß sich bei allen demokratischen Scheinfloskeln an den konkreten Verhältnissen vorläufig nichts änderte.

Während der ersten zwei Amtsjahre des »liberalen« Khatami wurden Dutzende von Dissidenten liquidiert oder verschwanden ganz einfach spurlos und konnten von – zweifelhaftem – Glück sagen, wenn man sie in einem der berüchtigten Foltergefängnisse zunächst einmal am Leben ließ. Sein Dienstherr Khamenei gab das Maß an, in dem die Zügel zu straffen oder zu lockern waren, und ließ dabei zuweilen eine gewisse Subtilität erkennen. Im Frühsommer 2001 ordnete er eine Ausstellung an, in der man verfolgen konnte, wie die Reformpolitik »eines gewissen Gorbatschow« ein Staatswesen und sein System zerstört hatte. Allah sollte davon verschont bleiben.

In dem mehrdeutigen Macht-Pingpong der schauspielbegabten Ayatollahs ließ sich die häufige Aussage nicht widerlegen, der zufolge Khamenei zwar die treibende, radikale Kraft im Staate war, es aber ohne die mäßigende Einwirkung Khatamis noch mehr Opfer gegeben hätte. Der zu jener Zeit beim Volk beliebteste Beamte, der Teheraner Bürgermeister Karbastshi, konnte davon nicht profitieren. Er hatte enorme Verbesserungen an der Infrastruktur der Hauptstadt durchgesetzt und die »geistliche« Führung aufgefordert, sich einer ähnlich volksnahen Effizienz zu befleißigen. Prompt stellte ihn die Führung vor Gericht, ließ die Richter eine langjährige Freiheitsstrafe aussprechen und die Polizei hart gegen Demonstranten vorgehen, die für ihn auf die Straße gingen.

Auch der Kritik aus den eigenen Reihen erging es kaum anders. Der wegen seiner theologischen Autorität hochgeachtete Ayatollah Montazeri hatte bezweifelt, daß sich die politische Machtfülle des Klerus' rechtfertigen ließ und sich ebenfalls entsprechende Probleme eingehandelt. Seine regierenden Kollegen hörten es gar nicht gern, wenn er in der Universität wiederholt forderte, die Herrschaft der »Führer«, also in der Hauptsache Khameneis und Khatamis, zu beschneiden. Entgegen der Khomeyni-Doktrin sollten die Inhaber dieser Positionen Politiker, keine »Geistlichen« sein. Der Klerus solle die Machthaber überwachen, nicht selbst herrschen – Aussagen, die ihn bei den Linksmuslimen, nicht aber bei der konservativen Machtclique beliebt machten. Deren langer Arm ereilte ihn rasch, allerdings »gemäßigt«, indem man ihm Hausarrest verordnete und einen Maulkorb umhängte.

Diejenigen, die über all das berichteten, die kritischen Journalisten, gingen besonders schweren Zeiten entgegen. Nachdem der Wächterrat über der Hälfte der Kandidaten verboten hatte, sich für die Wahlen 1997 aufstellen zu lassen, ließ er die beiden Kader der »Religionspolizei«, die Pasdaran und die Basidj, die schon im Irakkrieg treue Dienste geleistet hatten, gegen mißliebige Zeitungen vorgehen. Mit einer Welle von Anschlägen gegen Redaktionen sowie Verhaftungen und Folterungen von Journalisten und Literaten wurde die schreibende Zunft zunächst nachhaltig eingeschüchtert. Schon 1999 hatte das Parlament ein Gesetz verabschiedet, das die ohnehin begrenzte Pressefreiheit noch weiter einschränkte.

Schnell stellte sich heraus, daß es sich bei den Aktionen um Staatsterror handelte, der von oberster Stelle angeordnet war. Die Verantwortlichen schoben zunächst anonyme »Schurken« vor, die auf unerfindliche Weise selbständig gehandelt hatten. Manche dieser »Schurken« fanden im Gefängnis einen mysteriösen Tod, der vor unbequemen Aussagen bewahrte. Nach ein paar weiteren, offiziellen Bauernopfern suchte man die Schuld auf ein Dutzend Juden zu lenken, die angeblich im Auftrag Israels eine Verschwörung gegen Irans »Friedenspolitik« vorbereitet hatten.

Bei all diesen Vorgängen wurde immer wieder deutlich, daß Khamenei den Handlungsrahmen setzte, der auch für Khatami verbindlich war. Da dieser es zu keiner Zeit auf eine Machtprobe ankommen ließ, war eher ein Einverständnis zwischen den beiden anzunehmen, das sie nach dem »Good Guy–Bad Guy«-Muster zuweilen mit Scheingefechten unterbrachen, um die liberalen Hoffnungen – im In- und Ausland – nicht zu sehr zu frustrieren. Mohsen Reza'i, bis 1997 Chef der Revolutionswächter, wußte mit solcher Ambivalenz umzugehen: Der »wahre Islam« der ersten Revolutionsjahre sei zwar dahin, die neue Generation verlange aber nach einem ebenso starken Glauben der »Spiritualität und Wahrhaftigkeit«.[317]

Was immer das bedeuten mochte – wenn es für die Ayatollahs eng wurde, wie bei den Unruhen im Sommer 1999, gab es am gemeinsamen Schulterschluß keinen Zweifel. So auch im Folgejahr, als sich die Führung Abdollah Nuris, eines reformwilligen Mitkonkurrenten und Kandidaten für den Sprecherposten im Parlament, entledigte, indem sie eine Denunziation lancieren und ihn für fünf Jahre ins Gefängnis schicken ließ.[318] Nach jeweiliger Sachlage traten der »Good Guy« Khatami und der »Bad Guy« Khamenei mit geschickt dosierten Positionen auf, gaben allerdings immer dann ihre Unterschiede auf, wenn ein Machtwort zu sprechen war.

Allmählich wurde den Reformkräften klar, daß sie mit Khatami einem überschätzten Scharlatan aufgesessen waren. Um den Konservativen nicht vollends in die Falle zu laufen, versuchten sie, andere Exponenten wie den gemäßigten Kulturminister Mohadjerani aufzubauen oder ins Ausland auszuweichen. Akbar Gandji, populärer Journalist und Verleger, nahm an irankritischen Symposien in Westeuropa teil und veröffentlichte ein Buch (»Islamischer Faschismus«), in dem er die politischen Morde der Ayatollahs beschrieb. Massiver Protest des Auslands bewirkte die Umwandlung der Todesstrafe in eine langjährige Haft, die man 2006 vorläufig aussetzte.

Wie für jedes totalitäre System sind auch für den Gottesstaat Grenzstrafen, Gewalt und Tod unverzichtbare »Lebensmittel«, um selbst überleben zu können. Kontrollorganisationen wie die Pasdaran, die Basidj, die Ansare-Hizbollah (Helfer der Hizbollah) und vor allem die Hizbollah (»Partei Allahs«) selbst, der iranische Kampfableger im Libanon, sind seine rechtmäßigen Einrichtungen. Sie alle sind natürliche Teile des Systems und tragen auf ihre Weise zum Bestand des islamischen Staates bei.

Sie gewährleisten die ideale Harmonie zwischen dem Einzelnen und dem Ganzen. Wie einst im Medina des Verkünders und des Imam Ali soll sich der Mensch »ganz« fühlen, wenn er keine Einzelexistenz, sondern mit dem Gesetz und der Gemeinschaft verschmolzen ist. Indem sie AbweichlerInnen kontrollieren, verhaften, prügeln, peitschen, vergewaltigen, steinigen und töten, sorgen die Kontrolleure dafür, daß die Gläubigen von ihrem Anblick und Verhalten nicht fehlgeleitet, nicht vom reinen Lebensstrom des Islam abgelenkt werden. Sie alle sind auf den »Obersten Führer« Khamenei eingeschworen, der die Gewalt als legitimes Mittel der Politik gegen den »Feind« propagiert. Dieser spezifisch iranischen Variante müssen wir nun gesondertes Augenmerk widmen.

2. Hizbollah – Allahs Partei

a) Landnahme im Libanon

Neben ihrer Mehrheit im Irak konnte die Schia im Libanon gegen Ende des abgelaufenen Jahrhunderts ihre Minderheitenposition gegenüber den Christen und Sunniten kräftig ausbauen. Durch starkes demographisches Wachstum in den letzten Jahrzehnten stieg ihr Anteil von unter zwanzig Prozent auf über dreißig Prozent an. Zuvor hatte auch ihr historisches Gruppenbewußtsein eine bemerkenswerte Entwicklung durchlaufen.

Aus ihrer Historie heraus versteht sich die Schia als Religion der Unterprivilegierten, was in der libanesischen Variante einen besonderen Niederschlag fand. Schon seit safawidischen Zeiten galten die dortigen, im Südlibanon konzentrierten Schiiten als halbwegs Ungläubige, die nicht wie die Christen und Drusen unter das Millet-System der Osmanen fielen.[319] Auch unter den späteren westlichen, speziell französischen Kolonialmächten hatten sie gegenüber den ihnen feindlichen Sunniten stets das Nachsehen. Die gelegentliche Unterstützung seitens des alevitischen Syrien konnte diese Lage nur unwesentlich mildern.

Traditionell am unteren Rand des Sozialspektrums und in unterentwickelten Gebieten des Landes angesiedelt, spielten die Interessen der Schiiten seit jeher eine nachgeordnete Rolle. Bei ähnlicher demographischer Verteilung der Minderheiten – Christen etwas über einem Drittel sowie Sunniten und Schiiten jeweils etwas darunter – waren erstere in der libanesischen Verwaltung paritätisch vertreten, während schiitische Beamte mit unter fünf Prozent die Entscheidungsprozesse nur schwach beeinflussen konnten.

Um so größere Hoffnungen wurden wach, als die iranischen Glaubensbrüder unter Führung Khomeynis die islamische Revolution zustande brachten. Im langen, dunklen Tunnel des sozialen Martyriums schien nun erstmals ein helleres Ende möglich. Im Ta'if-Abkommen von 1989 trug die Regierung den veränderten Verhältnissen Rechnung. Gegen die konfessionelle Verfassung des Libanon und die öffentliche Meinung konnte die unheilige Allianz der Christen und Sunniten eine Gleichstellung der Schiiten – zumindest auf dem Papier – nun nicht mehr länger hintertreiben.

Über Nacht ließen sich die gewachsenen Unrechtsverhältnisse natürlich nicht beseitigen. Zusammengedrängt in den ländlichen Regionen des Südlibanon und im Baalbek-Distrikt der Bek'a-Ebene, lebten über drei Viertel der Schiiten unterhalb der Armutsgrenze. Während die Regierung unverändert wenig für die Verbesserung ihrer Situation tat, gerieten sie vermehrt in das Kreuzfeuer der Gefechte zwischen Israel und dem palästinensischen Kampfkader PLO (Palestine Liberation Organization), der sich ab 1980 unter dessen Führer Yassir Arafat (gest. 2005) mit Terror und Gewalt im Libanon festgesetzt hatte.

Die physische Bedrohung, die soziale Unterprivilegierung und die enorme Urbanisierung ließen den städtischen Schiitenanteil, insbesondere in Beirut, rasch ansteigen. Im Südlibanon entstand der berüchtigte »Elendsgürtel« hoher Bevölkerungsdichte und Radikalisierung – der ideale Nährboden für die »Rufer« des Iran und für das Entstehen der Hizbollah, der »Partei Allahs«. Ihr Name steht für alle Muslime, grundgelegt auch schon im Koran (5/56).

Innerhalb der islamischen Region zeigte die Schia des Libanon die mit Abstand nachhaltigste Reaktion auf den Impuls der Islamischen Revolu-

tion. Die Massierung der sozial Schwachen begünstigt die Ausbreitung
simpler Lehren von Gut und Böse, wie sie die Parteigänger Allahs verbreiten. Der Kampfruf »Nur eine Partei – Hizbollah, nur ein Führer – Ruhollah!« hat für die vielen, die ohnehin nichts zu verlieren haben, einen
attraktiven Klang. Ihr erstes Mitglied soll Ayatollah Ghaffari gewesen sein,
der dem Vernehmen nach im Jahre 1973 »in einem Meer von Blut« den
Märtyrertod fand.[320]

In diesem Umfeld fielen die Parolen, begünstigt durch die dramatischen
Ereignisse, auf besonders fruchtbaren Boden. Die Terroraktionen der PLO
hatten den faktischen Zusammenbruch des Landes eingeleitet. In einer
Kombination von innerislamischem Machtkampf mit außerislamischem
Djihad bombte sie tiefe Schneisen in die libanesische Gesellschaft. Deren
religiös-kulturelle, untereinander verfeindete Vielfalt machte sie unfähig,
sich gegen diesen massiven Angriff zu wehren. So wie christliche Maroni-
ten den PLO-Massakern zum Opfer fielen, so machten die »Freiheitskämp-
fer« Arafats auch die schiitischen Muslime nieder.

Diesem Treiben wurde 1982 ein Ende gesetzt. Syrien vertrieb die PLO-
Kämpfer aus dem Norden mit Zentrum in Tripoli und Israel aus dem Süden
mit Zentrum in Beirut. Zuvor hatten allerdings Arafat und seine Leute der
Welt vorgeführt, wie einfach es für die islamische Aktionstriade – Täuschung, Drohung, Gewalt – sein konnte, ein ganzes Land zugrunde zu richten, wenn man sie denn nur in konzertierter Konsequenz anwandte.

Ihre nachhaltigsten Spuren im Kampf gegen Israel hinterließ die PLO in
Form eines Kontroll- und Terrornetzes, das sich gegen jede Kooperation der
Palästinenser mit dem Judenstaat richtet. Mit agitatorischem Druck gegen
Versöhnung und Lohn für Aggression wurden die Palästinenser zu einer
Gruppe indoktriniert, die dem israelischen Staat mehrheitlich destruktiv
gegenübersteht. Das hohe Altersssegment unter dreißig Jahren ist unter dem
Einfluß von Angst, Aggression und Gewalt aufgewachsen, ein Regime in-
des, das dem Nobelpreiskommitee die Verleihung des »Friedenspreises« an
den Urterroristen Arafat wert war.

Dieses strategische Vorbild machte sich die Hizbollah als Manifest zu
eigen, als sie sich noch im gleichen Jahr 1982 in Baalbek gründete und als
Ziel die »Islamische Republik Libanon« ausrief. Sie zweigte sich von der
Amal-Miliz ab, die unter ihrem charismatischen Führer Musa Sadr seit 1964
unter mehreren Umgründungen die schiitischen Interessen in der libanesischen Chaospolitik wahrgenommen hatte.

Musas Politik hatte noch andere radikalislamische Kontakte wie das revolutionäre Libyen eingeschlossen, die aber nach seinem mysteriösen Tod
aufgegeben wurden. Bei einem Treffen mit Qadhdhafi, das Ende August

1978 in Tripoli stattfand, soll es zu hitzigen Streitereien gekommen sein, in deren Verlauf Musa den Diktator offenbar bis aufs Blut reizte. Dessen Geheimdienstleute schienen jedenfalls Äußerungen ihres Herrn als Kommando verstanden zu haben, den unbotmäßigen Gast nebst Begleitung zu liquidieren.[321] Was sich somit als Reise ohne Wiederkehr entpuppte, eignete sich später ganz besonders zur schiagemäßen Verklärung des Verschwundenen, der für seine Anhänger heute in eine imamartige Semi-Verborgenheit entrückt ist.

Die konkrete Parteipolitik schwenkte derweil in eine säkular bestimmte, an Syrien orientierte Richtung ein. Die Hizbollah verschrieb sich gänzlich dem Gottesstaat Khomeynis und den Weisungen des Nachfolgers Khamenei, der ab 1989 die Führungsfunktion des *wali-ye-faqih* übernahm. Finanzhilfe aus Teheran und Kampftraining durch die Pasdaran formten die Hizbollah zu einer hochmotivierten und gutgerüsteten Kadertruppe, die in Kooperation mit der PLO und deren Ablegern *Djihad Islami* bzw. später auch *Hamas* neue Maßstäbe des Terrors, aber auch der ideologischen Intelligenz setzte.

In dieser Kombination war man gut aufgehoben. Wohl wissend, daß sich Gewalt nicht verewigen, sondern das Volk nach anderen Machtformen suchen läßt, hatte die Hizbollah frühe Anleihen bei der Muslimbruderschaft gemacht. Gemäß deren bewährter Schaukelpolitik zwischen Zuckerbrot und Peitsche verordnete man sich eine pragmatische Handlungsalternative, die mit sozialen Hilfsdiensten Solidarität mit der bedürftigen Masse bekundete. Dazu kam die Parole des Bruders der ersten Stunde, Hasan al-Banna (gest. 1949), gerade recht: »Israel besteht, bis es der Islam auslöscht.« Indem man Terror gegen den Judenstaat und seinen Paten USA mit Fürsorge für die Gemeinschaft Allahs verband, ergab sich ein Maximum islamischer Überzeugungskraft.

Im Zuge ihrer Abspaltung zwang die Hizbollah die ideologischen Kräfte der 1980er Jahre, sich neu zu orientieren. Während die säkulare Amal, ab 1980 unter Führung des Rechtsanwalts Nabih Berri, eher farblos blieb, wurde die messianische Variante des Ayatollah Khomeyni zur Basis der Hizbollah. Zwei der wichtigeren Gruppierungen, die zeitweilig noch Anschluß suchten, waren die *Hizb al-Da'wa* des Husayn al-Musawi und die ultraradikale Version der *Harakat Fatah* unter Imad Mughniya.

Letzterer erwies sich als begnadeter Spezialist für verdeckte Operationen, der als Übergangsfigur zur späteren Hizbollah-Kooperation mit der Al-Qa'ida des Usama bin Ladin gilt. Im Rahmen der antiamerikanischen »Eurabia«-Doktrin genossen er und der Führer der Teheraner Geiselnahme, Alireza Moayeri, besondere Privilegien bei den französischen Behörden.[322]

Ausgebildet und mit guten Verbindungen in Qum, kam Al-Musawi aus dem Baalbek-Netzwerk der libanesischen Schia und war bis 1992 Generalsekretär der Partei, bevor ihn ein israelischer Anschlag das Leben kostete. Mit vielen anderen übten die drei eine Pilotfunktion aus, die den Sog der iranischen Revolution islamweit verstärkte und – wenngleich begrenzt – auch sunnitische Islamismen in anderen Ländern wie insbesondere Ägypten, Algerien, Pakistan und Sudan »inspirierte«. Aufgrund ihrer schiitischen Verwandtschaft wirkte sich der ideologische Einfluß Irans besonders stark auf Syrien aus. Um die interne Stabilität zu wahren, war das Land sehr an einem schwachen Libanon interessiert und reagierte allergisch auf dessen Annäherungen an Israel, wie sie u. a. 1983 von den USA vermittelt wurden.

Als die Hizbollah im gleichen Jahr mit einem spektakulären Anschlag auf die US-Friedenstruppe fast dreihundert Menschen in den Tod gerissen hatte, suchte Syrien die nicht immer unbelasteten Beziehungen zu den Mollahs weiter zu verbessern. Im Austausch gegen iranisches Öl stellte man Infrastruktur und Wege der Logistik zur Verfügung, über die die Hizbollah ihre militärische Versorgung sicherte. Sowohl den erratischen Politikschwankungen ihrer Region als auch den Auflösungsversuchen der Amerikaner hat die Achse Iran-Hizbollah-Syrien bislang nachhaltig widerstanden.

b) Djihad gegen den »Pharao«

Über die politreligiöse Linie, in der sich die Hizbollah der Nachahmung des *mardja' al-taqlid* Khamenei verschrieb, kam es zum Zerwürfnis mit dem »Chefideologen«, Mudjtahid Husayn Fadlallah. Obwohl er Autorität der religiösen »Quelle« von Nadjaf sowie Spiritus rector der *Hizb al-Da'wa* war, stellte er sich in der Partei ins Abseits, als er die Qualifikation Khameneis als vollwertigen Nachfolger Khomeynis anzweifelte.

Der alles überragende Grundsatz lautete, daß mit der Revolution nun die Aufgabe des Islam erneuert war, gegen die »satanischen Kräfte« des pluralistisch-modernen Westens die koranisch angekündigte, islamische Weltordnung zu schaffen. Dabei stand es allein in Allahs Wille, die dafür geeigneten und inspirierten Menschen – wie z. B. Ayatollah Khamenei – auszuwählen. Wer solcherart Erleuchtete in Frage stellte, handelte – unter Nutzung der in allen Religionen üblichen Routinedrohung – »gegen Gott«.

Durch Allah ist nach dieser Vorstellung eine allumfassende »Gerechtigkeit« garantiert, zu der die »materialistische« Zivilisation des Westens einen unversöhnlichen Gegensatz bildet. Deren »brutaler Kapitalismus« ergibt sich aus einer philosophisch und intellektuell »verzerrten« Weltsicht, die nach islamischer Auffassung nicht imstande ist, eine ausgewogene Balance zwischen »menschlicher Natur und öffentlichem Interesse«, also die eigentliche, soziale Gerechtigkeit, herzustellen.

Somit besteht das westliche Konzept im Kern aus Kapital, das Korruption und Krieg finanziert und die Gestalt des »Neuen Pharao« annimmt, des koranisch verdammten Gottkönigs (79/15ff.), des größenwahnsinnigen Anti-Muslim, »der die Menschheit versklavt«.[323] Durch diese Fokuslinse gesehen, kehrt der westliche Pharao seine »satanische« Seite hervor, indem er durch eine unislamische Bild- und Genußwelt das Bewußtsein unterwandert und damit nicht nur die Muslime dazu bringt, sich von Allah abzuwenden. Er zwingt alle Menschen unter das Joch des Konsums und zieht dabei zuallererst den Ärmsten das letzte Geld aus der Tasche.

Dieses Prinzip setzt sich auf Elitenbasis fort. Indem Pharao die lokalen Herrscher mit immensen Zuwendungen besticht, setzt er sie als seine Stellvertreter ein, die ihre eigenen Völker verraten und zu Sklavenheeren des westlichen Profitsystems machen. Je nach Nützlichkeit umwirbt er sie und läßt sie wieder fallen, zapft ihr Öl ab, liefert ihnen ungeheure Mengen von Waffen und lockt sie in wohlgestellte Fallen, um sie zerstören und den Zyklus von neuem beginnen zu können. Eine der bestfunktionierenden Fallen ist das Prinzip der Menschenrechte, die als Doppelstandard eingesetzt werden: Je höher die Nützlichkeit eines Regimes, desto geringer die Bedeutung der Menschenrechte und damit auch derjenigen in den jeweiligen Ländern, die für demokratische Grundrechte eintreten.

In unerträglicher Selbstüberhebung schwingt sich dieser Pharao in einen Pilotensessel der Omnipotenz, von dem er eine umfassende Kulturinvasion, eher noch Kulturinfusion, nämlich die »Westoxication« steuert. Er erklärt den Doppelstandard der westlichen Zivilisation als allen anderen Kulturen überlegen, zwingt ihnen die eigenen Werte und Normen auf, leitet daraus das Recht zu ihrer geistigen und wirtschaftlichen Ausbeutung ab und – Höhepunkt heuchlerischer Hybris – fordert die Menschen des Westens dazu auf, die Angehörigen jener anderen Unkulturen zu demütigen, indem man sie mit Spenden abhängig hält und ihre Rückständigkeit konserviert.

An diesem Aspekt ist der entscheidende Unterschied zwischen den Feind-Weltbildern der Sunna und Schia festzumachen, die von westlichen Nichtkennern oft vermischt werden. Das schiitische Gut/Böse-Denken hat mit dem klassisch-sunnitischen Gegensatz zwischen dem »Haus des Islam«, dem Gebiet der Gläubigen, und dem »Haus des Krieges«, dem der Ungläubigen, wenig zu tun. Es arbeitet mit dem von Marx und Khomeyni gleichermaßen verwendeten (khomarxistischen) Begriffspaar der »Unterdrücker und Unterdrückten«, die in einem apokalytischen Kampf die bereits feststehende Endlösung ermitteln werden – den Sieg der Unterdrückten.

Unschwer erkennbar soll die Schwarz/Weiß-Trennlinie hier nicht von der Zugehörigkeit zum Islam, sondern von der politsozialen Funktion ausgehen. Die Unterdrücker sind nicht gleichzeitig Nichtmuslime, und die Muslime nicht notwendigerweise auch Unterdrückte. Es geht um die große Masse der wirtschaftlich, sozial und kulturell Ausgebeuteten, die sich einer elitären Minderheit von Ausbeutern ausgesetzt sieht. Dabei soll die Religion keine primäre Rolle spielen, offensichtlich weil völlig klar ist, daß die Schia für die ganze Welt die beste, wenn nicht einzige Lösung bedeutet.

So brauchte man sich denn auch, wie so oft im islamischen Spektrum, an die selbstgesetzten Regeln nicht zu halten. In den ersten sieben Jahren sind sowohl im Iran (eine Million) als auch im Libanon (eine halbe Million) alle Ausländer – bis auf vernachlässigbare Reste – vertrieben worden. Unter ihnen befanden sich genug Unterdrückte, um mit ihrer Vertreibung einmal mehr die Gegenethik des Islam zu bestätigen. Im gleichen Zeitraum verließen zwei Millionen Iraner des gehobenen Mittelstands ihr Land, die sich bis heute mehr als verdoppelt haben.

Der *Tauhid* (arab.: Einheit), das Ganzheitsideal des radikalen Islam, läuft auf einen leicht steuerbaren Bildungsstandard hinaus: »Denn der Islam hat Antwort auf jede erdenkliche Frage. Alles, was zu tun ist, heißt, den Regeln zu gehorchen, ohne Fragen zu stellen, ohne Abweichungen zu erstreben.«[324] So waren auch keine Fragen nötig, als das Teheraner »Islamische Wissenschaftliche Institut« 1986 in der Beiruter Botschaft des Iran eine Weltneuheit vorstellte: eine elektrische Maschine, die den des Diebstahls Überführten schnell, aber nicht schmerzlos die Finger abhackt.[325]

Dennoch scheint das Ziel der vollständigen Einheit in um so weitere Ferne zu rücken, je härter man es zu erreichen sucht – ähnlich vergeblich, wie der Wüstenwanderer der Fata Morgana nachjagt, die sich ihm unnahbar entzieht. Es sind Fernsehen und Internet, die zu starke, alternative Anreize vermitteln, als daß die extrem junge Bevölkerung wirksam und dauerhaft zu kontrollieren wäre. Indem sie die Menschen verleiten, sich von der Gemeinschaft zu entfernen und mit anderen, islamfremden Sachverhalten zu beschäftigen, zeigen sie den Wächtern ein um das andere Mal, daß sie und ihre Kontrollen »grandios scheitern«.[326]

Wenngleich das Fernsehen nicht unbedingt zum qualifizierten Denken anregt, so besetzt es doch auf unerwünschte Weise das Bewußtsein. In jedem Falle erzeugt das Denken – offenbar auch innerhalb des Islam – einen teuflischen Zustand, wenn Ayatollah Shirazi sagt: »Ein denkender Mann sendet Satan Signale«.[327] Für die Hizbollah schließt sich hier in der Tat ein endzeitlicher Kreis: Der Partei Allahs, der Vertretung der Unterprivilegierten, steht die Hizboshaytan, die Partei Satans, die Vertretung der korrupten Klane und der kapitalistischen »Blutsauger« gegenüber.[328] Sie trachten danach, die Gläubigen mit ihren sündhaften Versuchungen zu zerstören. Zu ihrer Bekämpfung bedarf es daher des »Instruments des Djihad« (Khomeyni) und einer kompromißlosen Kommandostruktur.

Aufbauend auf der Lehre des Obersten Führers, der inzwischen ins Quasi-Göttliche entrückt ist, entsteht ein »Führerwillen«, der die jeweils wichtigsten Aufgaben formuliert, ohne Widerspruch zu dulden.[329] Den ausführenden Ebenen genügen bereits Andeutungen, um die sofortige Ausführung der Tat auszulösen. Dabei entsteht zumeist ein interner, »charismatischer Wettbewerb«, der die Teilnehmer dynamisch konformiert und eine besonders perfekte Realisierung der anstehenden Aufgaben erzwingt – Martyrium eingeschlossen.[330] Halbwüchsige sollen für das Selbtmordattentat besonders geeignet sein, weil sie leichter beeinflußbar und von der »satanischen Kultur« des Westens weniger als Ältere infiziert sind (Khomeyni). Diese Auffassung ist jedoch nicht unwidersprochen geblieben, weil das Töten verdienstvoller ist als das Getötetwerden und die Jüngeren nicht die Wahlmöglichkeiten der Älteren haben.

Wie sich auch im Islam die Dinge ändern können, zeigt die Aussage des Ayatollah Tabassi, der sich Anfang der 1990er Jahre über den Popstar Michael Jackson beklagte – »die Gestalt jenes sodomitischen Schwarzen aus Amerika« –, den er als besonders abstoßende Manifestation des satanischen Westens ausgemacht hatte.[331] Eineinhalb Jahrzehnte später residierte diese »Gestalt« als hochgeachteter Geldbürger im Golf-Emirat Qatar, wo er unbehelligt seinen wie auch immer gearteten Neigungen nachging.

Einmal mehr erweisen sich die Aussagen über die Frau als bester Indikator für die machttechnische Richtung der Ideologie. Wenngleich die schiitischen Theoretiker immer wieder betonen, rein humanistische Ziele zu verfolgen, können sie ihre islamische Dimension dennoch nicht verlassen. Ihnen zufolge benutzt der satanische Pharao die Frau im Rahmen seines Kapitalsystems als »Rohstoff«, der dem moralischen und familiären Bestand der »reinen« islamischen Gesellschaft entzogen wird, um ihn dem fortlaufenden Produkt- und Konsumstrom zuzuführen.

Dieser Krafttransfer muß andauern, solange die Muslime die westlichen Vorbilder und Normen nachäffen. Um so wichtiger wird es, Zuflucht zum *mardja' at-taqlid* zu nehmen, zur ehrwürdigen »Instanz der Nachahmung« in der richtigen, schiitisch-islamischen Richtung, wie sie einst Führer Khomeyni den Rechtgläubigen vorgab.

Mit dem sozialen Aspekt enthält das Konzept auch eine säkulare Komponente, die ihre entsprechende Wirkung auf beide westliche Extreme, die Linke und Rechte in Europa, nicht verfehlt und ihre Exponenten wie Foucault, de Benoist etc. gefunden hat (s. u. S. 264). Ebenso übt es bereits jetzt eine gewisse Anziehung auf die großen Massen der Dritten Welt aus, die sich bei gleichen Bedingungen verstärken und zu einer ernsthaften Alternative für die westlich beherrschte Globalisierung wird: »Lenin konnte die Masse nicht in seinen Bann schlagen und hatte auch gar keinen Kontakt zu ihr ... Erst Khomeyni zeigte uns, was wahre Revolution ist.«[332]

Dabei können das globalisierte Proletariat eines Karl Marx, die »Elenden der Welt« eines Frantz Fanon und die koranischen »Schwachen im Lande« (28/5) so eng zusammenrücken, daß sich auch die Rechts-Links-Unterschiede zu verwischen beginnen. Der Islam könnte zur verbindenden Klammer werden, die den säkularen Westideologien die so lange vermißte religiöse Dimension gibt. In der modernisierten Retrospektive wird es dann möglich, daß schon der Imam Ali die Armen und Entrechteten geliebt und Muhammad den »Schweiß des Arbeiters dem Blut des Märtyrers vorgezogen« haben soll. Das wußte auch Khomeyni, dem zufolge »der Islam seinen Ursprung in der Masse, nicht in der Elite« hat,[333] aber der Elite ein Instrument mit um so vermassenderer Wirkung an die Hand gibt.

Vor dem Hintergrund einer islamisch geführten Massenbewegung kann auch das weibliche Kollektiv in einer Art darwin-faschistischer Neufassung als »Lebenssaft« erscheinen, dessen Entzug – nach islamistischer Befürchtung – dem Westen zu praller Vitalität und dem Islam zu anämischer Blässe verhilft. Ähnlicher Bilder hatten sich um die Wende vom 19. zum 20. Jahrhundert auch die Sozialdarwinisten Europas bedient. Ihnen erschienen Juden und sexuell selbstbestimmte Frauen als Vampire, die unentwegt die Kapital- und Samenpotentiale der arischen Herrenrasse ausbeuteten.

Aus Sicht der Hizbollah-Denker bedienen nun die westlichen Medien sozusagen einen gigantischen »Zapfhahn« der Indoktrination, mit dem sie unter »zionistischer Kontrolle« die Konsumberieselung der Menschen allgemein und die kulturelle Zwangsinfusion der Muslime speziell durchführen. Dieser Vorgang erscheint ihnen so umfassend, daß sogar der »Große Satan« USA dem Würgegriff der Juden nicht entgeht. Um so lebensnotwendiger ist der Tod Israels, der dem Islam seine »unverletzte« Identität und allen Unterdrückten dieser Welt ihre Rechte zurückgeben wird.

Zur Realisierung des muslimischen Gegenprojekts mußte indessen keineswegs immer nur Gewalt zum Einsatz kommen. Innerhalb der islamischen Aktionstriade war sie *Ultima Ratio*, wenn die beiden ersten Stufen – Täuschung und Drohung – nicht gegriffen hatten. Das Urteil, an welchem Punkt dieses Spektrums sich die Muslime im Umgang mit ihrer nichtislamischen Umgebung befanden, hatte die reale Analyse der jeweils vorherrschenden Bedingungen zu liefern. Es gab keinen Grund, von dem bewährten Konzept der Muslimbrüder abzuweichen, das die Infiltration und Überwindung des Westens schon seit Jahrzehnten in drei Phasen angeht: Geduld, Gespräch, Gewalt – in islamistischer Terminologie: Herz, Zunge, Hand.

Zur optimierten Beeinflussung mußte man an den wichtigsten Institutionen des Systemfeinds ansetzen – Parteien, Universitäten, Justiz, Medien, Kirchen. Vor allem waren Wissenschaft und Medien daran zu hindern, den Islam unter das »Mikroskop« der modernen Analyse zu legen, »wie auch die verfluchten Orientalisten, deren einziger Auftrag darin besteht, Unwahrheiten über den Islam zu verbreiten«.[334] Khomeyni wußte, daß die Verbreitung westlichen Denkens die größte Bedrohung des islamischen Projekts war: »Wir müssen jene Schreibfedern brechen, die behaupten, daß es etwas anderes als das göttliche Recht gebe. Wir müssen jene Mäuler stopfen, die den Leuten erklären, sie könnten frei heraus sagen, was ihnen gefalle, ohne Rücksicht auf das, was im Einklang mit den Anweisungen des Allmächtigen richtig oder falsch ist.«[335]

Die Furcht, daß die eigenen Defizite der Religion, Geschichte und Tradition allzu schonungslos offengelegt würden, scheint indessen immer weniger begründet. Inzwischen könnte es bereits die Mehrheit der westlichen Intellektuellen sein, die sich im Verein mit dem islamistischen Mainstream von herkömmlicher Wissenschaft und unabhängiger Meinung verabschiedet hat. Immer bereitwilliger schauen sie durch die Hizbollah-Brille, die den Westen in den schwärzesten Farben malt und das größte Schreckgespenst ausblendet: das individuelle Denken des Menschen und sein eigenes Urteil darüber, wie er – innerhalb von Menschen gemachter Gesetze – sein Leben gestalten will. Dennoch kann auch ein einseitiges Bild in Teilaspekten nachdenklich machen:

»All das Geld, all die Mühen, all die Mittel, die verschwendet werden, um idiotischen Frauen und oberflächlichen Männern ihr Leben zu verlängern ... Man sieht hochbetagte Frauen, die sich weigern, zur normalen Zeit zu sterben, die sich weiter anmalen und bis zum Grab nach jugendlichen Liebhabern lechzen ... Der westliche Mann tötet ohne Gnade, hat aber Angst vor dem Tod ... Eine Zivilisation, deren Menschen nicht bereit sind, für ihre Ideale zu sterben, muß zwangsläufig verdorren ... Hunderte von Stunden blödsinnige Fernsehprogramme anzuschauen, ein paar hundert Male mechanisch zu kopulieren, ständig Vorkehrungen zu treffen, um nicht bestohlen, vergewaltigt oder ermordet zu werden, das ist ›The American Way of Life‹.«[336]

c) »Islamfrieden« statt Demokratie

Das Hauptkennzeichen der »neuen Wissenschaft« im Westen ist die radikale Abwehr der historischen Analyse, die sich exakt mit der Haltung der Islamisten zur Orientalistik deckt. Jede übergreifende Verknüpfung, insbesondere auch die, welche sich auf muslimische Originalquellen stützt, wird als »Essentialismus«, d. h. als unzulässig verallgemeinernd, verworfen. Damit ist auch die Kehrseite der Verallgemeinerung verboten, nämlich die Darstellung besonderer Kennzeichen, die sich in diversen Sachbereichen und Zeitphasen wiederholen.

Selbsternannte Oberorientalisten wie der Journalist V. Stahr machen sich dabei das islamische »Djahiliya«-Prinzip zu eigen, das alles Vorislamische als »Unwissenheit« löscht. Parallel dazu soll es nun auch eine »frühe Orientalistik« geben, deren Ergebnisse, zumal kritisch für das islamische Heilsobjekt, als ebenso irrelevant gelten. Ähnlich den Konvertiten, erscheint er muslimischer als die Muslime, die ihre Gewalt immerhin noch als »Verteidigung« deklarieren.

Stahr zufolge hat sich die historische Expansion sozusagen »rein« vollzogen, nämlich auf der gewaltfreien Basis von »hoher Toleranz und Assimilierungsfähigkeit«.[337] Je strikter sich solche Quasi-Muslime für ihre so visionäre wie einträgliche Sicht einsetzen und objektive, unislamische Wissenschaft in »Unwissenheit« umwidmen, desto islamischer kann der »Dialog« werden und desto schneller auch das neue, wie es oft heißt, »bereichernde« Islamzeitalter anbrechen.

Der Öffentlichkeit lange genug eingetrichtert, kann damit auch den Uneinsichtigen schließlich die Erkenntnis dämmern, daß es den Djihad, der über ein Jahrtausend lang im muslimischen Kollektiv überdauert hat, letztlich doch nicht gibt. Um so lebendiger sind die Kreuzzüge, mit denen die »neuen Wissenschaftler« zu Felde ziehen, um jede Diskussion islamischer Gewalt im Keim zu ersticken. Während hinsichtlich der von ihnen abgelehnten Westkultur Ereignisse, die viele Jahrhunderte zurückliegen, höchste Aktualität erlangen, ist in bezug auf den Islam nur eine Momentsicht erlaubt. Sie nimmt jeden Sachverhalt bedarfsbedingt in den Blick, isoliert ihn von jedem Zusammenhang und führt ihn früher oder später auf die Mutter aller Gründe, den »Frieden des Islam«, zurück.

Mit diesem sachlichen und zeitlichen Löschungsverfahren geht eine psychologische Verschiebung einher. Wer die real existierenden Merkmale des Islam beschreibt, ist nicht nur »Essentialist«, sondern auch »islamophob«. Diese Kahlschlag-»Methode« berechtigt zu pathologischen Befunden: Wer quellenorientierte Untersuchungen anstellt, hat aus dieser Sicht »Angst« vor dem Islam, anderen Behauptungen zufolge zeigen die Autoren »Haß« auf ihr Studienobjekt. Was sich hier abzeichnet, ist der Verlust von Distanz zum Gegenstand, der Ersatz des sachlichen Urteils durch das persönliche Vorurteil. Nach den Regeln der neuen, islamophilen »Wissenschaft« kann man also, wenn man zu akzeptablen Aussagen kommen will, sich nur solchen Gegenständen nähern, die man »liebt«. Abgesehen davon, daß diese Bedingung mit der »islamischen Wissenschaft« übereinstimmt, kann sie auch generell überraschende Perspektiven öffnen. So würde zum Beispiel jemand, der sich mit Auschwitz und seinen Folgen beschäftigen möchte, zunächst eine »glaubwürdige« Zuneigung zu Nazis, Selektionsrampen und Verbrennungsöfen nachweisen müssen, um mit seiner Studie überhaupt ernst genommen werden zu können.

Ein Blick auf die islamistische Ideologie kann diese erstaunliche Konsequenz erhellen. Hier liebt man kaum etwas so sehr wie die Diskussion der jüdischen Weltverschwörung und die Leugnung des Holocaust. Die westliche Islamlobby zeigt denn auch unverhohlene Sympathie gerade mit den Islam-Organisationen, die Israel und die Juden an die Spitze ihrer Todeslisten gesetzt haben: Muslimbrüder, Hamas, PLO, Milli Görüsh und – Hizbollah. Das gemeinsame Ziel ist klar: Eine verbindliche, geschweige denn negative Aussage über den Islam ist schlechthin unmöglich. Um so »berechtigter« kann das iranische »Ausradieren« Israels werden.

Diejenigen im Westen, die Verständnis für diese Position haben, sie also sozusagen »lieben«, befinden sich bereits im muslimischen Denkspektrum, in der Djihad-Mentalität der Vernichtung oder auch »auf dem Weg Allahs«, wie es im Koran heißt. Mit anderen Worten: Je mehr Menschen auf diesen Weg gebracht werden können, desto risikoloser der Einsatz von Gewalt zu seiner Durchsetzung; je weniger, desto stärker der ungeliebte Zwang zum »Arrangement« mit dem Nichtislam, desto undifferenzierter allerdings auch die Holzschnitt-Begriffe des »Dialogs«.

Wie immer auch das Arrangement ausfällt – in jedem Falle muß es Täuschung und Drohung einschließen, um den Weg zum Erfolg offen und aktiv zu halten. Innerhalb dieser Bandbreite, die sich zwischen Frieden und Terror spannt, sucht das Islamkonzept den optimalen »Grad« der Selbstinszenierung zu finden und wird daher auch »Gewaltgradualismus«[338] genannt. Die Herz-Zunge-Hand-Stufen sind dabei ein praktikabler Wegweiser.

Der Begriff des Djihad kann seine Täuschungsfunktion um so effizienter ausüben, je diktatorischer die westlichen »Dialog«-Kommissare seinen kriegerischen Kern in eine »Anstrengung im Glauben« umwandeln. In der Hizbollah-Ideologie wird man wesentlich konkreter, indem der »größere Djihad« die Furcht des Muslim vor der eigenen Unzulänglichkeit abtöten soll, damit der »geringere Djihad«, der eigentliche physische Kampf, zur um so leichteren Übung wird. Die dritte Variante ist der »defensive Djihad«, mit dem Gewalt als prophylaktische Maßnahme gemeint ist. Nach offiziell-orthodoxer Lesart kann sich letztere Version schlicht gegen alle nichtislamische Existenz richten, weil sie eine potentielle Gefahr für den Bestand des Islam allgemein bedeutet. Aus dieser Sicht war z. B. die muslimische Eroberung Spaniens ein »Verteidigungskrieg«.[339]

So ist sichergestellt, daß zu keiner Zeit das Langzeitziel aus dem Blickfeld gerät: die islamische Weltordnung und die Vernichtung Israels. In einer anderen Variante wird das Konzept auch mit dem Begriff des »Majoritismus« bezeichnet.[340] Damit ist im Grunde die gleiche, nur vom »friedlichen« Ende her definierte Strategie umschrieben. Da aus übergeordneter, langfristiger Sicht nur die islamische Ordnung die einzig akzeptable Alternative sein kann, ist alles Denken, Planen und Handeln ihr allein unterzuordnen. Dabei bleibt der Begriff »Majoritismus« selbst ein Euphemismus, weil es aufgrund der Erosionswirkung von Drohung und Täuschung keiner wirklichen Mehrheit bedarf, jeweilige Ziele zu erreichen.

Somit sind alle verfügbaren Kräfte, insbesondere die »nützlichen Idioten« des Westens (s. u. S. 245ff.), die dieser Zielvorstellung dienlich sind, in die Strategie des »Majoritismus« einzubinden. Mit dem Karikaturenstreit 2005/06 wurde ein beispielhafter Test gefahren, der Aufschluß über die zu jener Zeit vorherrschenden Kräfteverhältnisse geben sollte, d. h. inwieweit die »Gefühle der Muslime« Einfluß auf die öffentliche Meinung und damit langfristig auch auf die Gesetzgebung im Westen gewinnen konnten.

Die Frage, die während der heißen Phase der Diskussion den Politikern in den Medien mit Abstand am häufigsten gestellt wurde, war die nach der »militärischen Alternative«, als wenn es zwischen Krieg und der Aufgabe demokratischer Grundrechte keine Zwischenlösungen geben könnte. Sich mit solchen zu beschäftigen, lehnten fast alle Seiten denn auch ab, während man sich in der islamischen Welt unbefangener zeigte. Der Tradition folgend verkündete man den »Heiligen Krieg gegen den Westen«, zündete Botschaften und Kirchen an, jagte westlich aussehende Menschen durch die Straßen, lynchte Christen und andere Ungläubige und erschoß oder erstach dabei im Überschwang der »Gefühle« auch den einen oder anderen Muslim.

Die Demokratie ist als »Weg«, als Übergangsform zu dulden, soweit sie als Mehrheitsvehikel islamische Interessen transportieren kann, keinesfalls jedoch darf sie als letzliches Ziel akzeptiert werden. Das programmatische Bekenntnis des europäischen »Dialogs« zum »Frieden des Islam« ist ein bekanntes Beispiel für ein solches Meinungsvehikel, das durch ständige Wiederholung zu Zwangsmehrheiten führen soll. Da die eigentliche Mehrheit als »Stammtisch« und Skeptiker als »Rassisten« abgewehrt werden, fördert man keine pluralistische, sondern eine indoktrinierte Einheitsgesellschaft, agiert also im Sinne des islamischen Ganzheitsideals.

Im Zuge eines derartigen gradualistischen Islamfortschritts lassen sich allmählich auch die einzelnen Elemente der Scharia realisieren, da sich immer wieder erzwungene »Mehrheiten« finden, die aktuell geforderten Einzelschritten – Moscheebau, Islamlehre, Kopftuch – zustimmen. Entscheidend ist, daß sich diese Mehrheiten nicht in demokratischen Prozessen, sondern durch elitäre Beeinflussung und Indoktrination »von oben« ergeben – also die Entsprechung zum islamischen Feudalismus. Muslimbruder Nadeem Elyas, langjähriger Vertreter einer kleinen Minderheit deutscher Muslime, drängte denn auch in internen Moscheetreffen darauf, »die wichtigen Stellen des deutschen Staates zu besetzen«,[341] um diesen Prozeß nicht ins Stocken kommen zu lassen.

Mit dem Fortschritt der Hizbollah, die seit den 1980er Jahren in das zerfallende Staatswesen des Libanon hineinwächst, kann eine Art Laborfall des Gradualismus beobachtet werden. Nach der Terrorphase übernahm man die faktische Regierung über die schiitischen Volksteile und hat nun begonnen, Einfluß auf die anderen Minderheiten auszuüben. Dabei hat man nach koranischem Muster für die Christen wieder die »Dhimmität«, d. h. den klassischen Status des »Schutzbefohlenen« ins Auge gefaßt (3/75ff.–110ff.).

Was hier als kleines Pilotprojekt abläuft, läßt sich im großen Maßstab an der »eurabisch-euranischen« Islampolitik studieren, die den Dhimmi-Status in Europa auf breiter Front vorbereitet.[342] Sicherster Indikator ist die strikte Weigerung der Europäer, den Muslimen die Einführung der Religionsfreiheit abzuverlangen.

Alle radikalen Organisationen des Islam behalten sich die »Endlösung« des »Judenproblems« und des Staats Israel vor. Ihre vollständige Vernichtung ist das Manifest, wenn nicht gar der Gründungsmythos der Hizbollah. Zur alljährlichen Erinnerung an diese zentrale Aufgabe veranstaltet sie die sogenannten »Al-Quds-Märsche« (arab.: *al-quds* = Jerusalem), womit man die Fatwa Khomeynis erfüllt, der zufolge der letzte Freitag im Fastenmonat Ramadan als der »Jerusalem-Tag« zu begehen ist. Inzwischen finden sie auch in einer wachsenden Zahl europäischer Städte statt.

Hasan Nasrallah, Nachfolger Al-Musawis als Generalsekretär seit 1992, Leiter des Djihad-Kommitees und Protegé Khameneis, wird nicht müde, seine Hizbollahis zum Kampf zu motivieren und vor der gesamten Welt den Vernichtungswillen seiner Gemeinschaft zu unterstreichen. Danach gehört Jerusalem zum »Land Allahs« und ist kein Gegenstand für Verhandlung und Kompromiß. Die Ausrottung des Zionismus und die Befreiung Jerusalems sind unabdingbare Ziele, denn »dieser krebsartige, korrupte Bazillus, Mutter der Arglist, hat keine Alternative zum Tod«.[343]

Das Motiv der unbegrenzten Gewalt gegen Israel, die USA und »alle arroganten Mächte, die sich gegen den Islam stellen«, verbindet die Kampfkader der sunnitischen Islamisten mit ihren schiitischen Brüdern, von denen sie ansonsten nicht allzu viel halten. Djihad Islami, Hamas, Muslimbruderschaft und andere beteiligen sich an Terroraktionen und islamweiten Demonstrationen gegen die Existenz Israels und dessen amerikanische Schutzmacht.

Ihre Ideologien ranken sich deckungsgleich um das »Ausradieren« des Judenstaats, wobei die »Protokolle der Weisen von Zion« zur Pflichtlektüre und mit Hitlers »Mein Kampf« zu den meistverkauften Schriften des Nahen Ostens gehören. Hitler selbst hielt die Protokolle für authentisch, weil »der beste Beweis für ihre Echtheit die Behauptung der Juden sei, daß es sich um eine Fälschung handele«.[344]

Michel Foucault (gest. 1980), Ikone der Westislamisten, lobte den iranischen Terror als »schöpferischen Islam« und »Explosion spiritueller Energie«[345], wurde jedoch zunehmend kritisch, als die Massenmorde abebbten und die Opferzahlen auf das Niveau einer »bürgerlichen Diktatur« sanken.[346] Er fand viele Nachahmer unter den »intellektuellen« Quasi-Muslimen des Westens, die seit Jahren an der These vom »Terrorstaat« Israel und islamischer Gewalt als »Notwehr« arbeiten und wie J. Galtung, Träger des »alternativen Friedensnobelpreises«, im Islam »keine Ansätze für offensive Gewalt« sehen.

Zu den renommierteren Vertretern dieser Gruppe zählt auch der bereits zitierte Bernard Lewis, der keine Verbindung zwischen Islam und dem antijüdischen Vernichtungswillen Khomeynis sieht, es aber verständlich findet, daß die Alliierten die Bombardierung von Auschwitz ablehnten, weil sie keinen militärischen Zwecken diente und »zu teuer« war.[347] In dieser »Tradition« steht ganz besonders auch der Neukomponist K. Stockhausen (gest. 2004). Ihm erschien die New Yorker Terrorkatastrophe als »größtes Kunstwerk, das fünftausend Menschen in die Auferstehung jagte«.[348]

Längst beherrschen die islamistischen Agitprop-Missionare die Klaviatur der westlichen Medienwelt und die Propaganda von »Frieden«, »Respekt« und »Toleranz«, mit denen man die demokratischen Mechanismen zur Verwirklichung der Allah-Ordnung nutzt – politisch, wirtschaftlich und kulturell. »Wir sind allgegenwärtig«, sagt Nasrallah, »im Parlament, in den Straßen und anderswo. Wir und die anderen Muslime werden die Normalisierung mit Israel verhindern – ausgehend vom Libanon.«[349] Auf dieser Basis, auf der Grundlage des totalen Stufenkrieges – Herz, Zunge, Hand – kann die Hizbollah zum einigenden Band des Islam in Europa werden.

——— F ———
»Euran« – Allahs Kolonie?

Die Worte Allahs werden lebendig in den Fäusten der Gläubigen:
»la ilaha illa'llah« – »Es gibt keinen Gott außer Allah!«

1. Frauen als säkularer Sprengsatz

a) Mollahs gegen Menschen

Weder wirtschaftlich noch politisch noch kulturell kann die Bilanz des Gottesstaats überzeugen. Im Gegenteil, gerade auch die »westliche Unmoral«, die profane Versuchung des Systemgegners, erlangt große Beliebtheit im breiten Segment der jungen Bevölkerung. Zum Ärgernis der Mollahs hat die revolutionäre Indoktrination bislang aus den Iranern keine willfährigen »Gottesbürger« gemacht. Schockierend viele von ihnen bestehen darauf, gegen die Sittengesetze zu verstoßen, die Kleidervorschriften zu mißachten und die Barrieren der Geschlechtertrennung zu durchbrechen.

Dies so nachhaltig, daß der Wächterrat die iranische Tradition der »tausend Augen und Ohren« ständig weiter ausbauen mußte, um die »Flut westlichen Schmutzes« einzudämmen. Von den Pasdaran und Basidj spalten sich zuweilen neue Kontrollgruppen ab, die sich einer Fülle entsprechender Aufgaben gegenübersehen. Zu den wichtigsten gehört der »Kampf gegen die gesellschaftliche Korruption«, der den öffentlichen Blick nicht nur von der »Schmutzflut«, sondern auch von der »geistlichen« Unfähigkeit ablenken soll.

Wenngleich sich die Kontrolle nicht lückenlos durchsetzen läßt und immer wieder auch lockert, gibt es für die Wächter des Staats keinen Zweifel daran, daß schon die kleinste Mißachtung der Kleiderordnung, z. B. des haarverdeckenden Hedjab (Kopftuch), die nationale Sicherheit gefährdet. So stellte ein im Auftrag von Staatspräsident Rafsandjani angefertigter Geheimdienstbericht bereits im Jahre 1992 fest, daß es sich bei den iranischen Frauen – neben nichtislamischen Minderheiten – um das höchste Sicherheitsrisiko des Landes handelt.[350] An dieser Einschätzung hat sich bis heute wenig geändert.

Die nationale Gefahr sehen die Mollahs in den sichtbaren Reizen der Frauen, im geschminkten Gesicht, offenen Haar oder modischen Kleiderdesign, das auf »verdorbene« Weise die Körperformen betont, zumal wenn der *manteau*, der uniformartige Einheitsmantel, fehlt. Ebenso sind Schmuckstücke und Accessoires verboten, weil sie die Männerblicke »unsittlich« auf ihre Trägerinnen lenken und sie dem eigentlichen Auftrag Allahs, der reproduktiven Zwangsehe, entziehen könnten.

Zuwiderhandlungen werden mit Geld- oder Freiheitsstrafen bis zu einem Jahr bzw. standrechtlich mit bis zu vierundsiebzig Peitschenhieben geahndet. Männer kommen hier besser weg, müssen jedoch ebenfalls mit empfindlichen Folgen rechnen, wenn sie z. B. Krawatten tragen – eine Vorschrift, mit deren flächendeckender Einhaltung auch die westlich-»liberalen« Vorzeige-Iraner ihre Loyalität zum islamistischen Regime zu erkennen geben. Fairerweise sollte hier angemerkt werden, daß die Krawatte inzwischen auch im Westen eher als Relikt des Christentums gilt. Sie abzulegen, bedeutet somit auch, ob bewußt oder als modischer Herdenreflex, ein quasi-religiöses Bekenntnis abzulegen, wie man es ausgeprägt in den Bildmedien beobachten kann.

Die Frauen im Iran scheinen dagegen aus weniger konformistischem Holz geschnitzt. Je jünger sie sind, desto einfallsreicher sind sie im fortwährenden Austesten des virtuellen Freiraums, der sich durch Regelverstöße real ermitteln läßt. Sie haben längst erkannt, daß die Schlägertrupps, die man auch »Glaubenswächter« nennt, um so überforderter werden, je mehr Menschen sich diesem Großversuch anschließen. Auf Teherans Plätzen treten zuweilen so viele Mädchen gleichzeitig mit lockeren Kopftüchern und taillierten Einheitsmänteln auf, daß die Kontrolleure das Nachsehen haben, weil sie nicht wissen, auf wen sie zuerst einprügeln sollen.

Natürlich ziehen die Machthaber immer wieder die Zügel an, wenn die Autorität vermeintlich zu entgleiten droht. Die Frau als staatliches Hochrisiko bekommt die rechtlichen Konsequenzen am schnellsten und härtesten zu spüren. Unter den zahlreichen Fällen von Selbstjustiz in der Provinz werden im Westen nur Einzelfälle des unrechtsstaatlichen Handelns, zumeist aus den Städten, bekannt. Dabei leistet das Heiratsrecht Vorschub, das mit einem Mindestalter von dreizehn Jahren staatlich erlaubtem Kindesmißbrauch gleichkommt. Allerdings wird es eher auf dem Land als in der Stadt genutzt und führt dort oft zu tragischen Situationen, die im Westen nicht bekannt werden.

Beispielhaft wurde das Todesurteil für Afsaneh Nauruzi, die in Notwehr einen Mann tötete, weil er sie vergewaltigen wollte. Nach islamischem Muster stilisierte das Gericht den Täter, zu allem Überfluß auch noch Geheimdienstmann, zum Opfer, indem die Frau durch angeblich aufreizende Kleidung seinen Sexualangriff »provoziert« hatte. Nicht nur wegen dieses Vergehens saß sie seit 1997 im Gefängnis. Ihre 2003 bestätigte Haft konnte man auch »Schutzhaft« nennen, weil sie bei Freilassung die Familienrache des »Opfers« zu gewärtigen hatte. Der Vollständigkeit halber sei zudem erwähnt, daß ihr die Steinigung sicher gewesen wäre, wenn sie sich nicht zur Wehr gesetzt und den Tatbestand des »Ehebruchs« erfüllt hätte.

Besonderes Aufsehen erregte ebenso die Willkürjustiz an Zahra Kazemi, einer iranisch-kanadischen Journalistin. Sie hatte 2004 Photos von einer

Demonstration vor dem Teheraner Evin-Gefängnis, der Ljubljanka des
Iran, gemacht und war im gleichen Gefängnis inhaftiert, gefoltert und umgebracht worden. Nur auf Druck von Kanada und der EU ließ sich die Iran-
Regierung zu einem Schauprozeß gegen einen Verhörbeamten herbei, dem
ein Marionettengericht den Mord in die Schuhe schob. Nach Berichten von
Beobachtern nahm man keine Kenntnis davon, daß dem Opfer nahezu
sämtliche Knochen gebrochen worden waren, nachdem man es zuvor –
nach islamischer Gewohnheit – multipel vergewaltigt hatte.

Das Regime tut alles, dieser Strategie den Anschein rechtlicher Legalität
zu geben. In der Nachfolge des Schlächters Khalkhali waltete Richter Sa'ed
als oberster Repräsentant der juristischen Vollstreckungsorgane seines
Amtes. Er war unter anderem, so wird angenommen, auch persönlich am
Totschlag von Zahra Kazemi beteiligt. Zudem ließ er zahllose Systemgegner
in den Foltergefängnissen verschwinden, wobei viele von ihnen »sicher-
heitshalber« für immer verschwunden blieben.

Der Oberste Führer Khamenei zeigte seine Dankbarkeit, indem er ihm
den Ehrentitel »Größter Führer des Jahres« verlieh, eine Anerkennung, die
besonders willige Vollstrecker des Gottesstaats alljährlich erhalten. Je überzeugter dessen Stellvertreter davon sind, den vermeintlichen Willen Allahs
zu verwirklichen, desto tiefer spalten sie allerdings ihre eigene Gottheit,
denn um so weiter entfernen sich die Menschen, die sich unter Allah etwas
anderes vorgestellt hatten.

Dies spielte sich unter wesentlicher Mitwirkung des wandlungsfähigen
»Reformers« Khatami ab. Je offener indessen die harten Tatsachen zutage
traten, desto schneller verspielte er seinen Bonus beim Volk, besonders bei
der Jugend. Die Visionen der Mollahs vom Iran als einem modernen Wirt-
schaftskoloß, einem »islamischen Japan«, ernteten nur noch Hohn. »Wir
können schon froh sein, wenn sie uns nicht in ein neues Äthiopien verwandeln«, spottete Studentenführer Afshari, der zuvor schon wegen un-
nachgiebiger Kritik drei Jahre Einzelhaft hatte durchstehen müssen.[351]

Wie so oft, wurden die Frauen deutlicher. »Schämen Sie sich«, skandierten
tausend Studenten, als Khatami in der Universität erschien, und eine Stu-
dentin forderte den elitären Abgehobenen auf: »Schauen Sie mir in die Augen, wenn ich mit Ihnen rede.« Eine andere warf ihm Feigheit vor den brutalen Attacken der »Glaubenswächter« auf die Studenten im Jahre 2003 vor:

>»Sie schwiegen und befahlen auch uns zu schweigen … Es begann, als plötz-
>lich 16 Zeitungen eingestellt wurden, und Sie schwiegen und legten uns eben-
>falls nahe zu schweigen, als Sie unsere Professoren zum Tode verurteilten. Von
>da an wurden Scharen von Kommilitonen ins Gefängnis gesteckt, und Sie

schwiegen und lehrten auch uns zu schweigen ... dieses bittere Schweigen ist Ihr Erbe ... Herr Khatami ... Sie haben letztendlich nichts anderes erreicht als die aufkeimende Hoffnung zu zerstören«.[352]

Ein Regime, das einen großen Teil der Jugend, insbesondere der intelligenten Jugend, nicht mehr hinter sich hat, kann die Macht auf zwar unbestimmte, aber mit Sicherheit nur begrenzte Zeit ausüben. In keinem Fall wird sich der Iran auf Dauer im bisherigen Stil des umfassenden Mißbrauchs auf religiöser, ökonomischer, sozialer und kultureller Basis regieren lassen. Die Revolution hat sich als monströser Fehlschlag erwiesen, der den schiitischen Islam als politische Legitimationsbasis völlig diffamiert hat.

Über zwei Drittel der Iraner erkennen in dem Monstrum, das die Führer »Islam« nennen, ihren einstigen Glauben nicht wieder und nehmen somit auch nicht mehr regelmäßig am täglichen Gebetsrhythmus teil. Ebenso sieht über die Hälfte von ihnen keinen Grund, überhaupt noch in die Moscheen zu gehen, die sich daher in den letzten Jahren sichtbar geleert haben. Die Glaubenszerstörung, die sich im Westen über mehrere Jahrhunderte vollzog, haben die Mollahs auf ihre Weise in wenigen Jahrzehnten bewerkstelligt.

Indem sie in ihrer Vorstellung von Allah primär die Macht des Todes sehen, zwingen sie die Menschen, sich betont dem Leben, und zwar dessen oberflächlicher Genußseite, zuzuwenden, die sie in nichtislamischen Varianten, vor allem der westlichen, suchen und finden. Was die Mollahs kaum für möglich gehalten haben dürften, ist bereits in vollem Gange: Sie nehmen dem »Großen Satan« die Arbeit ab und säkularisieren den Gottesstaat selbst!

So verwundert nicht, daß die iranische Nation, die nach wie vor stark in vorislamischen Traditionen wurzelt, sich zum Kummer der »Geistlichen« vermehrt ihrer Geschichte erinnert und altiranische Bräuche wiederbelebt. Jahrhundertelang haben sich diese Einflüsse mit dem unpolitischen Islam vermischt und ihren Niederschlag in einzigartigen Werken und Epen wie z. B. dem des Firdausi (s. o. S. 62) gefunden. »Sogar in der Moderne«, schreibt der amerikanische Irankenner S. Kinzer, »die durch lange Perioden der Anarchie, der Repression und des Elends gezeichnet ist, lebt dieses Vermächtnis in den Iranern als leidenschaftliche Inspiration weiter.«[353]

In ihrem Überschwang hatten die Revolutionäre Allahs versucht, das Nauruz-Frühjahrsfest abzuschaffen, ein über vier Jahrtausende altes Ritual. Der Sturm der Empörung erschreckte selbst die härtesten Vollstrecker Khomeynis und zwang sie zu kleinlautem Rückzug, wobei ihnen das Feuerfest eigentlich noch weniger behagte. Den Bräuchen in Nordeuropa ähnlich, springen die Menschen hier über Feuerflammen und reinigen ihre Seelen zu jährlich neuem Glanz, wobei Allah und seine Regeln nicht bemüht zu werden brauchen.

Die Mollahs sehen es natürlich anders: »Das Ziel dieser ketzerischen Feierlichkeiten ist, unserer islamischen Identität zu schaden.« Auch das Yalda-Fest zur Wintersonnenwende, bei dem man sich auf den Zoroaster-Glauben zurückgehende Geschichten über Gut und Böse erzählt, überstand die Inquisition leicht. Ebenso scheiterte der Versuch, die altiranischen Namen wie Darius, Cyrus, Roxana etc. abzuschaffen. Nicht zuletzt entging dem »geistlichen« Eifer sogar der heidnische Homa-Vogel, Beschützer der Reisenden, der am Heck der Iran Air prangt. Die Traditionen der persischen Antike scheinen unausrottbar.

Allerdings hat die politreligiöse Repression die Hinwendung zu nicht-islamischen, u. a. westlichen Lebensformen erzwungen, die wie z. B. die Drogensucht und Prostitution auch im Islam selbst ihre Traditionen haben. Rauschgifte spielen im Orient seit jeher eine große Rolle und haben sich im Iran zu einem Staatsproblem erster Sorte ausgeweitet. Über Jahre als »imperialistische Krankheit« verharmlost, haben die extrem billigen Drogen aus Afghanistan bei Frauen, Jugendlichen und Arbeitslosen eine willige Klientel gefunden, die in der Größenordnung von mehreren Millionen besorgniserregend zunimmt.

Im Jahre 2000 gab man über das Ministerium für Kunst und Kultur erstmals offiziell bekannt, daß im vorangegangenen Jahrzehnt auch die Prostitution im Iran nicht nur zu einem Problem, sondern die Prostituierten dabei um durchschnittlich sieben Jahre – von 27 auf 20 Jahre – jünger geworden seien. Die Khomeyni-Zeiten, als man Prostituierte öffentlich hinrichtete, waren inzwischen vorbei, doch schien man der ansteigenden »Flut des Lasters« nicht mehr Herr zu werden. Daran änderten auch die Bordell-razzien nichts, bei denen die Basidj allein 2002 mehrere Zigtausende – Huren und Freier – verhafteten.

b) Sex auf Zeit

Einer der Gründe ist, daß die Schiiten im Iran mit der käuflichen Liebe wesentlich entspannter umgehen als die sunnitischen Araber. Mit der sogenannten »Zeitehe« haben sie ein Instrument, das ihnen durch eine lebensfrohe Auslegung des einschlägigen Verses im Koran (4/24) zugewachsen ist: »… und erlaubt ist euch außer diesem, daß ihr mit eurem Geld Frauen begehrt, zur Ehe und nicht in Hurerei. Und gebet denen, die ihr genossen habt, eure Morgengabe. Dies ist eine Vorschrift; doch soll es keine Sünde sein, wenn ihr über diese Vorschrift hinaus miteinander Übereinkunft trefft.«

Die Zeitehe (arab./pers.: *mut'a/mot'e*) ist ein in der islamischen Tradition detailliert diskutiertes Thema, dessen sich die Schia sehr liberal angenommen hat. Während man den sunnitischen Nachfahren des Verkünders Muhammad, besonders dem Mut'a-Feind und zweiten Kalifen Umar, eher skeptisch gegenüberstand, übernahm man gern ihre Überlieferungen, solange sie in die eigene, lockerere Auffassung paßten. Eine zahlenmäßige Beschränkung der Zeitfrauen, wie etwa die vier Frauen in der Normehe des Islam, kam ohnehin von Anbeginn nicht in Frage.

Gemäß dem radikalen Imam Baqir (s. o. S. 102) ist die Zeitehe auch gegen geringe Bezahlung – »eine Handvoll Getreide« – rechtens,[354] und Imam As-Sadiq erlaubt sie sogar mit Inderinnen, die nicht nur zu den besonders unreinen Götzendienern, sondern zuweilen auch zu den verachteten Schwarzen gezählt werden.[355] Generell ist das Vertragsverhältnis bereits hergestellt, wenn ein Mann durch simplen Griff in den Schritt der Frau sein Interesse und diese ihr Einverständnis kundgetan hat, indem sie ihn nicht abwehrt.[356]

Die Mahnungen der wenigen Gelehrten, die auf ethische Skrupel pochten, stießen auf taube Ohren: »Wäret ihr glücklich, wenn eure Frauen und Töchter, Schwestern und Cousinen die *mut'a* eingingen?« Die Moral richtete sich eher auf die sexuelle Leistung: »Plaziere deine Scham nur dort, wo dein Dirham sicher investiert ist!« Dabei ist das Entgelt wie auch die Dauer der Zeitehe beliebig variabel: für ein Jahr ebenso wie für »eine Erektion«.[357]

Sogar der hochwürdige Ali soll mit einer Frau in Kufa zu einer ähnlichen Übereinkunft gelangt sein. So sah man sich ermuntert, auch an den Wallfahrtsorten Bordelle zuzulassen, damit die Pilger sich entspannt ihren rituellen Pflichten widmen konnten. Puristische Angstvorstellungen von »Eicheln, die von Samen tropfen«, konnten den frühen Traditionarier Sa'id Ibn Djubayr (gest. 719) nur erheitern: »Der Genuß der Zeitehe ist erlaubter als das Trinken von Wasser.«[358]

Entgegen vielen anderen Aspekten des Koran ist diese populäre Einrichtung nicht verändert oder gar entkräftet worden, so daß die Schia ihr die uneingeschränkte Kraft eines Glaubenssatzes zumißt. Mit anderen Worten: Nur wer die Zeitehe praktiziert oder zumindest anerkennt, ist vollwertiger Muslim. Wer jedoch den bezahlten Geschlechtsverkehr ablehnt, ist aus Sicht der Schia sogar ein Ungläubiger! So leuchtet ein, daß die iranischen Mollahs Ängste weder vor der Prostitution noch vor der Möglichkeit haben, selbst als Zuhälter aufzutreten, zumal die Gewinne an fromme Stiftungen abgeführt werden. Seit 2002 gelten Bordelle, im Iran »Keuschheitshäuser« genannt, als inoffizielle, aber offiziell kontrollierte Einrichtungen, in denen sich willige Paare melden und die Zeitehe vollziehen können.

Trotz des Protests des »soziokulturellen Frauenrats« wurden alle volljährigen Männer und verwitwete oder unverheiratete Frauen zugelassen. Letztere dürfen mit Blick auf Muhammads A'isha auch schon einmal die Volljährigkeit unterschreiten, wenn dabei nicht übertrieben wird. Ein Bordellbetreiber, im Nebenberuf Richter, erhielt jedoch zehn Jahre Gefängnis, weil er in seinem Keuschheitsbetrieb zum Teil erst siebenjährige Mädchen beschäftigte.[359] Auch soll es vorkommen, daß in diesen Häusern Knaben angeboten werden, was allerdings einer alten persischen Sitte entspricht, die seit Jahren auch im Westen zunehmendes Verständnis findet.

Schon im *Qabusnameh*, dem berühmten »Buch der Ratschläge« aus dem 11. Jahrhundert, wird empfohlen, das Werk »als Mensch zu lesen, dem nichts Menschliches fremd ist«. Dazu gehört der Geschlechtsverkehr, der auf Frauen und Knaben gleichmäßig zu verteilen ist, »damit du deine Lust an beiden Geschlechtern befriedigst und von diesen beiden nicht eines dein Feind werde«.[360]

So ist auch die heutige Rechtsprechung in diesem Sektor generell weitherzig, weil man glaubt, die Prostitution mit der Zeitehe islamisch gebändigt und die »moralische Alternative« zum »westlichen Laster« geschaffen zu haben. Wie gesehen, ist dabei unter »Moral« das zu verstehen, was dem Menschen, d. h. dem Mann, zur optimierten Triebabfuhr verhilft. Hier wären die Mollahs indessen gut beraten, erneut das Qabusnameh zur Hand zu nehmen, wo es unter anderem heißt: »Darum beachte das Maß in allen Dingen, in der Freundschaft wie in der Feindschaft. Denn das rechte Maß einzuhalten, ist ein Stück des gesamten Verstandes.«[361]

2. Die Bombe – »wahrer Holocaust«

a) Das Paradox der Schia

Natürlich bleiben auch die Männer, insbesondere die freigeistigen Literaten, vom Gewaltregiment der »Geistlichen« nicht verschont. Als großer Kritiker der iranischen Despotie, deren Schah- und Mollah-Varianten sich kaum unterscheiden, gilt Ahmad Shamlou, einer der bekanntesten zeitgenössischen Dichter des Iran. Er war schon vor dem Schah ins Ausland geflohen, nahm auch dessen Nachfolger aufs Korn und konnte von Glück reden, daß sie ihn als Hochbetagten nicht liquidierten. Als er 2000 starb,

2. Die Bombe – »wahrer Holocaust«

begleiteten Zehntausende seinen Sarg und skandierten seinen berühmtesten Spruch: »Ich habe den Tod noch nie gefürchtet … Ich fürchte mich nur davor, in einem Land zu sterben, wo der Lohn der Totengräber höher ist als der Preis der Freiheit des einzelnen …«[362]

Gerade auch die Kämpfer der ersten Stunde, die eine andere Vorstellung von Revolution hatten und in Khomeyni und seinen Mudjtahids nur Unterdrücker von niedriger Gesinnung sehen konnten, gerieten besonders intensiv ins »geistliche« Visier. Eine ihrer tragischsten Opfergestalten war Dariush Forouhar, späterer Arbeitsminister und Gründer der iranischen Sozialdemokraten. Mit empfindlicher Systemkritik hatte er sich so mißliebig gemacht, daß die Machthaber 1998 ein signalhaftes Exempel statuierten. In seiner Wohnung verübte ein Kommando des Geheimdienstes an ihm und seiner Frau Parvaneh ein grausames Mordritual, das die Opposition nachhaltig einschüchterte.

Vier Jahre später zog ein anderer Mitstreiter, Hashem Aghadjari, den geballten Haß der frommen Führer auf sich, nachdem er sie der Öffentlichkeit als Verräter der revolutionären Ideale vorgeführt hatte. Sie fanden es unerträglich, von einem der ihren vor aller Augen bloßgestellt zu werden, und ließen ihn, Kriegsveteran und Universitätsprofessor, prompt zum Tode und 74 Peitschenhiebe verurteilen, ergänzt durch Verbannung und Berufsverbot. Zynische Witzbolde fragten sich, in welcher Reihenfolge diese Maßnahmen wohl durchzuführen seien. Erst nach massiven Protesten der Teheraner Studentenschaft hoben die Mollahs die Rechtskraft des Urteils vorläufig auf.

Zusätzlich hatten sie sogar eine Fatwa formuliert, die Aghadjari wie einst Salman Rushdie zur Ermordung durch jedermann freigab. Darüber hinaus war er zu allem Überfluß auch noch Anhänger Ali Shariatis, jener antiklerikalen Reizfigur, die sich einen Islam im Grunde auch ohne Mollahs vorstellen konnte. Aghadjari ließ keine Gelegenheit aus, mit dessen Sprüchen seine ehemaligen Weggenossen zu provozieren: »Dr. Shariati hätte uns gesagt, daß diese Geistlichen nicht vom Himmel herabgestiegen sind. Sie sind modern, aber ihre Geisteshaltung gehört ins Mittelalter.«[363] Wer sich ihr anschlösse, würde sich zum Affen der Mollahs machen, der den von ihnen vorgezeichneten Weg in die Vormoderne nachahmte.

Einem langen Bestand des Mollahregimes stehen mindestens zwei Aspekte entgegen. Zum einen ist nach historischer Erfahrung jedem totalitären System die Eigenschaft eingebaut, sich über kurz oder lang selbst zu beseitigen. Im vorliegenden Schia-Fall könnte sich die Lebensdauer allerdings unbestimmt verlängern, wenn sich die »euranisch«-islamophile Tendenz zu einer stabilen Ideologie neofaschistischen Ganzheitsdenkens aus-

bauen läßt (s. u. S. 265). Man kann dem Euro-»Dialog« durchaus einräumen, der Öffentlichkeit bislang noch jede Radikalgruppe des Islam als
»auf dem Weg in die Demokratie« verkauft zu haben.

Zum anderen scheint der Umbruch durch ein Paradox programmiert:
Die Revolution hat die bestausgebildete Bevölkerung des islamischen
Raums hervorgebracht. Mit einem ungewöhnlich hohen Frauenanteil unter den Universitätsabsolventen ist sie langfristig zu jeder Überraschung
fähig. Ein umfassender Wandel konnte bislang durch ständige Propagan-
damanöver – wie zum Beispiel die Atomdebatte – und die mal gelockerte,
mal wieder angezogene Gewaltschraube verzögert werden. Die Hoffnung
der Mollahs, in diesem Fall auch die verhaßte Westzivilisation nutzen zu
können, indem das Konsumdenken den Widerstandswillen des Volkes
schwächt, könnte angesichts des intellektuellen Potentials trügen. Die USA
waren daher gut beraten, sich in dieser Situation zunächst zurückzuhalten.

Die fortwährenden Manipulationen zum Erhalt der Mollahmacht fanden 2005 einen weiteren vorläufigen Höhepunkt, als die Mudjtahids unter
Führung Khameneis den Hardliner und Basidj-Führer Ahmad-e-Nadjad
via Wahlfälschung ins Amt des Präsidenten hievten. Viele fühlten sich
erneut an die historischen Worte Khomeynis erinnert, die seinerzeit alle
Blütenträume einer Post-Schah-Demokratie islamischer Machart zertrüm-
mert hatten: »Diejenigen, die versuchen, im Namen der Demokratie unser
Land zu korrumpieren und zu zerstören, werden ausgemerzt werden ... Sie
müssen hängen. Wir werden sie im Namen Allahs und Allahs Ruf zum
Gebet unterdrücken.«[364]

In der iranischen Öffentlichkeit hat sich nach jahrzehntelanger Erfahrung mehrheitlich eher die Meinung ausgebreitet, daß das Land nicht im
Namen der Demokratie, sondern des Islam zerstört worden und eine
Wende überfällig ist. Das persönliche Ermessen des Idjtihad ist eben nicht
nur auf die Mollahs beschränkt, sondern eine kollektive Errungenschaft der
Iraner, die sich einmal mehr als Bumerang für die Herrscher abzeichnet. So
können zwei Drittel der Iraner in den USA noch nicht einmal den offiziellen »Großen Satan« erkennen und plädieren für eine Entspannung der Beziehungen.

Es kann nicht überraschen, muß aber der guten Ordnung halber erwähnt
werden, daß die Meinungsforscher, die diese Angaben ermittelten, im Gefängnis landeten.[365] Die »Mafia der Mächtigen« (Gandji) dachte nicht
daran, ihre Kreise in irgendeiner Weise einschränken zu lassen. Die oligar-
chische Vernetzung von Wächterrat, Wirtschaft, Justiz, Stiftungen, Glau-
benskontrolle und Medien sowie ihre kombinierte Organisation von Korruption und Terror erweisen sich nach wie vor als durchaus stabil.

Ahmad-e-Nadjad, Zögling Khameneis und seit den 1980er Jahren Spezialist für das Verhören und Foltern von Dissidenten, dem auch das Liquidieren zahlreicher Delinquenten im Evin-Gefängnis nachgesagt wird, war ab 1993 Provinzgouverneur und später Bürgermeister von Teheran. Immer wieder tat er sich als aktiver Führer der »Glaubenswächter« hervor, die er 2003 um die khomeynigläubige Ultragruppe der *Abadgeran* bereicherte, was frei übersetzt so viel wie »Kulturwert« bedeutet. Sie soll zur Realisierung des alten Khomeyni-Plans beitragen, nach dem die Basidj-Truppe auf sage und schreibe zwanzig Millionen – 2005 wurden sie auf etwa fünf Millionen geschätzt – aufgestockt werden soll.

Einiges deutet darauf hin, daß der iranische Präsident ein strammer Schiit ist, der fast alles wörtlich nimmt und daher auch mit der baldigen Ankunft des Mahdi rechnet. Als Bürgermeister von Teheran soll er 2004 den Stadtrat angewiesen haben, den Bau einer Prachtstraße für seinen Einmarsch in die Hauptstadt zu planen. Ebenso stellte er einen größeren Betrag für die Renovierung der Moschee von Djamkaran südlich von Teheran bereit, wo er sein erstes Erscheinen erwartet. Nicht zuletzt ließ er die für die kommende Mahdi-Regierung vorgesehene Kabinettsliste in einen Brunnen werfen, durch den schiitischer Tradition gemäß ein magischer Kommunikationskanal zum Mahdi, wenn nicht sogar zu Allah selbst hergestellt werden soll.

Auch die UNO ließ er an seiner Heilserwartung teilhaben, indem er bei der Herbst-Vollversammlung 2005 über den Mahdi als die »Quelle des Versprochenen, die Beschleunigung des perfekten und reinen menschlichen Wesens« referierte. Für den Ultraradikalen ist solche Reinheit nur im islamischen Staat zu haben: »Wir haben keine islamische Revolution gemacht, um die Demokratie zu bekommen. Beziehungen zu den USA brauchen wir nicht, und eine friedliche Nuklearpolitik einschließlich Urananreicherung ist unser Recht und unser endgültiger Weg.«

b) Die endgültige Endlösung

Wie sich gezeigt hat, darf an der Friedfertigkeit des radikalen Islam allgemein und an der eines »geistlichen« Regimes, zumal der iranischen Mollahs, besonders gezweifelt werden. Jede politische Herrschaft hat bislang das »Paradies« um so weiter verfehlt, je nachdrücklicher sie vorgab, im Namen irgendwelcher Gottheiten zu handeln. Dies gilt auch und ganz besonders für das iranische Machtkonzept. Der sich stetig ausweitende Spagat zwischen der täglichen Volksrealität und dem »religiös« begründeten

Machterhalt zwingt, bevor er kollabiert, zu immer surrealeren Begründungen, die schließlich auch die Endzeit bemühen müssen.

Demzufolge können die Menschen die Berufung der Herrschenden nur begreifen, wenn sie ihnen nun auch auf dem letzten Stück des Weges in die »Reinheit« folgen, dem sich allerdings derzeit noch eine aus ihrer Sicht so fundamentale Unreinheit wie Israel entgegenstellt. Sie verbindet sich mit dem »Großen Satan« USA, der inzwischen den Gottesstaat aus allen Himmelsrichtungen, insbesondere Afghanistan und Irak, bedroht. Um die Situation zuverlässig zu destabilisieren, erhalten die Widerstandskräfte in beiden Ländern – wie übrigens auch auf dem Balkan – die regelmäßige Unterstützung des Iran in Gestalt von Personal, Geld und Waffen.

In Richtung Norden versucht man, insbesondere mit Azarbeidjan im Gespräch zu bleiben, um die alte Minderheitenfrage der Azeris auf eigenem Boden unter Kontrolle zu halten. Daß man den Palästinensern alljährlich hohe Beträge – um die 250 Millionen US-Dollar – überweist, um Israel nicht zur Ruhe kommen zu lassen, versteht sich von selbst. Für die Israelis hat die Einrichtung der Korruption eine eher segensreiche Nebenwirkung: Der nicht unerhebliche Teil der Gelder, der auf den Privatkonten der Islamistenführer landet, kann nicht für Sprengstoff, Handgranaten und die Ausbildung von Selbstmordattentätern verwendet werden.

Als der iranische Führer Ende 2005 verkündete, daß der Holocaust eine Erfindung der Europäer und die Juden nun »wirklich« von der Erde zu vertilgen seien, spielte er die Endzeitkarte, die der manichäischen Logik des Machtspiels um den »besseren Gott« folgt. Er kann sich dabei der Unterstützung weiter Kreise im arabischen Raum sicher sein. Deren Feindschaft gegen Amerika und Israel sieht die Traditionsgräben zwischen Sunna und Schia inzwischen als das kleinere Übel. Dieses Szenarium verfolgen mit »klammheimlicher Freude« nicht wenige Europäer, die im Zuge ihres eigenen Antisemitismus immer offener mit Islamisten fraternisieren und sich an Radikalentreffen im Nahen Osten beteiligen.[366]

Hilfreich sind hier die Öleinkünfte, die sich seit ihren Tiefständen in den 1990er Jahren spektakulär ausgeweitet, nämlich mindestens verdreifacht und die Omnipotenz-Euphorie der Islameliten in neue Höhen katapultiert haben. In der westlichen Kurzzeitsicht kann jedoch das Endzeitdenken, das keineswegs auf den schiitischen Iran beschränkt ist, kaum nachvollzogen, geschweige denn in ein politisches Bewußtsein umgesetzt werden. Da die Denkkategorie fehlt, beugt man sich auf westlich-tolerante Weise der Mischung von Drohung und Gewalt und leistet vielleicht einen Beitrag, die eigene Endzeit schon im Diesseits zu verwirklichen.

In Europa arbeitet man dabei auf drei Ebenen: einer anti-amerikanisch gefärbten Mischung aus einem endlosen »Dialog« mit der iranisch-arabischen Vernichtungsstrategie gegenüber Israel, den man »Friedensprozeß« nennt, einem breit angelegten, auf Deutschland konzentrierten Moscheebauprogramm und einem massiven Vorrücken islamischer Investoren in westliche Unternehmen und Staaten, das von den Medien als umfassender, moderner Toleranztrend vermarktet wird.

Dabei ist es keineswegs nur der monetäre »Return on Investment«, der den Muslimen bei gleichbleibender Ölabhängigkeit des Westens die materielle Oberhand gibt.

Es ist vor allem die pragmatisch genutzte, »transzendente« Komponente, die ihnen durch die Gnade Allahs zur Dominanz über den Systemfeind verhelfen wird. Denn aus ihrer Sicht ist es nicht anders verständlich, daß sogar der »Große Satan« USA selbst über viele Jahre die Unterlegenheit seines Systems bewies. Er ließ keine Gelegenheit aus, seine eigenen »Werte« zu verraten. In extremem Opportunismus nutzte er alle Kräfte des Islam, von friedlich bis radikal, soweit sie kurzfristigen Zwecken dienten und von Demokratie keine Rede zu sein brauchte. So hatte man in vielen Situationen, z. B. auch in der Iran-Contra-Affäre (s. o. S. 170), die Gier des Feindes testen und manipulieren können. Man zog schlicht die Vorteile aus der Kehrseite der Medaille, deren Vorderseite den von der Hizbollah beklagten, westlichen Doppelstandard zeigt.

Aus welchem Grund sollte man da auf die Atombombe verzichten? In ihrer Kraft setzte sich – bei allen islamischen Vorbehalten – nicht zuletzt auch das antike Feuer Zarathustras und der iranischen Nation fort, die sie nun als Fackel des Islam vorantrug. Nach historischen Irrwegen war es ihre Aufgabe, diese Waffe mit um so größerer Sorgfalt vorzubereiten, um zu gegebener Zeit die geballte Macht Allahs zu entfesseln und den Weg des Mahdi freizusprengen. Einmal mehr brach sich hier das iranische Herrscherprinzip des Gottkönigs beeindruckende Bahn, auf der das Perserreich nun unter dem Banner Allahs und seines Getreuen Ali neu erstehen soll.

Keiner der maßgebenden Gotteskrieger hat daher das Recht, das göttliche Gnadengeschenk der Bombe aus der Hand zu geben. Denn das Maß aller islamischen Dinge ist die Vertreibung und Vernichtung des Unglaubens, deren Vollendung schließlich nicht weniger als das Jüngste Gericht selbst einläutet. Wer dem zuwiderhandelt, legt die Axt an die Wurzel des Islam. Allah, die Imame Ali und Husayn, der Prophet Muhammad und alle rechtgläubigen Muslime werden ihn zur Verantwortung ziehen. Kein Zweifel: Die Konsequenzen werden so schrecklich sein, daß man auf alles leichter verzichten kann als auf diese ultimative Waffe.

Mit dem ebenso ultimativen Hardliner Ahmad-e-Nadjad und den apo-
kalyptisch eingestimmten Basidj-Truppen hat sich der pragmatische
Grundton, der sich – von Rafsandjani in den 1990er Jahren eingeleitet –
zwischen der konservativen Oligarchie und den parlamentarischen Reformern vorsichtig entwickelt hatte, zunächst wieder abgeschwächt. Ob er weiter de- oder reaktiviert wird, wird auch mit dem Ausmaß zu tun haben, in
dem sich Europa gegenüber den USA ausspielen läßt.

Zunächst könnte sich die große Kluft zwischen der politischen Klasse und
der intellektuellen Kritikelite weiter öffnen, die Spaltung des Landes vertiefen
und damit eher dazu beitragen, daß die Attraktivität des »Großen Satan« bei
der jungen Generation weiter wächst. Hier scheint sich ein zivilgesellschaftli-
ches Potential vorbereiten zu können, das große innenpolitische Brisanz hat.
Wie sich zeigt, arbeiten die Mollahs auf kuriose Weise an ihrer Entmachtung
mit, indem sie ihren eigentümlichen Gottesstaat selbst säkularisieren.

Wenn keine Zusammenarbeit mit der maßgebenden Weltmacht USA zustande kommt, wird sich die Blockade der eigenen Entwicklung und des re-
gionalen Hegemonieanspruchs verstärken. Somit steht man sich auch im
Hinblick auf die konstruktiven Ansätze im Wege, welche die »aktive Neutralität« des Iran im Jahre 2003 eröffnet hatte, ein zwischen Hardlinern und
Reformern erarbeitetes Konzept bezüglich des US-Einsatzes im Irak. Sollten die Mollahs den islamistischen Akzent der ersten Post-Saddam-Regie-
rung als Erfolg dieser »Neutralität« werten, würden sich ihre politische
Erstarrung und der Terror im Irak vorläufig fortsetzen.

Um so wichtiger wird die Renaissance der »inneren Wandelbarkeit«, wie
die Iraner ihr größtes Aktivum, das Talent zu ausgeprägter, geistiger Flexibilität nennen. Sie ist eine Eigenschaft, die gerade ihrem Land in der globalen Machtdynamik zu einer positiven Rolle verhelfen könnte. Sie führt sich
auf das schiitische Idjtihad-Prinzip und dessen Basis, den altiranischen
Individualismus, zurück, die dem Land seine intellektuelle Sonderrolle im
islamischen Raum verschafft haben.

Khomeyni verengte sich auf einen totalitären Herrschaftsanspruch, der
diesem Geist nicht entsprach, aber das islamische Feinddenken auf eine
bislang nicht gekannte Spitze trieb. Die Quittung blieb nicht aus: In ihrer
inneren Wandelbarkeit wandten sich die Menschen genau den Prinzipien
zu, die das System verteufelte. Kurioserweise könnte es also sein eklatanter
Mißbrauch sein, der den Idjtihad von der sakralen auf die säkulare Basis
verschiebt und den Iran zum vorläufig einzigen islamischen Land qualifi-
ziert, das zu einer offenen Gesellschaft fähig ist. Der Vorgang braucht viel
Zeit, wäre aber nicht so neu, wenn man ihn mit der klerikalen Entmachtung in Europa vergleicht.

Noch wird diese Wandelbarkeit, die auch der Philosoph Sorush vertritt (s. u. S. 258f.), durch eine Klerokratie blockiert, die sich selbst als ebenso fortschrittlich versteht, wie die USA sie als fundamentalistisch und vormodern ablehnen. Die wechselseitige Feindsicht hat zu einer Art gordischem Knoten geführt, der sich durch das Scheitern des Scheinreformers Khatami weiter verkomplizierte und sich nur über eine gesichtswahrende Lösung der Bombenfrage auflösen läßt.

Dort, wo aktiver Pragmatismus angesagt wäre, pocht das Regime auf atomare Souveränität. Gern beschwört man zuweilen auch die passive Opferrolle, die den ungerechten Umgang der Amerikaner mit Mosaddeq sowie ihre Kollaboration mit dem Schah und seinen korrupten Oligarchen aufwärmt. Diese Argumentation ist allerdings nicht nur überholt, sondern auch zweischneidig. Einerseits stößt sie zwar immer noch auf positive Resonanz beim Volk, andererseits läßt sie die eigenen Defizite um so schärfer hervortreten. So brachte denn auch Khamenei, der immer noch Armee, Geheimdienst und Stiftungen erfolgreich kontrolliert, statt eines Gemäßigten seine besten Scharfmacher an die Macht.

Sie reden verstärkt der Vernichtung Israels das Wort und beklagen sich in aller messianischer Unschuld darüber, daß man ihre Bombe anders beurteilt als die Indiens und Israels sowie sogar die der Glaubensbrüder in Pakistan. Dabei haben sie noch nicht einmal »Unrecht«, denn sie verstehen unter »Pragmatismus« eine Politik, die alle Mittel im Sinne Allahs rechtfertigt. So sprechen sie von »islamischem Rationalismus«,[367] der in seiner schiitischen Variante den Kreis zur religiös legitimierten Vernichtungspolitik schließt.

Daß man hier aus dem Fall Irak gelernt hat und mit gezinkten Karten spielt, zeigen die über das Land verstreuten, teilweise unterirdischen Atomanlagen. Sie bringen nicht nur die USA in das gewünschte strategische Dilemma, sondern verdeutlichen auch die tatsächlich verfolgte Aggressionspolitik. Gemäß der islamischen Djihad-Doktrin, der zufolge Angriff und Verteidigung identisch sind, richten sie sich zum einen gegen die Einkreisung durch die US-Präsenz in Afghanistan, Kaukasus, Golf, Saudi-Arabien und Irak. Zum anderen bedrohen sie – je nach Reichweite der Trägerraketen und konkretem Politbedarf – Israel als Hauptziel und letztlich Europa als willfährigen Erfüllungsgehilfen, nach eigener Aussage »kritischen Dialogpartner«.

Einen solchen Dialog wollte man dort unbedingt offen halten, denn nicht zuletzt hatte man in den 1960er und -70er Jahren auch selbst aktiv am Aufbau der Atomindustrie im Iran mitgewirkt. Argwöhnisch verfolgten die Europäer nun, wie seit Mitte der 1990er Jahre Rußland die deutschen Anlagen in Bushehr und China die amerikanischen in Isfahan ausbauten. Sogar Nordkorea bot seine Potentiale an, zog sich aber nach Drohungen der USA – wie teilweise auch Chinas – aus dem brisanten Spiel zurück. Denn wenn es um die Bombe geht, läßt die Weltmacht nicht mit sich spaßen.[368]

In Amerika hielt sich der Verdacht eines geheimen Atomprogramms, immer wieder bekräftigt durch die iranische Opposition, speziell den »Nationalen Widerstandsrat« (NWRI), die früheren Volksmodjahedan (s. o. S. 155). Auch konkrete Funde von waffenfähigem Uran in Teheran durch IAEO-Beamte waren nicht geeignet, das Vertrauen zu stärken. Ebensowenig die Ankündigung Rußlands im Februar 2006, sich selbst aktiv in die Anreicherung des Iran-Uran einzuschalten, »um dessen Kontrolle zu gewährleisten«. Nach jahrelangem Tauziehen landete die Sache schließlich im März 2006 vor dem UNO-Sicherheitsrat.

Dagegen war schon 2002 über Satellitenbilder eine geheime, von der Führung verschwiegene Anreicherungsanlage in Natanz (südöstlich von Teheran) geortet worden, die die Herstellung von Atombomben effektiv ermöglicht. Niemand weiß, in welchem Stadium sich das Nuklearprogramm des Iran konkret befindet, ganz zu schweigen vom Atomwettrennen insgesamt: Nach dem Zusammenbruch des Ostblocks hat sich hier eine neue Konkurrenz entfaltet, in der die islamische Welt – inklusive Al-Qa'ida – die Rolle der Sowjetunion als US-Widersacher übernommen hat. Noch liegt in diesem Rennen Israel vorn, das eng mit den USA zusammenarbeitet und Kontrollen durch die IAEO ablehnt, damit die Spitzenposition erhalten bleibt.

In dieser Strategie konnte man sich durch die Atom-Mollahs unter Führung Khameneis bestätigt sehen, die sich jeder verläßlichen Kooperation verweigerten. Sie blieben weiter auf Konfrontationskurs gegen den »Großen Satan«, während die gemäßigte Reformerseite auf Vermittlung durch das Dreier-Gespann Deutschland-Frankreich-Großbritannien setzte. Unter solchen Umständen war es schwierig, den Verdacht auf eine waffenorientierte Entwicklung zu zerstreuen und die Welt von der »friedlichen Nutzung« zu überzeugen.

Den Iranern gelang es dabei immerhin, einen Keil zwischen Europa und Amerika zu treiben, die sich gegenseitig vorwarfen, zu vertrauensselig bzw. zu mißtrauisch zu sein. Der radikale Ruck nach den Wahlen von 2005 ist nur scheinbar nicht geeignet, das größere Vertrauen der Europäer zu rechtfertigen. Denn ihr Antiamerikanismus begünstigte die Spaltungspolitik ganz erheblich, und auch ihre Verhandlungstroika in der Atomfrage ließ den Iranern unangemessenen Spielraum und Zeitgewinn.

Während man ständig die »diplomatische Lösung« beschwor, bewies der iranische Präsident, daß er nicht nur das islamische Gewaltvokabular, sondern auch die Phraseologie der EU-Autokraten beherrscht. Deren oberste Patentschablone wird um so öfter eingesetzt, je utopischer ein Projekt ist: die »Win-Win-Situation«. Damit ist eine Konstellation gemeint, die allen Beteiligten nur Vorteile bietet. In der Werbung um den Beitritt der Türkei kommt sie inflationär zum Einsatz. Für sein Land drehte Ahmad-e-Nadjad den Spieß um: Die Atomfrage würde für alle zu einem »Lose-Lose-Dilemma«, wenn der Westen weiterhin die Souveränität des Iran in Frage stellte und sogar mit einem Öl/Gas-Absatzembargo verbinden wollte.[369]

Europa, insonderheit Deutschland, versucht primär, die traditionell gewachsenen, wirtschaftlichen Interessen im Iran wahrzunehmen, ist allerdings auch an vertragliche Vereinbarungen innerhalb der NATO gebunden. Diese hat ihr früheres Verteidigungskonzept auf den strategischen Aktionsrahmen einer »Partnerschaft für den Frieden« ausgeweitet, die unter Einschluß der Türkei nun auch den Anspruch erhebt, an der Sicherung der rechtlich ungeklärten, aber um so rohstoffreicheren Region Kaukasus/ Kaspisches Meer mitzuwirken.

Dies trifft auf das Mißtrauen der Regionalmächte Rußland und Iran, mit dem sich China verbunden hat, um in der Region ein weltpolitisches Gegengewicht zu den USA zu bilden. Noch kann sich Europa dem Diktat der Amerikaner nicht entziehen. Schon während der Verhandlungen mit der Türkei wird die EU-Führung deren Beitritt als unausweichliches Faktum darstellen und dafür sorgen, daß Europa gemeinsame Grenzen mit dem massivsten Krisenherd des 21. Jahrhunderts bekommt.

3. Mustermollahs in Deutschland

a) Das Schleichrecht auf Mord

Priester, Potentaten und Politiker haben zwar zu allen Zeiten der Geschichte dem Volk ihre jeweiligen Machtprinzipien verordnet, sie aber, soweit möglich, nicht auf sich selbst angewendet. Ihr Ziel war und ist die Macht- und Nutzenmaximierung, die Religionen, Ideologien und die diversen Varianten des »Paradieses« als Vehikel einsetzt, um die Masse in berechenbarer Weise zu steuern und zu besteuern.

Insoweit sind alle Eliten austauschbar, und ihr »Dialog« geht in jedem Falle auf Kosten der ihnen anvertrauten Menschen. Dies haben die vom Islam überwundenen Kulturen hart und ausnahmslos zu spüren bekommen,[370] und mit den Privilegien, die inzwischen auch die »eurabisch-eura-

nischen« Eliten der islamischen Expansion in Europa zu Lasten ihrer Bevölkerungen einräumen, verhält es sich nicht anders.

Bei den attraktiven Entwicklungsperspektiven, die der Weltislam finanziell, demographisch und gewaltpolitisch zu bieten hat, kann nicht erstaunen, daß sich wachsende Teile der Westeliten seinen Führungsebenen
schrittweise angleichen. Um so wichtiger wurde es, einen Propagandakader
zu entwickeln, der den Menschen das Dogma vom »Frieden des Islam« als
unverlierbare Leitlinie eintrichtert. Der »Dialog« mit Vertretern der anderen Religion hat sich denn auch zu einem ehrfürchtigen Reflexgerede
verfestigt, das auf dem besten Wege ist, der säkularen Zivilgesellschaft das
Gesetz Allahs näherzubringen.

Gute Aussichten, den Laborfall Libanon in Europa erfolgreich nachzuah-
men, hat Deutschland. Die Stadt Berlin begrüßte 2002 die Gründung einer
Hizbollah-Filiale, wobei deren Ziele keine Rolle zu spielen schienen. Denn
Bedenken der Bürger wurden mit dem Hinweis zurückgewiesen, daß sich in
Deutschland Mitglieder dieser Organisation noch nicht strafbar gemacht
hätten. So könnte die deutsche Hauptstadt erneut zur Hauptstadt des radikalen Antisemitismus werden, diesmal allerdings der islamischen Art.

In einer Variante der vorislamischen »Unwissenheit« leugnete der Kha-
tami-Nachfolger Ahmad-e-Nadjad, daß in Europa jemals etwas wie der
Holocaust stattgefunden habe. Er sprach den Deutschen sozusagen das
Recht ab, die Durchführung des Massenmords an den Juden für sich in
Anspruch zu nehmen, um mit um so größerem Nachdruck für die Zukunft
den »richtigen Holocaust« ankündigen zu können.

Über die endlose Wiederholung der Schablonen von »Toleranz« und
»Respekt« und anderer bewährter Euphemismen des »Dialogs« hat sich
eine Perspektive eröffnen lassen, die von Verharmlosung zu Verherrlichung
islamischer Gewalt führen kann. Indem zugleich die einheimischen Islam-
Nützlinge die kritische Analyse in einem Abwehrspektrum zwischen »Islamophobie« und »Rassismus« stigmatisieren, kann auch der radikalste
Anspruch – wie das iranische »Ausradieren Israels« – graduell diskutabel
werden.

Immer wieder zeichnet sich das alte und historisch erneuerte Muster ab,
nach dem der Islam töten muß, um sich selbst am Leben zu erhalten.
Hauptziel dieses Tötungswillens ist Israel, das in einem sich islamisieren-
den »Euran« mit einem neuen, verschärften Antisemitismus rechnen muß.
Unter den Intellektuellen findet sich genügend williges Personal, das an der
Legende vom »christlichen Anti-Judaismus« mitstrickt.

Ihr zufolge sollen sich schon von der islamischen Frühzeit an Christen
und Muslime gegen die Juden verbunden haben, um sich gegen die dro-

hende Spaltung ihrer eigentlichen »Einheit« zu wehren.[371] Muhammads
Massaker an dem medinensischen Judenstamm der Qurayza im Jahre 627
geschah danach als eine Art christlicher Auftragsaktion.

Dieser Auffassung stimmt auch Kirchenkritiker H. Küng zu, der über alle
Differenzen hinweg mit Papst Johannes Paul II. in einem übereinstimmte:
Ehrfurcht vor dem Islam. Wie dieser ist er von der Ästhetik der islamischen
Gewalt zutiefst berührt: Muhammads skupellose Machtausübung läßt sich
nur verstehen, »wenn man sie vor dem Hintergrund seines religiösen Er-
griffenseins sieht«.[372] Dem »modernen Theologen« erscheint vielleicht der
Islamverkünder als der eigentliche Messias, da er seine Auftragsmorde und
Kriegszüge »in unerschütterlichem Glauben« an Allah ausführte.[373]

Wenn, wie Original-Muslime und westliche Islamlobby gemeinsam verkünden, islamische Gewalt sich grundsätzlich als »Notwehr« gegen »Unrecht« rechtfertigt, kann Israel durchaus als Okkupant erscheinen, der den
»islamischen Frieden« stört. Selbst die EU sah es so, indem sie über viele
Jahre – gemeinsam mit dem Iran – die PLO und Hamas finanziert, um diesen »Störenfried« in Schach zu halten.

Die westlichen Hardliner des »kritischen Dialogs« nutzen jede Gelegenheit, das iranische Regime zu stützen und um »Verständnis« für dessen Politik zu werden, wie brutal nach innen und antiwestlich nach außen auch
immer. Papst Johannes Paul II. hatte schon 1989 »in tiefer Verneigung vor
einem großen Menschen« des verstorbenen Religionsführers gedacht und
den Wiener Kardinal Schönborn als solidarischen Botschafter der esoterischen Kirchenfraktion zu Vorträgen nach Teheran entsandt.

Der Kardinal zeigte sich islamisch korrekter und gedanklich geschmeidiger als H. Küng und der deutsche Orientalist J. van Ess. Beiden trieb Khatami in einer Rede, die er bei den Festlichkeiten zur »Kulturhauptstadt Wei-
mar« im Juli 2000 hielt, auf wenig festliche Weise die iranisch unkorrekte
Ansicht aus, daß es sich beim Islam um eine dialogbereite Religion handele.
Der solcherart an die Realität erinnerte van Ess gehört mit seinem Kollegen
A. Noth (gest. 2001) und vielen anderen zu jenen Wissenschaftlern, die im
relativistischen Mainstream seit den 1970er Jahren eine bemerkenswerte
Wandlung durchlaufen und sich die Stromlinien vermeintlicher Islamkor-
rektheit angeeignet haben.

So wie Noth es verstand, im Lauf der Jahrzehnte die islamische Institution des Djihad zum Verschwinden zu bringen,[374] so läßt auch van Ess in
seinem Hauptwerk, das mit einer gelehrten Aufzählung islamischer Gelehrter aufwartet,[375] die Tendenz zur »neuen Wissenschaft« erkennen. Hier
geht man von der Sach- auf die Personenbetrachtung über, um eine Wirklichkeit zu rekonstruieren, die sich mit der Ideologie des Islam vereinbaren

läßt. Diejenigen, die wie auch der Autor dieses Buches, einer solchen Linie nicht folgen mögen und auf historisch gesicherten Sachverhalten, also auf einer scheinbar »unkorrekten« Realität beharren, geraten unweigerlich in das aggressive Fadenkreuz dieses proislamischen Sinnwechsels.[376]

Das Umdenken blieb keineswegs auf die Orientalistik beschränkt. Auch Angehörige der linken APO-Szene, die einst mit präzisen Analysen das Schah-System aufs Korn nahmen, konnten sich über die Jahrzehnte zu schwadronierenden Steiner-Theosophen wandeln, die in einer besonderen Art von Seelenwanderung ihre Sympathien für den Totalitarismus der Mollah-Art entdeckten. Ein Exponent dieser eigentümlichen Metamorphose ist Bahman Nirumand, der mit fortschreitender Zeit seinen Bonus bei der kritischen Linken verspielte.

Deren Empörung erreichte ihren vorläufigen Höhepunkt, als er 1999 in einem TV-Interview den iranischen Studenten in den Rücken fiel. Was diese ihrem Präsidenten mutig vorgehalten hatten, nämlich das brutale Vorgehen der gottesstaatlichen Knüppeltrupps auf dem Teheraner Campus (s. o. S. 222f.), tauchte der Gewandelte aus sicherer Etappe in mollahgläubiges Licht: »Ich denke, daß Khatami die Studenten verurteilen muß.«[377] Wie der Literat A. Maroufi andeutete, konnte man sich mit solchen und ähnlichen Sprüchen den einstmaligen Links-Idealisten durchaus als saturierten Botschafter der euranischen EU-Linie vorstellen, die seit Jahren die Teheraner Machthaber unterstützt.[378]

Um so größerer Bewegungsfreiheit erfreut sich der iranische Geheimdienst, der in Deutschland als Hauptgebiet, von den Sicherheitsbehörden nahezu unbehelligt, seine Kreise zieht. Dabei kam auch das Hamburger »Islamische Zentrum« ins Gerede, das mit der sogenannten »shura« (arab.: Rat) eine besonders gelungene Form der öffentlichen Desinformation betreibt. Diese altorientalische Feudaleinrichtung, die »Konsens« auf Basis des islamischen Rechts erzeugt und auf der letztlichen Entscheidung des Klanfürsten beruht, wird als »Vorläuferin der Demokratie« vermarktet und fand eine prominente Anhängerin in der evangelischen Landesbischöfin.

Sie interessiert nicht, daß die Exiliraner, die sich tatsächlich um die demokratische Praxis bemühen, im Fokus der Agenten stehen. Insbesondere die Exponenten des »Nationalen Widerstandsrats«, zumeist Künstler und Literaten, werden bedroht, wobei der deutsche »Rechtsstaat« ihr Recht auf Presse- und Meinungsfreiheit nicht durchsetzt. Der Einfluß des fremden Geheimdienstes ist so stark, daß er das bekämpfte Westsystem bereits in seinem eigenen Geltungsbereich wirksam unterläuft.[379]

Wie im Verlauf unserer Betrachtungen deutlich wird, mehren sich die Anzeichen, daß es sich bei dem proislamischen Trend um den Wandel des gesamten Weltbilds mit allen Konsequenzen für das bisherige System handelt. Wir kommen auf die wichtigsten Aspekte dieses Vorgangs zurück. Die Möglichkeit, daß sich islamische Interessen zu politischen Leitlinien Europas entwickeln könnten, scheint wichtig genug, näher betrachtet zu werden.

»Juden sind Tiere« steht unter anderem auf den Plakaten der Demonstranten, die alljährlich den Al-Quds-Tag in Berlin – unweit vom Reichstag – begehen. So können sich auch deutsche Abgeordnete des proislamischen Bekenntnisses unter sie mischen und ihre – nicht immer freiwillige – Solidarität mit der islamischen Judenausrottung bekunden.

»Ich bemühe mich«, sagte der grüne Al-Quds-Teilnehmer und geschulte Jurist C. Ströbele, »zu allen Demonstrationen zu gehen, deren Ziele ich teile.«[380] Zu den Veranstaltern gehört u. a. Yavuz Özuguz, ein deutscher, turkstämmiger Schiit, Hizbollah-Anhänger und Khamenei-Verehrer, der dem deutschen Staatsschutz mit volksverhetzenden Parolen auffiel – »Juden töten Kinder« – und auch in erster Instanz wegen dieser Straftat verurteilt wurde.

Özuguz, Ingenieur für Verfahrenstechnik und langjähriger Mitarbeiter der Universität Bremen, entdeckte in der Gewaltideologie des Ayatollah Khomeyni »die reine, klare und strahlende Religion«,[381] die in ihm nach eigener Aussage eine »innere Unruhe« weckte. Sie ist der entscheidende »Beweg«-Grund für alle Angehörigen radikaler »Bewegungen«, um ihre Identität aus deren kollektiver Identität ableiten zu können. Als wichtigstes Ergebnis dieser Mechanik bildet sich ein automatenhafter Feindbildreflex heraus, der jedes andere Denken und Verhalten um so härter angreift, je weiter es von der eigenen Linie abweicht.

Der solcherart konditionierte Özuguz bewies, daß er die langfristige Vernichtungsstrategie der Hizbollah verstanden hatte. Im September 2005 gab er auf seiner Website (»Muslim-Markt«) den Autor dieses Buches und anderer umfangreicher Analysen über den Konflikt Islam – Westen zum Abschuß frei, eingedenk der »Tatsache«, daß es im Ringen um die islamische Weltordnung und bei der Beseitigung von Gegnern nicht auf die Zeit, sondern auf die »Tat« selbst ankommt.

Wie wir wissen, steht die Tat nicht nur im Zentrum der schiitischen Identität, sondern bildet auch die Grundlage des »Übermenschen« in der modernen neofaschistischen Ideologie, die jedes Mitglied seinsmäßig erhöht, wenn es ihren Zielen nützt und den »Feinden« schadet. Aufgrund der Vorbildrolle Muhammads und der messianischen Bestimmung des revolutionären Schiiten spielt der Auftragsmord eine system-»gerechte« Rolle.

Sowohl für Khomeyni und Khamenei als auch für die radikalen Sunniten und schließlich Özuguz selbst bedeutet Gewalt gegen den Nichtislam die

Kulmination von »Gerechtigkeit«. Dabei ist es nicht nur logisch, sondern zwingend notwendig, daß solche Gewalt in ein »Gebet« gekleidet wird, um sich Allahs Macht, d. h. der Beihilfe gewaltbereiter Muslime, zu versichern:

> »Wenn der Islam so ist, wie Herr Raddatz ihn immer wieder vorstellt, dann möge der allmächtige Schöpfer alle Anhänger jener Religion vernichten! Und wenn Herr Raddatz ein Haßprediger und Lügner ist, dann möge der allmächtige Schöpfer ihn für seine Verbrechen bestrafen und diejenigen, die trotz mehrfacher Hinweise auf die verbreiteten Unwahrheiten von Herrn Raddatz immer noch bestehen, auch.«

Nicht nur renommierte Orientalisten bestätigten, daß es sich hier um einen Mordaufruf handelt;[382] auch die innere Logik selbst läßt keinen anderen Schluß zu. Die Bedingung »und wenn Herr Raddatz ein Haßprediger und Lügner ist ...« wird durch ein »... trotz mehrfacher Hinweise auf die verbreiteten Unwahrheiten von Herrn Raddatz ...« aufgehoben. Danach steht bereits fest, daß der Delinquent gelogen und sein Leben verwirkt hat. Da Haßpredigt und Lüge erwiesen sind, steht auch die Strafe fest, die nur auf Tod lauten kann – auch für den Dissidenten innerhalb des Islam, der mit dem kritischen Nichtmuslim sympathisiert: »... dann möge der allmächtige Schöpfer alle Anhänger jener Religion vernichten.«

Da es dem radikalen, gläubigen Muslim zudem nicht erlaubt ist, das nichtislamische Recht und das rechtsstaatliche Gewaltmonopol anzuerkennen, muß er das Recht in die eigenen Hände nehmen, d. h. Selbstjustiz üben, die nach schiitisch-revolutionärem Verständnis die Funktion des Gottesdienstes hat. Dies um so mehr, als solches Verhalten in Özuguz' Gruppe (»Der islamische Weg«), noch dazu innerhalb einer so ehr- und zielbewußten Bewegung wie der Hizbollah, große Verdienste einträgt. Denn seit Anbeginn besteht der »Glaube« des Islam im Kampf gegen die Andersgläubigen.

Der Verschleierung dieses Sachverhalts leistete ein von zwei Muslimen erstelltes »Gutachten« des deutschen Bundeskriminalamtes Vorschub, das zuvor schon mit einer bemerkenswerten Nähe zu islamistischen Kontaktpersonen aufgefallen war.[383] Auch R. Tophoven, Veteran in der anschwellenden Flut von »Terrorspezialisten«, machte sich in diesem Sinne nützlich, indem er in einem Interview »die Gutachter des BKA über jeden Zweifel erhaben« sah.

Die »Sicherheitsbehörde« wollte keinen Zweifel aufkommen lassen, daß sie sich als aktive Interessenvertreterin der Islamisten versteht. Sie akzeptierte pauschal das »Gutachter«-Argument der sogenannten »Mubahala«. Diesen Begriff hatte Özuguz als eine Art Rauchvorhang vorgeschoben, um die Justiz zu narren und seinem Mordaufruf einen pseudo-neutralen Anstrich zu geben.

Bei der »Mubahala« handelt es sich um eine diffuse, frühislamische Einrichtung, in der Muslime und Christen ihre Interessenkonflikte in einer gegenseitigen Verfluchung dem Urteil Allahs anheim gestellt haben sollen. Fest steht, daß dieser Vorgang weder im Koran (3/61) noch in der islamischen Geschichte eine nennenswerte Rolle spielt und daher auch heute nur sehr wenigen Muslimen bekannt ist.

Fest steht ebenso, daß Muhammad selbst die Ansätze der Mubahala im Keim erstickt hat.[384] Ihm lag nichts ferner, als bei der Durchsetzung seiner Interessen irgend etwas dem Zufall, geschweige denn Allah zu überlassen: »Meine Gemeinschaft wird in zwei Parteien zerfallen. Aus der einen entstehen die Ketzer und die andere ist berechtigt, sie zu töten.«[385]

Eine gewisse Bedeutung hat die Mubahala in der Schia erlangt, der sich Özuguz angehörig fühlt. Wie vieles andere haben die Schiiten sie in kosmisch überhöhten Bezug zur »Heiligen Familie« gebracht – Ali, Fatima, Hasan, Husayn – für die sich natürlich jedes Urteil erübrigte. Deren Reinheit überstieg jedes faßbare Maß, so daß um so größere Verdienste zu erwarten waren, wenn man Allahs bereits feststehendes »Urteil« vorwegnahm.[386]

Insofern konnte Özuguz sicher sein, daß seine Leser – ob mit oder ohne Mubahala – seine Aufforderung zum »Gebet« im gewünschten Sinne verstehen würden. Sie stützen sich ohnehin auf eine Fülle aggressiver Anweisungen in der iranisch-islamistischen Literatur, die keinen Raum für Mißverständnisse lassen. Einen beispielhaften Beitrag zum Thema liefert uns der als führender Mordmollah der *Fida'eyan-e-Islam* bekannte Muhammad Nawab-Safawi, der sich Anregungen von den Muslimbrüdern in Kairo geholt hatte[387] und auch der Hizbollah als bevorzugte Autorität dient:

»Wir kennen keine absoluten Werte außer der totalen Unterwerfung unter den Willen des Allmächtigen. Es heißt: Du sollst nicht lügen! Dienen wir allerdings dem Willen Allahs, so gilt ein anderes Prinzip. Er lehrt uns zu lügen, auf daß wir uns in heiklen Situationen retten und unsere Feinde verwirren. Sollten wir ehrlich bleiben auf Kosten einer Niederlage und einer Gefahr für den Glauben? Wir sagen: nein.

Es heißt: Du sollst nicht töten! Aber der Allmächtige lehrt uns selbst das Töten. Ohne diese Fähigkeit wäre der Mensch schon längst von den Tieren ausgerottet worden. Sollen wir also nicht töten, wenn es für den Triumph des Glaubens notwendig ist? Wir sagen, *daß das Töten einem Gebet an Bedeutung gleichkommt, wenn es nötig ist, solche, die (dem Glauben) schaden, aus dem Wege zu räumen.* Täuschung, Hinterlist, Verschwörung, Betrug, Stehlen und Töten sind nichts als Mittel. An sich sind sie weder gut noch schlecht, isoliert man sie von den Intentionen, die sie motivieren.«[388]

Nicht nur dem ideologischen Gewaltgradualismus der Hizbollah, sondern auch dem prophetischen Vorbild des Auftragsmörders zufolge brauchen Özuguz und seine Ideengeber nur darauf zu warten, daß ein hinreichend »Gläubiger« die Ehre nutzt, das Recht Allahs in die Hände zu nehmen.

Wie wir zudem wissen, haben sie gerade auch hinsichtlich mißliebiger Autoren keinen Geringeren als den Revolutionsführer selbst an ihrer Seite: »Wir müssen jene Schreibfedern brechen, die behaupten, daß es etwas anderes als das göttliche Recht gebe. Wir müssen jene Mäuler stopfen, den Leuten erklären, sie könnten frei heraus sagen, was ihnen gefalle, ohne Rücksicht auf das, was im Einklang mit den Anweisungen des Allmächtigen richtig oder falsch ist« (s. o. S. 213). Und in der Teheraner Rede zu Muhammads Geburtstag (2. 4. 1981): »Angeklagte brauchen keinen Prozeß. Er oder sie muß getötet werden. Sie müssen lediglich identifiziert und dann liquidiert werden. Wer Gnade übt, versündigt sich gegen Allah.«

Die Eiferer »des Allmächtigen« brauchen Sanktionen des »demokratischen Rechtsstaats« kaum zu befürchten. Zumindest bis ins Jahr 2006 hat es nicht im Willen dieses Staatswesens gelegen, den Unwillen Allahs zu erregen, indem man irgendwelche Verzichtsforderungen an ihn gerichtet hätte.[389] Im Gegenteil: Vertreter des Verfassungsgerichts können sich vorstellen, »Elemente der Scharia in die Verfassung aufzunehmen« (Limbach), und lehnen es ab, den Islam »einer scharfen Befragung zu unterziehen« (Hassemer). In der deutschen Demokratie ist man also höchstrichterlich im Grundsatz mit der Anwendung islamischen Rechts einverstanden.[390]

Solche und ähnlich islamorientierte Auffassungen finden sich in diversen Nuancen auf den Führungsebenen aller Institutionen – Parteien, Gerichte, Universitäten, Konzerne, Medien, Kirchen – und haben sich dort zu einem übergreifenden, zukünftig vielleicht staatstragenden Meinungsdogma verfestigt. Die Soziologen sprechen von einer »Neoinstitution«, in der sich unter diesem Dogma die alten Teilbereiche sammeln.[391] Man nennt sie auch »gleichgerichtetes Feld«, um den konformistischen Einheitsstrom zu verdeutlichen, in dem sich hier vermeintlich moderne Menschen zu einer vormodernen Ideologie vereinen.

In einem langfristig angelegten, zunächst unbewußten Wandel entsteht eine neue Wirklichkeit, die im Islam die kommende, treibende Kraft zunächst eher intuitiv erspürt. Immer konkreter wird die Propaganda des »Dialogs«, die die neue Wirklichkeit des Islam als Deutungsmacht der Zukunft vermarktet und die alten »Werte« unter möglichst geringen »Kollateralschäden« entsorgt. Alle staatstragenden Institutionen geraten somit »graduell«, d. h. im Maße des Gewaltgradualismus, in den Sog des »Strukturwandels« und unterstellen sich der Dominanz des Islam als fortan maßgeblichem Weltbild.

Die pluralistische Gesellschaft erweist sich als ideale Umgebung für einen solchen Prozeß, weil ihre Vielfalt generell auch Radikalität zuläßt. Der Hinweis, »daß nicht alle Muslime Gewalt ausüben«, erweitert die »Toleranz« auf diejenigen, die sie ausüben. Indem jede Prüfung unterbleibt, kann deren Radikalität um so härter werden, je toleranter die Gesellschaft ist. Wenn es weiter heißt, »daß der Islam kein Problem ist«, braucht Toleranz in diesem Kontext nicht näher beschrieben zu werden. Sie wirkt somit ungehindert dynamisch und öffnet sich einer Bewegung, die mit »Frieden« unscharf definiert, aber mit »Respekt« wesentlich schärfer geschützt ist. Bei Widerstand wird eine Stafette bewährter Kampfbegriffe aufgefahren: Polemik, Volksverhetzung, Rechtsradikalismus, Rassismus. Es ist nur eine Frage der Zeit, bis die nach oben offene Sprachspirale auch in eine »Bewegung« der Tat mündet, die im Grunde keine Grenzen kennt.

Denn mit weiteren Begriffen wie dem bekannten »Generalverdacht«, unter den kein Muslim gestellt werden darf, wird jede negative Annahme, mag sie auch noch so berechtigt sein, schon im Ansatz unterdrückt. Es kommt lediglich darauf an, die gewünschte Tendenz zu sichern, was allein schon durch das erzwungene »Generalvertrauen« gewährleistet ist. Am besten erreichen dies geachtete Amtsträger und Meinungsführer, die den Prozeß islamorientiert in Gang halten.

Indem sie ihn mit geeigneten Floskeln unscharf formulieren, täuschen sie die Öffentlichkeit über die staatsgefährdenden Intentionen der islamistischen Organisationen und bewirken so einen graduellen Generalverzicht auf die eigenen Rechte. Ein untrügliches Zeichen für bewußt rechtswidriges Handeln ist die konstante Weigerung der deutschen Politik, auf die seit Jahren wiederholten Warnungen des Staatsschutzes zu reagieren, konkrete Prüfungen durchzuführen und entsprechende Schutzmaßnahmen zu ergreifen, die bestimmte Problembereiche erfassen und schließlich auch Verbote bedeuten können.

Da nichts von dem geschieht, machen sich die Verantwortlichen nach deutschem Recht am Tatbestand der »Rechtsstaatsgefährdung« (§§ 84ff. StGB; Höchststrafe: fünf Jahre Gefängnis) mitschuldig. Hier kommt besagte Neoinstitution ins Spiel, indem sie mit koordinierter Propaganda in die Altinstitutionen hineinwirkt und eine systematische Überprüfung der Islamorganisationen selbst sowie auch der Islam-Religion/Ideologie in bezug auf ihre Vereinbarkeit mit Rechtsstaat und Grundgesetz verhindert. Jede der Altinstitutionen – Parteien, Behörden, Kirchen etc. – verfügt über ihre »Islamsprecher« hinaus über ganze Abteilungen, in denen diverse

Referenten sich mit Fragen der Zuwanderung, des Ausländerwesens und des Islam als größter Fraktion der Migranten beschäftigen. Sie bilden die personelle Basis des offiziellen Dogmas, dem zufolge der Islam »kein Problem« und auch der Islamismus bereits »auf dem Weg in die Demokratie« sei und beide ihrerseits zu einer sakrosankten »Neoinstitution werden.

Ohne dieses Bekenntnis ist – zumindest in Deutschland – oft keine höhere Karriere zu machen. Als »islamische Korrektheit« hat es verbindlichen Charakter angenommt, so daß bei anhaltendem Widerspruch harte, existentielle Folgen drohen. Wir haben es hier bereits mit einem neuen Quasi-Recht zu tun, das sich dem alten sowohl inhaltlich als auch institutionell überstülpt. Durchaus vergleichbar mit den NS-Abteilungen, die in den 1930er Jahren das Beamtentum überwucherten, zwingen nun Islamreferate den Verwaltungen islamgerechtes Verhalten auf.

Die Führungsebenen des Landes formen eine maßgebliche Deutungsmacht, ein »gleichgerichtetes Meinungsfeld«, das Europa auf das islamische Weltbild allgemein und das Rechtsinteresse im besonderen einstimmt. Die Politiker lassen sich demokratisch wählen, um dann durch eine doktrinäre »Toleranz« das islamische System zu installieren. Gleiche Bedingungen vorausgesetzt, wird die Absolutheit des islamischen Rechtsanspruchs sie zwingen, sich genau dem graduellen Anpassungsprozeß zu beugen, der in der Ideologie der Hizbollah und aller anderen Islamisten-Organisationen eine so große Rolle spielt. Wie gezeigt, handelt es sich gleichwohl um eine strafrechtlich relevante Handlungsweise, solange das alte Recht gilt und die Prüfung der Rechtslage auf seiner Basis verweigert wird.

Dem pluralen Prinzip entspricht natürlich auch, daß »nicht alle« die proislamische Richtung verfolgen. Diejenigen, die es tun, vertreten nicht nur das offizielle Dogma, sondern sind auch gehalten, es gegen die weniger islamorientierten Teile der Gesellschaft zu schützen. Wie immer auch deren Positionen, Inhalte oder Motive geartet sein mögen, sie unterliegen der gleichen pauschal negativen Verurteilung, wie sich die Beurteilung des Islam pauschal positiv gestaltet.

Die Forderung nach mehr Wissen über den Islam, das man zugunsten eines aufgeklärten Diskurses brauche, gehen im Abwehrgetöse vom »Feindbild Islam« unter. Wer den Dogmatikern des westlichen Proislamismus nicht ohne Abstriche folgt, hat daher mit Konsequenzen zu rechnen, die sich mit fortschreitender Zeit dem Härtegrad des Original-Islam annähern. Im Zuge des »eurabisch-euranischen« Prozesses bleibt mithin nicht aus, daß die »Feinde des Islam« auch »Feinde Europas« werden, die allmählich den Grenzstrafen Allahs anheimfallen.

b) *Allahs »nützliche Idioten«*

Noch bewegt sich der Großteil des Spektrums im verbalen Bereich. Mit tausendfach erprobten Kampfbegriffen – Polarisierung, Polemik, Feindbild Islam, Stammtisch, Islamophobie, Volksverhetzung, Rechtsradikalismus, Rassismus – kann die proislamische Linie abgesichert werden, ohne sich der kritischen Wertung durch gegenläufige Fakten aussetzen zu müssen. Da die Realität islamischer Armut, Frauenrepression und politischer Gewalt ausgeblendet bleibt, mischen sich ins plurale Konzert vermehrt auch Stimmen, denen die reine Verbalität nicht mehr genügt. Ohne Folgen gewärtigen zu müssen, können sie unverhohlen ihre Sympathie für die diversen Formen islamischer Gewaltlegitimation zum Ausdruck bringen.

Eine von ihnen kommt von Udo Steinbach, dem langjährigen Leiter des »Deutschen Orient-Instituts«, einer öffentlich finanzierten Einrichtung, die verschiedentlich mit in rechtsstaatlicher Hinsicht dubiosen, dafür islamisch um so korrekteren Aktivitäten auf sich aufmerksam gemacht hat. Salopp »Iran-Udo« genannt, wurde Steinbach von seinen Kritikern der Titel eines »inoffiziellen Sonderbotschafters des Iran« zuerkannt.[392]

In ideologischer Akrobatik beherrschte er nicht nur die proislamische Rhetorik perfekt; ebenso widersprächen nur wenige, wenn die Behauptung aufgestellt würde, daß er zu den Miterfindern der euranischen Variante zählt. Unbeeindruckt vom 11. September, sah er als weltweit wohl einziger einen »Paradigmenwechsel«, in dem auf wundersame Weise die Deutungsmacht in Teheran von den Mollahs aufs Volk übergegangen war. Offenbar hatte sich dabei an der islamistischen Befreiung von jeder Verantwortung für das eigene Verhalten nichts geändert:

> »Müssen wir uns nicht fragen, was los ist, wenn ein anständiger und normaler junger Mann, der leben will wie jeder andere auch, sich einen Sprengstoffgürtel umschnallt und sich in die Luft sprengt, nur weil er sonst keinen Ausweg weiß, seine Würde zu bewahren?«[393]

So berechtigt diese Frage ist, so vehement sucht Steinbach die Antwort zu verhindern. In einer enervierenden Endlosschleife erscheinen ihm die zahllosen Analysen, die die Gewalt als Grundlage islamischer Würde und Ehre belegen, als die übliche »Islamophobie«, »christlicher Fundamentalismus« oder als was sonst immer geeignet scheint, die eigene Mediokrität zu überspielen. Denn wenn man eines der deutschen Islamlobby bescheinigen kann, ohne intolerant, islamophob oder fundamentalistisch zu sein, dann ist es der horrende Mangel an Wissen und Bildung sowie die Unfähigkeit, einschlägige Sachverhalte zu verstehen und entsprechend darzustellen.

Weder lassen sich im »Dialog« irgendwelche Geistesgrößen finden, noch sind sie dort erwünscht. Denn im Kampf für den Islam könnte kaum etwas schädlicher sein als eine eigene, unabhängige Urteilsfähigkeit. So müßte es für Steinbach und Gleichgesinnte eher ein Lob bedeuten, wenn man ihre stereotypen Reflexreden tadelt, weil ihre proislamischen Monologe bestätigen, daß sie den Ruf Allahs vernommen und verstanden haben.

Sie sind als die Nachfolger jener Weggefährten anzusehen, die schon die Kommunisten ihre »nützlichen Idioten« nannten.[394] Sie bilden die Fünfte Kolonne, die ihren islamistischen Schützlingen die effizientesten Methoden zur Überwindung der Demokratie beibringt.

Wie ein führender deutscher Staatsschützer dem Verfasser bestätigte, »wissen die inzwischen genau, wie sie die Institutionen legal nutzen können, ohne ihr Ziel aus den Augen zu verlieren«. Und ein ehemaliger Mitarbeiter Steinbachs machte bekannt, daß sogar Muhammad Atta, der Todesflieger von New York, im Deutschen Orient-Institut ein- und ausging.[395]

Wie die Mollahs und ihre Hizbollahis sah auch »Iran-Udo« in der »Arroganz des Westens« den eigentlichen Grund für die umfassende Misere des Islam. Vor allem war es der Moloch des »Menschenrechtsfundamentalismus«, der aus seiner Sicht die radikalen Muslime offenbar mehr als unanständig vereinnahmte. Steinbach trieb es zuweilen so arg, daß sogar die ansonsten keineswegs empfindlichen Türken im Jahre 2000 den deutschen Bundeskanzler baten, das »Orient-Institut« zu schließen. Einige Jahre zuvor hatten sie Steinbach sogar Einreiseverbot erteilt, mit der Begründung, daß er in regierungsfeindlichen Kreisen agitiert habe.

Daß Steinbach sich bereits den Wahrnehmungsapparat eines echten Hizbollahi angeeignet hat, wird zum einen aus einem ausgereiften Antisemitismus deutlich. So sah er keinen Unterschied zwischen den Insassen des Warschauer Ghettos und den palästinensischen Selbstmordattentätern.[396] Zum anderen hielt er es für mehr als verständlich, wenn Islamisten wie Özuguz dafür »beten«, daß man »Feinde Allahs« wie unliebsame Autoren den Hizbollah-Aktivisten oder sonstigen Gotteskriegern zur Disposition stellt.

Nach dieser Auffassung verschuldete der Verfasser dieses Buches seine potentielle Ermordung selbst, weil er durch seine kritischen Darstellungen die Islamisten »jahrelang provoziert« hatte. Demnach schien es das gute Recht des potentiellen Täters zu sein, die Gemeinschaft, wie es in der Islamistensprache oft heißt, »vom westlichen Schmutz zu befreien«. In dieses Bild paßt ebenso, daß Steinbach einen christlichen Konvertiten in Afghanistan, der im Frühjahr 2006 mit dem Tode bedroht wurde, als »Betriebsunfall im Prozeß der Modernisierung« erkannte.

Es erstaunt kaum, daß sich dieser ambitionierte Islamkämpfer – immerhin Angehöriger des deutschen öffentlichen Dienstes – islamistischer Bewunderung und Dankbarkeit erfreute. Schon im Jahre 2003 war es soweit: Die pseudowissenschaftliche »Gesellschaft muslimischer Sozial- und Geisteswissenschaftler« (GMSG) mit Verbindungen zur Muslimbruderschaft und zum türkischen Kampfkader Milli Görüsh verlieh ihm den »Friedenspreis« des deutschen Islamismus, den auch andere Hardliner gegen die deutsche Demokratie erhalten haben.[397]

Wer allerdings wie Steinbach so konsequent gegen Israels Rechte und unerwünschte Grundwerte wie das rechtsstaatliche Gewaltmonopol und die Menschenrechte anging, konnte auch schon einmal Iraner mit Arabern verwechseln – »Iran ist das dynamischste Land der arabischen Welt« – und Opfer und Täter die Rollen tauschen lassen.[398]

Durch seine Umkehrlinse gesehen verdankte sich, wie er einer verblüfften Journalistin anvertraute, der Özuguz-Mordaufruf dessen »religiösem Erweckungserlebnis«, und des Verfassers Bücher waren »geeignet, Pogrome gegen die Muslime auszulösen«.[399] Er befand sich damit auf einer Linie mit H. Küng, der bekanntlich Muhammads Gewaltvorbild aus seiner »religiösen Ergriffenheit« ableitete (s. o. S. 237).

Daß solch dubioses und intellektuell anspruchsloses Umfeld schnell auch zum Sammelbecken unterdurchschnittlichen Kirchenpersonals wird, gehört zu den »natürlichen« Mechanismen des laufenden Weltbildwandels. Eine Ultraform des Islamdialogs wird seit vielen Jahren im Bereich des Erzbistums Köln gepflegt, wo man unter Führung von Werner Höbsch inzwischen in einen Schulterschluß mit der Hardcore-Lobby übergegangen ist. Ähnlich Steinbach gehört er zu denjenigen, auf die sich die islamistischen Hütchenspieler blind verlassen können.

Nicht nur im Karikaturenstreit waren sich die beiden Islamkämpfer darüber einig, daß es sich hier um eine »primitive« und zudem »gezielte Provokation« (Steinbach) gehandelt habe, die »die Würde der Menschen verletzte« und das »Gespür« dafür vermissen ließ, »was anderen Menschen heilig sei« (Höbsch).[400] Hier wird also – von den Bürgern eines bekenntnisfreien Staats – nicht mehr und nicht weniger verlangt, als sich die Seinsform der Muslime selbst anzueignen.

Allerdings hat bislang Grundgesetz 1,2 definiert, was im deutschen Staat unter »Würde« zu verstehen ist. Und wer sich in seiner Würde verletzt fühlt, kann den Klageweg beschreiten. Nach dem Willen des Duos Steinbach/Höbsch soll sich die Rechtsgrundlage offenbar bald ändern.

Zu dem, was in den Karikaturen persifliert wurde, gehörte u. a. eine im Turban Muhammads plazierte Bombe. Wie uns die Hizbollah und andere

Radikalgruppen lehren, wird jeder gewaltbereite Islamist gern bestätigen, daß er den koranischen Anweisungen und dem Vorbild des Verkünders als »heiligen Verpflichtungen« folgt, wenn er sich an Aktionen gegen westliche Einrichtungen beteiligt. Ebenso stimmt er freudig der Aussage zu, daß die Anwendung von Gewalt und das Töten des Gegners Würde und Ehre vermitteln und somit eine gern erfüllte Pflicht bilden. Sie werde ohnehin immer leichter und ergiebiger, je stärker die Gemeinschaft Allahs würde, was wiederum dessen unübersteigbare Weisheit und Gnade beweise.

Hier nicht der Vorbildfunktion des Verkünders zu folgen, der selbst vorexerzierte, wie man Allahs Feinde beseitigt, hieße den »Glauben« der Urgemeinde zu verraten. Alle Manifeste des modernen Islamismus stimmen in diesem Punkt inhaltlich sowie auch in der Bezugnahme auf Koran und Tradition überein. Die Bombe im Turban des Verkünders ist also nichts anderes als das ins moderne Bild transponierte Programm Allahs und somit noch nicht einmal eine Karikatur. Der waffentechnischen Entwicklung entsprechend hat der universale Turban auch Pfeilen, Schwertern, Morgensternen, Armbrusten, Musketen und Kanonen die Heimstatt der islamischen »Gerechtigkeit« gegeben.

Wenn behauptet wurde, mit der Turbanbombe »die Gefühle der Muslime zu verletzen«, so schwang hier ein gerüttelt Maß an verletztem Stolz des ertappten Betrügers mit, dem man zu verstehen gibt, daß seine Methoden nicht raffiniert genug sind, sich dem Unausweichlichen zu entziehen, nämlich als das erkannt zu werden, was sie sind: Betrug und mühsam kaschierte Gewalt.

Gerade die offene, westliche Gesellschaft ist entscheidend darauf verwiesen, nicht nur den kontroversen Diskurs führen, sondern auch Varianten der »Heiligkeit« in Frage stellen bzw. ins Lächerliche ziehen zu können. So bleibt schon manchem das Lachen im Halse stecken, je deutlicher erkennbar wird, welches Kuckucksei die europäischen Islam-Nützlinge und ihre Zwangstoleranz der Zivilgesellschaft ins Nest gelegt haben. Sollten auch wieder Blasphemiegesetze alten Stils eingeführt werden, könnte die Natur ihren ungehinderten Lauf nehmen und das Nest von allen unpassenden Insassen befreien.

Nach wie vor erfolgen in zahllosen »Predigten« – auch und gerade in Deutschland – mehr oder minder deutliche Aufrufe zur spezifisch islamischen Form des »Glaubens« oder auch »Gottesdienstes«, die der gewaltsamen Ausbreitung des Islam das Wort reden. Auch ohne den bekannten »Generalverdacht« sind deutsche Islamvereine, in denen Höbsch und Steinbach verkehren, keineswegs über den Verdacht erhaben, diese Glaubensform ebenfalls zu rechtfertigen, genießen aber seit langem den Immunschutz aller Meinungsführer des »Dialogs«.

Dazu gehören u. a. Milli Görüsh, Verband der Islamischen Kulturzentren, Zentralrat der Muslime, Islamisches Zentrum und – natürlich – der »Islamische Weg« des Y. Özuguz. Alle sind wiederholt direkt und/oder indirekt durch fragwürdige Verbindungen zu radikalen Netzwerken ins Gerede gekommen. Kein Wunder, daß den Islamlobbyisten die Beamten des Staatsschutzes und ihre Kontrollaktivitäten ein Dorn im Auge sind. Höbsch ist sich mit seinem evangelischen Kollegen J. Miksch darüber einig, daß die Tätigkeit der Staatsschützer »unseriös« (Miksch) bzw. von einer »problematisch einseitigen Sicht« (Höbsch) gekennzeichnet ist.[401]

Sofern das Berufsbild des Islamreferenten ein striktes Käfigdenken mit Bildungs- und Diskursverbot voraussetzt, erfüllt jeder, der ihrer Tunnelsicht nicht folgt, die bekannten Bedingungen: Er »schürt Feindbilder«, benutzt bei den unerwünschten Aussagen »obskure Quellen« und durchläuft die eingeschliffenen Stafetten verbaler Spießruten: »Polemik – Volksverhetzung – Rechtsradikalismus – Rassismus«. Bei weiterer Uneinsichtigkeit erweist sich der Betroffene – wenn es glimpflich abläuft – als »Rechtsextremist« und/oder »christlicher Fundamentalist«, ansonsten ist oft mit – rechtlich (noch) relevanten – Injurien zu rechnen, die ihn als ketzerischen Überbringer der islamwidrigen Botschaft zum Schweigen bringen sollen.

Wer sich auf derlei verbale Stereotypen beschränkt und keine Ausflüge in korrelatives Denken erlaubt, das mehr als einen Begriff erfordert, wird weder einem kompetenten »Dialog« noch einer wissenschaftlichen Argumentation folgen können. Da allerdings das Einbahndenken in diesem Berufsstand mit Karrierechancen belohnt wird, hat sich ein gar nicht so frommer Wettbewerb um die Palme der islamgerechten Unterwerfungshaltung entfaltet. Um so mehr muß wiederum verwundern, wie sorgfältig diejenigen, die dabei den Weg zu Allah finden, vermeiden, sich zu ihrer Konversion öffentlich zu bekennen.

Wie gesehen, rückt dieses Verhalten allerdings auch in die Nähe des Straftatbestandes der Rechtsstaatsgefährdung, wobei der gefährdete Staat den Fortschritt seiner Auflösung selbst schützt. Die Islamisten genießen Religionsfreiheit und können nahezu ungestört ihre staatsfeindlichen Kreise ziehen, während die Sicherheitsbehörden sie folgenlos »beobachten« sowie Politik, Justiz und Medien der Hardcore-Lobby weitgehende Narrenfreiheit lassen.

Im Naturschutz eines solchen Biotops braucht die Linientreue des Kölner »Dialogbeauftragten« Höbsch nicht mehr zu beeindrucken. Er will »in dieser Zeit des Gegenwinds, der auch alle betreffe, die für den Dialog einstünden, sich nicht mit dem Rücken zum Wind drehen, sondern gemeinsam mit den Muslimen weitergehen, gegen den Wind«.[402] Obwohl bereits

weitgehend automatisiert, kann uns das Denken und Sprechen dieses auf-
rechten Kadermanns Spuren individuellen Stolzes vermitteln, vielleicht
auch ohne Konversion bereits unverlierbar im Islam angekommen zu sein.

Papst Benedikt hat dagegen subtile Signale gesetzt, die zu einem modi-
fizierten Dialog auffordern, allerdings auch ein entsprechend fein differenziertes Denken verlangen. Die jedoch auch bei kirchlichen »Islamreferenten« verbreitete gedankliche Abstumpfung, eine monotone
Wahrnehmungsform, die durch jahrelange Abwehr alternativen Wissens
konformistisch vergröbert wurde, ist selbst bei gutem Willen intellektuell
kaum in der Lage, solchen Ansprüchen gerecht zu werden. Um so mehr
sollte ihnen jene christliche Milde zuteil werden, die da unter anderem fordert, daß niemand über sein Können hinaus verpflichtet werden darf.

In ihrem absoluten Anspruch, auf jede Einrede und Analyse zu verzichten, nehmen solche Protagonisten allerdings, ob sie es wollen oder nicht,
jene pauschale Islamgewalt in Kauf, die sich »göttlich« legitimiert. Denn es
ist nicht ihre Wunschversion, sondern der real existierende Islam, der sich
derzeit mit allen radikalen Konsequenzen etabliert. Indem sich somit die
Lobby-Ideologie mit den islamistischen Interessen verschränkt, scheint sich
auch der politische Wille mit der Idee eines graduellen Machtwechsels in
der säkularen Demokratie vertraut zu machen. Das Maß, in dem Parteien
und Medien islamkritische, rechtsstaatlich orientierte Positionen zu Wort
kommen lassen, befindet sich seit Jahren in einer stabilen Baisse.

c) Ist Allahs Gewalt »schön«?

Wie erwähnt, zeigte sich der ehemalige deutsche Außenminister, in fünfter
Ehe mit einer Iranerin verheiratet, von der »Heiligkeit« der Revolution des
Iran ergriffen. Dazu paßte, daß er die Deutschen »ausdünnen« und über die
Machenschaften des Visa-Skandals alternativ »befruchten« wollte, wie er
dem 2005 eingesetzten Untersuchungsausschuß freimütig kundtat.[403] Daß
derlei Beispiele ständig, zudem einträgliche Schule machen und dabei über
die Fälle Nirumand, Steinbach und Höbsch hinaus die obskursten Mitspieler an die Oberfläche spülen, kann kaum erstaunen.

Was Obskurantismus anlangt, hat sich das deutsch-iranische Ehepaar
Navid Kermani – Katajun Amirpur bereit erklärt, ein ganzes Füllhorn von
Islamblüten über das Publikum auszuschütten. Innerhalb der zwei Stan-
dardsujets der modernen Radikalisierung – elitäre Esoterik und Stamm-
tisch-Toleranz – praktiziert es auf der politreligiösen Drehbühne eine zwie-
spältige Rollenteilung, die sich als west-östliche Tragikomödie darstellt.

Auf das beispielhafte Wechselspiel fielen zahlreiche deutsche Dialogführer nachhaltig herein. An »Deutungsebenen« – namhafte Zeitungen inklusive –, die bei der Installation des islamischen, insonderheit iranischen Imperativs nicht fehlen wollen, herrscht kein Mangel. Der ist von eher steigender Anziehungskraft und bringt passende Kontakte und Gestalten – wie das auf seine spezifische Weise begabte Paar – hervor, aus denen sich ideologische und/oder auch sonstige Vorteile ziehen lassen.

Amirpurs Einsichten in den iranischen Gottesstaat bringen dem westlichen Unwissenden die Ideologie der Mollahführer schnell und leicht verständlich näher. So ist es zum Beispiel ein Fortschritt des Menschenrechtsprinzips in Iran, wenn Ehebrecherinnen nicht mehr gesteinigt, sondern »nur« gehängt werden.[404] Wenig später konnte sie am Beispiel des Van-Gogh-Mords im Herbst 2004 endgültig zur »Islamexpertin« der Süddeutschen Zeitung avancieren:

> »Vielleicht fühlte sich der Mörder van Goghs tatsächlich beleidigt durch dessen Provokationen ... Aber selbst wenn der Mörder sie als blasphemisch empfunden hat, ist es nicht seine Aufgabe, dieses Verbrechen (das es nach islamischem Recht durchaus ist) zu rächen. Das ist das Vorrecht von Gott im Himmel. Ihm sollte man es lassen, und so wurde es in der islamischen Geschichte zumeist gehandhabt. Das wußte auch Ajatollah Khomeyni, als er Salman Rushdie zum Apostaten [Abtrünnigen, Abweichler] erklärte – er hatte dafür politische, keine religiösen Motive. Khomeyni wußte, daß Blasphemie und Apostasie Vergehen sind, über die Gott allein zu richten hat ...«[405]

Es sind gleich drei Widersprüche, die Amirpur dem gutgläubigen Leser zumutet. Zum einen war der Mord nach islamischem Recht kein Verbrechen, sondern die verdienstvolle Beseitigung eines »Feindes Allahs«. Zum zweiten wird behauptet, daß nach dem gleichen Recht die Blasphemie ein Verbrechen sein soll, dessen Bestrafung angeblich nur Allah zusteht. Demnach hätten die Muslime Koran und Tradition nie wirklich ernst genommen. In der islamischen Geschichte wäre es also die Ausnahme gewesen, wenn sie seine Vorschriften an Abweichlern und Ungläubigen vollzogen. Zum dritten vermengt unsere Expertin Blasphemie und Apostasie, indem sie in das Thema Khomeynis Todesurteil einführt, das zudem nicht auf religiöser, sondern politischer Grundlage gefällt worden sein soll.

Abgesehen davon, daß ihr Vater zu Khomeynis Zeiten Kulturattaché war, ist nicht erkennbar, wie sie an solche intimen Informationen wie die Motivbildung des *wali-ye-faqih* gekommen sein soll, zumal Politik und Religion im Islam bekanntlich ohnehin schwer zu trennen sind. Hinzu kommt, daß weder Rushdie noch van Gogh einen »Glauben« lästern, geschweige denn verlassen konnten, dem sie nie angehörten. Während der Fall bei ersterem ohnehin klar ist, handelt es sich bei Rushdie um einen Sunniten, der nach schiitischer Auffassung gar kein richtiger Gläubiger ist. Insoweit geht also auch Khomeynis Fatwa, ob religiös oder politisch motiviert, ins Leere, zumal sich die sunnitischen Autoritäten der Azhar-Universität und der OIC (Organization of Islamic Conference) seinerzeit gegen die Anmaßung Khomeynis verwahrten.

Wie eine Warenmarke steht Amirpur gegen das historische »Mißverständnis« von Gewalt im Islam. So wie es ein »Fortschritt« war, vom Steinigen zum Hängen vorzurücken, so läßt aus dieser Sicht die herkömmliche Forschung angeblich die gebotene Sorgfalt vermissen. Der Irrtum der westlichen Experten besteht demnach darin, dem Islam einen im System selbst angelegten Mechanismus zu »unterstellen«, der die Muslime zur Anwendung von Gewalt zwingt.

Wenn es tatsächlich immer wieder »Gläubige« gab und gibt, die Allahs Koran bzw. Muhammads Vorbild als konkrete Aufforderung zu gewaltsamer Durchsetzung des »Glaubens« verstanden haben, so scheint hier etwas – trotz oder gerade wegen der jahrhundertelangen Wiederholung von Massakern und Kriegen – sehr dumm gelaufen zu sein. Denn, so die Expertin, »dummerweise wissen eben viele Muslime nicht besonders viel über ihre Religion. Das macht das Ganze so gefährlich.«

In diejenigen, die nicht besonders viel über ihre Religion wissen, müßten dann allerdings auch die höchsten Spitzen des Islam eingeschlossen werden. Sowohl Ägypten-Mufti Tantawi und Golf-Imam Qaradhawi für die Sunna als auch Khomeyni und sein Nachfolger Khamenei für die gottesstaatliche Schia stimmen in der Auffassung überein, daß der gewaltsame Kampf gegen den Nichtislam, der ungehorsame Frauen einschließt, sowie die Vernichtung Israels die obersten Pflichten des Islam und seiner Anhänger sind. Also ist es sehr wohl die Aufgabe der »Geistlichen«, an die Vorschriften – inklusive Mordaufruf – zu erinnern, wenn »dummerweise« die Muslime nicht genug über die »Religion« zu wissen scheinen.

So kann nicht ausbleiben, daß Amirpur auch den muslimischen Frauen ihren Universalstempel des »Mißverständnisses« aufdrückt. Wie alle Hierodulen des radikalen Islam kämpft sie für die Verschleierung und wirft besonders den Frauen, die sie ablehnen und ihre Grundrechte einfordern, »Unwissenschaftlichkeit« vor. Während sie selbst keine wissenschaftlichen Argumente anbietet, fällt zudem auf, daß auch jede Diskussion des islamischen Gewaltmonopols sorgfältig vermieden wird.

Wo sie von Frauen, die von den Männern ihrer Familien halb totgeschlagen wurden, »Zahlen und Fakten« verlangt, versteckt sie sich hinter dem Zitierkartell der üblichen Lobby-Verdächtigen und greift gern auch auf die bewährten Schablonen zurück, nach denen »nicht alle« oder »viele« bzw. »wenige« Muslime dies oder jenes tun oder auch nicht tun. So gelangt der Leser leicht zu dem feststehenden Ergebnis, daß die Frauen sich »freiwillig« verhüllen, hat indes mehr Probleme mit der – logisch schwierigen – Erkenntnis, daß der Frauenmord zur Wahrung der muslimischen Mannesehre »kein spezifisch islamisches Phänomen« sein soll.

Amirpur-Gefährte Kermani scheint – ob bewußt oder unbewußt – wesentlich besser begriffen zu haben, wie man die Öffentlichkeit effizient täuscht. Insbesondere hat er die Hizbollah-Regel verinnerlicht, der zufolge die Demokratie das ideale Vehikel zur Erfüllung der islamischen Pflichten in den Staaten des Westens ist. Er tritt als vermeintlicher Kämpfer für demokratische Werte auf, der manchmal sogar die iranische Regierung anzugreifen scheint, aber eigentümlich empfindlich reagiert, wenn es um die Entscheidung für oder gegen den Islam als Staatsform geht. Demgemäß dosiert fällt die Kritik an den Aktivitäten des iranischen Geheimdienstes aus.

Die Ambivalenz einer solchen Position läßt sich auf Dauer nicht konsequent durchhalten, ohne daß immer wieder einmal der eine oder andere Lapsus unterläuft, der die Argumentation als pseudo-säkular enthüllt. So werden Demokraten, die Muslime als ganz normale Minderheit in den Rechtsstaat integrieren wollen, reflexhaft zu »christlichen Fundamentalisten« umgetauft, eine verräterische Wortwahl, die den verkappten Gotteskrieger zum Vorschein bringt.

Das ultimative Ziel der Profiteure, die solcherart auf dem Toleranzticket reisen, ist und bleibt der islamische Staat, ob theokratisch oder nicht. Zum Schein – getreu schiitischer Taqiya – wird die Demokratie als Mittel zum Zweck akzeptiert, aber nicht praktiziert, weil jeder rationale »Dialog« entfallen kann. So hat denn auch die Islamlobby Kermani und Amirpur zu bevorzugten »Experten« erkoren, denen – wie ihrer Zunft allgemein – jeder öffentliche Diskurs und damit auch Kompetenznachweis erspart bleibt. Im Gegenteil, die Ankündigung der beiden, bald auch mit Edelislamist und Oxford-Berater Tariq Ramadan zusammenarbeiten zu wollen, wurde wie jeder Schritt in der Beschleunigung des »Islamstroms« begrüßt.

Kermanis Markenzeichen ist der Versuch, eine besondere Variante des proislamischen Dialogs zu pflegen, die man »Imperialismus-These« nennt. Sie reicht u. a. auf antijüdische Konstrukte von Edward Said (gest. 2002) zurück und bastelt an einer fiktiven Wirklichkeit, die unter dem Anschein von Intellektualität den Islam als Opfer und den Westen als Täter ausgibt. Aus dieser Sicht ist die Demokratie zwar grundsätzlich zu begrüßen, benötigt aber eine Reform durch den »Frieden« des Islam.

So wie Khomeyni die »islamische Wirtschaft« durch den Westen beschädigt sah (s. o. S. 187), so stehen der Demokratie-Vision Kermanis und
seiner Freunde jene allgegenwärtigen »christlichen Fundamentalisten«
entgegen, die im Schulterschluß mit »intoleranten« Demokraten das perfide Ansinnen an die muslimischen Migranten richten, sich in den Rechtsstaat zu integrieren. In diesem unbeirrbaren Islamfokus erscheinen auch
Atheisten als »Christen«, weil sie auf der Würde des Menschen und individuellen Grundrechten im Rechtsstaat beharren.

Neben argumentative Schwächen treten bei Kermani emotionale Brüche
im Ausdruck, die seine Leser und/oder Zuschauer zuweilen ratlos zurücklassen. Denn der islamische »Frieden« und die »Schönheit Gottes«, über die
er über fünfhundert Seiten füllt,[406] gelten nur auf der Basis elitärer Esoterik. Auf »Augenhöhe« mit dem Volk und in den Niederungen der Zuwanderung nach Deutschland entpuppen sie sich dagegen als Potemkinsche
Dörfer, die keine Lösungen für die Menschen enthalten.

Mit Recht läßt der Autor keinen Zweifel daran, daß die ästhetische Dimension des Koran integraler Bestandteil des muslimischen Glaubens ist.
Selbst von der Theaterwelt beeinflußt, stellt er die hypnotische Wirkung des
Wortes heraus, die im spätantiken Orient den einzelnen weinen, schreien
und in Ohnmacht fallen ließ, während sie in der historischen Entwicklung
eine untrennbare Verbindung mit dem kollektiven Gedächtnis der islamischen Kultur einging. Der Koran hat sich ihm als unübersteigbares »Wunder« eingebrannt.

Nicht nur obwohl, sondern weil dabei bis heute die Akzentbildung
zwischen dem Poetischen und Politischen fluktuiert, übernahm im
Islam die Ästhetik der Sprache und Wortbedeutungen eine dominante
Rolle, die auch das Alltägliche ins Sakrale zieht. Da Wort und Tat eine unauflösliche Einheit bilden – auch das Verschleiern, Umgehen oder Verzögern der Tat ist eine Tat – erhielten auch alle Inhalte einen um so
ästhetischeren Anstrich, je mehr die koranischen Anweisungen zur Tat auffordern.

Kermani läßt schonend offen, ob dies in eine Ästhetik der Gewalt führt,
liefert jedoch über Hunderte von Seiten Argumente, die sich in diesem
Sinne auslegen lassen, wenn man sich auf ihn einläßt und nicht der von ihm
abgelehnten, westlichen »Weichspülästhetik« folgt. Einer dieser Aspekte ist
die altarabische Dichtung, die das verfluchende oder ironische Wort als
verbales Schwert einsetzte, das der deutsche Orientalist I. Goldziher (gest.
1920) eine »Kriegswaffe, wichtiger als der Waffengang selbst«, nannte. Als
Gefahr für die eigene Lehre wurde sie hingegen vom Verkünder in die
Bedeutungslosigkeit der Djahiliyya, der vorislamischen Unwissenheit, ver-

3. Mustermollahs in Deutschland

bannt, um den Weg zur in diesem Sinne »ästhetischen«, also unethischen Tat freizumachen.

Immerhin ist Kermani die Magie der Sprache geläufig, die verändernd auf das Bewußtsein einwirkt, versagt sich jedoch die Konsequenzen für das Verhalten der Masse, insonderheit der islamischen Masse. Das koranische Engramm (Erinnerungsbild) des kollektiven Reflexes gegen alles Unislamische erfüllt die beiden Bedingungen der hypnotischen Massensuggestion: die Ausrichtung auf eine zentrale Leitfigur (Muhammad) und die Illusion der »freiwilligen« Handlung, die dem Massenmenschen eine ganz besondere »Ästhetik« der eigenen Existenz vermittelt.[407]

Die Macht der Idee führt zum Übergang vom Bild zur Tat, wobei sich suggerierte und erlebte Wirklichkeit vermischen und ein zwanghaftes Verhalten begünstigen. Insoweit ist die Kultur des Islam auch eine hypnotische Kultur, die sich nun dem »eurabisch-euranischen« Prozeß überstülpt und ihre Wirkung auf dessen politkulturelle Marionetten und ihr automatenhaftes, gegen die eigene Kultur gerichtetes Verhalten verständlicher werden läßt. Sie arbeiten mit dem uns bekannten Mittel der endlosen Wiederholung einfachster Floskeln, die zum Basiswerkzeug der Massensuggestion gehört:

> »Die Wiederholung hat eine zweifache Funktion: Als Obsession ist sie auch eine Barriere gegen abweichende oder gegnerische Meinungen. Sie reduziert so den Anteil des Denkens auf ein Minimum und setzt eine Idee rasch in Aktion um, auf die die Masse konditioniert ist wie Pawlows berühmte Hunde.«[408]

Da hier wiederum die »charismatische Konkurrenz« des totalitären Gewaltanspruchs greift, überbieten sich die Teilnehmer der EU-Konferenzen in der Verweigerung, Einzelheiten islamischer Gewalt zur Sprache zu bringen. Die vorläufige Krönung war im Februar 2006 die Zusage des EU-Außenbeauftragten Solana, für eine europaweite »Lex Islam« zu sorgen. Darunter ist nicht die Anpassung des politischen Islam an die Grundrechte der westlichen Verfassung, sondern deren Unterwerfung unter das Gewaltmonopol der Scharia zu verstehen.

Zunächst ist ein Verfassungsverbot der sogenannten »Islamophobie« zu erwarten, das die »Verletzung muslimischer Gefühle« beenden wird. Das bedeutet, daß die Europäer darauf verpflichtet werden sollen, selbst wie Muslime zu fühlen, d. h. für sich die islamische »Ästhetik«, im Zweifel also auch die eigene Auslöschung, zu akzeptieren. Kermani »schämte« sich des iranischen Präsidenten Ahmad-e-Nadjad, allerdings weniger, weil er Israel »ausradieren« will, sondern weil er über alle Maßen »ungepflegt« wirkt.[409] So nähert er sich ungewollt der europäischen »Weichspülästhetik«, die das Töten in Anzug und Herrenwasser für gepflegter halten könnte. Auch die

Anbiederung an den Nadelstreifen-Islamisten Tariq Ramadan fügte sich »ästhetisch« ein.

Um so »reiner« wird der Glaube an einen Kommandogott, in dem sich West- und Islameliten begegnen können. Dieser Gott erscheint »schön«, weil er den esoterischen »Übermenschen« ermöglicht, der sich zur unbeherrschten Herrschaft über die Menschen berufen sieht. Wie der französische Philosoph G. Deleuze zeigt, ist es die »Herrenmoral« (Nietzsche), die sich die Aura der uneingeschränkten Macht als das »Normale« (Kafka) zulegt. Diese Instanz schafft nicht nur das Recht, sondern sie ist es selbst und verkörpert damit höchste Gewalt:

> »Wer befehlen kann, wer von Natur aus ›Herr‹ ist, wer gewalttätig in Werk und Gebärde auftritt – was hat der mit Verträgen zu schaffen. Ihr Werk ist ein instinktives Formen-Schaffen, Formen-Aufdrücken – was sie brauchen, nehmen sie. Man kann nicht sagen, daß sie (immer) Gewalt anwenden. Vor ihrem Zugriff tritt man beiseite und überläßt ihnen alles ...«[410]

Das Verdienst von Kermanis Werk, das sich oft mit Pseudo-Bildung überfrachtet und unnötigen Potpourri-Charakter annimmt, besteht darin, die Unausweichlichkeit der koranischen Gewaltästhetik offengelegt zu haben. Ob dies in der Absicht des Autors gelegen hat, mag dahingestellt bleiben, wenngleich er keinen Hehl aus seinen Absichten macht.

Denn keinesfalls soll die Ganzheit seines ästhetischen Heilsobjekts auf die »Hackbank geschichtswissenschaftlicher Skepsis« gelegt werden.[411] Weder ist es erlaubt, die Psyche des Verkünders zu hinterfragen, noch die religiösästhetische Soziologie des Islam zu untersuchen, noch in seinen Erscheinungsformen ein »Schema von Allmacht und Mächtigkeit« zu erkennen, wie es einst der Schweizer Orientalist Bürgel vorschlug.[412]

Um so zwingender wird es, Muhammads koranische »Offenbarungen« als höchste Poesie zu sehen, die jede andere Dichtung übersteigen muß, um die unabhängige, frevlerische Denkdimension der Dichter selbst zu besetzen. Um die somit als spirituelles Kunstwerk maskierte Macht zu wahren, blieb dem Verkünder keine Alternative zum Töten der Dichter, die ihm kritisch und damit unzulässig medioker in den Weg traten: »Was soll er auch sonst tun?«[413]

In diesem Sinne sieht Kermani den Islam als eine Art Renaissance der Hegelschen Kunstreligion, in der sich die »Genieästheten«, d. h. die Übermenschen unserer Zeit, begegnen können. Der Koran braucht somit nicht »das absolute Kunstwerk der islamischen Kultur« zu bleiben, sondern könnte sich auch zum Manifest der neuen europäischen Totalen entfalten. »Gott ist schön« vermittelt dem Leser einen ungewöhnlichen Einblick in die umfassende Universalität des muslimischen Glaubens, dessen Absolutheit höchste Poesie und tiefste Barbarei austauschbar und das Massaker zum Kunstwerk macht.

Frei von historischer Einordnung, kann die Gewalt zu einem religiös inspirativen Erlebnis werden, wie es sich in der nekrophilen Dichtung und »Baukunst« des Islam niederschlägt (s. o. S. 66). »Schlagt ihnen die Köpfe ab« (47/5), »tötet sie, wo ihr sie trefft« (2/192), »siehe, es ist die Glut, die ihre Kopfhaut abzieht« (70/15) und andere Aussagen stehen für die vielen gewaltästhetischen »Offenbarungen« Allahs, die sich der Gesandte Muhammad kongenial aneignete. Er machte sie seiner Gemeinde zum Vermächtnis, das als »Modell von Medina« bis heute Bestand hat und die Gewalt zur poetischen Mutter der islamischen Menschen werden ließ – Kermani: »Sie konnten nur an einen Gott glauben, der zu dichten verstand.«[414]

Auf diesem von jeder Ethik befreiten Niveau hat Kermani nicht unrecht, wenn er von den »starken Ähnlichkeiten« von Judentum, Christentum und Islam spricht.[415] Denn auch deren exzellente »Prima«, die modernen Symbionten aus *Priestern* und *Imamen*, sind mit ihren Vorgängern während der gesamten islamischen Herrschaft, ob arabisch, iranisch oder osmanisch, nicht nur ähnlich, sondern fast identisch in der Auffassung, daß die Religion ein gemeinsam zu handhabendes Machtvehikel ist, dem im Grunde beliebige Menschenmassen geopfert werden können.

Wer darin eine unzulässige Pauschalisierung sah, brauchte nur das komplizenhafte Handeln Papst Johannes Pauls II. zu verfolgen, der nicht nur Iranführer Khomeyni ehrfürchtige Referenz erwies (s. o. S. 237). Ebenso sah er 1993 Veranlassung, den radikalen Sudanführer und Muslimbruder Hasan Turabi wortreich zu loben – »möge Allah den Sudan segnen« –, allerdings um so strikter zu schweigen, als dieser kurz darauf die Mordmaschine des Landes und damit den Segen Allahs beschleunigte: die Ermordung von weit über einer Million südsudanesischer Christen.

Dergestalt durch Politik und Klerus bestätigt, liefert Kermani auch gleich für sich selbst die Erklärung mit: Ihm wird immerhin die eigene »Verwirrung« und Zweideutigkeit bewußt, mit denen kokettierend er sich den Blick auf den Grund dieser an Identität grenzenden Ähnlichkeit ersparen kann: Gott als Produkt des Menschen ist immer auch gestaltbares Machtmittel. Dessen Wirkung ist in einem Deutschland sicher, dessen euranisch eingestimmte »Intelligenz« schon auf dem Weg in den Islam ist. Sozusagen im Vorbeigehen kann sie sich dabei auch dessen faschistischen Ganzheitsanspruch und Antisemitismus aneignen, die wiederum einen Teil der »Schönheit« Allahs bilden.

Nicht nur deswegen bedauert die persische Publizistin Nasrin Amir-
sedghi die breite Masse der »netten Deutschen«, die in ihrer Unwissenheit
nicht merken, wie man ihre Zukunft verspielt. Um so härter geht sie mit den
zynischen Profiteuren ins Gericht. Sie schämt sich nicht des iranischen
Präsidenten, sondern Kermanis, Amirpurs und des Ex-Außenministers
Fischer, »die seit geraumer Zeit mit der Flagge der »rotgrünen Hoffnung«
groteskerweise das Gesäß der Mollahs im Iran mit Honig schmieren.«[416]
Mit den eigenen Erfahrungen der brutalen Vertreibung aus dem Iran
schämt sie sich ebenso für den Menschenrechts-Basar Europa, der unter
dem Deckmantel des »Kulturdialogs« die Prinzipien der Freiheit verhökert.
Deren Prioritäten verkehren sich ins Gegenteil: »Wer auf einem hohen Preis
besteht, wird geprügelt, und wer für den Ausverkauf ist, wird gekrönt.«

d) Aufbruch in die Dekadenz

Auch für die liberalen Exiliraner ist Deutschland zwar das wichtigste Land
in Europa; als Migranten spielen sie im Vergleich mit Türken und Arabern
nur eine marginale Rolle. So wie aus Sicht der Islamlobby jeder Muslim
auch Islamexperte ist, konnte sich das Schicksalspaar »Navid und Katajun«
gleichermaßen empfehlen, weil es Persisch spricht. Um Sachfragen wie
Islam versus Demokratie, geschweige denn Prioritäten objektiver Wissenschaft kann es in einem von Wissensverweigerung, Feinddenken und Islam-
interessen geprägten Betrieb nicht gehen. Wie der moderne Philosoph
M. Foucault – »Wahrheit ist, was sich durchsetzt« – sahen es auch schon die
politischen Realisten des Orients vor tausend Jahren: »Die Grundlage der
Regierung ist Schwindel. Wenn er funktioniert und sich als dauerhaft erweist, wird er zur allgemeinen Politik.«[417]
Wenngleich sie ihn gern im Munde führen, erweisen alle Beteiligten den
Lehren des Abdolkarim Sorush einen Bärendienst. Er gehört zu den be-
deutendsten Reformdenkern der iranischen Gegenwart und liefert den Ansatz für eine Religion des Individuums, die sich mit den großen Schwüngen
der Weltbilder dynamisch ändern kann. Noch bleibt auch Sorush ein Konzept schuldig, welche »Ethik« es sein soll, auf die sich die islamische Regierung der Zukunft stützt.
Immerhin bietet er eine Plattform an, auf der Bewegung in die starren
Fragen der Menschenrechte und Glaubensfreiheit kommen könnte. In ty-
pisch iranischer Rationalität begegnen sich hier scheinbar weit entfernte,
religiöse und säkulare – vielleicht sogar mystische – Sichtweisen. Das bedingt allerdings zweierlei: zum einen, daß sich seine Version gnostischer

Regierung der totalitären Selbstvergottung enthält,[418] und zum zweiten sich der aktuelle Totalitarismus der iranischen Allah-Vertreter hinreichend abwirtschaftet sowie deren westliche Gönner und ihre »nützlichen Idioten« überflüssig macht.

Bis dahin wird sich in Europa vorläufig die Diskussion darüber fortsetzen, welcher Gott »schön« genug ist, um den etablierten Eliten zu dienen und sich rechtzeitig »auf Augenhöhe«, d. h. nach islamischen Maßstäben, einzurichten. Dabei paßt die Standardmechanik des orthodoxen Islam nicht nur bestens ins technische Massenzeitalter; auch im individuellen Bereich nähern sich die westlichen Bedingungen auf ihre Weise an. Denn weil diese Mechanik eher biologischer Natur ist und nicht zur »Sinnmaschine« taugt, muß das menschliche, zumal weibliche Gegenüber – gemäß der freimütigen Aussage Kermanis – zunächst »im Bett« erkannt werden.[419]

Eher unbewußt wird hier eine zentrale Thematik berührt, sozusagen die Schnittfläche, auf der sich sowohl die orthodoxe Islam- als auch die plurale Hedonie-Gesellschaft »befruchten« können. Für erstere gilt seit fast einem Jahrtausend das System des weitsichtigen Theologen Al-Ghazali (gest. 1111). Er forderte eine effiziente, d. h. möglichst gefühllose und damit maximierte Umverteilung der männlichen Potenz auf die weibliche Gebärkraft.[420]

Auf westlicher Seite entsteht eine Technisierung der menschlichen Kontakte durch die moderne Arbeits- und Bilderwelt, deren »Entfremdung« (Marx) alle Bereiche des Lebens, vor allem auch die soziale Dimension des Weiblichen vereinnahmt. Sie treibt Kinderlosigkeit und demographische Schrumpfung an, die derzeit immer deutlicher ins westliche Bewußtsein treten.

Mit der ziellosen Promiskuität des modernen »One Night Stand«, der sich der Nachkommenschaft verschließt, scheint aber auch eine frappierende Parallele zur gnostischen Esoterik auf. Sie betrachtet das Zeugen von Kindern als »Sünde«[421] und tritt damit als weit in der Vergangenheit wurzelnder Gegenentwurf zum schwindenden Christentum auf.[422]

Damit kann sich der Kreis der »interkulturellen Ethik« schließen: Der Elitenkorruption durch die Monopolisierung des Geldes entspricht die Massenkorruption durch die Technisierung des Sexes. Wiederum bestätigt sich der Zusammenhang zwischen Macht, Homoerotik und Antisemitismus. Denn die Potenz des Geldes hat eine sexuell-fetischistische Komponente, die a) die Frau als die Gebärerin, b) den Juden als den »gottlos Perversen« und c) die Masse als die Gemeinschaft der Armen zurückdrängt.[423]

Der Vorgang beruht auf einem umfassenden Abbau des individuellen Geistes, der sich in einer zunehmenden Biologisierung des Denkens und Verhaltens ausdrückt. Dabei schwächen sich die geistigen Grundlagen

Europas ab und weichen dem erstarkenden, biologischen Regime des Islam, das sich in ständiger Zuwanderung eine darwinistische, weil elitär erzwungene Herrschaft aneignet. Insofern kann uns das Hizbollah-Experiment einigen Aufschluß über die Libanisierung Deutschlands als Zentrum des »eurabisch-euranischen« Prozesses geben.

Die geistig-biologische Umpolung findet auf dieser großrahmigen Ebene und dabei so langfristig statt, daß ihre Konsequenzen erst in einer sehr späten Phase des »Strukturwandels« sichtbar werden. Aus den genannten Gründen sehen sich die Muslime dabei eindeutig im Vorteil. Insbesondere das intolerante, weil vormoderne Gesetz Allahs findet perfekte Voraussetzungen in der modernen »Toleranz« des Westens vor, die indessen nur ein schonender Begriff für Rechtsauflösung und Dekadenz sein könnte.

Denn deren seit Jahrzehnten zunehmende Strukturlosigkeit hat inzwischen System. Neben zahllosen ähnlichen Aussagen bringt die Historikerin Gudrun Krämer das Denkdilemma des »Dialogs« auf einen vorläufigen Höhepunkt der Inhaltslosigkeit: »Das Beharren (des Islam) auf Authentizität bedeutet nicht unbedingt die Ablehnung der Moderne.«[424] Sie will nicht wahrnehmen, was die muslimischen Theologen längst wissen: Die Moderne muß bekämpft werden, weil sie der Masse Macht verleiht und die angestammten Domänen der Eliten sprengt.[425] Wie mehrfach erläutert, befinden sie sich in perfektem Einklang mit den »eurabisch-euranischen« Kadern des westlichen Islam-»Dialogs«, die ebenfalls nur ein Ziel haben: Entmachtung der demokratischen Mehrheit.

Wie fatal das Zitierkartell der Islamlobby andere Wissenschaften aufs Glatteis führt, zeigt das Beispiel des Philosophen Rainer Forst. Er hat ein repräsentatives Buch über Geschichte und Gegenwart der Toleranz verfaßt.[426] Im Falle des Islam verläßt sich der Autor auf das »Fachurteil« der Lobby, das in Gestalt ihres Paradepferds daherkommt, der koranischen Toleranz-Chimäre, nach der es »keinen Zwang im Glauben« gibt (2/256). Hätte er sich indes ein wenig mehr über die Innenansichten des Islam informiert und zugleich Lehren aus seiner guten Besprechung des Frühaufklärers Pierre Bayle (gest. 1706) gezogen, hätte sein Werk zu diesem schwierigen Thema einen wertvollen Beitrag leisten können.

Forst wäre rasch klar geworden, daß im Islam – wie in jedem System mit Absolutheitsanspruch – »kein Zwang« nur für diejenigen gilt, die nicht von der verordneten Linie abweichen und damit auch keine Toleranz gegenüber Alternativen üben können. Wir stehen vor jener Endlosschleife, aus der sich der Islam-»Dialog« seit Jahren komfortabel alimentiert, nicht etwa weil er konstruktive Ergebnisse erzielt, sondern weil er Zeit für die Islamansiedlung gewinnt – eine Strategie, die sich gegen die Basisgesellschaft richtet.

Mit ihren Spießruten der »Korrektheit« drohend, verlangen die Dialog-Ideologen neben Toleranz nun auch die »Akzeptanz«, die glatte Annahme des islamischen Systems – eine eindrucksvolle Demonstration koranischer Unterwerfung und demokratischen Verfalls. K. Joisten beschreibt die »Ruption«, die rechtsfreie Energie, die von allen herkömmlichen Bezügen »abreißt« – die geistige Selbstzerstörung einer dekadenten Gesellschaft. Das Denken verliert seinen raumzeitlichen Kontext und wird zum dimensions- und »selbst«-losen Teil einer wie immer gearteten »Bewegung«. Indem diese sich dem Zwang öffnet, Täter und Opfer, Angriff und Verteidigung, Feindbild und Unterwerfung, Islam-Massaker und Kreuzzüge und viele andere Gegensätze diktatorisch vertauscht, driftet sie dem Zivilisationsbruch entgegen.[427]

Wenn die Sichtblenden gegen den »Widerstand« versagen, der solche Prozesse analytisch enthüllt, wenn die »Schutzstaffeln« der verbalen Spießruten abstumpfen, mag die Rede von der »Verschwörung« weiterhelfen, die jedes kritische Denken erstickt, oder auch das tolerante »Verständnis« für Mordgebete, mit denen das islamische Heilsobjekt zur Vernichtung der Gegner auffordert. Am Ende dieses Tunnels steht in jedem Falle das Licht der Gewalt.

Ohne den Willen zur Neudefinition und Verwirklichung der eigenen Kulturidentität werden die Europäer die Kollaboration ihrer Eliten mit der islamischen Machtergreifung nicht bremsen. Im Gegenteil, sie sollten immer empfänglicher werden für jene tausendjährige Herrschaftsmaxime des Unbekannten Islamkönigs, die nahtlos und merkwürdig vertraut ins Dialogvokabular paßt: »Ihre Herzen erfüllte ich mit Respekt, unverfälscht von Haß, und mit Liebe, unverfälscht von Respektlosigkeit.«[428]

Um so gravierender sind die bereits sichtbar werdenden Folgen für die anthropologischen Konstanten Europas, die Kriterien des politischen, sozialen und kulturellen Zusammenlebens: Genereller Rückzug des abstrakten Denkens, Selbstverständnis des Individuums aus dem Körper, Darwinisierung des Sozialbereichs, Entdemokratisierung, d. h. Radikalisierung der Herrschaftssysteme, Repression der Frau.

Auf den ersten Blick scheint es, als steckten diese Trends noch in beherrschbaren Phasen, doch schlagen Spezialisten der Bildungs- und Bevölkerungspolitik bereits Alarm: Zuwanderer verwüsten die Städte (Frankreich), Einheimische leeren ihr Land durch Geburtenschwund (Deutschland), und in ganz Europa werden sowohl Drogensüchtige als auch Straftäter immer jünger.

Da die eigenen Kräfte offenbar schwinden, aktiviert die EU nun den »Sicherheitspartner« Türkei gegen den angeblichen, »arabischen Terror«,

den sie seit Jahren selbst fördert. Nach einem Jahrtausend könnten die
dortigen Islamisten die einstige »Schutzmachtfunktion« der Osmanen re-
aktivieren und über Wien hinaus ganz Europa zur Geisel der islamischen
dhimma machen (vgl. o. S. 47, 217). Der Vorstellung der Eurokraten zufolge
soll dieser Partner sogar fähig sein, mit einem Bruchteil des durchschnitt-
lichen Bruttoinlandprodukts die Wirtschaft der EU flottzumachen. Dabei
ist es nicht der endlos zitierte »Markt«, auf den es hier ankommt.

Es ist das massive Moscheeprogramm, das die politkulturelle Expansion
des Islam und das Verschwinden der eutopäischen Kultur und politischen
Souveränität widerspiegelt. Die »eurabisch-euranische« Unterwerfung
»verhüllt« sich als wirtschaftlicher Strukturwandel, der den Import der
islamischen Kultur als epochale Friedensbotschaft vermarktet. So ist man
auf die Dialog-Mantras verwiesen, deren nützliche Verkünder landauf,
landab das Bewußtsein der Menschen verändern, um sie den Wandel als
»Bereicherung« erfahren zu lassen.

Berufsberater sollten in ihr Repertoire bevorzugt den »Islamreferenten«
aufnehmen. Dessen Anforderungsprofil in bezug auf Bildung, Denkweite
und Sprachschatz ist so beschränkt und der zukünftige Bedarf so hoch, daß
hier eine echte Chance besteht, die bedrückende Lage am Arbeitsmarkt zu
entspannen. Zur Attraktivität dieses Berufsstands trägt seine ungewöhnliche Sicherheit bei, ein Argument, das man in den kommenden Sozial-
brüchen der Globalisierung zu schätzen lernen wird.

Auch von der EU kamen Signale in die gleiche Richtung. Den arabisch-
islamischen Organisationen sagte der – dazu nicht legitimierte – EU-
Kommissar J. Solana Anfang 2006 zu, daß die Länder der Europäischen
Gemeinschaft ihre Rechtssysteme mit den Forderungen der Scharia har-
monisieren würden. Skandale wie der Karikaturenstreit und andere
»Rechtsverletzungen« sollten für alle Zukunft ausgeschlossen werden. Eine
kürzere Umschreibung für das neue Weltbild, aber auch Bestätigung für den
Personalbedarf in der Islamisierung Europas konnte es nicht geben.

Englands Premier Blair lüftete ein wenig den Schleier um das Manifest,
das die EU-Eliten sich bereits selbst verordnet zu haben scheinen und nun
dem Volk als umfassende Leitlinie der Zukunft empfehlen – den Koran. In
einem Vortrag über die Probleme des Terrorismus vor dem elitären Foreign
Policy Center in London führte er unter anderem aus:

> »Das Einzigartige bei der Lektüre des Koran – soweit man ihn überhaupt
> korrekt aus dem arabischen Original übersetzen kann – ist die Erkenntnis
> seiner Fortschrittlichkeit. Als Angehöriger eines anderen Glaubens sage ich
> dies in aller Bescheidenheit und Demut, denn es steht mir nicht zu, ein Urteil

zu fällen. Als Außenstehenden beeindruckt mich der Koran als reformerisches Buch, das den Versuch unternimmt, Judentum und Christentum zu ihren Ursprüngen zurückzuführen, ganz ähnlich den Reformern der christlichen Kirche Jahrhunderte später. Der Koran ist allumfassend. Er preist das Wissen und die Wissenschaft und lehnt den Aberglauben ab. Er ist praxisnah und seiner Zeit in bezug auf Fragen der Frauen, Ehe und Regierung weit voraus.«[429]

Diese Aussage befand sich in perfekter Übereinstimmung mit der modernen Umkehrlogik, die den Rückschritt in das vormoderne Gewaltdenken als Fortschritt interpretiert. Wie der »demütige« Premier betont, entspricht sie – neben dem »Ehrenmord« – auch der obersten Forderung des Koran. Die »Dhimmis«, die jüdisch-christlichen »Schriftverfälscher«, sind ständig an ihre islamischen Wurzeln, nämlich die Pflicht zu erinnern, »den Tribut aus der Hand gedemütigt zu entrichten« (9/29). Dabei stellt Blair Europa dem unbeschränkten Charisma islamischer Gewalt anheim, denn »aus der Hand« bedeutet nichts anderes als »ohne Vermittler«, also Willkür.[430] Um so unbefangener werden er und seine Kollegen sich der erweiterten »Praxisnähe« des »reformerischen Buches« nähern können.

Neben vielem anderen enthält es auch eine Praxisanleitung für den Massenmord, die sich wie ein Handbuch für Auschwitz-Schergen liest und natürlich auch ihrem »glühenden« Sympathisanten, dem iranischen Staatspräsidenten und Muslim, als Grundlage dient. Wie einst Hitlers Steigbügelhalter die Lektüre von »Mein Kampf« versäumten, so lehnen allerdings heute auch die »nützlichen Idioten« Europas die Lektüre bestimmter Passagen des Koran ab.

Ihre Begründung – »Das ist nicht der Islam!« – ist nicht nur nützlich und idiotisch zugleich, sondern schmäht auch das ewige Wort Allahs und wird ihnen wider eigene Erwartung eine moderne Version »der Strafe des Verbrennens« kaum ersparen. Bis heute trägt deren Vollzug an den Juden dem »Führer« Hitler und den Vernichtungsöfen der NS-Mordmaschine die Ehrfurcht der Muslime ein. Denn sie war die höllische Verwirklichung dessen, was der islamische Rachegott seinen Gesandten Muhammad vor 14 Jahrhunderten hatte verkünden lassen:

»O die ihr glaubt, bewahrt euch selbst und eure Angehörigen vor einem Feuer, dessen Brennstoff Menschen und Steine sind, über das hartherzige, strenge Engel gesetzt sind, starke und gestrenge, die gegen Allahs Befehl nicht widerspenstig tun, was sie geheißen sind (66/6) – Und eines Tages werden die Feinde Allahs zum Feuer versammelt werden, vorwärts getrieben, bis daß, wenn sie zu ihm gekommen sind, ihre Ohren und Augen und ihre Haut Zeugnis wider sie

ablegen für ihr Tun (41/19f.) – Siehe, wer da unsere Zeichen verleugnet, den
werden wir im Feuer brennen lassen, sooft ihre Haut verbrannt (gar) ist, geben wir ihnen eine andere Haut, damit sie die Strafe kosten (4/56) – Für diejenigen, die nicht glauben, sind Kleider aus Feuer geschnitten, gegossen wird
siedendes Wasser über ihre Häupter (22/19) – Und siehe, es ist die Glut, welche die Kopfhaut (Skalp) abzieht (70/15f.) – Sooft sie aus Angst zu entrinnen
suchen, sollen sie zurückgetrieben werden: ›Kostet die Strafe des Verbrennens‹
(22/22).«[431]

Erneut kommt die nekrophile Symbolik des Islam zum Vorschein, hier sozusagen in ihrer leicht verständlichen »Volksversion«, die auch den kollektiven Killervisionen der Islamisten zugrunde liegt. Weiter oben hatten wir
Gelegenheit, die Esoterikversion zu betrachten, die die Gewalt in eine ästhe-
tisierte Ebene der »Schönheit Gottes« hebt (s. o. S. 254ff.). Teilweise in der
deutschen Romantik und Nietzsches »Herrenrasse« fußend,[432] schließt dieser Schönheitsbegriff an Theorien neofaschistischer Ganzheit an. Sie nennen sich pantheistisch, organisch, kosmisch, holistisch, unitarisch etc. oder
auch »Neues Zeitalter« (New Age) und verbinden sich u. a. mit Namen wie
Chamberlain, Teilhard de Chardin, Capra, Hunke, de Benoist, Ramadan
und »Djamila« Schimmel.[433] Allen liegt ein organizistisches Zwangsdenken
zugrunde, das die jüdisch-christliche Kultur, wissenschaftliche Analyse und
pluralistische Gesellschaft bekämpft – beispielhaft gegossen in die Glau-
bensformel vom »Frieden des Islam«. Dessen »Dialog« pflegt somit nicht
den informierten Diskurs,

> »sondern ein erzwungenes Harmonisieren der verschiedenen, in ihrer jeweili-
> gen Funktion existierenden Teile, im postulierten Interesse des Ganzen. Kon-
> flikte aus widerstreitenden Interessen in einer antagonistischen Gesellschaft
> kann es im ganzheitlichen Weltbild nicht geben, das Austragen solcher Kon-
> flikte muß unterbunden werden, da der gesellschaftliche Prozeß von einem
> fiktiven Ganzen her, nicht von den widerstreitenden Teilen, bestimmt sein
> soll.«[434]

Da das »Interesse des Ganzen« unbestimmt bleibt, kann es der Willkür derer überlassen werden, die sich als »Vertreter des Ganzen« dieses konstru-
ierte Interesse als Machtvehikel gegen die Einzelinteressen, die demokratische Mehrheit, zunutze machen. Auf der Basis dieser Fiktion gewinnen
die »nützlichen Idioten« natürlich auch ihre ganz eigene Rationalität. Ihr
organizistisches Diktat, nach dem das Interesse des Ganzen zugleich auch
dem Interesse der Teile entspricht, kann sich auf jene Unbestimmtheit stützen, die sich weder zu legitimieren noch kritisch hinterfragen zu lassen
braucht. Indem auch noch das »Göttliche« hinzutritt, wird der Organizis-

mus »zur idealen Unterdrückungsideologie für weltliche Herrschaft von Eliten über Massen«.[435]

Bekannt ist die Verwandtschaft des Organizismus mit dem grünen Multikulturalismus,[436] in dem die neofaschistische Sympathie für Islam und New-Age-Buddhismus fortlebt. Aus dieser Sicht erscheint islamische Zuwanderung als »befruchtende Bewegung«, die dem Volk Allahs in Europa neuen Raum geben und sich dort möglichst »organisch« entfalten lassen will. Eine Integration in den demokratischen, noch dazu pluralen Rechtsstaat ist mithin eine antiorganische und zudem machtmindernde Zumutung, die mit dem Gradualismus der Gewalt bekämpft werden muß.

An die Stelle des überkommenen Humanismus treten immer deutlicher der »friedliche Allah« und der »sanfte Buddha«, die nun in einem fundamentalen Weltbildwechsel die Völker in ein neues Zeitalter führen können. Beide stimmen in der rigorosen Ablehnung des Lebens und damit der Frau überein. Beide erzeugen mechanisch agierende Ordnungssysteme, die das Töten des anderen ausdrücklich zulassen und somit gerade auch in der Bombe das Paradies bzw. Nirwana erkennen können. Da dies alles unter männlicher Kontrolle stattzufinden hat, zeigen beide Parallelen in bezug auf die Tendenz zu homosexuellen, pädophilen und nekrophilen Akzenten.[437]

Letztere drücken sich besonders in der islamischen Paradiesvorstellung des »Märtyrers« aus, des getöteten Mörders, und finden auch im westlichen Schweigen zum islamischen Schleichgenozid an den Christen ihre ersten Ansätze. Das massenhafte Vernichten, Enthaupten und Zerstückeln des Gegners verbindet dagegen Lamaismus, Faschismus und die Djihad-Ideologie des Islam.[438] Die aus getöteten Ungläubigen aufgeschichteten Schädelminarette und Körpertürme der Andalusier und Osmanen waren nicht nur klassische Denkmäler der Nekrophilie, sondern auch des islamischen Rechts, das bis heute unverändert ist.

Blair, Solana & Co. tragen den Europäern die Unterwerfung unter dieses Recht in einer Sprache an, die die Realität eklatant verfehlt. Dabei ist unerheblich, ob sie und andere Sprecher der »Eliten« nicht über eine hinreichende Eloquenz verfügen und/oder ihre Sache als nicht mehr verlierbar sehen. Keinesfalls brauchen sie sich durch verschwörerische und zugleich unproduktive Schelme beirren zu lassen, die auf »satanische« Parallelen zwischen Koran Vers 66/6 und der biblischen »Zahl des Tieres« 666 (Offenbarung 13) hinweisen.[439]

Wichtiger ist, daß sie seit 2004 auf eine wesentlich subtiler tätige Institution zurückgreifen können. Aus einer Initiative ihres Kollegen, des ehemaligen EU-Präsidenten R. Prodi, ging die »Anna-Lindh-Stiftung für den

Kulturdialog« mit Sitz in Alexandria hervor, die den Kulturwandel intellektuell vorantreiben soll. Ihre Gründungsakte schmückt eine Karte, die den Orient im Norden und den Okzident im Süden zeigt.[440] Als Erklärung wird die Weltsicht der arabischen Kartographen des Mittelalters angegeben – eine Irreführung, die vorläufig neue Maßstäbe setzt, allerdings auch die eigene Propaganda Lügen straft. Denn religiös motivierte Karten, die einfach nur die Geographie umkehrten, konnten kaum die oft behauptete Überlegenheit der islamischen Wissenschaft begründen.

Wer allerdings im europäischen Verfallsgerede von der »Bereicherung durch den Orient« eine berechtigte Ausnahme entdecken möchte, kann sie im Bereich der arabischen Kartographie finden. Schon zu Al-Ma'muns Zeiten gab es im »Haus der Weisheit« (*bayt al-hikma*) exzellente Köpfe, die durch die stereographische Abtragung der Kugel in die Fläche die ptolemäischen Karten entscheidend weiterentwickelten. Sie waren jedoch ihrer Zeit nur dadurch so weit voraus, daß sie sich in der wissenschaftlichen Arbeit nicht von der Religion stören ließen – ein Grund für die hohe Zahl von »Ketzern« unter ihnen.[441]

Zu einer Zeit, als man in Europa eine solche Stufe in der Tat noch nicht erreicht hatte, konnten diese Spezialisten die Präzession der Erde bereits mit einer Abweichung von einem Prozent in 66 Jahren ermitteln. Um so mehr war ihnen bewußt, wie sehr es auch auf die Präzision der Erdkoordinaten ankam. Unter anderem förderten sie eine Zunft von Reisenden, die gleichmäßig voneinander entfernte Landmarken ausfindig machten, um über die Korrelation des zu- und abnehmenden Sonnenlichts mit den Koordinaten zu einer kartographischen Darstellung zu kommen, die der geographischen Realität möglichst genau entsprach.

Während man sich hier in immer bekannteren Arealen bewegte, stellte man sich das noch unbekannte Gebiet zunächst als »finstern Ozean« vor, als Niemandsland, »in dem man keine Sonne sieht«.[442] Wenn den Kartographen also eines wichtig war, dann die Ost-West-Achse der Längengrade, die durch die Gebetsrichtung (*qibla*) eine zusätzliche, sakrale Bedeutung erhielt. Da sich Religion und Mathematik deckten, konnte man die ungenauen Kollegen auf kartographische Korrektheit verpflichten,[443] um ein immer genaueres Daten-Netzwerk über die Masse der Muslime zu legen.

Mithin wären diese Könner zuallerletzt auf die ihnen unterstellte Idee verfallen, den Orient in den Norden zu verlegen. Die ungewöhnliche Karte der Anna-Lindh-Stiftung erklärt sich hingegen anders. Sie verdeutlicht eher die *esoterische Leitkultur* des eurabisch-euranischen Prozesses. Deren Hauptmotiv ist der Aufstieg zum nördlichen Lichtpol, zum Polarstern, der als Licht des Ursprungs die Weisheit des Ostens und des Westens verbindet (s. o. S. 74).

Dies in dem verborgenen, hermetischen (magischen) Sinne, der uns als uralte Verbindung zwischen griechischen, ägyptischen und altiranischen Traditionen begegnet ist. Er übersteigt die profane Logik der Geographie und kann sich um so »bereichernder« auf Europa ausdehnen. Dabei muß offen bleiben, ob sich dem lichtvollen Norden auch jenes mystisch-mythische Unverfügbare mitteilen kann, »das Ritterliche in der iranischen Seele, die Großzügigkeit des Herzens, deren Ursprünge weit vor der Zeit des Islam liegen«.[444] Um ihn dreht sich der Kern der elitären Religion, der sich den »Erleuchteten«, den zur Beherrschung der Welt Berufenen, öffnen soll. Sie glauben allerdings nur an sich selbst und scheinen zu wissen, was gut für die Menschen in Orient und Okzident ist – vor allem auch den Grund dafür, daß der Sitz der Stiftung Alexandria und nicht Jerusalem ist.

Anmerkungen

1 Bat Yeor, Eurabia, 48ff.
2 Ebd., 141
3 Lewis, Stern, Kreuz und Halbmond, 334
4 Vgl. Krauss, Faschismus und Fundamentalismus, 13
5 Lewis, From Babel to Dragoman, 59; Hutzfeld, Das Bild der Perser, 20
6 Wiesehöfer, Das antike Persien, 20
7 Bausani, Die Perser, 172
8 Lewis, Stern, Kreuz und Halbmond, 209
9 Bausani, Die Perser, 19
10 Propyläen Weltgeschichte 2, 164
11 Bausani, Die Perser, 19
12 Wiesehöfer, Das antike Persien, 81
13 Ebd., 87
14 Bausani, Die Perser, 24
15 Wiesehöfer, Das antike Persien, 70
16 Ebd., 128f.
17 Ebd., 130
18 Raddatz, Von Allah zum Terror?, 136
19 Bausani, Die Perser, 57
20 Wiesehöfer, Das antike Persien, 268
21 Gottlieb/Barceló, Christen und Heiden in Staat und Gesellschaft des 2.–4. Jahrhunderts, 184f.
22 Wiesehöfer, Das antike Persien, 180
23 Ebd., 210
24 Schweizer, Iran, 90f.
25 Lewis, Stern, Kreuz und Halbmond, 46
26 Propyläen Weltgeschichte 2, 141
27 Vgl. Gellner, Pflug, Schwert und Buch, 93
28 vgl. Sezgin, Geschichte des arabischen Schrifttums IV, 104
29 Propyläen Weltgeschichte 2, 142
30 Noth, Heiliger Krieg, 79
31 Güntert, Der arische Weltkönig, 31
32 Ebd., 215f.

33 Ebd., 322
34 Ebd., 108; Colpe, Das Magiertum, 61, 64
35 Encyclopaedia of Islam V, 1118f.
36 Wiesehöfer, Das antike Persien, 267
37 Propyläen Weltgeschichte 2, 154
38 Ebd.
39 Güntert, Der arische Weltkönig, 218f.
40 Ebd., 142
41 Bürgel, Allmacht und Mächtigkeit und Mächtigkeit 319
42 Ebd., 216f.
43 Orthband, Geschichte der großen Philosophen, 94
44 Vgl. Raddatz, Allahs Schleier, 58f.
45 Ebd., 43f.
46 Ebd., 40f.
47 Winter, Frau und Göttin, 625
48 Güntert, Der arische Weltkönig, 417
49 Siehe die »Allah-Trilogie« von Raddatz: Von Gott zu Allah? – Von Allah zum Terror? – Allahs Schleier
50 Nagel, Der Koran, 110
51 Vgl. Raddatz, Von Gott zu Allah?, 73
52 Nagel, Der Koran, 103
53 Vgl. Raddatz, Von Allah zum Terror?, 43ff.
54 Hitti, History of the Arabs, 161
55 Halm, Die Schia, 10
56 Encyclopaedia of Islam I, 695
57 Ullstein Weltgeschichte, Alter Orient, 19
58 Halm, Die Schia, 20
59 Marcellinus, Das römische Weltreich, 11
60 Bei dem Begriff der »entfernten Moschee« handelt es sich um einen überaus komplexen Zusammenhang, in dem mystische Strömungen mit politischen Interessen verfließen. Übertragen vom heiligen Bezirk des heidni-

schen Mekka, in dem es eine nähere
und eine fernere Moschee gab, vermischte sich die lokale Gegebenheit
mit der Legende von Muhammads
Himmelfahrt zur Ausweitung auf
Jerusalem, wobei auch die Gegnerschaft zu den Juden eine Rolle gespielt haben mag (Encyclopaedia of
Islam VI, 707).

61 Vgl. Lewis, Stern, Kreuz und Halbmond, 92f.; s.a. Luxenberg, Neudeu-
tung, in: Ohlig/Puin, Die dunklen
Anfänge, 126f.
62 Hitti, History of the Arabs, 207f.
63 Lewis, Stern, Kreuz und Halbmond,
78f.
64 Ebd., 197
65 Ebd., 98
66 Ebd., 175
67 Nagel, Die islamische Welt bis 1500,
53f.
68 Ebd., 54
69 Lewis, Stern, Kreuz und Halbmond,
233
70 Vgl. den ausführlichen Kommentar
zur Staatslehre des Ibn al-Muqaffa' bei
Nagel, Staat und Glaubensgemeinschaft 1, 161ff.
71 Encyclopaedia of Islam IX, 513f.
72 Encyclopaedia of Islam I, 1081
73 Encyclopaedia of Islam III, 883f.
74 Sezgin, Geschichte des arabischen
Schrifttums 5, 215f.
75 Vgl. Raddatz, Sufyan al-Thauri; s.a.
ders., Allahs Schleier, 125ff.
76 Ebd., 134
77 Halm, Die Schia, 33
78 Für den deutschsprachigen Raum
sind die einschlägigen Bücher von H.
Halm zu nennen. Abgesehen von
einigen methodischen Schwächen,
auf die wir kurz eingehen, geben sie
einen guten Überblick über die
schwierige Thematik. Im englischen
Bereich werden empfohlen: M. Momen, An Introduction to Sh'i Islam,
sowie M. Donaldson, The Shi'ite Religion. Das Selbstverständnis der zeitgenössischen Schia beschreiben Taba-

taba'i, Shi'ite Islam, sowie Djafri, Ori-
gins and Early Development of Shi'a
Islam.
79 Halm, Die Schia, 21
80 Ebd., 26
81 Handwörterbuch des Islam, 818
82 Encyclopaedia of Islam XI, 480
83 Halm, Die Schia, 37
84 Nagel, Abbasiden, in: Haarmann, Geschichte der arabischen Welt, 121
85 Ebd., 125f.
86 Halm, Die Schia, 48f.
87 Nagel, Geschichte der arabischen
Welt, 124f.
88 Hitti, History of the Arabs, 410
89 Halm, Die Schia, 45
90 Hitti, History of the Arabs, 443f.
91 Vgl. Raddatz, Allahs Schleier, 50ff.
92 Halm, Die Schia, 203f.
93 Ebd., 21
94 Vgl. a. Raddatz, Allahs Schleier, 40;
Winter, Frau und Göttin, 625
95 Hitti, History of the Arabs, 618
96 Halm, Die Schia, 216f.
97 Werner, Die Osmanen, 44
98 Ebd., 69
99 Handwörterbuch des Islam, 226
100 Halm, Die Schia, 74
101 Werner, Osmanen, 51
102 Halm, Die Schia, 72
103 Strothmann, Die Zwölfer-Schia, 31
104 Bausani, Die Perser, 106
105 Strothmann, Die Zwölfer-Schia, 32
106 Römer, Persien auf dem Weg in die
Neuzeit, 64
107 Ebd., 72
108 Ebd., 73
109 Die zentralasiatische Praxis des massenhaften Tötens, Zerteilens und
Verarbeitens von Menschen hat sich
teilweise in der Nekrophilie des
»modernen« Lamaismus erhalten.
In Beschwörungen des morbiden
»Schutz«-Dämons Makahala kommen die gleichen »Berge von Leichen
und Meere von Blut« vor, wie sie einst
als Baustoff für die mongolischen
Körpertürme dienten. Dabei vollziehen auch die heutigen Lama-Mönche

ihre Rituale mit Kultgegenständen, die aus menschlichen Schädeln und Knochen gefertigt sind (vgl. Trimondi, Buddha – Hitler – Krishna, 150).

110 Halm, Die Schia, 86, 88

111 Bausani, Die Perser, 100

112 Nagel, Geschichte der Islamischen Theologie, 210ff.

113 Ebd., 210

114 Ebd., 212

115 Lewis, Stern, Kreuz und Halbmond, 297

116 Hitti, History of the Arabs, 373; der dritte und auch früheste Ketzer ist Ibn ar-Rawandi (gest. um 870). Er zog Muhammads Prophetie in Zweifel und machte sich über das niedrige intellektuelle Niveau des Koran lustig. Mit der gleichen Logik, mit der Muhammad die Herrschaft für den Islam verlangte, könnten sie auch Christen und Hindus fordern, die nicht nur wesentlich zahlreicher seien, sondern ohnehin den Verstand der Prophetie vorzögen; vgl. Raddatz, Von Gott zu Allah?, 74f.

117 Nagel, Geschichte der Islamischen Theologie, 218

118 Ebd., 210f.

119 Handwörterbuch des Islam, 247

120 Werner, Osmanen, 67

121 Durant-Kulturgeschichte der Menschheit 5, 584

122 Werner, Osmanen, 69

123 Internationales Freimaurer-Lexikon, 320

124 Halm, Die Schia, 97

125 Massignon, La passion d'al-Hosayn ibn Mansour Al-Halladj

126 Corbin, Die smaragdene Vision

127 Ebd., 9

128 Encyclopaedia of Islam IX, 782

129 Bürgel, Allmacht und Mächtigkeit, 160; vgl. Raddatz, Von Gott zu Allah?, 197f.

130 Bürgel, Allmacht und Mächtigkeit, 161

131 Corbin, Die smaragdene Vision, 43

132 Ebd., 31

133 Schimmel, Mystische Dimensionen des Islam, 363

134 Corbin, Die smaragdene Vision, 113

135 Ebd., 130f.

136 Schimmel, Mystische Dimensionen des Islam, 210

137 Corbin, Die smaragdene Vision, 160

138 Ebd., 17

139 Ebd., 23

140 Bürgel, Allmacht und Mächtigkeit, 160f.

141 Nagel, Der Koran, 191

142 Schimmel, Stern und Blume, 123

143 Ebd.; die Kanope war das sakrale Gefäß, in dem die Ägypter und Sabäer des Jemen die Eingeweide ihrer Toten bestatteten. Sie allein zu erwähnen, war dem sunnitischen Muslim ein Greuel, abgesehen von der unislamischen Verbindung zwischen Wein und Fleisch (bzw. Brot). Sie spielt in den Auferstehungsriten der Mysterienreligionen eine zentrale Rolle als Vorläuferin der Eucharistie; vgl. Raddatz, Allahs Schleier, 44

144 Corbin, Die smaragdene Vision, 101f.

145 Ebd., 102

146 Schimmel, Mystische Dimensionen des Islam, 148

147 Corbin, Die smaragdene Vision, 33f.

148 Latz, Alchemie, 182ff.

149 Corbin, Die smaragdene Vision, 55

150 Ebd., 35

151 Schimmel, Mystische Dimensionen des Islam, 536

152 Mayer-Tasch, Die Zeichen der Natur, 193; Szepes, Die geheimen Lehren des Abendlands, 332

153 Corbin, Die smaragdene Vision, 27f.

154 Ebd., 36

155 vgl. Raddatz, Allahs Schleier, 108f.

156 Ebd.

157 Corbin, Die smaragdene Vision, 64f.; Hajatpour, Iranische Geistlichkeit zwischen Utopie und Realismus, 65, Anm. 148. Der Mangel an eigenen philosophischen Wurzeln hat Folgen für die Gegenwart. Reza Hajatpour sagt dazu: Wir können jedoch nicht

von der Geburt einer modernen islamischen Philosophie sprechen, geschweige von einer islamischen Philosophie, die gegenüber der modernen westlichen Philosophie eine eigene Identität beanspruchen könnte (62, Anm. 134).

158 Vgl. Raddatz, Von Gott zu Allah?, 322
159 Corbin, Die smaragdene Vision, 84
160 Hösle, Moral und Politik, 291f.
161 Lewis, Stern, Kreuz und Halbmond, 300
162 Halm, Der schiitische Islam, 9
163 Ebd., 53f.
164 Ebd., 55
165 Raddatz, Allahs Schleier, 43f.
166 Halm, Der schiitische Islam, 75f.
167 Raddatz, Allahs Frauen, 68ff.
168 Vgl. Hutchison, Die heilige Mafia des Papstes, 243ff.
169 Encyclopaedia of Islam IX, 889
170 Ebd., 891
171 Al-Bukhari, Kitab al-Buyu', Kapitel 104
172 Encyclopaedia of Islam IX, 891
173 vgl. Handwörterbuch des Islam, 265
174 Puin, Islamische Plakate II, 393
175 Ebd., 400
176 Rypka, Iranische Literaturgeschichte, 89
177 Kermani, Gott ist schön, 362
178 Im Zusammenhang mit der Friedenspreisverleihung des Deutschen Buchhandels an Annemarie Schimmel im Jahre 1995 war um die Wissenschaftlerin, die sich selbst als »unpolitisch« bezeichnete, Aufregung entstanden, weil sie im Rahmen einer Vortragsveranstaltung der Aachener Volkshochschule zum Ausdruck gebracht hatte, sich an der Vollstreckung des iranischen Todesurteils an Salman Rushdie zu beteiligen, wenn ihr denn die Möglichkeit dazu gegeben würde (vgl. Raddatz, Allahs Schleier, 16, 297ff.). Unter einer Vielzahl von Büchern – die Rede ist von knapp 80 – sind ihre Rezeptionen des Dichters Djelaleddin Rumi (s. o. S. 71) und des

Philosophen Iqbal (gest. 1939) hervorzuheben. »Mystische Dimensionen des Islam« wurde zum Standardwerk über das Sufitum.

179 Puin, Islamische Plakate II, 445f.
180 Ebd., 415
181 Elisabeth Puin, Islamische Plakate, 3 Bde., Phil. Diss. Saarbrücken 2003
182 Römer, Persien auf dem Weg in die Neuzeit, 198f.
183 Halm, Der schiitische Islam, 104
184 Encyclopaedia of Islam V, 244
185 Encyclopaedia of Islam I, 1162
186 Bilici, Alevi-Bektashi Theology, in: Olsson/Özdalga/Rausvere: Alevi Identity, Cultural Religious and Social Perspectives, 60
187 Werner, Osmanen, 77
188 Ebd., 244
189 Raddatz, Die türkische Gefahr?, 43
190 Halm, Die Schia, 104
191 Ebd.
192 Bilici, Alevi-Bektashi Theology, in: Olsson/Özdalga/Rausvere: Alevi Identity, Cultural Religious and Social Perspectives, 52, 57
193 Vgl. Werner, Osmanen, 117ff.
194 Römer, Persien auf dem Weg in die Neuzeit, 251
195 Halm, Die Schia, 104f.
196 Römer, Persien auf dem Weg in die Neuzeit, 255 Anm. 86
197 Lewis, Stern, Kreuz und Halbmond, 146f.; die Aktion hatte auch eine ethnische Dimension. Die Zurückhaltung der Osmanen führte sich weitgehend auf den großen Anteil von Turkmenen zurück, die das Gebiet um Täbris bevölkerten, auch nachdem die kurdenstämmigen Safawiden das Ruder übernommen hatten (Römer, Persien auf dem Weg in die Neuzeit, 173ff., s.a. Encyclopaedia of Islam VIII, 766).
198 Lewis, Stern, Kreuz und Halbmond, 150
199 Ebd., 148
200 Römer, Persien auf dem Weg in die Neuzeit, 293

201 Encyclopaedia of Islam IV, 860; davon abweichende Angaben findet man bei Halm (1529) und Römer (1548).

202 Encyclopaedia of Islam IV, 103

203 Römer, Persien auf dem Weg in die Neuzeit, 292

204 Ebd., 296, Anm. 163

205 Vgl. Raddatz, Allahs Schleier, 140f., 182

206 Encyclopaedia of Islam VIII, 271

207 Halm, Die Schia, 122

208 Römer, Persien auf dem Weg in die Neuzeit, 354f.

209 Ebd., 362

210 Vgl. Pampus, Die theologische Enzyklopädie Bihar al-Anwar des Muhammad Baqir al Madjlisi

211 Halm, Die Schia, 127

212 Ebd., 130f.

213 Ebd., 134

214 Ebd., 137

215 Interessanterweise fällt auf das westliche Jahr 1260 der Beginn des »Dritten Reiches«, das dem christlichen Mystiker Joachim von Fiore (gest. 1202) zufolge auf die Reiche des Alten Testaments und der Kirche Christi folgen sollte (Propyläen Weltgeschichte 5, 534f.).

216 Taheri, Morden für Allah, 76f.

217 Vgl. Raddatz, Allahs Schleier, 279

218 Keddi, Modern Iran, 90

219 Ebd., 94

220 Ebd., 103

221 Vgl. Raddatz, Von Allah zum Terror?, 227ff.

222 Schreiber, Iran, 268f.

223 Yergin, The Prize, 129f.

224 vgl. Borschtschagowski, Orden für einen Mord,

225 Broder, Der ewige Antisemit, 288f.

226 Ghani, Iran and the Rise of Reza Shah, 267; Yergin, The Prize, 136

227 Ebd., 162

228 Nazari, Der Kampf um das iranische Erdöl, 51; Keddi, Modern Iran, 116f.

229 Ebd., 108, 114

230 Acheson, Present at the Creation, 500

231 Yergin, The Prize, 453

232 Ebd., 457

233 Acheson, Present at the Creation, 501

234 Yergin, The Prize, 457

235 Acheson, Present at the Creation, 504

236 Ebd., 505

237 Pöschl, Vom Neutralismus zur Blockpolitik, 179f.

238 Keddi, Modern Iran, 125

239 Yergin, The Prize, 274f.

240 Ebd., 459

241 Ebd., 257

242 Ebd., 461

243 Taheri, Morden für Allah, 99

244 Ebd., 103

245 Acheson, Present at the Creation, 511

246 Keddi, Modern Iran, 129

247 Ebd., 134

248 Yergin, The Prize, 475

249 Ebd., 491

250 Ebd., 492

251 Keddi, Modern Iran, 143

252 Yergin, The Prize, 524

253 Halm, Die Schia, 144

254 Keddi, Modern Iran, 147

255 Bat Yeor, Eurabia, 154

256 Keddi, Modern Iran, 151

257 Vgl. Raddatz, Von Allah zum Terror?, 176ff.

258 Schreiber, Iran, 281

259 Yergin, The Prize, 564

260 Nagel, Staat und Glaubensgemeinschaft II, 326

261 Halm, Die Schia, 148

262 Nagel, Staat und Glaubensgemeinschaft II, 327

263 Hajatpour, Iranische Geistlichkeit zwischen Utopie und Realismus, 101; Nagel, Staat und Glaubensgemeinschaft II, 279f.

264 Ebd., 282f.

265 Ebd., 312

266 Halm, Der schiitische Islam, 157

267 Halm, Die Schia, 148; Hajatpour, Iranische Geistlichkeit zwischen Utopie und Realismus, 82

268 Ebd., 163

269 Waldmann, Pro-Athanasius, 32

270 Vgl. Dörmann, Die eine Wahrheit, 39

271 Vgl. z.B. Raddatz, Von Allah zum Terror?, 9ff.; Allahs Frauen, 219ff.

272 Ditfurth, Das waren die Grünen, 98
273 Nagel, Staat und Glaubensgemeinschaft II, 318, 319
274 Yergin, The Prize, 654
275 New York Times, 21.1.1979
276 Keddi, Modern Iran, 219
277 Ebd., 225
278 Schreiber, Iran, 315
279 Keddi, Modern Iran, 223
280 Vgl. Raddatz, Allahs Schleier; Allahs
Frauen
281 Schreiber, Iran, 316
282 Newsweek, 29.1.1979
283 Keddi, Modern Iran, 224, 231
284 Nußbaumer, Khomeyni, 165
285 Taheri, Morden für Allah, 71
286 Ebd., 124
287 Roth, Netzwerke des Terrors, 102
288 Ebd., 108
289 Ebd., 102f.; Wall Street Journal,
6.5.2003; vgl. auch ARD-Report vom
20.3.06, wo von der Beschaffung von
F14-Ersatzteilen und sogar Geräten
zur Herstellung von Teilen der europäischen Trägerrakete Ariane IV die
Rede war, letzteres zur Verlängerung
der Reichweite der iranischen Sha-
hab-3-Rakete, die letztlich auch Europa erreichen soll.
290 Taheri, Morden für Allah, 43
291 Ebd., 41
292 Ebd., 95f.
293 Ebd., 232
294 Vgl. Raddatz, Von Allah zum Terror?,
189
295 Hunziker, Das Weltliche im Islam,
71f.
296 Vgl. Al-Maududi, einen der führenden Theoretiker des Islamismus, in:
Al-Fadjr 50/1991, 13f.
297 Lewis, Stern, Kreuz und Halbmond,
465
298 Encke, Wirtschaftsordnung und Islamismus, 28
299 Ebd., 29
300 Lewis, Stern, Kreuz und Halbmond,
358
301 Napoleoni, Ökonomie des Terrors,
306f.
302 Ebd., 308f.
303 Encke, Wirtschaftsordnung und Islamismus, 53
304 Das Gefangenendilemma ist ein beliebtes Denkspiel, das in fast jedem
Buch über populäre Logik und/oder
Psycholologie des Handelns vor-
kommt. Es geht um das Verhör zweier
Delinquenten, die mit der niedrigsten
Strafe davonkommen, wenn sie beide
nicht gestehen. Aus diversen Kombinationen von Vertrauen und Mißtrauen folgt, daß einige Varianten sich
logisch ausschließen und es daher das
Dilemma nur geben kann, wenn seine
Logik den Delinquenten und insbesondere der generellen Überprüfung
entzogen bleibt (vgl. Mérö, Die Logik
der Unvernunft, 49f.).
305 Lewis, Stern, Kreuz und Halbmond,
251
306 Ebd., 256
307 Encke, Wirtschaftsordnung und Islamismus, 111, Anm.172
308 Raddatz, Allahs Frauen, 70
309 Alavi, Wir sind der Iran, 12
310 Encke, Wirtschaftsordnung und Islamismus, 155
311 Lewis, Stern, Kreuz und Halbmond,
208
312 Napoleoni, Ökonomie des Terrors
313 Suwaydi, Iran and the Gulf, 191
314 Ebd., 86
315 Lewis, Stern, Kreuz und Halbmond,
194
316 Keddi, Modern Iran, 273
317 Ebd., 277
318 Kermani, Die Revolution der Kinder,
84
319 Der Begriff erfaßt die Religionsge-
meinschaften nichtmuslimischen
Glaubens, die im Sinne der koranischen »dhimma« (arab.: Schutzver-
trag) unter osmanischer Herrschaft
und Steuerverwaltung standen (Encyclopaedia of Islam VII, 62f.)
320 Taheri, Morden für Allah, 124f.
321 Ebd., 120f.
322 Ebd., 285

323 Saad-Ghorayeb, Hizbollah, 102f.
324 Taheri, Morden für Allah, 196
325 Ebd., 200
326 Alavi, Wir sind Iran, 241
327 Taheri, Morden für Allah, 209
328 Saad-Ghorayeb, Hizbollah, 17
329 Taheri, Morden für Allah, 128
330 Pohlmann, Terror, 125, 151
331 Taheri, Morden für Allah, 135
332 Ebd., 222
333 Vgl. Saad, Hizbollah, 17
334 Taheri, Morden für Allah, 275
335 Ebd., 291
336 Ebd., 280
337 Stahr, Südostasien und Islam, 88; zur »neuen Raddatz-Orientalistik« s. Neue Zürcher Zeitung 23.2.06
338 Saad-Ghorayeb, Hizbollah, 108ff.; das Konzept schließt im Grunde an die Muslimbruder-Taktik Herz–Zunge–Hand an, modifiziert es aber in ein breiteres Spektrum ohne erkennbare Übergänge, das sich flexibel zwischen Militanz und Pragmatismus bewegt und somit wesentlich rascher und unauffälliger auf die Umstände im Nichtislam reagiert. Insofern kann ansatzlos zwischen den diversen »Gradualismen« umgeschaltet werden, eine Strategie, die vom »normalen« Ungläubigen natürlich überhaupt nicht durchschaut wird.
339 Ägypten-Mufti Muhammad Tantawi bestätigte mehrfach, daß der über mehrere tausend Kilometer führende Eroberungszug der Muslime vom Kernland über Nordafrika nach Spanien ein »Verteidigungskrieg« war, weil die Existenz der dort lebenden Ungläubigen ein »Unrecht« darstellte – Süddeutsche Zeitung, 21.9.01.
340 Hamzeh, In the Path of Hizbollah, 29f.
341 Unter anderem bei einer Veranstaltung in Mainz-Kostheim am 19.2.05
342 Bat Yeor, Eurabia, 206f.
343 Hamzeh, In the Path of Hizbollah, 41
344 Broder, Der ewige Antisemit, 292; die »Protokolle« sind die Klassiker der Weltverschwörung. Das als Fälschung enttarnte Papier stammt aus der Fertigung des zaristischen Geheimdienstes Ochrana, baut auf einer Urfeindschaft der Juden gegen die Christen auf, stellt die russische Revolution als jüdische Verschwörung gegen den Zaren dar, wandelte sich zu einer Art Manifest für die Kommunisten, die im Juden den Großmeister des internationalen Kapitals erkannten, und ist heute die unverzichtbare Basis für die islamistische Propaganda gegen die »jüdische Weltverschwörung«.
345 Taheri, Morden für Allah, 287
346 Vgl. Lau, Meisterdenker und Ayatollah, in: Merkur 3/05, 671
347 Lewis, Stern, Kreuz und Halbmond, 434
348 Tame, Die geheime Macht der Musik, 219f.
349 Hamzeh, In the Path of Hizbollah, 41
350 Goodwin, Der Himmel der Frauen, 76, 189
351 Alavi, Wir sind der Iran, 336f.
352 Ebd., 338
353 Ebd., 145
354 Gribetz, Strange Bedfellows, 53f.
355 Ebd., 54
356 Ebd., 60
357 Ebd., 90, 99
358 Ebd., 31, 55
359 FAZ, 5.8.2002
360 Nadjmabadi/Knauth, Das Qabusname, 121
361 Ebd., 167
362 Alavi, Wir sind der Iran, 112
363 Ebd., 115
364 Rede in Qum, 30.8.1979
365 Alavi, Wir sind der Iran, 98f.
366 Das historische Beiruter Treffen vom Februar 2004 mit Teilnehmern aus Udo Steinbachs Deutschem Orient Institut (s. u. S. 245), Friedrich-Ebert-Stiftung, Außenministerium, Hizbollah, Muslimbruderschaft, Hamas u. a. m. hat inzwischen Nachfolger in der Region nach sich gezogen, die allerdings mit geringer Öffentlichkeit

ablaufen – zumindest solange die Vernichtung Israels noch nicht zur offiziellen deutschen Politik gehört.

367 Akbari, Iran, 3, Anm. 7

368 Die inoffizielle US-Weltmachtideologie, die unter Führung der Harvard University intellektuell entwickelt und gepflegt wird, beruht auf den drei Säulen Bombe, Geld und »Äther«, womit der gesamte Komplex der Information und Kommunikation gemeint ist (vgl. Hardt/Negri, Empire). Gesteuert von indoktrinierten, »dressierten« Eliten, soll sich die »biopolitische Maschine« einer globalen Netzwerkgesellschaft entwickeln. Zuwanderung ist hier lediglich der lohnsenkende Austausch des abnehmenden Körperpotentials im Westen, vorzugsweise durch die vitale Reproduktion des Islam. Die Piloten der »Weltmaschine« sichern auch die Säulen: Sie formulieren die Information – u. a. die Propaganda des »Dialogs« – steuern ihre Betriebsmittel – das Geld – und wachen über ihre Sicherheit – die Bombe.

369 Financial Times, 18.3.2006

370 Bat Yeor, Niedergang

371 Bat Yeor, Eurabia, 36

372 Küng, Islam, 162

373 Ebd., 163

374 Raddatz, Von Allah zum Terror?, 52f.

375 Van Ess, Theologie und Gesellschaft im 2. und 3. Jahrhundert Hidschra.

376 Van Ess hatte die Dissertation des Autors in einem persönlichen Brief vom 4. April 1969 als »ideenreiche Arbeit, die zu lesen sich lohnte« beschrieben. Ein Vierteljahrhundert später hatte sich diese Sicht auf ein lapidares »Tuttifrutti« verkürzt (van Ess, Theologie und Gesellschaft I, 222). Dennoch entnahm der Gewandelte diesem oft zitierten Allerlei zahlreiche Zitate. Die Erklärung ist bekannt: Die islamische Korrektheit verlangt eine strikten Schwenk von der sach- zur personenbezogenen Betrachtung, was negative

Folgen für das logische Schließen hat. Mit wenigen Ausnahmen fungiert somit die deutsche Orientalistik kaum noch als analytische Wissenschaft, sondern steht in einem Funktionsraum zwischen islam-ideologischem Hilfsfach und soziologischer Feldforschung (vgl. Schirrmacher/Spuler-Stegemann, Frauen und die Scharia, 57).

377 Sozialistische Zeitung Nr. 12, 8.6.2000

378 Ebd.

379 Vgl. die Presseerklärung des Regisseurs M. Ghadarkha, www.iranliberty.com vom 21.9.05)

380 Tagesspiegel, 1.11.2002

381 Özuguz, Wir sind »fundamentalistische Islamisten« in Deutschland, 20

382 Es handelt sich vor allem um die für die Staatsanwaltschaft Oldenburg erstellten Gutachten von Prof. Dr. Tilman Nagel, Ordinarius für Arabistik an der Universität Göttingen, und Dr. Gerd-Rüdiger Puin, bis 2005 Akademischer Rat an der Universität Saarbrücken. Daneben wurde eine Stellungnahme abgegeben von Prof. Dr. Ursula Spuler-Stegemann, Lehrbeauftrage am Seminar für Evangelische Theologie an der Universität Marburg.

383 Das BKA-»Gutachten« zum Fall Özuguz entbehrt jeder Seriosität. Es ist von zwei Personen namens Ali Sadr und Khalid Zubayri erstellt, die von sehr geringer Bekanntheit und obskurer Qualifikation sind. Es scheint sich um eine Ad-hoc-Verlegenheitsaktion zu handeln, die das Amt in mehr als zweifelhaftem Licht erscheinen läßt. Erstaunen kann diese Vorgehensweise allerdings nicht. Seit Jahren engagiert die Sicherheitsbehörde Hardcore-Muslime als »Islamberater«, u. a. Nadeem Elyas, der als Muslimbruder bekannt ist und der Rabita angehört, einer Untergruppe der Islamischen Weltliga, die sich an der Finanzierung von Terroraktionen beteiligte (Katz,

Terroristenjägerin, 364; vgl. Raddatz, Schleier, 409).
384 Schmucker, Die christliche Minderheit, in: Studien zum Minderheitenproblem im Islam, 188ff.
385 Peters, Jihad, 52
386 Encyclopaedia of Islam VII, 176
387 Taheri, Morden für Allah, 90f.
388 Ebd., 56
389 Ein erstes Signal dafür, daß etwas Bewegung in die proislamische Rechtslethargie kommen könnte, sandte die Staatsanwaltschaft Oldenburg aus. Am 14. März 2006 gab sie Anklageerhebung gegen den Islamisten Y. Özuguz wegen Anstiftung zu einer Straftat bekannt. Der Fall wird vor der 3. Großen Strafkammer des Landgerichts Oldenburg verhandelt.
390 Vgl. Raddatz, Die türkische Gefahr?, 174
391 Vgl. Hasse/Krücken, Neo-Institutionalismus
392 Stolz, Kommt der Islam?, 152
393 hagalil.com, 14.5.2005
394 Kepel, Kreuzzüge, 324f.
395 T. Koszinowski, Die Bedeutung des Islam für die internationale Politik
396 Jüdische Allgemeine, 6.5.2004
397 Ulfkotte, Krieg, 32; außer Steinbach erhielten den Preis die erwähnten Proislamisten W. Schiffauer und H. Bielefeldt, wobei letzterer die »Ehrung« abgelehnt haben soll.
398 Stolz, Kommt der Islam?, 152; Die Welt, 3.3.2005
399 Die TV-Fassung des betroffenen Senders liegt dem Verfasser vor. Darin fallen einige andere Aussagen, deren rechtliche Relevanz noch geprüft wurde, als das Buch in Druck ging.
400 RP-Online, 2.2.2006
401 AGDF Aktionsgemeinschaft Dienst für den Frieden (AGDF), 23./25.9.05
402 Ebd.
403 Im Rahmen seiner Vernehmung verkündete der Außenminister, der einen Diensteid auf die Verfassung des Landes abgelegt hatte, vor laufenden Kameras unter anderem: »Es ist kein Geheimnis, daß die Grünen die heutige Bundesrepublik ablehnen und die multikulturelle Gesellschaft wünschen.«
404 Broder, Die Mollahs meinen es nicht so ...
405 Süddeutsche Zeitung, 11.11.2004
406 Kermani, Gott ist schön, München 2000
407 Moscovici, Das Zeitalter der Massen, 112f.
408 Ebd., 188
409 Die Zeit, 24.11.05
410 Hollweck, Sprachen der Gewalt, in: Ferdowsi u. a. (Hrsg.), Von himmlischer Ordnung und weltlichen Problemen, 54f.
411 Kermani, Gott ist schön, 355
412 Bürgel, Allmacht und Mächtigkeit und Mächtigkeit im Islam
413 Kermani, Gott ist schön, 356
414 Ebd., 93
415 Die Welt, 11.9.2005
416 Online-Tagebuch, 22.12.2005
417 Lewis, Stern, Kreuz und Halbmond, 196
418 Amirpur, Die Entpolitisierung des Islam, 210
419 Die Welt, 11.9.2005
420 Vgl. Raddatz, Allahs Frauen, 74
421 Frick, Licht und Finsternis, 117f.
422 Vgl. Raddatz, Allahs Schleier; Sloterdijk/Macho, Weltrevolution der Seele
423 Wulf (Hrsg.), Handbuch der Historischen Anthropologie, 682f.
424 Zit. bei Hajatpour, Iranische Geistlichkeit zwischen Utopie und Realismus, 51
425 Ebd., 42
426 Forst, Toleranz im Konflikt, 525f.
427 Joisten, Vom Zerreißen in: v. Nell u. a. (Hrsg.): Korruption, 19f.
428 Lewis, Stern, Kreuz und Halbmond, 197
429 www. labour.org.uk/home vom 21.3.2006
430 Der Koran, Übers. Henning, 187, Anm. 7

431 Vgl. Imprimatur 1/06
432 Raddatz, Allahs Frauen, 224f.
433 Die mystisch gebildete und sprachbe-
gabte Annemarie Schimmel, die mit
dem Namen »Djamila« zum Islam
konvertierte, erlangte zeitweilig eine
gewisse Bedeutung für die deutsche
Politik, weil sie über Einfluß in Pakistan verfügte (dawn.com 5.5.2003).
434 Kratz, Die Götter des New Age, 40
435 Ebd., 41
436 Bramwell, Ecology in the 20th Century
437 Zum Zusammenhang zwischen
Vermännlichung von Macht und
Homo-/Pädosexualität vgl. Lipowatz,
Die Verleugnung des Politischen,
69f.; Taguieff, Die Macht des Vorurteils, 43f.
438 Trimondi, Hitler – Buddha – Krishna,
149ff.
439 Zur konstruktiveren mathematischen
Bedeutung der Zahl 6 und ihrer varianten Vielfachen vgl. Pickover, Die
Mathematik und das Göttliche, 98f.,
112f.
440 Bat Yeor, Eurabia, 264
441 Hitti, History of the Arabs, 373, 410
442 Bat Yeor, Eurabia, 264, Sezgin, Geschichte des arabischen Schrifttums
X, 127
443 Ebd., 114
444 Richard, Der Verborgene Imam, 75

Die Imame Ali (gest. 660) und Husayn (gest. 680), Märtyrer der Schia

Literatur

Abrahamian, Ervand: The Iranian Mojahedin, New Haven 1989
Acheson, Dean: Present at the Creation, Toronto 1969
Ajami, Fouad: The Vanished Imam, Ithaca 1986
Akbari, Semiramis: Iran zwischen amerikanischem und innenpolitischem Druck, HSFK-
    Report 2004
Al-Bukhari: Al-Djami' as-Sahih, Beirut 1981
Alavi, Nasrin: Wir sind der Iran, Köln 2005
Amirpur, Katajun: Die Entpolitisierung des Islam, Würzburg 2003
Amuzegar, Jahangir: Iran's Economy under the Islamic Republic, London 1997
Arjomand, S. A.: The Shadow of God and the Hidden Imam, Chicago 1984

Baha'i Nationaler Geistiger Rat (Hrsg.): Die Baha'i im Iran, Hofheim-Langenhain 1983
Bat Yeor: Islam and Dhimmitude, Lancaster 2002
–: Eurabia, Cranbury 2005
Bausani, Alessandro: Die Perser, Stuttgart 1962
Bensedrine, Sihem/Mestiri, Omar: Despoten vor Europas Haustür, München 2005
Bonney, Richard: Jihad, London 2004
Borschtschagowski, Alexander: Orden für einen Mord, Berlin 1997
Bostom, Andrew: The Legacy of Jihad, Amherst 2005
Botschaft der Islamischen Republik Iran: Verfassung der Islamischen Republik Iran, Bonn
    1980
Bramwell, Anne: Ecology in the 20th Century, A History, Yale 1989
Broder, Henryk M.: Der ewige Antisemit, Berlin 2005
–: Die Deutschen und ihr Terror, Berlin 2002
–: »Die Mollahs meinen es nicht so«, www.henryk-broder.de/html/schm_amirpur.html
Bürgel, Johann C.: Allmacht und Mächtigkeit, München 1991

Caldicott, Helen: Atomgefahr USA, München 2003
Carmin, E. R.: Das schwarze Reich, München 2000
Cereti, Carlo u. a. (Hrsg.): Religious Themes and Texts of Pre-Islamic Iran and Central
    Asia, Wiesbaden 2003
Chasseguet-Smirgel, Janine: Die Anatomie der menschlichen Perversion, Gießen 2002
Colpe, Carsten: Das Magiertum, in: Reck, Christiane/Zieme, Peter (Hrsg.): Iran und Tur-
    fan (Festschrift W. Sundermann), Wiesbaden 1995
Conermann, Stephan: Historiographie als Sinnstiftung, Wiesbaden 2002
Corbin, Henry: Die smaragdene Vision, München 1989
Croitoru, Joseph: Der Märtyrer als Waffe, Wien 2003
Crone, Patricia: Slaves on Horses, Cambridge 1980

Dashti, Ali: 23 Jahre, Aschaffenburg 1997
Ditfurth, Jutta: Das waren die Grünen, München 2000

Dörmann, Johannes: Die eine Wahrheit und die vielen Religionen, Abensberg 1988
Dozy, Reinhart: Geschichte der Mauren in Spanien, 2 Bde., Leipzig 1874
Durant, Will u. Ariel: Kulturgeschichte der Menschheit, 18 Bde., München 1975

Ebert, Hans-Georg/Fürtig, Henner/Müller, Hans-Georg: Die Islamische Republik Iran, Köln 1987
Encke, Ulrich: Wirtschaftsordnung und Islamismus, München 1992
Encyclopaedia of Islam, 11 Bde., Leiden 1965–2002
Ende, Werner/Steinbach, Udo (Hrsg.): Der Islam in der Gegenwart, München 1991
Engdahl, William: Mit der Ölwaffe zur Weltmacht, Wiesbaden 1997
Esfandiari, Haleh: Reconstructed Lives: Women and Iran's Islamic Revolution, Washington D.C. 1997
Ess, Josef van: Theologie und Gesellschaft im 2. und 3. Jahrhundert Hidschra, 5 Bde., Berlin – New York 1991

Ferdowsi, Mir A. u.a. (Hrsg.): Von himmlischer Ordnung und weltlichen Problemen, München 2003
Floor, Willem: The Economy of Safawid Persia, Wiesbaden 2000
Forst, Rainer: Toleranz im Konflikt, Frankfurt 2003
Frick, Karl: Licht und Finsternis, Wiesbaden 2005
Gottlieb, Gunther/Barceló, Pedro (Hrsg.): Christen und Heiden in Staat und Gesellschaft des 2. bis 4. Jahrhunderts, München 1992

Gassman, Lothar: Anthroposophie, Holzgerlingen 2001
Gellner, Ernest: Pflug, Schwert und Buch, Stuttgart 1990
Ghani, Cyrus: Iran and the Rise of Reza Shah, New York 2000
Gibb, H./Bowen, H.: Islamic Society and the West, 2 Bde., London 1963–65
Gobineau, Joseph A. de: Les religions et philosophies dans L'Asie Centrale, Paris 1865
Goldziher, Ignaz: Muhammedanische Studien, 2 Bde., Hildesheim 1972
Goodwin, Jan: Der Himmel der Frauen ist unter den Füßen ihres Mannes, Frankfurt 1999
Gribetz, Arthur: Strange Bedfellows, Phil. Diss., Jerusalem 1999
Güntert, Hermann: Der arische Weltkönig und Heiland, Hildesheim 1977

Haarmann, Ulrich (Hrsg.): Geschichte der arabischen Welt, München 1994
Hajatpour, Reza: Iranische Geistlichkeit zwischen Utopie und Realismus, Wiebaden 2002
Halm, Heinz: Die Schia, Darnstadt 1988
–: Der Mahdi, München 1991
–: Der schiitische Islam, München 1994
Hamzeh, Ahmad: In The Path of Hizbollah, Syracuse 2004
Handwörterbuch des Islam (Hrsg. Wensinck/Kramers), Leiden 1941
Hardt, M./Negri, A.: Empire, Cambridge – London 2001
Hasse/Krücken: Neo-Institutionalismus, Bielefeld 1999
Haussig, Hans-Wilhelm: Götter und Mythen der kaukasischen und iranischen Völker, Stuttgart 1986
Hitti, Philip: History of the Arabs, London 1964
Hösle, Vittorio: Moral und Politik, München 1997
Hourani, Albert: Der Islam im europäischen Denken, Frankfurt 1994
Hunziker, Ernst: Das Weltliche im Islam, Zürich 1995
Hutchison, Robert: Die heilige Mafia des Papstes, München 1996

Hutzfeld, Birger: Das Bild der Perser in der griechischen Dichtung des 5. vorchristlichen Jahrhunderts, Wiesbaden 1999

Internationales Freimaurer-Lexikon, München 2000

Katouzian, Homa: The Political Economy of Modern Iran, London 1981
Katz, Rita: Die Terroristenjägerin, München 2003
Keddi, Nikki: Modern Iran, Yale University Press 2003
Kerber, Walter (Hrsg.): Wie tolerant ist der Islam?, München 1991
Kermani, Navid: Gott ist schön, München 2000
–: Die Revolution der Kinder, München 2001
Koran – Übersetzung Ludwig Ullmann, München 1959
Koran – Übersetzung Max Henning, Stuttgart 1960
Koszinowski, T: Die Bedeutung des Islam für die internationale Politik, in: Walser, R. C./Glagow, R. (Hrsg.), Die islamische Herausforderung – Illusionen und Realitäten, Hanns-Seidel-Stiftung, München 2002
Kratz, Peter: Die Götter des New Age, Berlin 1994
Krauss, Hartmut: Faschismus und Fundamentalismus, Osnabrück 2003
Küng, Hans: Islam, München 2004
Küppers, Steffen: Die islamische Republik Iran, Frankfurt 1991

Lachmann, Günther: Tödliche Toleranz, München 2005
Latz, Gottlieb: Alchemie, Bonn 1969
Lau, Jörg: Meisterdenker und Ayatollah, in: Merkur 3/05
Lewis, Bernard: From Babel to Dragomans, London 2004
–: Stern, Kreuz und Halbmond, München 1997
Lieber, Hans: Politische Theorien, Wiesbaden 2000
Lipowatz, Thanos: Die Verleugnung des Politischen, Berlin 1986

Mahrad, Ahamad: Der Iran-Irak-Konflikt, Frankfurt/M. 1985
Mann, Michael: Die ohnmächtige Supermacht, Frankfurt 2003
Marcellinus, Ammianus: Das Römische Weltreich vor dem Untergang (Hrsg. O. Veh/ G. Winter), München – Zürich 1974
Massignon, Louis: La passion d'al-Hosayn ibn Mansour Al-Halladj, 2 Bde., Paris 1922
Maududi, Abu'l-Ala: Weltanschauung und Leben im Islam, Freiburg 1971
Mayer-Tasch, Peter C.: Die Zeichen der Natur, Frankfurt/M. 1998
Meddeb, Abdelwahhab: Die Krankheit des Islam, Heidelberg 2002
Meier, Andreas: Der politische Auftrag des Islam, Wuppertal 1994
Mérö, Laszlo: Die Logik der Unvernunft, Reinbek 2000
Milani, Mohsen: The Making of Iran's Islamic Revolution, Boulder 1994
Möhring, Hannes: Der Weltkaiser der Endzeit, Stuttgart 2000
Moin, Baqer: Khomeyni, London 1999
Momen, M.: An Introduction to Shi'i Islam, Oxford 1985
Moscovici, Serge: Das Zeitalter der Massen, Frankfurt 1986
Motika, Raoul/Ursinus, Michael (Hrsg.): Caucasia between the Ottoman Empire and Iran, Wiesbaden 2000
Musk, Bill: Das unbekannte Gesicht des Islam, Marburg 1992

Nadjmabadi, Seiffedi/Knauth, Wolfgang (Hrsg.): Das Qabusname, Wiesbaden 1988

Nafisi, Azar: Reading Lolita in Teheran, New York 2003
Nagel, Tilman: Staat und Glaubensgemeinschaft im Islam, 2 Bde., Zürich – München 1981
–: Der Koran, München 1991
–: Geschichte der islamischen Theologie, München 1994
–: Die islamische Welt bis 1500, München 1998
Napoleoni, Loretta: Ökonomie des Terrors, München 2004
Nazari, Hasan: Der ökonomische und politische Kampf um das iranische Erdöl, Köln 1973
Nell, Verena von u.a. (Hrsg.): Korruption, Wiesbaden 2003
Nicholson, Reynold: A Literary History of the Arabs, Cambridge 1962
Nirumand, Bahman: Persien, Modell eines Entwicklungslands, Reinbek 1967
Noth, Albrecht: Heiliger Krieg und Heiliger Kampf, Bonn 1966
Nußbaumer, Heinz: Khomeini, München 1979

Ohlig, Karl-Heinz/Puin, Gerd-R. (Hrsg.): Die dunklen Anfänge, Berlin 2005
Olsson, T./Özdalga, E./Rausvere C. (Hrsg.): Alevi Identity, Cultural Religious and Social Perspectives, Istanbul 1998
Orthband, Eberhard: Geschichte der großen Philosophen, Hanau o.J.
Özuguz, Yavuz u. Gürhan: Wir sind »fundamentalistische Islamisten« in Deutschland, Nienburg 2003

Pampus, Karl-Heinz: Die theologische Enzyklopädie Bihar al-Anwar des Muh. Baqir al Madjlisi, Phil. Diss. Bonn 1970
Pickover, Clifford: Die Mathematik und das Göttliche, Berlin 2003
Pöschl, Rainer: Vom Neutralismus zur Blockpolitik, München 1985
Pohlmann, Friedrich: Ideologie und Terror, Freiburg 1992
Propyläen Weltgeschichte, Frankfurt 1986
Puin, Elisabeth: Islamische Plakate, 3 Bde., Phil. Diss., Saarbrücken 2003

Raddatz, Hans-Peter: Die Stellung und Bedeutung des Sufyan al-Thauri, Phil. Diss. Bonn 1967
–: Von Gott zu Allah?, München 2001
–: Von Allah zum Terror?, München 2002
–: Allahs Schleier, München 2004
–: Die türkische Gefahr?, München 2004
–: Allahs Frauen, München 2005
Rasoul, Fadil: Irak–Iran, Wien – Köln – Graz 1987
Ravasani, Schapour: Iran, Stuttgart 1978
Reck, Christiane/Zieme, Peter: Iran und Turfan (Festschrift W. Sundermann), Wiesbaden 1995
Richard, Yann: Der Verborgene Imam, Berlin 1983
Rodinson, Maxime: Mohammed, Darmstadt 1975
Roemer, Hans Robert: Persien auf dem Weg in die Neuzeit, Stuttgart 1989
Roth, Jürgen: Netzwerke des Terrors, Hamburg 2001
Rypka, Jan: Iranische Literaturgeschichte, Leipzig 1959

Saad-Ghorayeb, Amal: Hizbollah, London 2002
Schimmel, Annemarie: Mystische Dimensionen des Islam, München 1995
–: Stern und Blume, Wiesbaden 1984

Schippmann, Klaus: Grundzüge der Geschichte des sassanidischen Reiches, Darmstadt 1990

Schmidbauer, Wolfgang: Der Mensch als Bombe, Reinbek 2003

Schreiber, Gerhard: Iran, Stuttgart 1991

Schwerte, Hans: Faust und das Faustische, Stuttgart 1962

Sezgin, Fuat: Geschichte des arabischen Schrifttums, Frankfurt 1967–2000

Shaban, M. A.: Islamic History, Cambridge 1971

Sharon, M.: Black Banners from the East, Jerusalem – Leiden 1983

Sloterdijk, Peter/Macho, Thomas H.: Weltrevolution der Seele, Zürich 1995

Sofsky, Wolfgang: Traktat über die Gewalt, Frankfurt 1996

Stahr, Volker: Südostasien und Islam, Darmstadt 1997

Steiner, Rudolf: Das Mysterium des Bösen, Stuttgart 1993

Stolz, Rolf: Kommt der Islam?, München 1997

Suwaidi, Jamal: Iran and the Gulf, Abu Dhabi 1996

Strothmann, R.: Die Zwölfer-Schi'a, Leipzig 1926

Taguieff, Pierre-André: Die Macht des Vorurteils, Hamburg 2000

Taheri, Amir: Morden für Allah, München 1993

Tame, David: Die geheime Macht der Musik, Zürich 1991

Trimondi, Victor u. Victoria: Hitler – Buddha – Krishna, Wien 2002

Tuchman, Barbara: Bibel und Schwert, Frankfurt/M. 1983

Ulfkotte, Udo: Der Krieg in unseren Städten, Frankfurt 2003

Ullstein Weltgeschichte: Alter Orient (Hrsg. Hartungk), Berlin 1910

Valle, Alexandre del: L'Islamisme et les Etats-Unis, Paris 1997

Villiers, Gérard de: Der Schah, München 1976

Waldmann, Helmut: Pro-Athanasius, Tübingen 2002

Watt, Montgomery: Muhammad at Mecca, London 1965

–: Muhammad at Medina, London 1966

Werner, Ernst: Osmanen, Geburt einer Großmacht, Wien – Köln – Graz 1985

Wiesehöfer, Josef: Das antike Persien, München – Zürich 1994

Winter, Urs: Frau und Göttin, Freiburg (Schweiz) – Göttingen 1983

Wulf, Christoph (Hrsg.): Vom Menschen, Weinheim – Basel 1997

Yergin, Daniel: The Prize, New York 1992

Personen- und Sachregister

Hans-Peter Raddatz
Allahs Frauen

Kenntnisreiche Analyse zum Thema
»Frauen im Islam«

Muslimische Frauen werden mitten in Europa unterdrückt. Sie unterliegen der Scharia, dem islamischen Recht, das die Frau als minderwertig betrachtet. Anhand der Lebensbedingungen im Islam hinterfragt der Islam-Experte kulturelle Zwänge, die mit dem Verzicht auf Grundrechte wie Menschenwürde, Gleichberechtigung und Religionsfreiheit an den Wurzeln der Demokratie rühren.

Dabei wirft er Fragen auf: Darf der Rechtsstaat »Ehrenmorde« dulden? Warum werden Mördern »kulturbedingt« mildernde Umstände zugebilligt? Und er warnt: In Ghettos entstehen Parallelgesellschaften, die unseren Rechtsstaat untergraben könnten.

288 Seiten, ISBN 3-7766-2448-5
Herbig

Lesetipp

BUCHVERLAGE
LANGENMÜLLER HERBIG NYMPHENBURGER
WWW.HERBIG.NET